Staatliche Zwangsschlichtung
Die Aushöhlung der Tarifautonomie in der Weimarer Republik

Europäische Hochschulschriften
Publications Universitaires Européennes
European University Studies

Reihe II
Rechtswissenschaft

Série II Series II
Droit
Law

Bd./Vol. 959

PETER LANG
Frankfurt am Main · Bern · New York · Paris

Isabelle von Brauchitsch

Staatliche Zwangsschlichtung

Die Aushöhlung der Tarifautonomie in der Weimarer Republik

PETER LANG
Frankfurt am Main · Bern · New York · Paris

CIP-Titelaufnahme der Deutschen Bibliothek

Brauchitsch, Isabelle von:

Staatliche Zwangsschlichtung : die Aushöhlung der Tarifautonomie in der Weimarer Republik / Isabelle von Brauchitsch. - Frankfurt am Main ; Bern ; New York ; Paris : Lang, 1990
(Europäische Hochschulschriften : Reihe 2, Rechtswissenschaft ; Bd. 959)
Zugl.: Freiburg (Breisgau), Univ., Diss., 1989
ISBN 3-631-42797-2

NE: Europäische Hochschulschriften / 02

D 25
ISSN 0531-7312
ISBN 3-631-42797-2

Printed in Germany 1 2 4 5 6 7

Meinem Vater

† 1. April 1985

Vorbemerkung

Die vorliegende Untersuchung hat der Rechtswissenschaftlichen Fakultät der Albert-Ludwigs-Universität zu Freiburg im Breisgau im Winter 1989 als Dissertation vorgelegen. Sie wurde von Prof. Dr. Karl Kroeschell betreut. Zweitgutachter war Prof. Dr. Johannes Denck. Beiden danke ich für die Durchsicht der Arbeit.

Für die Beschäftigung mit der Entwicklung zur staatlichen Zwangsschlichtung in der Weimarer Republik erhielt ich Anregung durch zwei Artikel in der Frankfurter Allgemeinen Zeitung von Prof. Dr. Bernd Rüthers:

"Arbeitskampf oder Zwangsschlichtung - Aus den Erfahrungen der Weimarer Republik die Lehre ziehen" vom 5. April 1986 (FAZ Nr.79/ S.15) sowie

"Sich einigen - nicht richten - Nur freiwillige Schlichtungsverfahren sichern den Bestand der Tarifautonomie" vom 2. August 1986 (FAZ Nr.176/ S.11)

Die Recherchen der vorliegenden Arbeit konzentrieren sich auf das Quellenstudium der Untersuchungen, Aufsätze, Abhandlungen, Presseartikel, Dissertationen, Gsetzentwürfe, Reichstagsdebatten und Veröffentlichungen der Gewerkschaften und Arbeitgeber aus der Weimarer Republik. Das teilweise nur noch sehr schwer aufzufindende Material dazu konnte ich im Bundesarchiv in Koblenz, im Archiv des Deutschen Bundestages in Bonn, im gemeinsamen Archiv des BDA und BDI in Köln, im Institut für Zeitgeschichte in München, in der Stadtbibliothek Mönchengladbach, im Stadtarchiv Mühlheim sowie in den Universitätsbibliotheken in Freiburg, Bonn und Hamburg zusammenstellen. Meinen jeweiligen Ansprechpartnern bin ich dankbar für ihre Hilfe.
Besonderen Dank aber schulde ich meiner Familie und denjenigen meiner Freunde, die mich während dieser Zeit begleitet und unterstützt haben.

Hamburg im Dezember 1989
Isabelle von Brauchitsch

Gliederung

§ 9 Die abschließende Entwicklung der Zwangsschlichtung bis zum Gesetz über die Treuhänder der Arbeit

Abkürzungsverzeichnis

a.A.	anderer Ansicht
a.a.O.	am angegebenen Ort
AcP	Archiv für die civilisitsche Praxis
ADGB	Allgemeiner Deutscher Gewerkschaftsbund
Allg.	Allgemein
amtl.	amtlich
Anm.	Anmerkung
ArbGG	Arbeitsgerichtsgesetz
Arbr.u.Schli.	Arbeitsrecht und Schlichtung (Zeitschrift)
Art.	Artikel
Aufl.	Auflage
AusfVO	Ausführungsverordnung
Bd.	Band
BDA	Bund Deutscher Arbeitgeber
Bayer.VP	Bayerische Volkspartei
Ber.	Berichte
Bens. Samml.	Bensheimer Sammlung
BRG	Betriebsrätegesetz
Das Schliw.	Das Schlichtungswesen (Zeitschrft)
DemobilVO	Demobilmachungsverordnung
Der Arbeitg.	Der Arbeitgeber (Zeitschrfit)
ders.	derselbe
DGB	Deutscher Gewerkschaftsbund
DVP	Deutsche Volkspartei
DNVP	Deutsche Nationale Volkspartei
DDP	Deutsche Demokratische Partei
dies.	dieselbe
Diss.	Dissertation
Dok.	Dokument
Drs.	Drucksache
FAZ	Frankfurter Allgemeine Zeitung
f.	folgende
ff.	fortfolgende
i.d.R.	in der Regel
i.V.m.	in Verbindung mit
Jahrg.	Jahrgang
jur.	juristisch
JW	Juristische Wochenschrift
GewO	Gewerbeordnung
Ger.Zt.	Gewerkschafts-Zeitung
GG	Grundgesetz
GGG	Gewerbegerichtsgesetz
GeschO	Geschäftsordnung
HilfsdG	Hilfsdienstgesetz
Hrsg.	Herausgeber
KaufmannsGG	Kaufmannsgerichtsgesetz
KPD	Kommunistische Partei
LAG	Landesarbeitsgericht
LG	Landgericht
Legisl.	Legislaturperiode
MdW	Magazin der Wirtschaft
NZfA	Neue Zeitschrift für Arbeitsrecht
Nr.	Nummer
NotVO	Notverordnung
RABl.	Reichsarbeitsblatt
RGBl.	Reichsgesetzblatt
RMinBl.	Reichsministerblatt

RT	Reichstag
RAG	Reichsarbeitsgericht
RG	Reichsgericht
RGSt	Reichsgerichtsentscheidung in Strafsachen
RGZ	Reichsgerichtsentscheidung in Zivilsachen
S.	Seite
Sess.	Session
SchliO	Schlichtungsordnung
SchliVO	Schlichtungsverordnung
Sitz.	Sitzung
Sten. Ber.	Stenographische Berichte
Soz. Prax.	Soziale Praxis (Zeitschrift)
SPD	Sozialdemokratische Partei Deutschlands
TarifVO	Tarifverordnung
TVG	Tarifvertragsgesetz
u.a.	unter anderen
USPD	Unabhängige Sozialdemokratische Partei Deutschlands
VDA	Vereinigung der Deutschen Arbeitgeberverbände
verantw.	verantwortlich
Verh.	Verhandlungen
Vjh.	Vierteljahreshefte
vgl.	vergleiche
WRV	Weimarer Reichsverfasung
Z	Zentrums-Partei
ZAG	Zentrale Arbeitsgemeinschaft
ZDI	Zentralverband der Deutschen Industrie
ZfA	Zeitschrift für Arbeitsrecht

§ 1

Einleitung

Die Schlichtung als Mittel zum Ausgleich der Interessenkonflikte in Streitigkeiten über die Gestaltung der Arbeits- und Lohnbedingungen ist eine Aufgabe der Tarifparteien. Sie bildet einen Teil ihrer sozialer Selbstverwaltung, die der Staat 1919 in Art. 165 der Weimarer Reichsverfassung garantierte. Der Tarifautonomie stand während der 14 Jahre der Weimarer Republik jedoch nicht nur die gegenteilig wirkende Verordnungspraxis der Exekutive entgegen: Jahre der Destabilität der Wirtschaft und der innenpolitischen Lage sowie Jahre schwerwiegender Arbeitkämpfe führten zu einer negativen Bilanz der Friedensfunktion des Schlichtungswesens.

Gerade in dieser krisengeschüttelten Weimarer Republik entwickelten sich jedoch der Grundbegriff und das Grundverständnis des heutigen Schlichtungswesens. Im Unterschied zum dualen Schlichtungssystem in der Weimarer Republik, der staatlichen und der tariflichen Schlichtung, existiert heute aber nur noch die außerstaatliche tarifliche Schlichtung auf freiwilliger Basis. Diese Schlichtung ist nach wie vor unersetzlich in jedem großen Arbeitskampf und ihr potentielles Ergebnis gleichsam Schlüssel für einen künftigen Tarifvertrag und damit für den Arbeitsfrieden.

Woran aber lag es, daß seit der Geltung des Bonner Grundgesetzes keine staatliche Zwangsschlichtung mehr bestand, obwohl die Arbeitskämpfe im Verhältnis zur Weimarer Republik nicht abgenommen haben? Warum bewährt sich die Tarifautonmie heute und nicht vor rund 60 Jahren in einer Zeit, in der dieses Selbstverwaltungrecht der Tarifparteien gerade erst errungen und verfasssungsrechtlich garantiert worden war? Welche Faktoren ermöglichten die allmähliche Aushöhlung der Tarifautonimie durch die staatliche Zwangsschlichtung, durch den staatlichen Dirigismus in der Gestaltung der Lohn- und Arbeitsbedingungen?

In der Zeit zwischen 1923 und 1930 erschien eine Fülle von Stellungnahmen und Literatur zum Schlichtungswesen, welches teils unter arbeitsrechtlichen, teils unter wirtschaftlichen und sozialpolitischen, teils aber auch unter verfassungsrechtlichen Gesichtspunkten beleuchtet wurde. Hervorzuheben aus den Anfängen des Tarifrechts sind das Werk des Arbeitsrechtlers *Lotmar*, die Abhandlungen des Vorkämpfers des wirtschaftlichen Rätegedankens und sozialdemokratischen Arbeitsrechtlers Hugo *Sinzheimer*, ferner das Werk des ersten Arbeitsrechtlers, der eine systematische Darstellung des Arbeitsrechts gegeben hat, *Kaskel* sowie die Werke von *Dersch*, *Flatow*, *Sitzler* und *Potthoff*, die als Referenten des Reichsversicherungsamtes, des preußischen Ministeriums für Handel und Gewerbe bzw. des Reichsarbeitsministeriums tätig waren. Zu den Wortführern der Gewerkschaften gehörten die Vorsitzenden und Vorstandsmitglieder des ADGB *Nörpel*, *Tarnow* und *Leipart*, sowie *Müller* und *Broecker*, die über die Gewerkschaftsorgane "Gewerkschaft-Zeitung" bzw. auch "Die Arbeit" hinaus in verschiedenen Fachzeitschriften veröffentlichten. Auf Seiten der Arbeitgeber entsprachen diesen Wortführern der Geschäftsführer des Arbeitgeberverbandes für den Bezirk der nordwestdeutschen Eisenindustrie *Grauert*, der VDA-Vorsitzende *Erdmann*, sowie *Lemmer*, *Coerper*, *Tänzler*, *Heinrichsbauer* u.a.in "Der Arbeitgeber". Grundlegend für diese Zeit sind die Arbeiten von *Hueck* und *Nipperdey*, besonders das "Lehrbuch des Arbeitsrecht" 1. Auflage 1932. Darüber hinaus meldeten sich verschiedene Schlichter zu Wort wie *Mehlich*, *Erdel*, der spätere Reichsarbeitsminister *Wissell*, Ferch, *Lüttgens*, *Raab*, *Hessel*, *Schick*.

Es handelte sich bei der staatlichen Zwangsschlichtung zuletzt nicht mehr um ein rein arbeitsrechtliches, sondern um ein gesellschaftspolitisches Problem von höchster Brisanz, welches auch in den politischen Gremien und in der öffentlichen Presse Einlaß fand. Fazit der Stellungnahmen war tendenziell eine Zurückdrängung der staatlichen Befugnisse und der Wunsch nach Abschaffung der Zwangsschlichtung - die Realität sah freilich anders aus. Die Frage nach der Relevanz der inneren Struktur der Gesellschaft und der in ihr wirkenden Kräfte ansatzweise zu beantworten, soll Anliegen der vorliegenden Arbeit sein. Das Schlichtungswesen gehörte damals zu den "Dauerbrennern" in der Auseinandersetzung mit den wirtschaftlichen, gesellschaftlichen, soziologischen und innenpolitischen Kräften der jungen Demokratie.

Die Schlichtungsgesetzgebung orientierte sich zu Beginn der ersten deutschen Demokratie zunächst am verfassungsrechtlichen Auftrag in Art. 157 i.V.m. Art. 165 der Weimarer Reichsverfassung: Ein einheitliches Arbeitsrecht unter besonderer Berücksichtigung der autonomen Rechte der Tarifparteien sollte geschaffen werden. Nach dem Erlaß der Tarifverordnung 1918 durch das Reichsarbeitsministerium ergingen verschiedene Demobilmachungsverordnungen, durch die das Recht der Schlichtungsorgane, einen Schiedsspruch für verbindlich zu erklären, im Hinblick auf das öffentliche Interesse an der Verhinderung der Arbeitskämpfe und am Aufbau der deutschen Wirtschaft nach dem Krieg, eingeführt wurde. Der nie verabschiedete Gesetzentwurf einer Schlichtungsordnung 1922 entpuppte sich als fehlgeschlagener Versuch, zu Beginn der Weimarer Republik den demokratisch legitimierten Gesetzgeber mit der Festlegung der Voraussetzungen und Grenzen des Schlichtungswesens zu betrauen. Wieder trat dann das Reichsarbeitsministerium als "Ersatzgesetzgeber" auf und erließ 1923 die Schlichtungsverordnung und ihre beiden Ausführungsverordnungen als einzige gesetzliche Grundlage für die Befugnis des Staates, im Wege der Zwangsschlichtung in Privatrechtsverhältnisse einzugreifen. Trotz anhaltender Diskussionen in der Fachpresse, im Reichstag und in den Gremien der Tarifparteien gelang es erst 1929 durch das "Ruhreisenurteil" des Reichsarbeitsgerichtes, der staatlichen Zwangssschlichtung

Grenzen zu setzen. Dem darin implizierten "Appell" an den Gesetzgeber, endlich das Schlichtungswesen zu reformieren und eine gesetzliche Grundlage zu schaffen, entsprach nicht, was sich nach 1930 tatsächlich ereignete. Statt dessen räumte sich die Exekutive durch den Erlaß von Notverordnungen ab 1930 diktatorische Befugnisse ein, die die Tarifautonomie und das Wesen der Schlichtung faktisch gegenstandslos werden ließen.

Das kollektive Arbeitsrecht wie das Schlichtungswesen können nicht ohne einen Ausflug auf den sozialgeschichtlichen Standpunkt betrachtet werden. Das Reichsarbeitsministerium mit seinem verzweigten Unterbau bestimmte durch seine Verordnungen die inhaltliche Ausgestaltung des Schlichtungsrechte und war gleichzeitig mit seinen Unterorganisationen Element der Sozialverwaltung. Wichtiger Faktor für die Sozialpolitik war auch der *Verein für Sozialpolitik*, der dem Tarifvertrags- wie dem Schlichtungswesen vermehrt Aufmerksamkeit schenkte. Ohne unmittelbaren Einfluß auf die Gesetzgebung zu nehmen, wirkten seine Mitglieder entscheidend in deren Vorfeld mit. Unterstützt wurde der Ausbau des kollektiven Arbeitsrechts, die Mitbestimmung, aber auch der Aufbau der staatlichen Arbeitsverwaltung und die Stärkung der Autonomie der Gewerkschaften.

Die Gewerkschaften und die SPD spielten eine nicht zu unterschätzende Rolle in der Entwicklung des Schlichtungswesens. Entstehungsgeschichte, Geltung und Effektivität arbeitsrechtlicher Normen hängen nicht zuletzt vom jeweiligen Entwicklungsstand der Produktivkräfte und Produktionsverhältnisse ab. Durch die wichtige Rolle der SPD in der Reichsregierung bis 1930 gelang eine erfolgreiche Integration der Arbeiter und "proletarischer" Rechtsanschauungen. Führende Arbeitsrechtler wie *Sinzheimer* und *Neumann* gehörten zu den Reihen der SPD. Der langjährige Reichsarbeitsminister *Brauns* war zwar Mitglied der Zentrumspartei, stammte aber aus den Reihen der christlichen Gewerkschaften ebenso wie Reichsarbeitsminister (ab 1930) *Stegerwald* (Zentrum), der Generalsekretär und später Vorsitzender des christlichen Gewerkschaftsbundes war. Der ehemalige Schlichter in Groß-Berlin und Reichsarbeitsminister *Wissell* war Mitglied der SPD und Reichsarbeitsminister 1928-1930. Er spielte in der Auseinandersetzung um die staatliche Zwangsschlichtung eine entscheidende Rolle.

Die verschiedenen Quellen zur Geschichte der Gewerkschaftsbewegung wie u.a. *das Handbuch der deutschen Wirtschafts- und Sozialgeschichte, Hrsg.: Aubin/Zorn; Soziale Bewegung und politische Verfassung,* Hrsg.: *Engelhardt/Sellin/Stuke; Sozialpolitik und Arbeitsrecht, Hrsg.: Mommsen; Quellen zur Geschichte der Gewerkschaftsbewegung, Hrsg.: Weber/Schönhoven/Tenfelde, die Darstellungen von Moser, Arbeiterleben 1984; Schneider, ADGB, 1975* und *Gewerkschaften, 1989; Wachenheim, Arbeiterbewegung, 1971, Schröder, Arbeitsverfassung, 1984; Winkler, Arbeiterbewegung, (3 Bände); Stollberg, Gewerkschaften, 1981; Baumthal, Arbeiterbewegung, 1981; Ruppert, Arbeiter, 1986* bieten nicht nur wichtige Hintergrundinformationen für die Entstehungsgeschichte der Tarifparteien und die Entwicklung des Koalitionsrechtes überhaupt, sondern erlauben auch eine Bewertung des Zusammenhangs zwischen Sozialpolitik und kollektivem Arbeitsrecht. Der Geschichte der Gewerkschaften und des Koalitionsrechts hat sich die Forschung - wie oben auszugsweise zitiert - schon vermehrt angenommen.

Ausgangspunkt der Betrachtung bleibt aber das Schlichtungswesen in der Weimarer Republik, welches von der modernen arbeitsrechtlichen Literatur weitgehend unerforscht ist. Hervorzuheben sind die Untersuchungen von *Nörr, Grundlinien des Arbeitsrechtes in der Weimarer Republik, ZfA 1986; Nikisch, Festschrift, 1960; Hueck/Nipperdey, Lehrbuch des Arbeitsrechts, 1963; Hüllbüsch, Zwangstarif, 1976; Ramm, Ar-*

beitsverfassung, 1980; Huber, Verfassungsgeschichte Bd. VI, 1981.

Für die Bewertung der Zwangsschlichtung in ihrem ganzen Spektrum sind deren wirtschaftswissenschaftlichen Aspekte unerläßlich. Dabei sind auf die Untersuchungen von *Preller, Sozialpolitik in der Weimarer Republik, 1978; Mommsen, Klassenkampf und Mitbestimmung, 1974, ders. Industrielles System und Mitbestimmung, 1974; ders. Die deutschen Gewerkschaften, 1975; Hartwich, Arbeitsmarkt, Verbände und Staat, 1967; ders. Parteien und Verbände in der Spätphase der Weimarer Republik, 1983 in: Rittberger (Hrsg.); Feldmann/ Steinisch, Die überlastete Zentralarbeitsgemeinschaft, 1985; Hüllbüsch, Koalitionsfreiheit und Zwangstarif in: Engelhardt/ Sellin/Stuke (Hrsg.) 1976* sowie auf die volkswirtschaftlichen Betrachtungen vor 1933 u.a. von *Hönigschmid-Grossich/Leidig/Löhr, Studien, 1929; Przewloka, Die sozialpolitische Einstellung der Industrie,, 1928* und auf die Fülle der volkswirtschaftlichen Dissertationen (im einzelen im Literaturverzeichnis gekennzeichnet) aus dieser Zeit hinzuweisen.

Nach 1945 stand das Schlichtungswesen freilich nicht mehr in den Schlagzeilen. In der Nachkriegs- und Wiederaufbauphase der Bundesrepublik Deutschland war zunächst an Arbeitskämpfe nicht zu denken. Die Schlichtung fand nur Beachtung im Zusammenhang mit dem Tarifvertragsrecht, als dessen untrennbarer Bestandteil es zumeist empfunden wird.
Heute ist das Schlichtungswesen ebensowenig wie das Arbeitskampfrecht ausreichend gesetzlich kodifiziert. Wir sprechen vom Schlichtungswesen als einem Bestandteil des Tarifvertragsrechts - damals war der Tarifvertrag umgekehrt das Ziel, ja das Produkt des Schlichtungswesen. Als solches blieb die Schlichtung unabdingbare Voraussetzung für jede tarifvertragliche Regelung. Die Schlichtung sollte nach Art. I § 3 der Schlichtungsverordnung von 1923 "Hilfeleistung zum Abschluß von

Gesamtvereinbarungen", d.h. Tarifverträgen sein. Nur so war es möglich, daß die eigentliche Aufgabe der Tarifvertragsparteien, nämlich die Gestaltung der Lohn- und Arbeitsbedingungen durch Tarifvertrag, der staatlichen Verwaltung in Gestalt der Schlichtungsbehörden anvertraut wurde. Denn kaum hatte die Weimarer Reichsverfassung den Sozialpartnern des Arbeitslebens die eigenverantwortliche Regelung der Lohn- und Arbeitsbedingungen anvertraut, wurde sie ihnen durch die machthungrige Exekutive gleich wieder entrissen. Doch auch die staatliche Zwangsschlichtung vermochte die Anzahl der Arbeitskämpfe nicht zu verringern.

Der erste Versuch der deutschen Geschichte in der Weimarer Republik, den Gedanken der Demokratie mit dem des Sozialstaates zu verbinden, mißlang. Eben dieser Sozialstaat, das öffentliche Interesse und das Wohl der Allgemeinheit rechtfertigten damals alle Eingriffe in das Privatrecht und in die Tarifautonomie sowie Verstöße gegen Verfassungsgrundsätze auf Kosten der Demokratie zugunsten des dirigistisch agierenden Staates. Unbestimmte Rechtsbegriffe umgrenzten unklar die Voraussetzungen der staatlichen Zwangsschlichtung im Arbeitskampf. Dennoch liegen die Fundamente der heutigen Tarifautonomie und des Schlichtungsrechtes in der Weimarer Verfassung - auch wenn sie damals politischen und wirtschaftlichen Erschütterungen ausgesetzt waren. Die staatliche Zwangsschlichtung in der Weimarer Republik entwickelte sich innerhab der engen Verknüpfung zwischen Arbeitsrecht, Sozialstaatlichkeit und politischer Instabilität.

§ 2

Die Entwicklung des Schlichtungswesens bis 1918

I. Die historischen Wurzeln

In der Zeit vor dem 13./14. Jahrhundert gab es - soweit sich dies feststellen läßt - noch keine Arbeitskämpfe, also auch kein Bedürfnis zur Schlichtung. Die Zahl der ausschließlich auf Lohnarbeit angewiesenen Arbeiter war gering. Erst die Aussicht auf lebenslange Lohnarbeit in unselbständiger Stellung provozierte soziale Spannungen[1]. Die Verschärfung der sozialen Gegensätze und die Vereinigungsverbote durch die Obrigkeit waren Antriebsfaktoren für eine Konfliktaustragung durch Arbeitskampf ab dem 14. Jahrhundert. Inhaltlich ging es dabei um die Gestaltung der Lohn- und Arbeitsbedingungen. Auch schon vor der nominellen Erwähnung des Schlichtungswesens[2] existierten verschiedene Verfahren, die dem friedlichen Ausgleich des Interessenkonfliktes zwischen Arbeitern und Arbeitgebern dienten.

Meister und Arbeiter schlossen in der städtischen Zunftwirtschaft seit 1350 Verträge ab, welche zur Verbesserung der Arbeitsbedingungen und zur Lohnerhöhung beitragen sollten[3]. Parallel dazu entstanden erste Gesellenverbindungen zur allgemeinen Förderung der Standesinteressen und erste Mitbestimmungsrechte der Gesellen. Im Konfliktfall bedienten sich die Gesellen der kollektiven Arbeitsnieder-

---

1) *Vgl. dazu: Ogris, Geschichte 1967, S. 296; Schmieder, Geschichte, 1939, S. 156ff; Aus der modernen Literatur zur Geschichte des Koalitionsrechtes vgl.: Schröder, Arbeitsverfassung, 1984, Moser, Arbeiterleben, 1984; Schneider, ADBG, 1975; ders. Gewerkschaften, 1989; Stollberg, Gewerkschaften, 1981; Breit (Hrsg.) Arbeiterbewegung, 1984; Quellen, 1986; Ruppert, Arbeiter 1982, Wachenheim, Arbeiterbeweegung, 1971; Winkler, Arbeiterbewegung 1983;*

2) *Zum ersten Mal im "Gesetz über den vaterländischen Hilfsdienst" von 1916.*

3) *Vgl. Bogs, Diss. 1925, S. 3; Kollmann, Entstehungsgeschichte, 1916, S. 11; Schmieder, Geschichte, S. 156f.; Kroeschell, Rechtsgeschichte, Bd.2, S.98ff.; Ebel, Ursprung, 1978; ders. Quellen, 1964; Schröder Arbeitsverfassung, 1984, S. 105f.*

legung und des Verrufs[4]; die Meister reagierten mit Aussperrung und Einstellungsverweigerung. Bald besaßen die Gesellenverbände eine eigene Gerichtsbarkeit und eine durch die Zunftordnung[5] bestätigte und mit Gesetzeskraft ausgestattete Gesellenordnung, die für die Zünfte und Brüderschaften, einen Koalitionszwang aufstellte[6]. Diese Gesellenverbände entwickelten sich zu organisierten Kampfverbänden gegen Meister und Stadt. Zunächst regelten aber die Zünfte und Städte die Arbeitsbedingungen der Arbeitnehmer.
Anfang des 14. Jahrhunderts fanden erste streitschlichtende Kollektivverhandlungen statt. 1351 schlossen die Wollweber in Speyer ein Friedensabkommen mit den Meistern nach vorhergehender Auseinandersetzung über die Regelung der Arbeitsbedingungen ab[7]. 1363 folgte ein Abkommen der Straßburger Weber[8], 1437 eines der Thorner Goldschmiede. Durch verbindliche Entscheidungen setzten die Ratsbehörden mittels obrigkeitlicher Macht Lohn- und Arbeitsbedingungen fest. Zu der selben Zeit jedoch existierten bereits selbständige und unabhängige Einrichtungen, die von Fall zu Fall bei arbeitsrechtlichen Streitigkeiten zwischen Meistern und Gesellen auf Initiative von amtlichen Stellen wie der städtischen Ratsverwaltung schlichtend eingriffen[9]. Der wirtschaftliche Aufschwung in bestimmten Gewerbezweigen hatte den engen Rahmen zunftmäßig organisierter Regulierungen gesprengt. Darüber hinaus galt das zünftige Arbeitsrecht nicht für alle Arbeitnehmer[10]. Der Arbeitsmarkt verlangte nach anderen als den obrigkeitlichen Rechtsregeln.

---

4) Der Verruf beinhaltete öffentliche Schelte gegen den Meister, der damit rechnen konnte, daß sich kein ehrlicher Geselle bei ihm anstellen lassen würde. Vgl. Bogs, Diss. S. 5; Schmieder, Geschichte, 1939, S. 156f.

5) Zur Zunftordnung und Zunftgerichtsbarkeit: Schröder, Arbeitsverfassung 1984, S. 108/09.

6) Bogs, S.4; Hueck/Nipperdey, Lehrbuch, Bd. II, Berlin 1963, S. 113; Ursprünglich entstanden die Gesellenverbunde aus repräsentativer und gesellschaftlicher Motivation. Sie dienten gemeinsamer Religionsausübung und der Krankenfürsorge; vgl. auch Möncke, Quellen, 1982.

7) Kroeschell, Rechtsgeschichte, Bd.2, 1973, S. 106f.; Hueck/Nipperdey, Lehrbuch, S. 212.

8) Schmoller, Die Straßburger Tucher- und Weberzunft, Straßburg, 1879, S. 143ff.

9) Hüllbüsch, Zwangstarif, S. 603 in: Engelhardt/ Sellin/Stuke, Soziale Bewegung, 1976.

10) Dazu:Schröder, Arbeitsverfassung 1984, S.142f.

Ein weiteres Vorbild fand das Schlichtungswesen im mittelalterlichen Sühneverfahren[11].

1. Weiterentwicklung der Koalitionsfreiheit

"Koalitionsfreiheit ist die Freiheit, koalieren zu dürfen und als Freiheitsrecht mithin ein Ausschnitt aus der staatsfreien Sphäre"[12]. Der Zweck der Koalition als Arbeitervereinigung bestimmt sich aus ihrem Ziel, nämlich der Verbesserung und Mitgestaltung bei den Lohn- und Arbeitsbedingungen.

Im 14. und 15. Jahrhundert erließen die Stadtregierungen die ersten Koalitionsverbote[13]. Die Entwicklung zum Absolutismus und das Aufkommen der Landeshoheit beeinflußten die koalitionsfeindliche Gesetzgebung. Nach der 1530 in Augsburg erlassenen Reichspolizeiordnung wurden zum ersten Mal Gesellenverbände verboten[14]. Es folgten Reichsabschiede von 1551, 1559, 1566, 1570, 1594, 1654 sowie die Polizeiordnungen von 1548 und 1577, durch die den Gesellen der Einfluß auf die Gestaltung der Arbeitsverhältnisse verwehrt blieb. 1731 verbot die Reichszunftordnung die Gesellenschaften ganz, führte obrigkeitliche Aufsichtsrechte ein, setzte Höchstlöhne fest und stellte Arbeitskämpfe unter Strafe[15]. Man versuchte, die Bedingungen für die individuellen Arbeitsverträge in den Zunftsatzungen festzulegen. Eines der hauptsächlichen Ziele hand-

---

11) Hueck/Nipperdey a.a.O.;a.A. Kühn, Schlichtungsstreitigkeiten, 1924, S. 14ff., der jeden Zusammenhang zwischen mittelalterlichem Stadtrecht und dem deutschen Schlichtungswesen ablehnte. Der klassische Liberalismus, der dem Staat auf dem Gebiet des Arbeits- und Wirtschaftsrechtes alle Befugnisse absprach und dessen Gestaltung allein dem freien Spiel der Kräfte überlassen will, trenne die Entwicklung. Der gleichen Ansicht war Molitor, Tarifvertragsverordnung,1918 in der Einleitung. Moderne Tarifverträge seien vielmehr erst geschlossen worden, nachdem sich auf Grund der Koalitionsfreiheit gewerbliche Arbeitnehmervereinigungen zu bilden begannen. Seiner Meinung nach begann die Entwicklung des Tarifrechts erst 1873 mit dem ersten Tarifvertrag im Buchdruckgewerbe.

12) So definiert von Groh, Koalitionsrecht 1923, S.1; ähnlich: Kollmann, Entstehungsgeschichte, S.15, Bogs, Diss. S.11; Hueck/Nipperdey,S. 212.

13) Bogs, a.a.O. S. 9.

14) Hueck/Nipperdey a.a.O.; Bogs, a.a.O. S. 12.

15) Titel 30, § 6 der Reichszunftordnung in: Ritschner, Koalitionen, 1917, S. 273/74; Ebel, Quellen, 1964; Ogris, Geschichte, 1967, S. 296; Möncke, Quellen, 1982; Schröder, Arbeitsverfassung, 1984, S.40, S. 105ff., S. 180ff.

werklicher Bündnispolitik der Meister war die Verhinderung von Lohnsteigerungen.

Den Zünften war die Selbständigkeit genommen worden; Abreden über Lohn- und Arbeitsbedingungen ohne hoheitliche Genehmigung konnten für nichtig erklärt werden. Erst unter liberalistischem Einfluß führte die französische Koalitionsgesetzgebung die Vereins- und Versammlungsfreiheit ein. Dennoch blieb jeder Zusammenschluß von Koalitionen als Arbeitervereinigungen verboten. Wohl exisiterten die Interessenkonflikte, zwischen Arbeitern und Meistern, die zur Gründung der Koalitionen führten. An Stelle tarifvertraglicher Kompromisse traten jedoch obrigkeitliche Entscheidungen bei Lösung der Konflikte.

Die erste scheinbare Ausnahme der koalitionsfeindlichen Gesetzgebung war 1794 das Preußische Allgemeine Landrecht durch die Erweiterung der allgemeinen Vertragsfreiheit. Diese bezog sich jedoch nicht auf Vereinigungen von Arbeitnehmern, welche §§ 181,183,184 der Preuß. Gewerbeordnung (GewO) von 1845 als "Verabredungen selbständiger Gewerbetreibender, industrieller und gewerblicher Arbeiter" unter Strafe stellte. Arbeitervereinigungen ohne polizeiliche Genehmigung blieben verboten[16].
Die Koalitionsverbote standen vor dem Hintergrund, daß eine eigene Zuständigkeit der Arbeiter für die Lohngestaltung gesellschaftlich nicht vorstellbar war und die Ideen des Liberalismus sich nicht durchzusetzen vermochten. Die erfolglose Revolution 1848 führte dazu, daß keiner der noch vorhandenen Verbände zu einheitlichen Kampfaktionen oder zu einem längerfristigen Zusammenschluß überhaupt noch fähig war.
Daraus sowie aus der Erfahrung, daß die Streiks meist ergebnislos verliefen[17], resultiert auch die bei *Kollmann*[18] beschriebene liberalere Anwendung der Strafgesetze durch die Gerichte: Führte eine gütliche Einigung oder Vermittlung zum Absehen des angedrohten Streiks, blieb das an sich unzulässige

---

16) Verordnung über die Verhütung eines die gesetzliche Freiheit und Ordnung gefährdenden Mißbrauchs des Versammlungs- und Koalitionsrechtes vom 11.3.1850 in: Preuß. Gesetzessammlung 1950, S. 277.

17) Der Tarifvertrag im Deutschen Reich, bearbeitet im Kaiserlichen Statistischen Amt, Abteilung für Arbeiterstatistik, Berlin 1906.

18) Kollmann, Entstehungsgeschichte, S.130.

Koalieren unsanktioniert.

Mit der erstmaligen gesetzlichen Anerkennung des Koalitionsrechtes in §§ 48,49 der GewO des Königreichs Sachsen[19] hatten die Vertreter des bürgerlichen Liberalismus die Erkenntnis vermitteln können, daß Koalitionsverbote einen unzulässigen Eingriff in die Vereinigungsfreiheit darstellten[20].

Nach ausführlichen Debatten im Reichstag des Norddeutschen Bundes[21] erließ dieser am 21.6.1869 die GewO des Norddeutschen Bundes[22]. Neben der Kodifikation des freien Arbeitsvertrages in § 105 GewO sollten die Lohn- und Arbeitsbedingungen auch nicht mehr vom Staat, sondern durch freie Vereinbarung von Arbeitern und Arbeitgebern persönlich beschlossen werden.
§ 152 I GewO garantierte zum ersten Mal die Koalitionsfreiheit, schränkte diese jedoch gleich durch den eingegrenzten Geltungsbereich wieder ein[23]. Gewährleistet wurde nicht die positive Koalitionsfreiheit als die "Freiheit zu dauernder oder vorübergehender Vereinigung zum Zwecke der Erlangung günstigerer Lohn- und Arbeitsbedingungen"[24], sondern nur negativ die Aufhebung der bis dato bestehenden Koalitionsverbote. Darüber hinaus schwächte auch § 152 II GewO das errungene Freiheitsrecht: die Forderung aus der Koalitionsvereinbarung war nicht einklagbar. Die Koalitionen entbehrten eines effektiven Rechtschutzes. Gemäß § 153 GewO wurde zwar zum Schutz des Einzelnen vor der Koalition jeder mit Strafe bedroht, der einen anderen durch Gewalt oder Drohung zum Anschluß an die Koalition bestimmte oder seinen Austritt zu verhindern suchte, der Koalition als Kollektiv blieb ein

19) *In: Ritschner Koalitionen, S. 306.*
20) *So auch Neumann, Reichsverfassung, S. 7; in England hatten sich zu der Zeit die "trade unions" längst etabliert.*
21) *Sten. Ber. über die Verh. des RT des Norddeutschen Bundes von 1969, S. 135.*
22) *RGBl. 1869, S. 245.*
23) *Darunter fielen nur Arbeiter, die die Erlangung günstiger Arbeits- und Lohnbedingungen erstrebten. Griff § 152 GewO nicht ein, galten die all gemeinen Grundsätze des Vereins- und Versammlungsrechtes, welches zu dieser Zeit noch innerhalb des Polizeirechtes geregelt war. Für Arbeitgeber galten zu keiner Zeit Koalitionsverbote.*
24) *So die Definition von Jacobi, Einführung, Leipzig 1926, S. 17.*

solcher Strafschutz jedoch verwehrt.
Insgesamt betraf die Koalitionsfreiheit nur wenige Arbeiter. Durch die fehlende Aktivlegitimation der Koalition blieb das Koalitionsrecht nur unzureichend und negativ gewährt. Der das Tarifrecht entscheidend mit entwickelnde Arbeitsrechtler *Lotmar* beschrieb diesen Zustand so: "Die Koalition ist frei, nämlich vogelfrei und ein Koalitionsrecht ist erst noch zu schaffen". Es gab drei Arten von Koalitionen: 1) verbotene[26],

2) geduldete[27],

3) durch § 152 I zugelassene[28].

2. Der erste Tarifvertrag und seine Nachfolger

Bereits am 29.4.1848 forderte die Reichsversammlung der Buchdrucker - vergeblich - eine tarifliche Vereinbarung von Arbeitsbedingungen. Am 11.6.1848 versammelten sie sich in Mainz, um eine Petition an die Nationalversammlung zur Verbesserung der Lohn- und Arbeitsbedingungen einzureichen[29]. Die Arbeiter verlangten die Errichtung eines Tarifschiedsgerichtes. Im Mai 1873 beschlossen sie ein Regulativ gemeinsam mit den Arbeitgebern über die Frage der Lohn- und Arbeitsbedingungen[30]: den ersten Tarifvertrag[31] in der Geschichte Deutschlands. Danach wurde das Reich in 12 Kreise eingeteilt, in denen jeweils eine Tarifkommission und ein paritätisches Schlichtungsamt zur Überwachung des Tarifs und zur Schlichtung von Differenzen errichtet worden war. Als 2. Kontroll- und zugleich Berufungsinstanz

---

25) Lotmar, in: Archiv für Arbeitsrecht Bd. 15, S. 63.

26) Durch das Sozialistengesetz zwischen 1878 und 1890 oder durch die GesindeO.

27) Die nicht unter § 152 GewO fielen, aber nicht verboten wurden - ihre Rechte waren einklagbar.

28) Für diese galten jedoch § 152 II GewO und starke Beschränkungen aus der unzutreffenden Anwendung des § 252 StGB auf die Arbeitskämpfe, vgl. dazu Nipperdey, Grenzlinien, Berlin 1917.

29) Wölbling, Reichseinigungsamt, Berlin 1911, S. 37; Die Mannheimer und Heidelberger Zigarrenarbeiter setzten sich am 1.9.1848 für Mindestlohn und Schranken der ihrer Meinung nach willkürlichen Lohnpolitik ein und untermauerten ihre Forderungen durch Streikaktionen.

27) Vgl. Verband der deutschen Buchdrucker, Hrsg. vom Vorstand, Berlin 1916, S. 28ff.; Imele, Friedensdokumente, Jena 1905

31) Der Name "Tarifvertrag" geht auf den Zolltarif, so benannt nach der südlich von Gibraltar gelegenen Stadt "Tarifa" zurück; so: Friedemann/ Stumpf, Kommentar, München 1977, S. 146.

diente ein Einigungsamt mit Sitz in Leipzig[32]. Dieser Tarifvertrag ging über die bloße Feststellung der Lohn- und Arbeitsbedingungen weit hinaus: erstmalig entstand eine Tarifgemeinschaft i.S. einer Solidar- und Interessengemeinschaft. Die Parteien sollten auf Dauer zusammenarbeiten.

Im Vorfeld hatte sich bereits *Brentano*[33] für den Abschluß von Tarifverträgen ausgesprochen. Voraus geingen Diskussionen im Verein für Sozialpolitik. 1906 wurden im Deutschen Reich 3000 - 4000 bestehende Tarifverträge gezählt[34]. Die Entwicklung verlief rasant. Nach dem Durchbruch im Buchgewerbe folgte 1896 ein verbesserter Tarifvertrag der Buchdrucker, 1899 einer der Bauarbeiter und weitere in anderen Gewerben. Die deutsche Großindustrie verhielt sich zunächst ablehnend. Auf dem dritten Gewerkschaftskongreß in Frankfurt 1899 dagegen wurde der Tarifvertrag als Massenvertrag, "der nicht für einzelne Arbeitsverhältnisse, sondern kooperativ mit dem Arbeitgeber für die Masse der beschäftigen Arbeitnehmer geschlossen werden" auch von Seiten der SPD anerkannt[35].
Die Ansichten von Rechtsprechung und Literatur divergierten in der Frage, ob die bestehenen Tarifverträge anzuerkennen seien: während die Rechtsprechung der Koalitionsfreiheit einschränkende

---

32) Schumacher, Schlichtungswesen, 1921, S. 12.

30) Brentano, Arbeitergilden, Bd. I, Leipzig 1871; er definierte den Begriff des Tarifvertrages: "Tarifvertrag ist ein sozialer Vertrag zwischen einem oder mehreren Arbeitgebern mit einer nicht begrenzten Gesamtheit von der selben oder ähnlichen Berufsschichten angehörenden Arbeitnehmern zum Zweck der Feststellung der Bedingung, unter welchen Individualarbeitsverträge zu schließen und die gegenseitigen Beziehungen zu regeln sind".

34) Ein dreibändiges Werk "Der Tarifvertrag im Deutschen Reich", erarbeitet im Kaiserlichen Statistischen Amt, Abteilung für Arbeiterstatistik, 1906, bezeugt das große Interesse für das damals neue arbeitsrechtliche Phänomen

35) Barthel, Handbuch, Dresden, 1916. S. 433ff.

Urteile entgegensetzte[36], traten neben *Fraenkel, Kahn-Freud, Neumann* besonders *Sinzheimer* für die Anerkennung der Tarifverträge ein[37]. Die Autoren standen der SPD und den Gewerkschaften sehr nahe.

3. Die vereinbarten Schlichtungsstellen

Die Entwicklung der Schlichtung als Verfahren zum Interessenausgleich und zwischen Arbeitern und Arbeitgebern setzte sich in der Mitte des 19. Jahrhunderts fort und führte zunächst zu teils staatlicher, teils freiwilliger Schiedsgerichtsbarkeit. Das gewerbliche Schlichtungswesen in seiner späteren Form entstand zum ersten Mal in der Rheinprovinz: Am 26.11.1826 wurden in neun westfälischen Städten unter dem Namen "Fabrikgerichtsdeputation" Schiedsgerichte durch Verfügung eingerichtet und später in das preußische Gewerbegerichtsstatut aufgenommen[38]. Daneben bestimmten die §§ 137, 153 der Allg. GewO vom 17.1.1845, daß bei Konflikten die Fabrik- und Gewerbegerichte zu entscheiden hätten. Noch waren diese zugunsten der Arbeitgeber nicht paritätisch besetzt[39]. Am 1.9.1848 forderten allerdings die Heidelberger und Mannheimer Zigarrenarbeiter die Errichtung von Schiedsgerichten mit vier Arbeiter- und drei Arbeitgebervertretern[40].

Das Gewerbegerichtsgesetz Preußens vom 9.2.1849 bestimmte, daß in jedem Ort ein Gewerbegericht zu

---

36) RGSt 37, 236, in dem der Schutz des § 153 GewO auch dann gewährt wurde, wenn nicht von Arbeitern auf Arbeiter, sondern von Arbeitern auf Arbeitgeber zwangsweise eingewirkt wurde.Dies hatte zur Konsequenz, daß die als Zwangsausübung der Arbeiter bewertete Handlung strafbar war. Vgl.: ferner: RGSt 36, 236ff. Urteil vom 30.4.1903, wonach Tarifverträge als unverbindliche Abreden der Koalitionen zu behandeln waren, so daß gemäß § 153 GewO weder Klage, noch Einrede erhoben werden konnte. Anders: RGZ 73, 99, Urteil vom 20.1.1910, was zwischen den Tarifvertragsparteien Klagbarkeit anerkannte.

37) Sinzheimer, u.A. in: Rechtsfragen, Jena 1913, S. 6; Arbeitsnormenvertrag, Berlin 1916.

38) Die Gewerbegerichte verdankten ihre Errichtung der Französichen Regierung und dem Einfluß Napoleons unter dem Rheinbund. Durch eine Verordnung vom 7.8.1849 erhielten die bestehenden Gewerbegerichte die offizielle Bezeichnung "Königliche Gewerbegerichte". Krips, Diss.S.18; Bielschowsky, Grundlagen,1921,S.151.

39) Vgl. Krips, Diss. S. 191.

40) Frisch, Organisationsbestrebungen, 1905, S. 16ff.

errichten sei, um im Wege der gütlichen Vermittlung oder nötigenfalls durch Entscheidung die Streitigkeiten der selbständigen Gewerbetreibenden mit ihren Gehilfen, Gesellen und Lehrlingen zu erledigen. Auch der Entwurf der GewO für das deutsche Reich vom Februar 1848[41] sah in §§ 42,43 Fabrikausschüsse zur Vermittlung von Streitigkeiten zwischen Arbeitern und Arbeitgebern vor. § 46 der GewO legte die Entscheidungskompetenz für Fabrikschiedsgerichte in den Gewerbebezirken über die Streitigkeiten zwischen Arbeitern und Arbeitgebern fest. Vom Gesetzgeber wohl unbeabsichtigt wirkten sich auch die §§ 152,153 GewO des Norddeutschen Bundes fördernd auf das Einigungswesen aus: Es entwickelte sich - ausgehend von den Koalitionen der Arbeiter - ein unabhängiges, vertraglich vereinbartes Schieds- und Einigungswesen.

Am 13.10.1887 verhandelte der Verein für Sozialpolitik[42] über die Thematik der Einigungsämter. Er ließ dem Reichstag eine Petition zukommen, "schleunigst den Erlaß eines Normativgesetzes für Einigungsämter", durch das ihre Urteile vollstreckbar gemacht werden können, zu erlassen[43] - dies geschah am 29.7.1899 mit Erlaß des Gewerbegerichtsgesetz. Der Tarifgedanke faßte Fuß und immer mehr paritätische Einigungsämter entschieden über Auslegung und Anwendung der Tarifvertragsnormen. Im Fall der Nichteinigung im Streit über die Bedingungen des Tarifvertrages sollten die paritätischen Einigungsämter im Wege eines Interessenausgleiches durch einen Schiedsspruch eine Art "Ersatztarifvertrag" vorbereiten. Bis 1890 wurde die Errichtung dieser Einrichtungen entweder in den Tarifverträgen

---

41) Verh. der deutschen verfasungsgebenden Nationalversammlung, Frankfurt, 1848/49, Bd. II, S. 921ff.

42) Die langen Debatten in den Verhandlungen des Vereins für Sozialpolitik standen im Interesse der politischen Öffentlichkeit und bewirkten Veränderungen in der Gestaltung des Arbeitsrechts vom Ende des 19. Jahrhunderts an bis zum Ende der Weimarer Republik. Vgl. dazu: Plessen, Die Wirksamkeit des Vereins für Sozialpolitik von 1872-1890, 1975; Lindenlaub, Richtungskämpfe im Verein für Sozialpolitik, in: Vierteljahresschrift für Sozial- und Wirtschaftsgeschichte Bd. 52,53, 1967; Gorges, Sozialforschung in Deutschland 1872-1914, 1980.

43) In: Handwörterbuch der Staatswissenschaft, Schlichtungswesen,7. Bd., Jena 1926, S. 233.

selbst[44] vereinbart oder sie waren aufgrund von Landesgesetzen[45] errichtet worden. Noch immer überwog jedoch die Anzahl der Schiedsgerichte, die reine Rechtsstreitigkeiten zwischen Arbeitnehmern und Arbeitgebern verhandelten. Ende 1913 sahen aber schon 53 % der Tarifverträge für insgesamt 81 % der tariflich gebundenen Arbeiter eine paritätisch besetzte Einigungsstelle vor[46]. Teilweise enthielt der Tarifvertrag eine Vereinbarung , nach der ein Schiedsspruch der Einigungsstelle nur gefällt werden konnte, wenn beide Teile vorher ihre Bereitschaft zur Unterwerfung unter den Schiedsspruch erklärt hatten[47]. Während des Einigungsverfahrens hatten sämtliche Arbeitskampfmaßnahmen zu unterbleiben, um die Verhandlungsbereitschaft nicht zu gefährden.
Die Errichtung einer freiwilligen Schlichtungsstelle oblag bis zum ersten Weltkrieg ausschließlich den Tarifparteien. Doch blieb das Rechtsverhältnis zwischen diesen beiden umstritten, da das Prinzip der Unabdingbarkeit der Tarifnormen bis zum Erlaß der Tarifvertragsverordnung 1918 noch nicht galt.

4. Die Entwicklung der Tarifparteien

4.1. Die Gewerkschaften

Schon vor der Einführung der Koalitionsfreiheit 1869 schlossen sich Arbeiter zusammen und arbeiteten auf die Gründung gewerkschaftlicher Organisationen nach dem Vorbild der englischen trade unions hin. Vorrangiges Anliegen der Verbände war die Verbessserung der Lohn- und Arbeitsbedingungen[48].

---

44) Bis zum Erlaß des Gewerbegerichtsgesetz von 1890.

45) Nach französischem Vorbild geschaffene Gewerbegerichte, z.B.das aufgrund der GewO von 1861 errichtete Gewerbegericht für Sachsen, das aufgrund des Gesetzes des Hamburgischen Staates vom 10.5.1875 errichtete Hamburger Schiedsgericht oder das aufgrund des Bremer Gewerbegerichtsgesetz vom 30.9.1877 und 17.4.1887 errichteten Gewerbegerichtes, in: Krips, Diss. S. 35.

46) Hüllbüsch, Zwangstarif, S. 604.

47) So z.B. Abkommen für das rheinische Taback-gewerbe in: Kleindienst, Schlichtungswesen, in: Soz. Prax., 1928, S. 857.

48) Vgl. zur Geschichte der Arbeitsbewegung: Bernert, Arbeitsverhältnisse 1973; Köllmann, Entwicklung, 1963; Grebing, Arbeiterbewegung, 1973; Ritter, Arbeiterbewegung 1980; Winkler, Arbeiterbewegung,1984; Quellen zur Geschichte der Gewerkschaftsbewegung, 1982/83.

Ende des 19. Jahrhunderts formierte sich die Arbeiterbewegung als politische Kampforganisation, die programmatisch über die kollektive Gestaltung der Arbeitsverhältnisse hinaus die "Repression durch die bürgerlichen Parteien" und das "Kapital" bekämpfte[49]. Die Vereinigung von Marxisten und Anhängern Lasalles 1875 auf radikalem Kurs in der SPD erschwerte die Arbeit der freisinnigen Arbeitervereine. Sie beschränkten ihre Arbeit auf die reine Mitbestimmung in Fragen der Lohn- und Arbeitsbedingungen. Eine Einheit innerhalb der Arbeitnehmergruppen war nicht mehr zu erzielen.

4.1.1. Die freien Gewerkschaften

Die erste Konferenz der Gewerkschaften Deutschlands tagte 1890 in Berlin. Zu einem festen Zusammenschluß führte sie jedoch erst 1900 der dem radikaleren Flügel der SPD zuzuordnende Carl *Legien*. Er wurde zum ersten Vorsitzenden der freien Gewerkschaften gewählt. Diese bekannten sich zum Klassenkampfprinzip und arbeiteten eng mit der SPD zusammen[50]. Auf dem Nürnberger Gewerkschaftskongreß am 2.7.1919 proklamierten sie unter Aufhebung des 1906 mit der SPD in Mannheim geschlossenen Abkommens parteipolitische Neutralität[51]. 1919 gründete sich aus den freien Gewerkschaften der Allgemeine Deutsche Gewerkschaftsbund (ADGB), 1920 mit insgesamt 52 Einzelgewerkschaften, ferner der Allgemeine

---

49) So Rosa Luxemburg in: Massenstreik, Partei und Gewerkschaften, Petersburg 1906, S. 3ff., daß gerade der Arbeitskampf das geeigneteste Mittel zum Klassenkampf sei. "Die Arbeiterklasse ist revolutionär, oder sie ist nichts!". So schrieb auch Karl Marx an Johann Baptist Schweitzer am 13.2.1865 in: Marx/Engels, Werke Bd. 31, Berlin 1865, S. 445. Das Ziel des Streiks war nicht vorrangig die Etablierung des Tarifvertrags als Friedensinstrument, sondern allein, im Klassenkampf zu siegen. Am 1.3.1863 rief Ferdinand Lassalle die Arbeiter zum ersten deutschen Arbeiterkongreß zusammen und forderte Zusammenschlüsse, die gemeinsam kämpfen sollten, um den Arbeiterstand "aus der Wüste" zu befreien, in: Lassalle, offenes Antwortschreiben an das Centralkommitee zur Berufung eines allgemeinen deutschen Arbeiterkongresses in Leipzig vom 1.3.1863; gleicher Ansicht war auch Legien in: Koalitionsrecht, 1899; vgl. auch Bernstein in: Der Streik, 1906, S. 108ff.

50) Huber, Verfassungsgeschichte Bd.IV,S.1142,1225.

51) Sie wollten nicht in den Konflikt zwischen SPD und USPD hineingezogen werden, vgl. Barthel, Handbuch, 1916.

Gewerkschaftsbund für Angestellte (AGfA) und der Allgemeine deutsche Beamtenbund (ADBB). Der Tarifvertrag war bereits 1899 anerkannt worden[52]. Auf einer Tagung der Gesellschaft für soziale Reform traten Vertreter der freien Gewerkschaften für seine gesetzliche Regelung ein[53], stießen jedoch auf Widerstand in den eigenen Reihen: eine gesetzliche Kodifikation schade den Interessen der Arbeiterschaft. Diese werde durch gesetzlich formulierte Verhandlungsmaximen mit den Arbeitgebern in "unternehmerische Machenschaften" einbezogen[54].

4.1.2. Die Hirsch-Dunckerschen Gewerkvereine

Der aus der sächsischen Volkspartei kommende, fortschrittliche Reichstagsabgeordnete *Hirsch* zeigte sich beeindruckt von einer Studienreise nach England und gründete 1868 zusammen mit *Duncker* nach dem Vorbild der trade unions die "Gewerkvereine"[55]. Sie standen in Gegnerschaft zur SPD und widmeten sich vorrangig der wirtschaftlichen Gerechtigkeit zwischen Arbeitern und Arbeitgebern. Als Verband forderten sie Tarifautonomie für die Arbeiter[56]. Seit ihrer Gründung bezeichneten sie "Gleichberechtigung, Vereinbarung, Schiedsgericht" als ihren Wahlspruch. Ihre Musterstatuten enthielten die Forderung, daß "zur Erledigung von Differenzen zwischen Arbeitnehmern und Arbeitgebern ein bleibendes Schiedsgericht zu bilden sei"[57].

Die Hirsch-Dunckerschen Gewerkvereine vereinten sich mit dem "Allgemeinen deutschen Eisenbahnerverband" und dem "Gewerkschaftsring der Arbeiter

---

52) Eine dort verabschiedete Resolution lautete:"Tarifliche Vereinbarungen, welche Lohn- und Arbeitsbedingungen für eine bestimmte Zeit regeln, sind als Beweis der Anerkennung der Arbeiter seitens der Unternehmer bei Festsetzung der Arbeitsbedingungen zu erachten und in den Berufen erstrebenswert, in welchen sowohl eine starke Organisation der Unternehmer als auch der Arbeiter vorhanden in, die eine Gewähr für die Aufrechterhltung und Durchführung des Vereinbarten bieten",in:Barthel,Handbuch,S.433ff.

53) Dort traten auf Theodor Leipart und Adolf Schmidt in: Schriften der Gesellschaft für Soziale Reform, Jena 1914.

54) Hüllbüsch, Zwangstarif S.604; Winkler, Arbeiterbewegung, S.163.

55) Später Hirsch-Dunkersche Gewerkvereine; vgl. Brütt, Koalitionsrecht, Berlin 1903, S. 265; Imele, Friedensdokumente, S. 10.

56) Brütt, a.a.O.

57) § 7, Zi.3 des Statutes in: Schumacher, Schlichtungswesen, S.8.

und Angestellten" und der "Beamtenverbände" zu einem Zentralverband.

4.1.3. Die christlichen Gewerkschaften

Seit Ende des 19. Jahrhunderts sammelten sich Arbeitervereinigungen, die eine stärkere Berücksichtigung des religiösen Momentes wünschten. Sie setzten sich zum Ziel, Konflikte tarifvertraglich zu lösen. 1901 kam es zur Gründung eines Gesamtverbandes der christlichen Gewerkschaften, die größtenteils aus den katholischen Arbeitervereinen entstanden und von der damals gerade erschienen päpstlichen Enzyclika "rerum novarum" vom 15.5.1891 über die Arbeiterfrage[58] nicht unbeeinflußt blieben. Die christlich-nationalen Gewerkschaften waren seit 1919 in einem Dachverband, dem Deutschen Gewerkschaftsbund (DGB), zusammengefaßt. Dieser unterteilte sich in den "Gesamtverband deutscher Angestelltengewerkschaften", den "Gesamtverband deutscher Beamten- und Staatsangestelltengewerkschaften" und den "Gesamtverband der christlichen Gewerkschaften".

Im Gegensatz zu den drei genannten Richtungen existierten Arbeiterverbände, die sich als "wirtschaftsfriedlich" bezeichneten und die gewerkschaftlichen Kampfmittel verwarfen. Sie empfingen vielfach finanzielle Unterstützung von den Arbeitgebern oder schlugen als "nationale Arbeitervereine" einen anderen politischen Kurs ein als die kämpferischen Gewerkschaften. 1910 schlossen sich die auch "Gelbe" Gewerkschaften genannten Arbeitervereinigungen zum Hauptausschuß nationaler Arbeiterverbände zusammen[59].

4.2. Die Arbeitgeberverbände

Ursprünglich waren die Arbeitgeberverbände als "Anti-Streik-Vereine" konzipiert. Sie gründeten sich zur Wahrung der Arbeitgeberinteressen in kleinen Organsiationen auf regionaler Ebene. Erst 1913 entstand die Vereinigung Deutscher Arbeitgeberverbände (VDA) als einziger Zentralverband[60]. In zahlreichen Industriegruppen gründeten sich berufliche Unternehmerorganisationen und allgemeine Arbeiterverbände. Bereits im Januar 1904 entstand neben dem "Bund der Industriellen" der "Verein der deutschen Arbeitgeberverbände", die dann 1913 in

---

58) Vgl.Umbreit,Gewerkschaftsbewegung,1915,S.50ff.
59) Ders. a.a.O. S. 55. Barthel, a.a.O. S.433.
60) Kaskel, Lehrbuch, 1920, S.226; Umbreit,S.60ff.

der VDA aufgingen. Der Einheitsverband der VDA schuf bessere Vorraussetzungen, um gegen die immer mächtiger gewordenen, jedoch in sich zerstrittenen Gewerkschaftsgruppen anzugehen. Die VDA handelte im Einvernehmen mit dem 1919 gegründeten "Reichsverband der Deutschen Industrie" (RDI). Sie sah zu Anfang im Tarifvertrag die Gefahr einer Machteinschränkung und verhandelte lieber mit den einzelnen Arbeitnehmern als mit einem Kollektiv[61]. Argumentativ verwiesen die Arbeitgeber auf die flexiblere Gestaltungsmöglichkeiten der Einzelverträge. Für Verhandlungen zur Lösung von Streitigkeiten aus den einzelnen Verträgen sollten auch nach Ansicht der Arbeitgeber Einigungsämter geschaffen werden.

II. Die schlichtungsbezogene Gesetzgebung bis 1918

1. 1869: Die GewO des Norddeutschen Bundes

Nachdem bereits im Entwurf der GewO von 1848/49 Schiedsgerichte und Einigungsstellen vorgesehen und die Arbeitnehmervertreter als "Sprachrohr" der Arbeiterschaft anerkannt waren, dauerte es noch 20 Jahre bis zur gesetzlichen Kodifikation der Koalitionsfreiheit. Ausschlaggebend für die Anerkennung der Koalitionsrechte war nicht nur die Tatsache, daß mit dem Ziel der Durchsetzung des Koalitionsrechts gestreikt wurde, sondern daß überhaupt so viele Streiks stattfanden, die man durch die Anerkennung der Arbeitervereinigungen als Verhandlungspartner zu verhindern glaubte[62]. Die in den §§ 152, 153 GewO gewährleisteten Rechte erfüllten durch die negativ formulierte Koalitionsfreiheit

---

61) Fröhlich, Schlichtungswesen, 1949, S.2.

62) So auch Kollmann, Entstehungsgeschichte, in der Einleitung; vgl. auch das Schreiben Bismarcks am 26.1.1865 an das Handelsministerium mit der Bitte um Aufhebung der Koalitionsverbote. In seinem Brief sprach er von der "moralischen Verpflichtung, den Arbeitern die Freiheit der Koalition zu gewähren" und einem "pädagogischen Zweck" - er hoffte, daß sich durch die Freiheit der Arbeiter die Zahl der Arbeitskämpfe verringern würden und sich die freien Arbeiterkoalitionen als Korrektiv gegen das "zeitweilig krankhafte Wachstum einzelner Industriezweige" bilden würden. In: Akten des Preußischen Ministeriums für Handel und Gewerbe, Akten betr. die Reform der Gewerbegesetze, Bd. I, 1.12., vol.1; nachzulesen in den Sten. Ber. über die Verh. des RT des Norddeutschen Bundes 1869, S. 135.

nicht die an die GewO gestellten Erwartungen. Die Rechtsprechung orientierte sich an der Einschränkung in § 153 GewO, in dem sie die Vereinigungen als "politisch" bezeichnete und so auf die Strafbestimmungen der Versammlungs- und Strafgesetze Zugriff nehmen konnte.

2. 1878-90: Das Sozialistengesetz

Das am 20.10.1878 verabschiedete Sozialistengesetz[63] führte wieder Polizeitstaatsverhältnisse ein. Nach dem Wortlaut des "Gesetzes gegen die gemeingefährlichen Bestrebungen der Sozialdemokratie" konnte eine Gewerkschaft zwar nicht offiziell verboten werden[64]. Das Sozialistengesetz ließ sich jedoch als eine Präventivmaßnahme der Regierung interpretieren. Der Einfluß der eng mit den Sozialdemokraten zusammenarbeitende Arbeiterbewegung wurde durch das Versammlungs- und Presseverbot sowie die Befugnis zur Beschlagnahme von Vereinskasse und Vereinsvermögen geschwächt. Trotzdem fanden bis April 1890 über 11 000 Arbeitskämpfe mit rund 400.000 Streikenden statt[65].

3. 1890: Das Gewerbegerichtsgesetz

Zum ersten Mal in der Geschichte des Tarif- und Schlichtungswesens entstand gemäß §§ 61ff. des Gewerbegerichtsgesetzes (GGG) vom 29.7.1890[66] die Möglichkeit, bei Streitigkeiten zwischen Arbeitern und Arbeitgebern über die Bedingungen der Fortsetzung oder Wiederaufnahme des Arbeitsverhältnisses eine neu zu errichtende Einigungsstelle der Gewerbegerichte anzurufen. Anrufungsberechtigt waren jedoch nur die einzelnen Arbeitgeber und Arbeiter. Die Anrufung mußte freiwillig erfolgen - die Gewerbegerichte eröffneten kein Verfahren von Amts wegen. Nach der Verhandlung hatte die Einigungsstelle einen Einigungsvorschlag zu unterbreiten[67]. Kam keine Einigung zustande, gab die Einigungsstelle einen Schiedsspruch ab. Dieser enthielt die Aufforderung an die Parteien, sich binnen einer Frist darüber zu erklären, ob sie den Schiedsspruch annehmen oder nicht[68], wobei die

63) RGBl. 1878, S. 351.
64) § 2 i. V. m. § 7 des Gesetzes.
65) In: Geschichte der deutschen Gewerkschaftsbewegung Bd. II.
66) RGBl. 1890, S. 141; §§ 1, 67, 68 im Anhang abgedruckt.
67) § 65 GGG.
68) § 68 GGG.

Nichtabgabe einer Erklärung als Ablehnung des Schiedsspruchs galt. Dieser behielt seinen Charakter als unverbindlichen Vertragsvorschlag. Um einen "moralischen Druck" der öffentlichen Meinung auf die Parteien auszuüben, sollten der Schiedsspruch und die Erklärungen der Parteien veröffentlicht werden[69].

Trotz der staatlichen Mitwirkung an der Entscheidung durch die Gewerberichter besaß der Schiedsspruch noch keine verbindliche Kraft. Ein Anrufungszwang existierte nicht; ein Verhandlungszwang nur insoweit, als der Vorsitzende die am Streit beteiligten Personen unter Sanktionsdrohung vorzuladen befugt war[70]. Den Vorsitzenden berief der Magistrat und die Gemeindevertreter; er sollte unparteiisch und unabhängig dem Verfahren vorstehen und nicht aus dem Kreis der Parteien stammen[71]. Der Geltungsbereich des GGG umfaßte nur die der GewO unterstellten Betriebe[72].

Seit dem GGG existierten nun Einigungsämter mit dreifacher Aufgabe:

1. Verhandlung der täglichen Rechtsstreitigkeiten zwischen Arbeitern und Arbeitgebern;
2. Verhandlung der Streitigkeiten zwischen Arbeitern und Arbeitgebern über die Bedingungen der Fortsetzung oder Wiederaufnahme des Arbeitsverhältnisses;
3. Verhandlung nach der Stellung von Anträgen an Behörden, Vertretungen von Kommunalkörperschaften und gesetzgebende Körperschaften des Bundesstaates oder des Reiches[73].

Auch in den Rechtstreitigkeiten[74] sollte auf gütliche Erledigung des Streites hingewirkt werden. Der Sühneversuch konnte in jeder Lage des Verfahrens erneuert werden. Entschied die Einigungsstelle als Schiedsgericht, ohne daß es sich um eine Rechtsstreitigkeit handelte, hatte der Schiedsspruch die Wirkung eines unverbindlichen Vertragsvorschlages; entschied sie in Rechtstreitigkeiten, kam dem Schiedsspruch die Wirkung eines Urteils zu: er schuf unmittelbar geltendes Recht zwischen den Parteien.

---

69) §§ 66, 69 GGG.

70) § 65 GGG.

71) §§ 10, 11 GGG.

72) § 1 GGG.

73) § 42 GGG.

74) Das GGG trennt erstmalig zwischen Rechtsstreitigkeiten und solchen aus dem Tarifvertrag, die die Frage der Regelung der Lohn- und Arbeitsbedingungen betrafen; §§ 4 und 62 GGG.

Es war kein Zufall, daß das GGG gerade nach dem Fall des Sozialistengesetzes beschlossen wurde. Der Gesetzgeber sprach dabei erstmals den Gewerkschaften die Aufgabe zu, die Arbeitnehmer hinsichtlich der Regelung der Lohn- und Arbeitsbedingungen zu vertreten. Der Gesetzgeber förderte den aufkommenden Gedanken der sozialen Selbstverwaltung[75] besonders dadurch, daß er auf einen Anrufungszwang verzichtete. Einziges Druckmittel bot die zwingend vorgeschriebenen öffentlichen Bekanntmachung der Parteierklärungen.
Das GGG sollte dem Zweck dienen, Frieden in den Lohnstreitigkeiten ohne Streiks vorausgegangene herzustellen[76]. Neben den durch die Tarifverträge geschaffenen eigenen und freiwilligen Schlichtungsstellen konnten die Tarifparteien jetzt die staatliche Einigungsstelle in Anspruch nehmen und so die Interessenkonflikte statt in Form von Arbeitskämpfen friedlich austragen. Auf dem Boden des Tarifvertragwesens entwickelte sich eigenständig ein System privater Schlichtungsstellen.

Trotz der Zuspitzung des Verhältnisses zwischen Arbeitern und Arbeitgebern fiel die Tätigkeit der Einigungsstellen der Gewerbegerichte nicht sehr ins Gewicht und erfaßte insgesamt nur wenige Arbeiter[77]. Die Einigungsämter konnten nämlich

- weder Zeugen noch Sachverständige eidlich vernehmen,
- keine amtlichen Auskünfte von Behörden fordern,
- keine Vorlegung von Urkunden verlangen und
- die Gerichte nicht zur Vornahme einer Beweiserhebung ersuchen.

Darüber hinaus dauerte das Verfahren zu lange und vermochte daher nicht zu einer effizienten Verminderung der Arbeitskämpfe beizutragen. Daher bildeten sich alternative Institutionen zur Schlichtung von Streitigkeiten der Tarifparteien. Insgesamt gab es vier Arten von Schlichtungsstellen:

1. Das Einigungsverfahren nach den Vorschriften des GGG in Form der freiwilligen Vermittlung vor einem offiziellen Organ;
2. Das rein freiwillige Einigungsverfahren vor

75) *Vgl. Krips, Diss. Köln 1959, S. 30.*
76) *Vgl. Bericht der Reichstagskommission 1890, S. 30; von Hausen, Diss. Jena 1925, S.4, Krips, Diss. S.94; Bielschowsky, Grundlagen, S.162.*
77) *Bielschowsky, a.a.O. S. 157; Handwörterbuch, Jena 1926, S. 235.*

tariflich vereinbaren Schlichtungsstellen;
3. Das gemischte System, in dem die Einigungsstellen des GGG als die tarifliche Schlichtungsstelle vereinbart wurde;
4. Die freiwillige Vermittlungstätigkeit besonders autorisierter Persönlichkeiten des öffentlichen Lebens.

Faktisch entstanden daher nebeneinander zwei Formen der Schlichtung:
- **Schlichtungsstellen**, die Streitigkeiten von Arbeitern und Arbeitgeber über die Auslegung und Gestaltung künftiger Arbeits- und Lohnbedingungen zum Gegenstand hatten. Deren Schiedssprüchen unterwarfen sich die Parteien im Fall der Nichteinigung freiwillig und
- **Schiedsgerichte**, die aufgrund eines Schiedsvertrages vereinbart wurden und für die die Vorschriften des GGG nicht galten. Sie entschieden nur bei Rechtsstreitigkeiten und erließen verbindliche Schiedssprüche mit der Wirkung eines gerichtlichen Urteils.

Sowohl Schiedsgerichte als auch Schlichtungsstellen entstanden parallel zu den Einigungsämtern der Gewerbegerichte. Oft diente das Einigungsamt der Gewerbegerichte der Schlichtungsstelle als 2. Instanz.

4. 1901: Die Innungsnovelle des GGG

Ab Januar 1899 verhandelte der Reichstag über eine Revision des GGG. Zentrum und SPD sprachen sich für die Einführung eines Verhandlungszwanges aus[78]. Die Novellierung des GGG[79] 1910 behielt das Prinzip völliger Freiwilligkeit im Hinblick auf das Streben der Parteien nach sozialer Selbstverwaltung bei. Eine Einigung kam nur durch beiderseitige, freiwillige Willenserklärungen zustande. Für Streitigkeiten zwischen einzelnen Innungsmitgliedern und ihren Arbeitgebern konnte nach der Novelle ein besonderes Innungseinigungsamt errichtet werden, dessen Zusammensetzung und Tätigkeit sich nach den Vorschriften des GGG richtete.

5. 1904: Das Kaufmannsgerichtsgesetz

Die Regelung des GGG wurde gemäß § 17 KaufmannsGG[80] auch für Streitigkeiten zwischen einzelnen Kauf-

78) Bericht der Reichstagskommission 1899; Krips, Diss. S. 41.
79) RGBl. 1901, S. 249.
80) RGBl. 1904, S. 266.

leuten und Handlungsgehilfen angewandt. Für Angestellte erreichten die Bestimmungen weniger Bedeutung, da diese weniger Arbeitskämpfe führten.

6. 1908: Der Entwurf eines Arbeitskammergesetzes

Schon vor Verabschiedung des GGG lag dem Reichstag ein Antrag [81] auf Änderung der GewO vor, der u.a. die Errichtung paritätisch besetzter Arbeitskammern vorsah. Kaiser Wilhelm II. legte dem Reichstag am 25.11.1908 den Entwurf eines Arbeitskammergesetzes vor[82]. Danach sollten im Reichsamt des Inneren für Arbeiter und Arbeitgeber eines Gewerbezweiges auf sachlicher Grundlage Arbeitskammern zur "Pflege des wirtschaftlichen Friedens und der gemeinsamen gewerblichen und wirtschaftlichen Interessen"[83] errichtet werden. Der Arbeitskammergesetzentwurf legte die wirtschaftliche Gleichberechtigung der Arbeitervertreter fest.
Als eine der vornehmsten Aufgaben bezeichnete der Entwurf "die Tätigkeit der Arbeitskammer als Einigungsamt bei Streitigkeiten zwischen Arbeitern und Arbeitgebern über die Bedingung der Fortsetzung oder Wiederaufnahme des Arbeitsverhältnisses" in den Fällen, in denen es an der Kompetenz eines zuständigen Gewerbegerichts fehlen sollten. Die Einigungstätigkeit der Arbeitskammern zielte nicht auf Ersetzung des Aufgabenbereiches der Gewerbegerichte, sondern auf deren subsidiäre Ergänzung. Für das Verfahren galten die Vorschriften des GGG entsprechend[84]. Die Arbeitskammern sollten dem Gedanken einer lokalen Einigungsstelle Rechnung tragen und eine Instanz bilden, deren Aufgabe die friedliche Beilegung der Streitigkeiten zwischen Arbeitern und Arbeitgebern war. Als zweite Instanz dienten die Schlichtungstellen und Schiedsämter des GGG.

Der Entwurf wurde eingehend beraten[85] und von der SPD-Reichstagsfraktion gegen den Widerstand der konservativen Abgeordneten unterstützt. Zu einer Verabschiedung kam es infolge des Endes der Reichs-

---

81) Drs. des RT, 8. Legislaturperiode, I. Sess. 1890/91, Nr. 25, Bericht der Reichstagskommission zur Vorberatung des Gesetzentwurfs betreffend die Gewerbegerichte, Berichterstatter: Abgeordneter Bachem.
82) Drs. d. RT, 12. Legisl., II. Session, 1907/09, Nr. 1048; §§ 2, 6 sind im Anhang abgedruckt.
83) § 1 i.V.m. § 2 des Entwurfs.
84) §§ 9, 10 II des Entwurfs.
85) Verh. d. RT, 12. Legisl. I. Sess., S.1035-1081.

tagssession nicht. Eine umgearbeitete Fassung wurde dem Reichstag am 11.2.1910[86] zur Beratung überwiesen, zweimal beraten und nach der zweiten Lesung angenommen. Wegen grundsätzlicher Bedenken der Reichsregierung gegen diese Beschlüsse des Reichstags scheiterte sodann die Verabschiedung. Auch ein dritter Entwurf vom 19.4.1918[87] stieß in erheblichen Punkten auf Meinungsverschiedenheiten zwischen der Reichstagskommission und der Regierung[88]. Er fand infolge der Staatsumwälzung 1918 keine weitere Beachtung. Der Reichstag erkannte zwar die Aufgaben, nicht aber die Notwendigkeit der Institution der Arbeitskammern an.
Der Versuch, durch das Arbeitskammergesetz ein einheitliches Schlichtungswesen zu schaffen, war gescheitert. Dadurch waren die Tarifparteien zum Ausbau des tariflichen Schlichtungswesens gezwungen[89].

7. 1916:Gesetz über den vaterländischen Hilfsdienst

Ein neuer Anstoß zum Aufbau eines einheitlichen Einigungswesen kam aus der Kriegswirtschaft, speziell aus der Berliner Metallindustrie. Sie mündeten in die Errichtung der Schlichtungsausschüsse durch das Hilfsdienstgesetz.

Das Gesetz über den vaterländischen Hilfsdienst (HilfsdG) vom 5.12.1916[90] bestimmte, daß "jeder männliche Deutsche (...), soweit er nicht zum Dienst in der bewaffneten Macht einberufen wurde, zum vaterländischen Hilfsdienst während des Krieges verpflichtet ist"[91]. Niemand durfte einen Hilfsdienstpflichtigen beschäftigen, der keine Bescheinigung seines letzten Arbeitgebers darüber bei-

86) Drs. d. RT, 12. Legisl. I. Sess., Nr. 1035.
87) Drs. d. RT, 13. Legisl. II.Sess., 1914/18, Nr. 1490.
88) Er scheiterte zum 2. Mal an der Forderung des Reichstags, der die Kammermitglieder mindestens zu einem Viertel aus Arbeiter- und Gewerkschaftssekretären gewählt haben wollte. Der Entwurf wurde jedesmal ohne eine Bestimmung über die Wählbarkeit der Kammermitglieder vorgelegt.
89) 1908 besaßen jedoch von 1973 neu abgeschlossenen Tarifverträgen nur 1154 Vereinbarungen über Schlichtungs- und Einigungsorgane, in: Sonderbeilage zum RABl. bearbeitet im Kaiserlichen statisstischen Amt, Berlin 1909, S.40.
90) RGBl. 1916, S. 133; § 13 des HilfsdG ist im Anhang abgedruckt.
91) §§ 1, 9 des HilfsdG.

brachte, daß er die Beschäftigung mit seiner Zustimmung aufgegeben hat (sogenannter Abkehrschein). Der Überwachung dienten die durch das HilfsdG eingerichteten ständigen Arbeiter- und Angestelltenausschüsse[92]. Falls Streitigkeiten über die Lohn- und Arbeitsbedingungen entstanden und keine Einigung zustande kam, konnten diese Ausschüsse als Schlichtungsstellen angerufen werden[93].
Die Zuständigkeit der paritätisch besetzten Schlichtungsausschüsse entfiel jedoch, wenn beide Parteien ein Gewerbegericht, Kaufmannsgericht, Innungsamt oder Bergwerksgericht anriefen. Sie lag vor, wenn nur eine Partei den Ausschuß anrief und dies auch dann, wenn die andere Partei nicht erschien oder nicht verhandelte[94]. Immer noch war beiderseitige Annahme des Schiedsspruches Voraussetzung für seiner verbindliche Geltung für die Parteien[95]. Es handelte sich um eine reine Hilfeleistung des Staates für die Parteien.
Es existierten jedoch Sanktionsmöglichkeiten für den Fall des Widerstandes einer Partei:

1. Unterwarfen sich die Arbeitgeber nicht, mußten sie den Abkehrschein aushändigen, der dem betroffenen Arbeitnehmer eine fristlose Kündigung gestattete und jeden anderen Arbeitgeber zur sofortigen Einstellung berechtigte;
2. Unterwarfen sich die Arbeitnehmer nicht, erhielten sie den Abkehrschein nicht ausgehändigt, womit ihnen stillschweigend die Berechtigung zum Arbeitsplatzwechsel abgesprochen wurde. Ferner konnten Sie zum Kriegsdienst eingezogen werden[96].

Da die Schlichtungsausschüsse Schiedssprüche fällen konnten, die bei Annahme durch die Parteien den Tarifvertrag ersetzten, war somit zum ersten Mal auf Reichsebene das Schlichtungswesen in Teilen gesetzlich kodifiziert. Noch immer durfte aber von einem echten Einigungsverfahren gesprochen werden, da die Schiedssprüche nur durch beiderseitige Annahme der Parteien für verbindlich erklärt werden konnten und die Anrufung der Schlichtungsstelle

92) § 11 des HilfsdG.
93) § 13 II des HilfsdG, der zum erstem Mal gesetzlich den Namen "Schlichtungsausschuß" erwähnte.
94) § 13 I des HilfsdG.
95) §§ 13 II, III des HilfsdG.
96) Sogenannte "Schützengrabenordnung", die sich nach Ansicht Raupachs, Diss.S. 47, nur mittelbar aus dem Gesetz entnehmen ließ und heftigen Widerstand der Gewerkschaften erregte.

freiwillig blieb.
Im Vorfeld des HilfsdG stand die "Burgfriedenspolitik" der SPD und die der Gewerkschaften[97]. Diese verzichteten auf weitere Streiks und versuchten, mit Regierung und Unternehmen in friedlichen Kontakt zu treten. Das nationale Interesse an der Steigerung der Kriegsproduktion erhielt Vorrang vor dem Klassenkampfziel. Die Beseitigung des freien Arbeitsvertrags durch die Arbeitspflicht war dabei die Reaktion auf wachsende wirtschaftliche Schwierigkeiten, insbesondere Nachschubschwierigkeiten an der Front und entsprach dem Bedürfnis nach einem schlagkräftigen Militär. Das Recht zur Mitbestimmung in Fragen der Lohn- und Arbeitsbedingungen der Gewerkschaften galten noch immer als revolutionär und wurde - wenn auch widerwillig - akzeptiert, um das militärische Programm nicht zu gefährden. Während die meisten SPD-Abgeordneten dem Gesetz zustimmten[98], stieß es in der Literatur auf Widerstand[99] und galt als "Ausnahmegesetz gegen die Arbeitnehmer".
Am 30.1.1917 erließ das Kriegsamt Anweisungen über das Verfahren bei den auf Grund des HilfsdG errichteten Ausschüssen. Die Zuständigkeit des Schlichtungsausschusses für Streitigkeiten über Lohn- und Arbeitsbedingungen blieb jedoch erhalten.

III. Reaktionen auf die Anfänge des Schlichtungswesens

1. Vorbereitende Gesetzentwürfe

Der Tarifvertrag als neues arbeitsrechtliches Institut war anerkannt; strittg blieb jedoch die Frage, ob die Normen der Tarifverträge unmittelbar auf die Einzelarbeitsverträge einwirkten. Die herrschende Meinung[100] maß dem Tarifvertrag zunächst nur schuldrechtliche Bedeutung zu. Diese Frage war auch Gegenstand der Verhandlungen des 29. Juristentages in Karlsruhe 1908. Die arbeitsrechtliche Wissenschaft, besonders *Lotmar*,

---

97) Siehe u.A. Beschlüsse der Gewerkschaftsvorstände zur Eindämmung von Streiks vom 17.8.1914 in: Nestriepke, Koalitionsrecht, S. 543; Hüllbüsch, Zwangstarif, S. 420.
98) Vgl. auch Carl Legien in: Verh. d. RT, Sitzung vom 29.11. und 2.12.1916, S. 2156, 2286ff.
99) Besonders bei Sinzheimer, Hilfsdienst, in: Arbeitsrecht, 1917, S. 63ff.
100) Vgl. Sinzheimer, Arbeitsnormenvertrag, 1908.

Rosenthal und *Sinzheimer*[101], trat für die Kodifikation von Tarifvertrag und Schlichtungswesen ein. Der Tarifvertrag als Institut kollektiver Regelungen für eine Masse von Arbeitnehmern, unterteilt in einen

- normativen (objektive Geltung der Tarifnormen auch im Einzelvertrag) und einen
- obligatorischen Teil (Durchführungspflicht und Friedenspflicht)

über die Gestaltung von künftigen Lohn- und Arbeitsbedingungen war anerkannt.

Die errichteten Schlichtungsstellen[102] sollten

- als Vertragsorgane beider Tarifparteien dienen,
- rechtsgeschäftliche Fragen klären und
- die Durchführung des Tarifvertrages beachten.

Die Schlichtungsstellen bemühten sich in erster Linie um die Vermeidung von Arbeitskämpfen und das Absinken des Lohnniveaus. Innerhalb weniger Jahre lagen verschiedene Gesetzentwürfe zur Regelung von Tarifvertrags- und Schlichtungswesen vor.

1.1. Tarifamt

In seinem Entwurf zum Tarifvertragsgesetz sah *Sinzheimer* die Errichtung eines unter Ausschluß der ordentlichen Gerichte zuständigen Tarifamtes für die Entscheidung von Streitigkeiten über die Ausle-

---

101) Lotmar, Arbeitsvertrag, Leipzig 1902, S. 230ff.; ders. Regelung 1902, S. 349; Rosenthal, Regelung, 1909 - er bezeichnete den Tarifvertrag zunächst noch als eine "Mischung aus bürgerlich rechtlichem und öffentlich-rechtlichem Organisationsvertrag"; Sinzheimer, Arbeitsnormenvertrag,1907; S. 98ff. Er kritisierte die RG-E vom 30.4.1903, in der die Grenze zwischen Koalitions- und Arbeitsnormenvertrag nicht genau genug beachtet worden sei; Problematisch in diesem Zusammenhang blieb bis 1918 die Frage, ob die Tarifverträge unter § 152 GewO fielen oder nicht. Sinzheimer setzte sich für die völlige Streichung der §§ 152, 153 GewO ein, da diese die Freiheit der Berufsvereine beschränkte; ähnlich: Zimmermann, Arbeitsvertrag, in: Deutsche Wirtschaftszeitung, 1908, S. 93ff.

102) Unter den sich erst nach 1916 etablierenden Begriff der "Schlichtungsstellen" fielen grundsätzlich alle Schlichtungsaussschüsse, -kommissionen, Einigungsämter, -stellen, -ausschüsse etc., die nur eine andere Bezeichnung für die in Streitigkeiten zwischen Arbeitern und Arbeitnehmer über die Lohn- und Arbeitsbedingungen vermittelnden Organe trugen.

gung eines Tarifvertrages vor[103]. Entscheidungen des paritätisch besetzten Tarifamtes sollten der Zwangsvollstreckung fähig sein. Seine Begründung wies auf den mangelnden Erfolg der Einigungsämter der Gewerbegerichte und den Vorzug der in den Tarifverträgen selbst vorgesehenen, freiwilligen Schlichtungsstellen hin. Der Gesetzgeber müsse daher, falls der Tarifvertrag keine Schlichtungsstelle vorsähe, eine subsidiär geltende Gesetzesregelung schaffen. Eine gleichzeitige Geltung des - damals noch zur Diskussion stehenden - Arbeitskammergesetzes schloß *Sinzheimer* nicht aus.
Rosenthal[104] schlug die Errichtung eines Tarifamtes vor, welches jedoch nur über rein vertragliche Ansprüche entscheiden und gerichtliche Urteile fällen können sollte.

1.2. Reichseinigungsamt

1.2.1. Verschiedene Vorschläge

Mit der Frage, wie sich das Verhältnis zwischen den Tarifparteien verbessern könnte, beschäftigte sich *Wölbling*[105]. Er entschied, daß es eines Vermittlers bedürfe, der durch seine von der Regierung und den Parteien unabhängige Sicht Streitigkeiten zwischen Arbeitern und Arbeitgebern schlichten könne. Das von ihm so bezeichnete Reichseinigungsamt sollte auch in Rechtsstreitigkeiten angerurufen und als Schiedsgericht mit der Folge unmittelbarer Geltung der Urteile tätig werden.
Wenig später befürwortete *Leipart*[106] diese Vorschläge zum geplanten Reichseinigungsamt beeindruckt von den grundlegenden Erörterungen des ehemaligen preußischen Handelsministers, des Freiherrn von *Berlepsch* 1911[107]. Das Reichseinigungsamt als unabhängiges Organ sollte sich

---

103) Sinzheimer, Arbeitstarifgesetz, Berlin 1916, S. 16ff., § 11 des Gesetzentwurfs.
104) Rosenthal, Gesetzliche Regelung, §§ 11ff.
105) Wölbling, Reichseinigungsamt, S. 20ff.; ebenso später Schumacher, Schlichtungswesen, Berlin 1921, S. 24, der für jedes Gewerbe ein Tarifamt zur Vermeidung der Arbeitskämpfe anstrebte. Bei Scheitern der Schlichtungsverhandlungen sollten, bevor es zu einer gewaltsamen Auseinandersetzung kam, Vertreter der Zentralvorstände der gegenseitigen Organisationen hinzugezogen werden. Arbeitskämpfe vor Entscheidung des Tarifamtes sollten unzulässig sein.
106) Leipart, Regelung, Berlin 1912, S. 46.
107) Freiherr von Berlepsch, Reichseinigungsamt, Berlin 1911.

ausschließlich mit der Entscheidung der Streitigkeiten zwischen den Tarifparteien beschäftigen. Auch ein Zwangseinigungsamt sei zu rechtfertigen durch das Ziel dieser Institution: den Arbeitsfrieden auf jeden Fall durch Verhinderung von Arbeitskämpfen zu wahren. Gegner der Idee eines Zwangseinigungsamtes sorgten sich demgegenüber um die Erhaltung der Vertrags- bzw. Tarifautonomie [108].

1.2.2. Verhandlungen der Gesellschaft für soziale Reform

Im März 1914 formulierte Freiherr von *Berlepsch* noch einmal seine Vorschläge zum Reichseinigungsamt auf einer Tagung der Gesellschaft für soziale Reform in Düsseldorf [109]. Seiner Meinung nach sollte Hauptaufgabe des Reichseinigungsamtes sein:

- die Vermittlung bei Streitigkeiten größeren Umfangs im Arbeitsverhältnis, für deren Beilegung keine andere private oder gesetzlich angeordnete Instanz vorhanden oder mit Erfolg zu vermitteln in der Lage ist und
- die gütliche Einigung zwischen den Parteien in schwebenden Fällen zu erstreben, sie in Form eines Vertrages zu erlassen und zu veröffentlichen.

War keine Einigung zu erzielen, konnten sich die Parteien dem Schiedsspruch unterwerfen, der nach den Bestimmungen der ZPO bindend sein sollte. Gaben die Parteien keine Annahmeerklärung ab, war der Schiedsspruch dennoch zu fällen; er sei dann als ein Vorschlag anzusehen, der nach Ansicht des Reichseinigungsamtes den Verhältnissen der Billigkeit entsprach [110]. Diese Forderungen sollten einmal den Grundstein für die spätere Regelung des Schlichtungswesens bilden.

Gleichzeitig wurde auf der Tagung der Gesellschaft für soziale Reform ein Fragebogen zum Thema: "Ausbau und Vervollkommnung des gewerblichen Einigungswesens" veröffentlicht. Die Arbeitgeber wandten sich gegen einen solchen Ausbau aus Angst vor weiterer Einmischung des Staates; die Gewerk-

---

108) So z.B. General sektretär Mielenz vom Verband der Berliner Baugeschäfte auf dem Verbandstag der Gewerbegerichte in Köln 1910, in: Leipart 1912, S. 47.

109) Freiherr von Berlepsch, Vortrag, 1913.

110) Dies vor dem Hintergrund, durch Erscheinungszwang mittelbar Verhandlungzwang auf rechtlicher Grundlage ausüben zu können.

schaften befürworteten ihn als "Zeichen der Gleichberechtigung" und Mitwirkung beider Parteien an der Lohn- und Arbeitsgestaltung. Erfolg versprach die Errichtung eines Reichseinigungsamtes als höchste Schlichtungsautorität.

1.2.3. Reaktion im Reichstag

Im gleichen Jahr kam im Reichstag ein Beschluß zustande, in dem der Antrag des Ausschusses des Bremer Gewerbegerichtes auf Errichtung eines Reichseinigungsamtes der Reichsregierung zur Berücksichtigung empfohlem wurde. Nur die christlichen Gewerkschaften und die SPD[111] stimmten diesem Beschluß zu. Besonders die freien Gewerkschaften fürchteten um ihre gewerkschaftliche Bewegungsfreiheit und warnten vor einer "Zwangseinigungsanstalt".
Staatssekretär *Delbrück* erwähnte lobend die Vorschläge des Freiherrn von *Berlepsch*[112], wollte jedoch jeden staatlichen Einfluß ausgeschaltet wissen. Wenig später nahm der Reichstag einstimmig einen Antrag der Petitionskommission an, eine Petition zum Thema "Reichseinigungsamt" dem Reichskanzler zur Berücksichtigung zu überweisen[113]. Die Mehrheit sprach sich uneingeschränkt für die Errichtung eines Reichseinigungsamtes aus, welches ähnlich wie die Einigungsämter der Gewerbegerichte im ganzen Reichsgebiet Streitigkeiten schlichten sollte. Es mehrten sich jedoch Bedenken, daß das Reichseinigungsamt zu einem Institut der Zwangseinigung ausgebaut werden könnte.

1.3. "Gemischtes" System

Auf der Düsseldorfer Hauptversammlung der Gesellschaft für soziale Reform meldete sich *Zimmermann*[114] zu Wort und beklagte die unklare Zuständigkeitsverteilung der gewerbegerichtlichen Einigungsämter. Er forderte die ausdrückliche Verleihung der Befugnis,
- als Schiedsgericht in Rechtsstreitigkeiten tätig zu werden, ferner
- Verhandlungszwang und

---

111) In: Kleindienst, Schlichtungswesen, Soz. Prax. 1928, S. 857.
112) Verh.d. RT, Sitz. vom 29.2.1913, Bd.283, S.345ff.
113) Berichterstatter Abgeordneter König, SPD, zur Petition "Reichseinigungsamt" in: Drs. Nr. 744 in der Sitz. vom 27.5.1913, Bd. 290, S. 5250.
114) Zimmermann, Ausbau, Jena 1914, S. 109ff.

- Vollstreckbarkeit der Entscheidungen einzuführen. Seiner Meinung nach war eine organische Verbindung zwischen gewerbegerichtlichem und freiem Schlichtungswesen und einem "gemischten" System frei von gesetzlichem Zwang zu errichten. Eine Reichseinigungsbehörde sollte subsidiär nur bei Versagen oder Fehlen freiwilliger Schlichtungsstellen helfend eingreifen und zugleich als zentrale Tarifvertragsbehörde und oberstes Schiedsgericht in grundsätzlichen tarifrechtlichen Streitfällen auf Anruf der Parteien wirken.

1.4. Verhandlungszwang

Auch *Sinzheimer*[115] maß dem Schlichtungswesen zunehmende Bedeutung zu und zog aus der wachsenden Anzahl von Streiks die Konsequenz, daß in Zukunft kein Streik mehr als rechtmäßig anzusehen sei, dem nicht ein Schlichtungsverfahren vor einer Schlichtungsstelle, einem Einigungsamt oder einer neu zu errichtenden Behörde vorausgegangen war. Gegen diesen Verhandlungszwang ließ er keine Bedenken zu, da seiner Meinung nach das Schlichtungswesen vom Gesetzgeber als ein "planvoll angelegtes Mittel zur Förderung der sozialen Selbstbestimmung" ausgestaltet werden müsse[116]. Der Gesetzgeber sei aufgerufen, durch den Verhandlungszwang den Weg einer neuen Rechts- und Friedensordnung zu beschreiten. In seinem Gesetzentwurf sah *Sinzheimer* auch die Nichtgeltung der §§ 152, 153 GewO für tariffähige Berufsverbände und die Regelung der Zuständigkeit und das Verfahren der Tarifbehörden vor.

2. Rechtsprechung

Das Grundsatzurteil des Reichsgerichtes[117] (RG) vom 20.1.1910 beendete endlich die Auseinandersetzung darüber, ob die §§ 152, 153 GewO auf Tarifverträge anzuwenden seien oder nicht. Zuvor war der Tarifvertrag vom RG[118] als eine unter § 152 II GewO fallene Koalition interpretiert worden. Nach Ansicht des RG 1910 hatte diese Vorschrift aber nur die Frage zum Gegenstand, in welcher Weise beim Widerstreit der Interessen der Arbeitskampf geführt werden durfte. Danach konnte § 152 II GewO auf Vereinigungen bezogen werden, die zum Zwecke des Kampfes geschlossen und auf Verabredungen, die über

115) *Ders. Ein Arbeitstarifgesetz, Berlin 1916, S. 169ff., 203ff.*
116) *Ders. a.a.O. S. 203*
117) *RGSt 73, 92ff.*
118) *RGSt 36, 236ff. vom 30.4.1903*

den Kampf und seine Führung getroffen waren. Ein Tarifvertrag an sich, so das RG, galt aber nicht als Kampfmittel; sein Abschluß nehme vielmehr das Ziel des Kampfes, nämlich die Regelung bestimmter Lohn- und Arbeitsbeziehungen, vorweg. Ferner könne nicht von der Absicht des Gesetzgebers ausgegangen werden, Einigungen zwischen den Tarifparteien durch Versagung jedes Rechtschutzes zu verhindern.
Von Schlichtungsstellen war in diesem Urteil sowie in den folgenden noch keine Rede. Solange die Schiedssprüche ohne Annahmeerklärung der Parteien keine bindende Kraft besaßen, konnten sie auch nicht Gegenstand gerichtlicher Entscheidungen werden.

3. Die zentrale Arbeitsgemeinschaft vom 15.11.1918

3.1. Vorgeschichte

Der Kollektivgedanke hatte sich etabliert. Dennoch bestanden weitreichende Differenzen zwischen den Vorstellungen der Unternehmer und denen der Vertreter der Arbeiter[119]. Es herrschte jedoch Einigkeit, daß das am 7.11.1918 von der Regierung errichtete Demobilmachungsamt[120] nicht in der Lage sein werde, die Konflikte in der Gestaltung der Lohn- und Arbeitsbedingungen in wünschenswerter

---

119) Das neue Prinzip des Gemeinwohls wurde zwar auch von den Arbeitgebern erkannt, doch sollte, vor allem nach Ansicht des Vertreters der Schwerindustrie Hugo Stinnes, dieser Zweck des wirtschaftlichen Handelns nicht durch die Ausdehnung der Staatsgewalt, sondern durch das freie Spiel der Kräfte erreicht werden. Gerade der Krieg hatte für Stinnes die Unfähigkeit des Staates bewiesen, die wirtschaftliche Entwicklung zu steuern und zu organisieren. In: Wulf/Stinnes, Wirtschaft, 1979, S.77.

120) Nach der Abtretung der sozialpolitischen Aufgaben an das Reichsarbeitsamt sollte sich das Reichswirtschaftamt mit den praktischen Problemen der Übergangswirtschaft auseinandersetzen und den Ablauf der wirtschaftlichen Demobilmachung steuern. Das HilfsdG zwang Gewerkschaften und Arbeitgeberverbände zur Zusammenarbeit. Das Demobilmachungskonzept des Reichswirtschaftsamtes wurde einhellig abgelehnt. Dem starken Druck der Tarifparteien konnte die Reichsregierung nicht mehr standhalten und beschloß am 7.11.1918 die Errichtung eines selbstständigen "Amtes für wirtschaftliche Demobilmachung". In: Ehlert, Zentralbehörde, 1982, S. 75ff.

Weise zu regeln[121]. Bereits Anfang 1918 hatte die Generalkommission der Gewerkschaften Deutschlands[122] eine Denkschrift verfaßt, die die Neuordnung der Wirtschaft zum Gegenstand hatte. Darin enthalten war

- die Forderung nach gesetzlicher Einrichtung von paritätisch besetzten Arbeitskammern, die die gemeinsamen wirtschaftlichen Interessen der Arbeiter, Angestellten und Arbeitgeber regeln sollten,
- die Forderung nach der rechtlichen Anerkenung der Tarifverträge sowie
- deren Sicherstellung gegen privatrechtliche Abdingbarkeit.

Die Arbeitgeberspitzenverbände[123] äußerten sich jedoch gerade nach der Stärkung der Gewerkschaftsorganisation und deren Mitwirkungsrechte durch das HilfsdG besorgt. Gemeinsames Interesse von Unternehmern und Gewerkschaften blieb jedoch, die Übergangswirtschaft nach dem Krieg zu bewältigen und Fragen der wirtschaftlichen Demobilmachung zu lösen. Auf dieser Basis fanden Verhandlungen zwischen beiden Parteien statt und am 30.10.1918 beschlossen Hans von *Raumer* und der spätere Vorsitzende des ADGB, Carl *Legien*, "Die vorläufigen Grundsätze über die Demobilmachung"[124]. Das wichtigste Ziel und tragendes Motiv für die Verhandlungen der Gewerkschaften war ihr Streben nach Anerkennung und Gleichberechtigung. Den Arbeitgebern widerstrebte freilich eine solche Partnerschaft[125].

---

121) So vor allem: Jacob Reichert auf einem Vortrag am 30.12.1918 vor dem rheinisch-westfälischen Industriebezirk Rheinruhr, in: Entstehung, Bedeutung und Ziel der "Arbeitsgemeinschaft", 1919.

122) Nachzulesen in: Correspondenzblatt der Generalkommission der Gewerkschaften Deutschlands vom 5.1.1918, S.3.

123) Zentralverband der deutschen Industrie (vorwiegend Schwerindustrie) und Bund der Industriellen (Mittelstand).

124) Wulf, Wirtschaft, S.82.

125) Auf Unternehmerseite kämpfte Hugo Stinnes um eine Gegenleistung für die Anerkennung der Gewerkschaften. Erfolgreich setzte er sich dafür ein, das entgegen den Vorstellungen der Gewerkschaften die Verfügungsgewalt über die Produktionsmittel nicht von der privaten Seite auf die gewerkschaftlichen Großorganisationen übertragen wurde.

3.2. Darstellung

Die gemeinsame Bereitschaft, in Kollektivverhandlungen einzutreten, führte am 15.11.1918 zum Abschluß des "Stinnes-Legien-Abkommens"[126]. Zugleich wurde die "Zentrale Arbeitsgemeinschaft der gewerblichen und industriellen Arbeiter und Arbeitgeber" (ZAG) als erstmaliger Versuch einer sozialpartnerschaftlichen Kooperation gegründet. Beide Parteien bewerteten dies als eine logische Erweiterung des Tarifgedankens, als Ausbau des deutschen Schlichtungswesens und als Abkehr vom Klassenkampfgedanken[127]. Die Revolution von 1919 beeinträchtigte die Arbeitstätigkeit der ZAG nicht[128]. Mit der ZAG war nach verbreiteter Meinung in Arbeiter- und Unternehmerkreisen eine "Magna Charta" der deutschen Industrie geschaffen worden. Sie sollte ursprünglich sogar als Vorbild für die Verfassung eines Wirtschaftsparlaments für die Räterepublik dienen[129].

Nr. 7 der Vereinbarungen der ZAG schrieb die Einsetzung von Arbeiterausschüssen in jedem größeren Betrieb vor, die als Arbeitnehmervertreter die Einhaltung der Kollektivverträge beaufsichtigen sollte. Die Einrichtung von Schlichtungsausschüssen war vorgesehen, ihr Aufgabenbereich jedoch nicht näher umschrieben. Es war lediglich paritätische Besetzung der Schlichtungsausschüsse festgesetzt.
Durch die beiderseitige Akzeptanz des tariflichen Schlichtungswesens hatten Gewerkschaften und Unternehmer eine eindeutige Antwort gegeben: Die Schlichtung sollte von Arbeitnehmer- und Arbeit-

---

126) *Das Original des Abkommens, liegt im Archiv des Institutes für Marxismus Leninismus beim Zentralkommite der SED, Berlin-Ost.Nachzulesen ist es z.B. bei Hartwich, Berliner Metallindustrie Diss. Berlin 1958, S. 4/5; Das Abkommen sollte bereits am 12.11.1918 unterzeichnet werden - die mangelnde Einverständnisbereitschaft der Arbeitgeber verursachte die Verzögerung; vgl. aus der modernen Literatur: Feldmann/Steinisch, Zentralarbeitsgemeinschaft 1985.*

127) *Gegnerische Gewerkschaftsführer sprachen von "Verrat an der Arbeiterklasse", in: Protokoll des 10. Kongresses der Gewerkschaften Deutschlands zu Nürnberg vom 30.6.-5.7. 1919, Berlin 1919, S. 37ff., 62, 453ff.*

128) *Der spätere ADGB-Vorsitzenden Leipart bezeichnete des als eine soziale Errungenschaft in: Feldmann/Steinisch, S.29*

129) *Zorn, Handbuch, Bd. 2, 1976, S. 876ff.*

gebervertretern gleichermaßen bestimmt und ausgeübt werden, dies autonom und fern jeder staatlichen Einmischung. Die ZAG diente somit der Stärkung der Tarifautonomie und beinhaltete die gegenseitige Anerkennung der Gleichberechtigung beider Parteien.

3.3. Entwicklung

Schon wenige Jahre später zerstörte die staatliche Zwangsschlichtung diese Form des Schlichtungswesens. Noch 1923, kurz vor der Auflösung der ZAG, trat die Arbeitsgemeinschaft dafür ein, die Zwangsschlichtung zu verhinden: Versuche, Reichsarbeitsminister Brauns zur Abschaffung des Tarifzwangs zu bewegen und auf den Erlaß der neuen Schlichtungsverordnung zu verzichten, scheiterten jedoch. Die VDA beschloß daher Mitte Dezember, sich an die Führung der ZAG zu wenden, um den Tarifzwang durch ein gemeinsames Vorgehen abzuwenden und damit eine Hauptgefahr für den Bestand der ZAG zu beseitigen. Trotz Bedenken gegenüber der Zwangsschlichtung stand für die Gewerkschaften die Weiterführung der ZAG nicht mehr zur Debatte[130]. Ziel der Arbeitgeber war die Verhinderung der Zwangsschlichtung durch die Aufrechterhaltung der ZAG, Ziel der Gewerkschaften die Abschaffung der ZAG. Trotz vergeblicher Versuche der Arbeitgeber, Lösungsmöglichkeiten zu erforschen, brach die ZAG als einzig potentiell wirksame Waffe der Tarifparteien gegen das Reichsarbeitsministerium zusammen. Sie löste sich am 3.3.1924 auf [131].

130) So nachzulesen in der Niederschrift der Vorstandssitzung der ZAG vom 27.11.1923, BD 31/1, Bl. 65ff.

131) Nachzulesen in: Niederschrift über die letzte Sitzung des geschäftsführenden Vorstandes der ZAG, Bd. 31/1, Bl. 19-27.

§ 3

Die Tarifverordnung und die Demobilmachungsverordnungen 1918/19

I. Verordnung über Tarifverträge, Arbeiter und Angestelltenausschüsse und Schlichtung von Arbeitsstreitigkeiten vom 23.12.1918

1. Vorgeschichte

Das Ende des 1. Weltkrieges bewirkte im Bereich des Tarifrechts entscheidende Neuerungen: am 25.5.1918[1] wurden die §§ 152, 153 GewO aufgehoben, am 12.11. 1918 verkündete der Aufruf der Volksbeauftragten[2] die Außerkraftsetzung des HilfsdG mit Ausnahme der Verordnungen über die Schlichtung.
Der Rat der Volksbeauftragten erließ zusammen mit dem damaligen Staatssekretär des Reichsarbeitsamtes und späteren Reichsarbeitsminister, Heinrich *Brauns*, am 23.12.1918 die "Verordnung über Tarifverträge, Arbeiter- und Angestelltenausschüsse und Schlichtung von Arbeitsstreitigkeiten"[3] (TarifVO). Damit erfüllte sich eine über 20 Jahre alte Forderung und das Schlichtungswesen etablierte sich durch eine einheitliche Regelung des Tarifvertragsystems[4]. Die Arbeitgeber- und Arbeitnehmervereinigungen wurden zu Trägern einer Rechtsautonomie mit öffentlich-rechtlichem Charakter: der Tarifautonomie. Die TarifVO galt als eines der wichtigsten sozialpolitischen Gesetzeswerke der damaligen Revolutionszeit, als Grundlage für ein neues System[5]. Die hohe Zahl der abgeschlossenen Tarifverträge nach der Gründung der ZAG trug zur Notwendigkeit einer

---

1) RGBl. 1918, S.94.
2) RGBl. 1918, S.1303, Ziffer 7; Im "Aufruf des Rates der Volksbeauftragten an das deutsche Volk" stellte sich dieser am 12.11.1918 als die "aus der Revolution hervorgegangene Regierung dar, die mit dem Arbeiter- und Soldatenrat als "Vollzugsrat"eine Räteverfassung in Deutschland einführen werde. Dahingegen verfolgte der SPD-Reichspräsident Ebert das Ziel einer parlamentarischen Demokratie.
3) RGBl. 1818, S. 1456ff; §§ 1,15,17,20,22,27,28 sind im Anhang abgedruckt.
4) Vgl. Streicher, Diss. Freiburg 1927, S.51; Weber, Diss. Köln 1923, S.2.
5) Nörr bezeichnet die Verordnung so gar als "Geburtsstunde des neuen Arbeitsrechts" in: ZfA, 1986, S.404; vgl. auch Flatow, Übergangszeit, 1919, S. 57; Fröhlich, Schlichtungswesen, S. 39.

gesetzlichen Regelung dieses arbeitsrechtlichen Phänomens bei[6].

2. Darstellung

Durch die Unabdingbarkeit der Tarifnormen gemäß § 1 der TarifVO waren die Arbeitnehmer gegen nachteilige Abänderungen geschützt[7]. Nachdem die Schlichtungsausschüsse bereits im HilfsdG Erwähnung fanden, vermerkte die TarifVO jedoch erstmalig den Namen "Tarifvertrag". Das Schlichtungswesen erhielt eine eigene Regelung im 3. Abschnitt der VO. Sie galt dabei nur als vorläufige Regelung bis zur nun anstehenden Reform des Schlichtungswesens durch den Erlaß einer Schlichtungsordnung[8]. Die TarifVO wurde ohne Begründung veröffentlicht. Auf diese Unterlassung reagierten das arbeitsrechtliche Schrifttum und die Vertretern der Tarifparteien jedoch nach der vorausgegangenen Vereinbarung der ZAG gelassen. Vielmehr war der Gesetzgeber zu schleunigem Handeln veranlaßt worden, nachdem durch die Außerkraftsetzung des HilfsdG eine Regelungslücke entstanden war [9]. Die TarifVO als "Notbehelf" für die Zeit der wirtschaftlichen Demobilmachung sollte bald durch eine endgültige Regelung abgelöst werden.

2.1. Organisation der Schlichtungsstellen

2.1.1. Zuständigkeit und Besetzung des Schlichtungsausschusses

Die nach der TarifVO zu bildenen Schlichtungsausschüsse wurden in den Bezirken errichtet, die durch das HilfsdG eingeführt worden waren. Die Mitglieder der Ausschüsse stammten nicht mehr aus den Kreisen des Militärs, sondern wurden von den Arbeitern oder Angestellten aus ihrer Mitte in unmittelbarer und geheimer Wahl gewählt[10]. Die TarifVO hielt jedoch weitgehend an der bisherigen örtlichen und personellen Organisation der Schlichtungsbehörden fest. Neu war die erweiterte Zuständigkeit für Arbeitsstreitigkeiten[11] und für alle Arbeiter- und Angestelltenkategorien in der Industrie, im Handel

---

6) Vgl. Denkschrift für die Nationalversammlung von Reichsarbeitsminister Bauer, Berlin 1919, S.11ff.

7) Reichsarbeitsminister Brauns, Lohnpolitik, 1921, S.7 bewertete diese Regelung als "Belohnung" für den großen Erfolg der Lohnpolitik der Tarifparteien und der Lohntarife selbst.

8) Vgl. § 1 der TarifVO.

9) So auch von Schulz, Kommentar, Berlin 1920 in der Einleitung.

10) § 11 I der TarifVO.

11) § 15 I der TarifVO.

und in der Landwirtschaft. Die Zuständigkeit entfiel, wenn beide Teile ein Gewerbegericht, ein Kaufmannsgericht, ein Bergwerksgericht oder ein Innungseinigungsamt anriefen[12]. Das vorgesehene Verfahren sollte nicht dazu dienen, Streitigkeiten der einzelnen Arbeitnehmer mit ihren Arbeitgebern zu schlichten, es war zur Beilegung von Kollektivstreitigkeiten bestimmt, d.h. Rechts- und Regelungsstreitigkeiten zwischen der gesamten Arbeiterschaft oder einzelner Arbeitsgruppen eines Betriebes und dem Arbeitgeber[13]. Daher war der ordentliche Rechtsweg nicht ausgeschlossen. Das Verfahren endete jedoch ohne eine vollstreckbare Entscheidung und war nicht obligatorisch.

Der Schlichtungsausschuß wurde paritätisch besetzt, der Vorsitzende jedoch weder als ständiger noch obligatorisch als unparteiischer Vorsitzender berufen[14]. Selbst große Schlichtungsausschüsse wie z.B. der in Groß-Berlin verhandelten teilweise ohne unparteiischen Vorsitzenden[15]. Dies provozierte nicht nur Schwierigkeiten bei Stimmengleichheit, sondern führte dazu, daß im Fall der Nichteinigung der Parteien kein Schiedsspruch gefällt werden konnte. Mindestens vier von den sechs Ausschußmitgliedern mußten nämlich ihre Stimme für den Erlaß eines Schiedsspruchs abgeben. Die Befugnisse und Pflichten des Vorsitzenden umfaßten

- das Alleinentscheidungsrecht über die Verfahrenseröffnung[16],
- die Anordnung von Maßnahmen,
- die Terminleitung und
- die Mitentscheidung über die zu fällenden Schiedssprüche.

2.1.2. Die Stellung des Reichsarbeitsministeriums

Das Reichsarbeitamt, später das Reichsarbeitsministerium, konnte in "wichtigen Fällen" die Durchführung des Einigungs- und Schiedsverfahrens selbst übernehmen[17]. Das Kriterium "besonders wichtig"

---

12) § 20 der TarifVO.

13) Flatow, Übergangszeit, S.60; Giesberts/Sitzler, Kommentar, Berlin 1920, S. 50.; Molitor, Tarifvertragsverordnung 1930,

14) § 15 III der TarifVO.

15) Vgl. bei Krauß, Demobilmachung, Berlin 1921, 3. Auflage, S.116; Flatow, Übergangszeit, S. 61.

16) Dann erst wurde der Schlichtungsausschuß Kollegialbehörde; vgl. Flechsig, Diss. Köln 1930, S.18.

17) § 22 II der TarifVO.

blieb jedoch in der TarifVO undefiniert. Nach herrschender Meinung[18] betraf es Fälle, bei denen es sich um "grundsätzliche Fragen" handelte, "besonders viele Arbeiter beteiligt", die "Fragen für das Wirtschaftsleben besonders schwerwiegend" oder "lebenswichtige Betriebe davon betroffen" waren. Dadurch sowie durch das Aufsichtsrecht und die Richtlinienkompetenz kam dem späteren Reichsarbeitsministerium die Stellung einer formellen Schlichtungsbehörde[19] zu. Seine Richtlinien wurden im Reichsarbeitsblatt in Form von Erlassen oder Bescheiden veröffentlicht. Dieses erschien, ursprünglich 1903 vom statistischen Reichsamt gegründet, als Amtsblatt des Reichsarbeitsministeriums, unterteilt in Amtlichen und Nichtamtlichen Teil, zweimal im Monat.

Die Regelung entsprach dem Gedanken, daß der Staat die Lohnpolitik zugunsten des Schutzes des Schwächeren, durch Einrichtungen zur Vermeidung von Arbeitskämpfen und einem Reichsarbeitsministerium als zentraler Einigungsbehörde regeln müsse[20]. Der Gesetzgeber erkannte das Reichsarbeitsministerium als vorläufiges Reichseinigungsamt an und bürdete ihm die wesentlichen Aufgaben der Schlichtung als Mittel der Konfliktslösung auf. Immer noch existierte freilich die Hoffnung, daß in absehbarer Zeit ein Gesetz über Schlichtungsbehörden mit einem selbständigen Reichseinigungsamt verabschiedet werde[21].

2.1.3. Die Anrufungsbefugnis

Gewerkschaften und Arbeitgeber erhielten erstmalig ein selbständiges Anrufungsrecht im Schlichtungsverfahren und konnten so den Abschluß von Tarifverträgen herbeiführen. Der Gesetzgeber legte die Befugnis der Parteien fest, in den Tarifverträgen den Vorrang der tariflichen Schlichtungsstellen zu bestimmen[22] - eine unvermeidliche Anstandsverbeugung vor dem freien, vertraglichen Schlichtungswesen.

---

18) U.a. Flatow, S. 61; Giesberts/Sitzler, S. 51; Flechsig, S. 115.

19) Vgl. RABl. 1920, Amtl. Teil, S. 182; kritisch dazu: Kaskel, Lehrbuch, Berlin 1920, S. 250.

20) So auch der spätere Reichsarbeitsminister Heinrich Brauns, 1921, S.30; Im ersten Kabinett Scheidemanns stand der ehemalige Vorsitzende der Generalkommission der Gewerkschaften und Staatssekretär im Reichsarbeitsamt sowie spätere Reichskanzler Bauer, SPD, dem Reichsarbeitsministerium vor.

21) Vgl. v.Schulz, Kommentar, S.9, 10.

22) § 20 II der TarifVO.

Existierte keine solche Stelle, konnten die Arbeitnehmer selbst den Schlichtungsausschuß anrufen, wenn zwischen beiden Teilen bei Streitigkeiten über Löhne und sonstige Arbeitsbedingungen eine Einigung nicht zustandekam und sich nicht beide Teile auf eine andere Schlichtungsstelle einigten. Die sachliche Zuständigkeit des angerufenen Schlichtungsausschusses war jedesmal von Amts wegen zu überprüfen[23]. Im Gegensatz zur Regelung im GGG genügte zur Anrufung des Schlichtungsausschusses bereits der Antrag einer Partei. Ein zulässiges Eingreifen des Schlichtungsausschusses von Amts wegen beschränkte sich auf die "geeigneten Fälle" und auf "Fälle von herausragender Bedeutung" aus der "Pflicht für die Aufrechterhaltung des Arbeitsfriedens"[24].

2.2. Der Schiedsspruch

Konnte trotz des Bemühens der Parteien und Hinwirkens des Vorsitzenden oder der Beisitzer auf eine gütliche Verständigung keine Einigung erzielt werden, erließ der Schlichtungsausschuß einen Schiedsspruch. Dieser trat an die Stelle der Einigung der Parteien. Er erstreckte sich auf alle zwischen den Parteien streitigen Fragen[25] und regelte deren Rechte und Pflichten wie ein Tarifvertrag. Die Parteien konnten den Schiedsspruch annehmen oder ablehnen. Nach Ablaufen einer Ablehnungsfrist galt der bis zur Annahme unverbindliche Schiedsspruch als nicht angenommen[26]. Dann endete das Schlichtungsverfahren ohne freiwillige Einigung und ohne daß ein staatlicher Schiedsspruch an die Stelle der Einigung trat. Das Verfahren blieb demnach freiwillig ohne Anrufungszwang oder Zwangsschiedsspruch. Die in der Verordnung vorgesehenen Druckmittel wirkten allein durch ihre moralische Autorität: Ein Schiedsspruch war auch bei Nichterscheinen einer Partei abzugeben[27] und sowohl Schiedsspruch als auch Erklärungen der Parteien wurden nach Ablauf der Frist öffentlich bekannt

23) *Vgl. Sitzler, Verordnung, S.34. Sitzler war bis 1933 Ministerialdirektor im Reichsarbeitsministerium und Herausgeber der Zeitschrift NZfA.*
24) *§ 21, vgl. auch Sitzler, Verordnung, S.39.*
25) *§ 26 der TarifVO.*
26) *§§ 25, 27, 28 der TarifVO.*
27) *§ 27 III; dies besonders im Hinblick darauf, daß sonst die Gegner der Kollektivregelung deren Zustandekommen durch Nichterscheinen jeweils verhindern könnten; vgl. Flatow, Gesamtstreitigkeit, NZfA, 1922, S.587ff.*

gemacht[28]. Das Prinzip der Vertragsfreiheit wie die Tarifautonomie blieben unangetastet.

3. Bewertung

Obwohl die neue Verordnung das GGG nicht verdrängen und nur subsidiär gelten sollte, büßte das gewerbegerichtliche Einigungswesen an Bedeutung ein.
Das moderne Arbeitsrecht trug jetzt kollektives Gepräge; die Berufsverbände waren die Träger des Gedankens der freiwilligen Kollektivität und die Schlichtung war ihr Instrument. Daß dies nicht lange so bleiben sollte, deutete schon früh die Äußerung des Arbeitsrechtlers *Flatow* an: *"An Stelle der unbewußt durch Kampf und Vertrag des Einzelnen mit dem Einzelnen sich regulierenden Wirtschaft sollte künftig die planvoll und bewußt geleitete sozialistische Ordnung treten"*[29]. Den gerade erst erkämpften freien Arbeitsvertrag löste die kollektive Regelung der Lohn- und Arbeitsbedingungen im Tarifvertrag durch die mit Rechtsautonomie ausgestatteten Parteien ab. Der Staat hatte zunächst formell seinen Einflußbereich an die Tarifparteien abgegeben. Doch schon die Ausstattung des Reichsarbeitsministeriums mit weitreichenden Befugnissen und die Möglichkeit der staatlichen Einflußnahme auf den Inhalt der Lohn- und Arbeitsbedingungen durch den Schiedsspruch als Tarifvertragsvorschlag ließen die wachsende staatliche Einflußnahme auf die Beziehungen zwischen den Tarifparteien erkennen.

Die TarifVO hatte ferner entscheidende Fragen nicht geregelt:
- Verfahrensgrundsätze,
- Haftung der Verbände für den Inhalt der Verträge,
- Befugnisse des Vorsitzenden,
- Geltung der Tarifverordnung auch für Arbeiter und Angestellte, die gewerkschaftlich nicht organisiert waren.

Eine Neuregelung des Schlichtungswesens blieb deshalb weiterhin mit Rücksicht auf die Flut von Tarifverträgen und die Streikwelle notwendig[30]. Zu

---

28) §§ 28 II, 29 der TarifVO.

29) So scharf formulierte es Flatow in seinem 1919 erschienen Werk "Das Recht der Übergangszeit" in der Einleitung, S.9.

30) So auch Preller, Sozialpolitik, 1978, S.256; eine ausführliche Behandlung des Streikproblems findet sich auch in den Niederschriften der Kabinettssitzungen, vgl.: Akten der Reichskanzlei, Kabinett Scheidemann, Dok. 29.

den vorrangigen Fragen gehörte auch die Entlastung des Reichsarbeitsministeriums von den den Einzelstreitigkeiten.

II. Verordnung über die Einstellung und Entlassung von Arbeitern und Angestellten während der Zeit der wirtschaftlichen Demobilmachung vom 3.9.1919

1. Vorgeschichte

Das noch im Felde stehende Heer und die Rückkehr der Kriegsgefangenen waren der Anlaß, die sogenannten Demobilmachungsverordnungen (DemobilVO) vom 4.1.1919 [31] und vom 24.1.1919 [32] außer Kraft zu setzten und an ihrer Stelle die "Verordnung des Reichsarbeitsministers über die Einstellung und Entlassung von Arbeitern und Angestellten während der Zeit der wirtschaftlichen Demobilmachung" vom 3.9.1919 [33] zu erlassen. Abgesehen von den Sondervorschriften zum Schlichtungswesen enthielt die Verordnung allgemeine Regeln über die Zwangseinstellung und Weiterbeschäftigung der Kriegsteilnehmer und aller Arbeitnehmer und Angestellten sowie über das Verfahren bei Einzelarbeitsstreitigkeiten. Voraus gingen heftige Streiks besonders im Ruhrgebiet, Mitteldeutschland und Berlin. Reichsarbeitsminister Alexander *Schlicke* [34] konnte in der Kabinettssitzung vom 28.5.1919 wegen des Widerspruchs des Reichsfinanzministers die schon von seinem Vorgänger angeregte Bildung eines Schiedsgerichtes im Reichsarbeitsministerium zur Abwendung der Arbeitskämpfe nicht durchsetzen[35]. Nachdem Reichskanzler *Bauer* in seiner Regierungs-

31) Verordnung über die Einstellung, Entlassung und Entlohnung der Arbeiter während der Zeit der wirtschaftlichen Demobilmachung, RGBl.1919, S.8.

32) Verordnung über die Einstellung, Entlassung und Entlohnung der Angestellten in der Zeit der wirtschaftlichen Demobilmachung, RGBl.1919, S.100

33) RGBl. 1919, S. 1500; vgl. im Anhang §§ 15,17 der VO vom 24.1.1919 und §§ 21,22,23,25 der VO vom 3.9.1919.

34) Der Gewerkschaftsführer und bisherige württembergische Arbeitsminister erhielt in der Nationalversammlung nur eine Stunde vor der ersten konstituierenden Sitzung den Vorrang vor seinem SPD-Parteikollegen Hugo Sinzheimer. vgl.: Protokolle der SPD-Nationalversammlungs-Fraktion vom 26.6.1919 in: Akten der Reichskanzlei, Kabinett Bauer. Dok.7.

35) Akten der Reichskanzlei, Kabinett Bauer, Dok. Nr. 7, Dok, Nr.10, Dok. Nr. 15, Dok. Nr. 18.

erklärung vom 23.7. und später in seiner Programmrede am 7.10.1919[36] vor der verfassungsgebenden Nationalversammlung in Weimar die Errichtung eines obligatorischen Schiedsgerichtes zur Vermeidung von Arbeitskämpfen angekündigt hatte, legte der Reichsarbeitsminister am 8.8.1919 den Entwurf einer Verordnung über Aussperrung und Arbeitseinstellungen vor. Diese aber bezeichnete *Bauer* als "unzureichend" und trieb weitere Beratungen über seinen eigenen Gesetzentwurf "zum Schutz des Wirtschaftslebens" voran[37]. Die Vorlage eines entsprechenden Gesetzentwurfs kündigte der Reichskanzler seinerseits am 7.10.1919 vor der Nationalversammlung und der Reichsarbeitsminister am 26.11.1919 vor dem sozialpolitischen Ausschuß des Reichstages an. Dabei blieb es jedoch: der Entwurf wurde nie eingebracht.

1.1. Die Ermächtigungsgrundlage

Der DemobilVO vom 3.9.1919 lag keine gesetzliche Ermächtigungsgrundlage zu Grunde. Ihr Erlaß war nicht auf die verfassungsmäßige Kompetenz des Legislativorgans Reichstag, sondern nur auf die "allgemeinen Grundsätze der wirtschaftlichen Demobilmachung" zurückzuführen. Demnach fehlte streng genommen eine Ermächtigungsgrundlage, da eine Verordnung nach den auch schon damals geltenden rechtstaatlichen Prinzipien der Gewaltenteilung nur durch oder aufgrund eines Gesetzes, nicht aber aufgrund "allgemeiner Gründsätze" erlassen werden durfte.

Nach dem Erlaß des Reichspräsidenten Friedrich *Ebert* "betreffend die Auflösung des Reichsministeriums für wirtschaftliche Demobilmachung" vom 26.4.1919[38] wurden die dem Demobilmachungsamt ursprünglich zugewiesenen Befugnisse den zuständigen Ministerien und ihrem Geschäftsbereich übertragen: "Diese nehmen auch die in anderen Gesetzen und Verordnungen dem Reichsministerium für wirtschaftliche Demobilmachung übertragenen Obliegenheiten wahr", so heißt es in dem Erlaß. Die übertragenen Obliegenheiten waren auch in dem ursprüng-

---

36) Verh. zur Deutschen Verfassungsgebenden Nationalversammlung, Bd. 328, Nr. 1850 D und Bd. 3330, Nr. 2878, Berlin 1919; dies unter Widerstand der freien Gewerkschaften, die vom Vorwurf einer "schiedsgerichtlichen Zwangsjacke" sprachen.

37) Akten der Reichskanzlei, Kabinett Bauer, Dok. Nr. 18, vgl. auch Fußnote: Aktennotiz Webers vom 23.11.1919.

38) RGBl. 1918, S. 1304.

lichen Erlaß vom 12.11.1918 nicht näher umschrieben worden, sondern galten allgemein als "Ermächtigung, alle Anordnungen zu erlassen, welche erforderlich sind, um Störungen des Wirtschaftslebens infolge der wirtschaftlichen Demobilmachung vorzubeugen oder abzuhelfen"[39]. Daraus leitete das Reichsarbeitsministerium seine Ermächtigung ab, für seinen Geschäftsbereich die DemobilVO zu erlassen.
Eine gesetzliche Befugnis zum Erlaß der DemobilVO ließ sich aus der VO über die wirtschaftliche Demobilmachung vom 7.11.1918[40], dem Erlaß über die Errichtung des Reichsamtes für die Demobilmachung vom 12.11.1918[41], der VO über den Erlaß von Strafbestimmungen durch das Reichsamt für die wirtschaftliche Demobilmachung vom 27.11.1918[42] und dem Erlaß betr. die Auflösung des Reichsministeriums für die wirtschaftliche Demobilmachung vom 26.4.1919[43] ableiten.
Die Zulässigkeit der auf die "allgemeinen Grundsätze der wirtschaftlichen Demobilmachung" gestützten VO blieb jedoch strittig[44]. Ihre Zulässigkeit erkannte schließlich die Rechtsprechung an[45]. Umstritten blieb sie in der Literatur, vor allem in der Frage, ob und wie lange die außerordentlichen Rechtssetzungsvollmachten der Demobilmachungsorgane neben denen der ordentlichen Gesetzgebungsorgane bestehen bleiben und wann die Zeit der wirtschaftlichen Demobilmachung für beendet erklärt werden konnte[46].

---

39) Vgl. Krauß,Demobilmachung, Berlin 1921, S.13.
40) RGBl. 1918, S. 1292.
41) RGBl. 1918, S. 1304.
42) RGBl. 1918, S. 1339.
43) RGBl. 1919, S. 438.
44) Vgl. Krauß, Demobilmachung, 1920, S.3, Syrup/ Billerbeck, Kommentar, Berlin 1919, S.12.
45) Berufungsurteil des LG Stuttgart in: Das Schliw.1921, S.26f.
46) Ursprünglich sollten die DemobilVO nach dem das Reichsministerium für wirtschaftliche Demobilmachung auflösenden Erlaß am 26.4.1919 außer Kraft treten. Etwa zweimal im Jahr fanden im Reichstag heftige Debatten über Verlängerungsanträge zu befristeten DemobilVO statt, denen jedesmal nach großer Auseinandersetzung und Widerspruch stattgegeben wurde, vgl. Verh. des RT, Bd. 357, S. 875, 881; Nr. 5035 der Drs.; Insgesamt 52 DemobilVO als "gesetzesvertretende" Verordnungen sind in der Weimarer Republik erlassen worden und blieben teilweise bis 1934 in Kraft. So die "Stillegungsverordnung" vom 8.11.1920 (RGBl. 1920, S. 1901) in der Fassung vom 13.10.1923 (RGBl. 1923 S. 983).

1.2. Das Prinzip der Subdelegation

Das hohe Interesse an einer raschen Regelung des Schlichtungswesens zur Vermeidung der Arbeitskämpfe ließ offensichtlich verfassungsrechtliche und rechtstaatliche Kompromisse zu.ErnstRudolph *Huber*[47] bezeichnet diese Verordnungspraxis und die Weitergabe der Verordnungsdelegation durch einfachen Erlaß als "verfassungsrechtlich unzulässig". Die Notwendigkeit der "Demobilmachungsverordnungspraxis" folgte zunächst aus dem Fehlen einer gesetzgebenden Gewalt im parlamentarischen Sinne. Vor Erlaß des Gesetzes über die vorläufige Reichsgewalt vom 10.2.1919 mußte die parlamentarische Gesetzgebungsgewalt notwendigerweise auf die Exekutive im Weg von Ermächtigungsgesetzen delegiert werden. Die auf Grund des Ermächtigungsgesetzes von 1914 ausgesprochenen Subdelegationen galten jedoch auch nach dem Gesetz vom 10.2.1919 und nach dem Inkrafttreten der Weimarer Reichsverfassung fort, also zu einer Zeit, in der das Parlament handlungsfähig war. Spätestens dann muß die Verordnungspraxis der Exekutive in der Weimarer Republik als ein an Zweckmäßigkeitsgesichtspunkten orientierter, unzulässiger Durchbruch des Gewaltenteilungsgrundsatzes angesehen werden.

2. Darstellung

2.1. Die Organisation des Schlichtungsausschusses

Der Schlichtungsausschuß war zuständig für Streitigkeiten, die sich aus der Anwendung der DemobilVO ergaben[48]. Im Gegensatz zur TarifVO stand die Befugnis, den Schlichtungsausschuß anzurufen, auch dem einzelnen Arbeiter zu[49]. Die Ausschußzuständigkeit erstreckte sich auch auf Einzelstreitigkeiten zwischen Arbeitern und Arbeitnehmern, wie z.B. Streitigkeiten über die Einstellung und Weiterbeschäftigung, Entlassung... von Arbeitnehmern[50]. Gemäß der VO galt dies aus politischen Erwägungen und ausschließlich für die Zeit der wirtschaftlichen Demobilmachung, um Streiks auf jeden Fall zu

---

47) Huber, Verfassungsgeschichte, Bd. VII, S. 438.
48) § 21 I der DemobilVO i.V.m. § 15 der TarifVO vom 23.12.1918.
49) § 21 S.2 der DemobilVO.
50) § 21 der DemobilVO.

verhindern[51]. Ansprüche einzelner Arbeitnehmer aus dem Arbeitsvertrag, also auf Erfüllung bereits feststehender Arbeitsbedingungen gehörten indessen nicht vor die Schlichtungsausschüsse, sondern vor die Gewerbe-, Kaufmanns-, Innungs-, und Bergwerksgerichte. Die TarifVO sah die Weitergeltung des GGG vor[52].

Der mit außerordentlich weitgehenden Befugnissen ausgestattete Demobilmachungskommissar rückte an die Stelle des Vorsitzenden des Schlichtungsausschusses. Seine gesetzlichen Befugnisse schlossen sich an die lückenlose Kette von Ermächtigungen an, welche im Reichsgesetz vom 4.8.1914[53] über die Ermächtigung des Bundesrates zu wirtschftlichen Maßnahmen während des Krieges, in der Verordnung des Bundesrates über die wirtschaftliche Demobilmachung nach dem Krieg vom 7.11.1918[54], im Erlaß der Volksbeauftragten über die Erichtung eines Reichsamtes für die wirtschaftliche Demobilmachung vom 12.11.1918, im Erlaß betr. die Auflösung des Reichsministeriums für wirtschaftliche Demobilmachung vom 26.4.1919, im Übergangsgesetz vom 4.3.1919 und in der Verfassung des deutschen Reiches vom 11.8.1919[55], Art. 178, bestätigt worden waren. Er entschied ohne Beisitzer aufgrund der Aktenlage[56], war jedoch durch den Erlaß des Reichsarbeitsministers verpflichtet, die Parteien vor der Entscheidung in mündlicher Verhandlung zu hören.

2.2. Verbindlichkeitserklärung von Schiedssprüchen

Neu und für die künftige Entwicklung des Schlichtungswesens entscheidend war das bereits in den VO vom 4. und 24.1.1919[57] eingeführte Recht des Demobilmachungskommissars, den Schiedsspruch für verbindlich zu erklären[58]. Im Hinblick auf dieses Recht war es nötig, ihm zu der Position eines Ver-

---

51) § 21, vgl. auch Giesberts/Sitzler, Kommentar, S. 65; Im Januar 1919 gab es 182 Schlichtungsverhandlungen, im Dezember des selben Jahres waren es bereits 1357, insgesamt 12249 für Arbeiter, 9667 für Angestellte, in: Jahresbericht des Schlichtungsausschuß Groß-Berlin 1919, S.16.

52) § 21 I der DemobilVO i.V.m. § 15 i.V.m. § 20 der TarifVO vom 23.12.1918.

53) RGBl. 1914, S.327.

54) RGBl. 1918, S.1292.

55) RGBl. 1919, S.1383.

56) § 25 der DemobilVO.

57) § 15 i.V.m. § 17 der TarifVO vom 24.1.1919.

58) § 23 der DemobilVO.

handlungsleiters zu verhelfen, damit er durch die Stellung eigener Anträge und umfassende Unterrichtung die nötige Sachkenntnis erlangen konnte[59]. Der Demobilmachungskommissar handelte in seiner Eigenschaft als Demobilmachungsbehörde. Es lag in seiner Macht, den Streit durch Verbindlichkeitserklärung des Schiedsspruchs zu beenden oder erneute Verhandlungen herbeizuführen und dabei das Amt eines unparteiischen Vorsitzenden zu übernehmen[60]. Es stand in seiner Macht, einen Lohntarifvertrag gegen den Willen beider Parteien für verbindlich erklären. Sein Entscheidungsspielraum fand nur in der pflichtgemäßen Ermessensausübung seine Grenze. Unberührt von der zweiwöchigen Ausschlußfrist, die den Parteien zur Annahme des Schiedsspruchs verblieben war, hatte der Demobilmachungskommissar die Befugnis, den Schiedsspruch von Amts wegen verbindlich zu erklären[62]. Die Verstärkung der Autorität der Schlichtungsstellen unter Abschwächung des Vertragsprinzips verlieh dem Demoblimachungskommissar vorübergehend eine diktatorische Stellung.

Charakter und Rechtswirkung der Verbindlichkeitserklärung waren in der Verordnung nur soweit geregelt, als die Verbindlichkeitserklärung die Einigungserklärung des privatrechtlichen Vertrages z.B. über die Wiedereinstellung oder Entlassung eines Arbeiters ersetzte . Dies konnte zu Annahmeverzug des Arbeitgebers oder Lohnrückerstattung des Arbeitnehmers führen. Dem Schiedsspruch und der Verbindlichkeitserklärung kamen zwar nicht die Wirkung eines gerichtlichen Urteils zu, ein mit dem Inhalt des Schiedsspruchs geltender Einzel- oder Tarifvertrag galt aber nach der Verbindlichkeitserklärung ohne Rücksicht auf den Parteiwillen als zustandegekommen. Die Entscheidung war endgültig. Der Richter durfte bei einer Klage aus dem einzelnen Arbeitsvertrag lediglich das rechtmäßige Zustandekommen des Schiedsspruchs, nicht dessen materielle Voraussetzungen oder die der Verbindlichkeitserklärung prüfen[63].

---

59) Vgl. Syrup/Billerbeck, Kommentar, 1919, S.46.
60) Vgl. Kaskel/Dersch, Lehrbuch, 1932, S. 399.
61) Syrup/Billerbeck, Kommentar, 1919, S.48.
62) § 23 der DemobilVO.
63) Jahresber.des Schlichtungsausschuß Groß-Berlin 1919, S. 19.

3. Bewertung

Die DemobilVO schuf das Instrument staatlicher Zwangsschlichtung: der freiwillige Charakter der Schlichtung war durch die Befugnis zur Verbindlichkeitserklärung durch den Demobilmachungskommissar abgelöst worden. Man glaubte in der Zeit der wirtschaftlichen Demobilmachung nicht auf Zwang verzichten zu können, um die Arbeitskämpfe einzudämmen und wirtschaftlichen Frieden zu sichern. Die wiederholte Beteuerung, das Recht zur Verbindlichkeitserklärung sollte dem Demobilmachungskommissar nur und ausschließlich während der Zeit der wirtschafltichen Demobilmachung zustehen, stellte sich als unrealistisch heraus. Der staatlichen Zwangsschlichtung war durch die Befugnis zur Verbindlichkeitserklärung des Schiedsspruches Einlaß in das ursprünglich bestehende, freiwillige Schlichtungswesen gewährt worden.

Die Befugnis des Demobilmachungskommissar erstreckte sich auch sowohl auf die Verbindlichkeitserklärung von Schiedssprüchen staatlicher, als auch freiwillig vereinbarter Sclichtungsstellen[64]. Den Parteien stand kein Rechtsmittel gegen die verbindliche Entscheidung des Demobilmachungskommissars zur Verfügung[65], und der für verbindlich erklärte Schiedsspruch ersetzte kraft öffentlich-rechtlicher Entscheidung die freiwillige Annahme des Vertrages. Die Verbindlichkeitserklärung als wichtigstes Instrument der staatlichen Zangsschlichtung fand quasi durch die Hintertür Einlaß: ihre Ermächtigungsgrundlage blieb umstritten, eine Beratung und Verabschiedung durch das Legislativorgan Reichstag hatte nicht stattgefunden, sondern die Exekutive orientierte sich in der Zeit der wirtschaftlichen Demobilmachung typischerweise nur an Zweckmäßigkeitserwägungen.

III. Das Betriebsrätegesetz vom 9.2.1920

Die die DDP-Fraktion im Reichstag stellte ihre Zustimmung zum Betriebsrätegesetz (BRG) unter die Be-

---

64) Strittig: vgl. Syrup/Billerbeck, Kommentar, S.50, diese Befugnis wurde insgesamt für zulässig empfunden, da die Schiedssprüche solcher freiwilligen Schlichtungsstellen bereits laut Tarifvertrag verbindlich waren. Ihre Durchführung hätte nach §§ 1042ff. ZPO in ähnlicher Weise wie die Durchführung der vom Demobilmachungskommissar verbindlich erklärten Schiedssprüche zu erfolgen.

65) § 23 I der DemobilVO.

dingung, daß das Schlichtungswesen durch obligatorische Schiedsgerichte gesetzlich geregelt werden sollte. Der entsprechende Gesetzentwurf des Reichsarbeitsministers wurde jedoch nicht eingebracht, so daß sich die Verabschiedung des Gesetzes verzögerte.
Das BRG[66] verkörperte als einzige gesetzliche Regelung auf dem Gebiet des Arbeitsrechtes seit 1919 den Geist der wirtschaftlichen Räteverfassung. Als Vorgänger der Betriebsräte galten die Arbeitsausschüsse im HilfsdG, in der TarifVO sowie die ZAG. Bis auf den in der Weimarer Republik als "Vorläufiger Reichswirtschaftsrat" bestehenden Wirtschaftsrat war das BRG der einzige gesetzliche Beitrag zur geplanten Räterepublik. Der Gesetzgeber erfüllte im BRG erstmalig den Auftrag, gemäß Art. 157 II WRV ein einheitliches Arbeitsrecht zu schaffen.
Der Gesetzgeber ging bezüglich der Zwangsbefugnisse im Schlichtungsverfahren noch einen Schritt weiter als in den bisherigen Verordnungen: Bei Gesamtstreitigkeiten über die Arbeitsordnung und die Dienstvorschriften im Schlichtungsverfahren war im Fall der Nichteinigung der angerufene Schlichtungsausschuß ermächtigt, einen Schiedsspruch zu fällen, der qua lege ohne weitere Erklärung verbindlich war[67]. Gleiches galt für Kündigungen, die vor dem Schlichtungsauschuß verhandelt wurden[68]. Die Entscheidung des Schlichtungsausschusses war bindend und endgültig, bildete unmittelbar die Dienstvorschrift i.S.d. § 75 BRG und besaß deren rechtliche Natur[69].

IV. Verordnung über die Einstellung und Entlassung von Arbeitern und Angestellten während der Zeit der wirtschaftlichen Demobilmachung vom 12.2.1920

Hoffnungen auf eine Lockerung der Zwangsbefugnisse des Demobilmachungskommissars wurden enttäuscht[70]. Die zunehmenden wilden und politischen Streiks im Jahre 1919 erforderten vehement eine rasche Beilegung der Arbeitskämpfe. Die volkswirtschafliche Bedeutung des Tarifvertragswesens wuchs.

66) RGBl. 1920, S.147.
67) §§ 74,74 BRG.
68) §§ 84,85,86 BRG, Warncke, Betriebsrätegesetz, Berlin 1920, S.29ff.
69) Ders. a.a.O. S.19.
70) So auch Hüfner, Diss. S.19.

Die DemobilVO vom 12.2.1920[71] hob die VO vom 3.9. 1919 auf. Ihre Rechtsgrundlage war wieder in der Subermächtigung des Reichsarbeitsministeriums aufgrund der "allgemeinen Demobilmachungsgrundsätze" zu finden. Die Exekutive fällte weiter Rechtsentscheidungen in der Zeit der Not, ohne Absicherung der gesetzlichen Grundlagen und ohne ausreichende Beratung durch die Legislativorgane.

1. Darstellung

1.1. Zuständigkeit

Die Zuständigkeit der durch die TarifVO errichteten Schlichtungsausschüsse dehnte sich zunehmend auf Einzelrechtsstreitigkeiten aus[72]. Die Schlichtungsausschüsse erhielten so eine Reihe von Aufgaben, die mit ihrer ursprünglichen Tätigkeit nicht mehr verwandt waren[73]. Die erzielten Vereinbarungen oder verbindlich erklärten Schiedssprüche führten unmittelbar zu Einzelverträgen, in denen die Annahmeerklärung der Parteien fiktiv ersetzt worden war. Deren Durchführung konnte aber nur aufgrund eines gerichtlichen Vollstreckungstitels erzwungen werden[74]. Aus der Verbindlichkeitserklärung allein ließ sich für die betroffene Partei noch kein Rechtsanspruch ableiten. Dazu stand der Klageweg zu den ordentlichen Gerichten offen, deren Urteil den notwendigen Vollstreckungstitel schuf. Die Vorschriften über Schiedsgerichte gemäß §§ 1042ff. ZPO

---

71) RGBl. 1920, S. 218; §§ 22, 24, 25 sind im Anhang abgedruckt.

72) Streitigkeiten zwischen Arbeitern und Arbeitgebern über die Wiedereinstellung (§§ 3-7,11), Entlassungen (§§ 10,12,13,19), Beschäftigungsart (§§ 8,9,18)... wurden vor dem Schlichtungsausschuß gemäß § 22 i.V.m. § 15 VO vom 23.12. 1918 verhandelt. Es handelte sich meist um materielle Rechtsfragen, Fragen der Kausalität, des Verschuldens bei Schadensersatzforderungen, der Frage, ob eine Kündigung gegen § 2 der Stillegungsverordnung verstößt oder gemäß § 134 BGB nichtig ist.

73) Neben den oben erwähnten Streitigkeit entschied der Schlichtungsausschuß gemäß dem Schwerbehindertengesetz vom 6.4.1920 (RGBl. 1920, S.458), gemäß §§ 75, 86 BRG, gemäß §§ 15, 17 über die Erstattung der Erwerbslosenunterstützung an die Gemeindebehörde und bei Streitigkeiten über die Aufhebung des Einstellungsbeschlusses. Vgl. auch Sitzler, Verordnung, S. 71.

74) Vgl. § 87 II BRG, §§ 23,25 TarifVO; zur Vermeidung zwei sich widersprechender Entscheidungen wurde § 22 S.3 eingefügt.

galten für die gesetzlichen Schlichtungsausschüsse nicht.
Darüber hinaus bestand weiter die Zuständigkeit zur Schlichtung von Konflikten zwischen den Tarifparteien, also in kollektivrechtlichen Streitigkeiten, im folgenden "Gesamtstreitigkeiten".

1.2. Die Verbindlichkeitserklärung

1.2.1. Die Verbindlichkeitserklärung in Gesamtstreitigkeiten

Die außerordentliche Befugnis des Demobilmachungskommissars zur Verbindlichkeitserklärung der Schiedssprüche schloß die Befugnis ein, auch bei Gesamtstreitigkeiten den Schiedsspruch für verbindlich zu erklären[75]. Das Reichsarbeitsministerium vertrat in seinen Richtlinien[76] die Ansicht, daß eine Verbindlichkeitserklärung auch bei Schiedssprüchen tariflicher Schlichtungsstellen in Gesamtstreitigkeiten möglich sei. Anderer Ansicht war *Krauß*[77], der darin einen Widerspruch zur Fassung des § 28 der VO erblickte. Die tariflichen Schlichtungsstellen bedürften keiner Verbindlichkeitserklärung, da diese schon nach dem Willen der Parteien bindende Entscheidungen zu treffen hatten und sich so die Verbindlichkeitserklärung, die er als "Akt staatlicher Einmischerei" bewertete, erübrige. Schiedsspruch sowie Verbindlichkeitserklärung waren zu begründen, schriftlich abzufassen und mit Verkündigung an die Parteien wirksam. Der Demobilmachungskommissar war keine Berufungsinstanz, Rechtsmittel gegen die Verbindlichkeitserklärung bestanden nicht.
Voraussetzung für die Verbindlichkeitserklärung blieb
- die Anrufung der Schlichtungsbehörde durch mindestens eine Tarifpartei,
- ein rechtswirksam zustande gekommener Schiedsspruch,

---

75) § 28, Voraussetzung war allein die sachliche Zuständigkeit des Schlichtungsausschuß bzw. des Demobilmachungskommissars.

76) Erlaß der Richtlinien des Reichsarbeitsministerium für das Schlichtungsverfahren, IV A 13935 vom 30.11.1920, in: Das Schliw. 1921, S.9f.; ebenso: Syrup/Billerbeck, 1919, S.50; Die Richtlinien des Reichsarbeitsministeriums sollten einer Zersplitterung vorbeugen und eine einheitliche Praxis herbeiführen bis eine endgültige Reichsschlichtungsordnung erlassen sein würde, so in: RABl. vom 21.1.1920, S.740.

77) Krauß, Demobilmachung, S.138; ebenso Graf in: Arbeitsrecht,1920, S.145; Potthoff in: Arbeitsrecht, 1921, S.24.

- eine pflichtgemäße Ermessensentscheidung des Demobilmachungskommissars unter billiger Abwägung der Interessen der Allgemeinheit und der Parteien[78].

Keine Befugnis bestand zur Aufhebung des Schiedsspruchs. Erklärte der Demobilmachungskommissar den von den Parteien nicht angenommenen Schiedsspruch nicht für verbindlich, blieb dieser bestehen, ohne jedoch zivilrechtliche Wirkungen zu entfalten.

Den Demobilmachungskommissar traf in diesem Zusammenhang stets die Pflicht zu prüfen:

1. ob der Schlichtungsausschuß innerhalb seiner Zuständigkeit tätig geworden war, und
2. ob der Schiedsspruch den gesetzlichen Vorschriften oder, soweit solche nicht in Frage kamen, der Billigkeit entsprach [79].

Die Parteien waren in mündlicher Verhandlung zu hören. Eine Nachprüfung des Schiedsspruchs war nur insoweit möglich, als bei Verletzung formeller oder materieller Vorschriften der Demobilmachungskommissar die Sache zur erneuten Verhandlung und Entscheidung an den Schlichtungsausschuß zurückverweisen konnte [80].

1.2.2. Die Verbindlichkeitserklärung von Amts wegen

Strittig blieb, ob der Demobilmachungskommissar einen Schiedsspruch nur von Amts wegen für verbindlich erklären durfte [81]. Den Parteien war nämlich in der VO kein ausdrückliches Antragsrecht eingeräumt[82]. Eine Pflicht zum Eingreifen von Amts wegen[83] in geeigneten Fällen wurde aus der Aufgabe, für die Aufrechterhaltung des Arbeitsfriedens zu sorgen, abgeleitet. Herausragende Bedeutung hatte diese Frage bei Gesamtstreitigkeiten, bei Einzelstreitigkeiten nur, falls eine solche Streitigkeit sich in eine Gesamtstreitigkeit verwandeln konnte [84].

---

78) Dies galt besonders bei Gesamtstreitigkeiten, vgl. §§ 25,28; "Der Demobilmachungskommissar hat nur das Recht, aber nicht die Pflicht, den Schiedsspruch für verbindlich zu erklären", so Flatow, Verordnung, in: Das Arbeitsrecht im neuen Deutschland, Hrsg.: Baum, Stuttgart 1920.

79) Vgl. die Richtlinien S.12.

80) § 26 der DemobilVO 12.2.1920.

81) Siehe: Krauß a.a.O. S.141.

82) § 25 I S.2 der DemobilVO.

83) Gemäß § 21 der VO vom 31.12.1918.

84) Vgl. Sitzler, Verordnung, S. 39.

In den Verordnungen vom 4. und 24. 1.1919 war nämlich noch von einem "Antrag der Parteien", einen Schiedsspruch für verbindlich zu erklären, keine Rede. Diese Befugnis kam dort nur dem Demobilmachungskommissar von Amts wegen zu. Erst die Verordnung vom 2.9.1919 ließ einen entsprechenden Parteiantrag zu[85]. Dies geschah wohl, um die bisher zeitlich unbeschränkte Antragsbefugnis der Parteien, die faktisch stillschweigend existierte, gesetzlich auf zwei Wochen zu befristen. Das aus den allgemeinen Befugnissen der Demobilmachungsbehörden fließende, in den Verordnungen vom 4. und 24.1.1919 bestätigte Recht des Demobilmachungskommissars, auch von Amts wegen einen Schiedsspruch für verbindlich zu erklären, bestand unberührt weiter[86]. Unwahrscheinlich blieb, daß der Demobilmachungskommissar nach Verstreichen der Antragsfrist durch beide Parteien von Amts wegen einschritt, wenn die Parteien offenkundig kein Interesse zeigten. Aus diesem Grund wurde ein Antragsrecht der Parteien neben der Befungis des Demobilmachungskommissars, von Amts wegen einzuschreiten, bejaht.

Die außerordentliche Befugnis des Demobilmachungskommissars, in das private Recht der am Streit beteiligten Parteien durch die Entscheidung einer öffentlichen Behörde unmittelbar einzugreifen, trat an die Stelle der Tarifautonomie. Früher waren einzig zugelassen die eher "moralisch" wirkenden Druckmittel wie: Veröffentlichung des Schiedsspruchs und der dazugehörenden Erklärungen und Zulässigkeit des Erlasses eines Schiedsspruchs auch bei Nichterscheinen der Parteien.
Der Inhalt des angenommenen oder für verbindlich erklärten Schiedsspruches galt zwischen den Parteien unmittelbar[87]. Dies betraf nun Schiedssprüche der Gewerbegerichte, Berggewerbegerichte, Innungseinigungsämter, Kaufmannsgerichte, tariflicher Schlichtungsorgane und des Schlichtungsausschusses gleichermaßen.

1.2.3. Die Richtlinien des Reichsarbeitsministeriums

Die Richtlinien des Reichsarbeitsministeriums gingen davon aus, daß eine "Notwendigkeit des Interessenausgleiches nur bei Gesamtstreitigkeiten"

---

85) § 23, später § 25 der DemobilVO vom 12.2.1920.
86) Vgl. Krauß a.a.O.
87) Flatow, Verordnung, S. 31; Krauß, S. 136.

bestehe[88]. Daraus resultierte das Recht des Demobilmachungskommissars, in allen Gesamtstreitigkeiten von sich aus das Schlichtungsverfahren eröffnen zu können[89]. Die gütliche Einigung stand noch im Vordergrund und die das Verfahren endgültig abschließende Verbindlichkeitserklärung durfte, wie sich aus den Richtlinien ergab, nur als letztes Hilfsmittel Anwendung finden[90].
Die Befugnis zur Verbindlichkeitserklärung beschränkte sich auf die Fälle, "wenn die im Schiedsspruch vorgesehene Regelung zweifellos der Billigkeit entspricht und die Durchführung des Schiedsspruchs im Interesse der Allgemeinheit dringend erforderlich ist"[91]. Gleiches galt, wenn die "notwendige Rücksichtnahme auf das allgemeine Wirtschaftsleben eine Beilegung der Streitigkeit dringend verlangt, wie dies namentlich bei lebenswichtigen Betrieben der Fall ist"[92].

1.3. Wiederaufnahme des Verfahrens

War trotz des Verfahrens vor dem Schlichtungsausschuß - etwa wegen Stimmengleichkeit oder Stimmenthaltung - kein Schiedsspruch zustandegekommen, konnte der Demobilmachungskommissar nach erneuter Verhandlung des Schlichtungsausschusses einen Schiedsspruch fallen[93] und diesen gegebenenfalls auch für verbindlich erklären. Diese Regelung sollte unter allen Umständen ermöglichen, daß das Verfahren mit einem Schiedsspruch endete, um einen vertragslosen Zustand mit Rücksicht auf die Auswirkungen eines dann drohenden Arbeitskampfes zu vermeiden.

3. Bewertung

Das Schlichtungsverfahren wies noch erhebliche Mängel auf: so sollte z.B. die Verpflichtung zur Rechts- und Amtshilfe anderer Behörden sowie die Verpflichtung zur Niederschrift der Verhandlungen als schriftliche Grundlage für die Entscheidung des Demobilmachungskommissars eingeführt werden[94], um eine Kontrolle seiner Entscheidungen zu ermöglichen.

---

88) Richtlinien in: Das Schliw.1921, S.10.
89) §§ 22, 24, 28.
90) Richtlinien in: Das Schliw., 1921, S.11.
91) Vgl. Richtlinien des Reichsarbeitsministeriums vom 3.11.1920 in: Das Schliw. 1921, S.12.
92) So in den Richtlinien, S.12.
93) § 27 der DemobilVO i.V.m. § 27 IV der TarifVO.
94) Krauß, a.a.O. S. 125.

Ob eine DemobilVO mit einer so weit reichenden Ermächtigung aufgrund der "allgemeinen Demobilmachungsbefugnisse" erlassen werden konnte, blieb weiterhin umstritten[95]. Die Anwendung der Verbindlichkeitserklärung als "ultima ratio" sollte der Gefahr begegnen, Verständigungswillen und Einigungsbereitschaft der Parteien zu schwächen und den Tarifvertragsgedanken als Ganzes nicht in Mißkredit zu bringen - bewirkte aber später das Gegenteil. Auf versteckte Weise war ein Zwang, vor jedem Arbeitskampf den Schlichtungsausschuß anzurufen, eingeführt worden. Der vielgeäußerte Gedanke obligatorischer Vermittlung konkretisierte sich nämlich in der Befugnis zur jederzeitigen Wiederaufnahme des Verfahrens.

Die Verbindlichkeitserklärung eines bis dahin unverbindlichen Schiedsspruchs schuf qua öffentlichrechtlicher Entscheidung bindendes Recht zwischen den Parteien. Gegen die Verbindlichkeitserklärung gab es kein Rechtsmittel, keine Beschwerde. Durch sie erhielt die jeweilige Lohnregelung mehr und mehr ein einheitliches und einseitiges Aussehen. Die Notwendigkeit, staatliche Zwangsmittel einzuführen, wurde daraus abgeleitet[96], daß der Staat das Gemeininteresse bei der Erfüllung öffentlicher Aufgaben garantieren und dafür Sorge tragen müsse, daß nicht am Widerstand einer Tarifgruppe das Zustandekommen der im staatlichen Interesse liegenden Regelungen auf dem Gebiet des Arbeitsrechts- und insbesondere des Schlichtungswesens scheiterten. Auf dieser Basis fixierte sich mehr und mehr der Gedanke an ein staatlich gelenktes Schlichtungswesen.

Die Regelungen des Schlichtungswesens durch die DemobilVO war als vorläufige gedacht[97]. Nebeneinander bestanden deshalb alte und neue, tarifliche und gesetzliche, freiwillige und obligatorische Schlichtungsstellen. Ferner belasteten die DemobilVO die Schlichtungsausschüsse mit der Entscheidung von Einzelstreitigkeiten, die ursprünglich nicht zu ihrem Aufgabengebiet gehörten. Die rechtliche Regelung war in mehrere Verordnungen zersplittert und das staatliche Zwangsschlichtungssystem hatte durch die Befugnis zur Verbindlichkeitserklärung Einzug gehalten.

---

95) Ders. a.a.O. S.136.
96) von Hausen, Diss. Jena 1923, S.12.
97) Vgl. § 1 i.V.m. § 15 der VO vom 23.12.1918.

V. Verordnung des Reichspräsidenten betreffend die Stillegung von Betrieben, welche die Bevölkerung mit Gas, Wasser und Elektrizität versorgen, vom 10.11.1920

Nach der gemäß Art. 48 II WRV vom Reichspräsidenten erlassenen Verordnung vom 10.11.1920[98] waren Aussperrungen und Streiks in Betrieben, welche die Bevölkerung mit Gas, Wasser und Elektrizität versorgen, erst zulässig, wenn vorher der zuständige Schlichtungsausschuß angerufen, ein Schiedsspruch gefällt worden und seit dessen Verkündigung mindestens drei Tage vergangen waren. Damit hatte der Demobilmachungskommissar die Möglichkeit, durch Einsatz der staatlicher Zwangsschlichtung einen Arbeitskampf zu verhindern. Voraus ging der Verordnung ein wilder Streik der Elektrizitätsarbeiter in Berlin, der die Bevölkerung in schwere Gefahren gebracht hatte[99].

---

98) RGBl. 1920, S. 1865.
99) Vgl. Preller, Sozialpolitik, S.259.

§ 4

Der Entwurf einer Schlichtungsordnung, dem Reichstag vorgelegt am 11.3.1922

I. Vorgeschichte

Nachdem sich die Zahl der Arbeitskämpfe nicht vermindert hatte, war es nach Ansicht des späteren Reichsarbeitsministers Heinrich *Brauns*[1] im Interesse der Volksgemeinschaft nun erforderlich, öffentliche Schlichtungseinrichtungen zur Vermeidung oder zur rascheren Beilegung von Arbeitseinstellungen und Aussperrungen anzurufen. Die bisher bestehende moralische Pflicht zur Einleitung und Durchführung des Schlichtungsverfahrens vor der Anwendung von Kampfmaßnahmen sollte in eine gesetzliche Pflicht umgewandelt werden[2] - eine Neuregelung war notwendig geworden.
Zu den Forderungen gehörte auch, die Zwangsbefugnisse der Schlichtungsbehörden weiterzuentwickeln und den organisatorischen Aufbau neu zu regeln[3]. Abgesehen von formalen Regelungen bedurfte das Schlichtungswesen auch inhaltlich einer weiteren Ausgestaltung, um die dauernde Gefährung des Wirtschafslebens durch Arbeitskämpfe zu verringern. Dazu kam der Auftrag des Reiches aufgrund von Art. 157 II WRV, ein einheitliches Arbeitsrecht, auch ein einheitliches Schlichtungsrecht zu schaffen[4]. Die Neuordnung dieses Rechtsgebietes galt als besonders dringlich.

---

*1) Begründung des Entwurfs, Vorlage an den Reichstag in der 1. Wahlperiode 1921/22, Drs. Nr. 3760, S.27;
Brauns war ursprünglich Theologe. Er stand den christlichen Gewerkschaften und den katholischen Arbeitervereinen bei sozialpolitischen Auseinandersetzungen der Vorkriegszeit bei. 1919 saß er als Zentrums-Abgeordneter in der Nationalversammlung bis zur seiner Wahl am 26.6.1920 zum Reichsarbeitsminister. In: Preller, Sozialpolitik, 1978, S. 254.*

2) Siehe auch bei: Mehlbach, Entwurf, 1925, S.134.

3) Meissinger, Organisation, 1922, S.92; Joachim, Entwurf 1922, S.77; Weber, Diss. Köln 1923, § 5.

4) 1919 stellte ein beim Reichsarbeitsminsterium gebildeter Ausschuß für ein einheitliches Arbeitsrecht unter maßgeblicher Mitwirkung von Sinzheimer zunächst einen Vorentwurf, dann einen Entwurf für ein Arbeitstarifgesetz auf: in: RABl. 1919 Amtl. Teil S. 491ff.; Vgl. die Stellungnahme von Nipperdey, Beiträge, S. 107ff.

1. Beratungen in der verfassunggebenden Deutschen Nationalversammlung 1919 in Weimar

Am 23. Juli stellte Reichskanzler *Bauer* in seiner Regierungserklärung vor der verfassungsgebenden Nationalversammlung in Weimar die Ersetzung der vorläufigen Regelung des Schlichtungswesens durch eine endgültige gesetzliche Regelung in Aussicht[5]. Zuvor hatte Reichsjustizminister *Landsberg* am 1.3.1919 unter Beifall der SPD-Fraktion die gesetzliche Garantie des Koalitionsrechtes und die Errichtung weiterer Einigungsämter gefordert[6]. Am 7.10.1919 dann wiederholte *Bauer* seine Vorschläge[7]. Die obligatorische Errichtung von Schiedsgerichten galt als einzig wirksames Mittel zur Beschränkung der Streiks auf das äußerste Maß. Es wurde sogar behauptet, nur durch bindende Schiedssprüche könne dem "Egoismus der Parteien ein Ende" gesetzt werden[8]. Gleichzeitig fand die alte Forderung nach der Errichtung eines Reichseinigungsamtes als Mittel zur Regelung der Lohn- und Arbeitsstreitigkeiten ein Echo[9]. Die Zentrums-Partei[10] trat einheitlich für eine Neuregelung ein. Auch der damalige Reichsarbeitsminister *Schlicke* erläuterte das dringende Bedürfnis für eine Neuregelung, da die Übergangslösungen durch das HilfsdG und die TarifVO bzw. die DemobilVO seiner Ansicht nach nicht ausreichten[11].

2. Referentenentwurf des Reichsarbeitsministeriums vom März 1920

Der sogenannte Referentenentwurf des Reichsarbeitsministeriums[12] regelte den Ausbau des behördlichen

5) Sten. Ber. der verfassungsgebenden Deutschen Nationalversammlung, 1919, Bd.328, S.1850.
6) Sten. Ber., Bd. 326, S.444.
7) Sten. Ber., Bd. 330, S.2878.
8) Sten. Ber., Bd. 328, S.1850, dazu auch die Rede des Abgeordneten Bäumer am 25.7.1919: Bd. 328, S.1909; Gegen objektive Schiedsgerichte wandte sich der Abgeordnete Haase, USPD, der eine Bevorzugung der Unternehmer befürchtete. "Haben Sie denn nichts gelernt aus der Geschichte dieser Institutionen im Ausland? Solange Gerichte mit Leuten aus der Bourgeoisie zusammengesetzt sind, werden die Urteile Klassenkampfurteile sein." Bd. 328, S.1969.
9) Dazu: Rede der Abgeordneten Frau Lübes, Bd. 330, S.3225.
10) Besonders in der Rede des Abgeordneten Bolz am 10.10.1919, S.299; vgl. auch die Rede des Abgeordneten Tremmel am 18.10.1919, S.3239.
11) In: Bd. 330, S.3249; Bd. 331, S. 4239.
12) Vgl. Preller, Sozialpolitik, S.258.

Schlichtungswesens, enthielt Bestimmungen zur Haftung aus Einigungserfolgen und Schiedssprüchen, sowie die Regelung einer Spruchpraxis für Einzelstreitigkeiten in Tarifverträgen. Ferner sah der Entwurf Schlichtungsausschüsse, Landesschlichtungsausschüsse und ein Reichseinigungsamt vor mit einem beamteten unparteiischen Vorsitzenden, ständig gewählten Beisitzern und nicht ständig gewählten Beisitzern, bestellt aus den Vorschlagslisten der Tarifparteien. Das Verfahren teilte sich in ein Einigungsverfahren für Gesamtstreitigkeiten vor dem Schlichtungsausschuß und in eines zur Regelung von Einzelstreitigkeiten. Damit wurde der langjährigen Forderung nach Trennung von Einzel- und Gesamtstreitigkeiten Rechnung getragen.
Neu und mit erheblichen Auswirkungen belastet war die geplante Vorschrift, nach der der Schlichtungsausschuß vor Streiks und Aussperrungen in lebenswichtigen Betrieben obligatorisch anzurufen war. Auch die Verbindlichkeitserklärung fand wieder Aufnahme in den Gesetzentwurf. Bei Nichtannahme der Einigungsvorschläge und Verstoß gegen den Anrufungszwang drohten Sanktionen durch Geldbußen. Dies stieß auf Ablehnung durch Arbeiterschaft und freie Gewerkschaften [13].

3. Neue Fassung des Referentenentwurfs

Im April 1920 wurde der Entwurf mit Vertretern der Reichsministerien und der Regierungen der Länder, mit Demobilmachungskommissaren, Vorsitzenden von Schlichtungsausschüssen, Mitgliedern und Mitarbeitern des vom Reichsarbeitsministerium eingesetzten Arbeitsrechtsausschusses sowie mit Vertretern der großen Zentralarbeitsgemeinschaften und Spitzenverbände der Arbeitnehmer und Arbeitgeber besprochen [14] und nach wenigen Änderungen im Mai 1920 veröffentlicht. In dieser Fassung diente er als Grundlage für die Beratungen einer vom Reichsarbeitsministerium eingesetzten, aus je neun Vertretern der Arbeitgeber und Arbeitnehmer bestehenden Kommission.
Der vom Reichsarbeitsministerium vorgelegte Entwurf umfaßte folgende Grundsätze:

1. Vorrang der vereinbarten Schlichtungsstellen, Stärkung der staatlichen als Ergänzung der vereinbarten Schlichtung, Angleichung im

13) Besonders Leipart in: Soz. Prax. 1921, S.1025, und in: Korrespondenzblatt der Generalkommission der Deutschen Gewerkschaften, 1920, S.243.
14) Begründung des Entwurfs, RT-Drs. Nr.3760, S.30.

Verfahren;

2. Trennung von Gesamt- und Einzelstreitigkeiten, wobei letztere den ordentlichen Gerichten vorgelegt werden und aus dem Zuständigkeitsbereich der Schlichtung herausgenommen werden sollten;
3. Neuordnung der Schlichtungsbehörden, dreistufiger Aufbau in Schlichtungsämter, Landes- und Reichsschlichtungsamt;
4. Beibehaltung der Verbindlichkeitserklärung, vorausgesetzt, daß dies der Schutz des allgemeinen Wirtschaftslebens erfordert.

Die vom Reichsarbeitsministerium berufene Kommission erledigte ihre Beratungen in acht Sitzungen. Sie legte ihre Ergebnisse in Form vorläufiger Beschlüsse nieder. Die endgültige Fassung des Entwurfs wurde in den beiden Schlußssitzungen der Kommission am 20.und 23.10.1920 festgestellt[15]. Aufgrund dieser Ergebnisse erfuhr der Entwurf eine durchgreifende Umarbeitung und wurde im Dezember 1920 mit Vertretern der Reichsministerien und der Regierungen der Länder besprochen. Die Arbeitnehmer- und Arbeitgeberverbände hielten einen gründlichen Umbau des Entwurfs für erforderlich. Nach Ansicht der Vertreter der Schlichtungspraxis zeigte der Entwurf aus unterschiedlichen Gründen nur geringe Berührung mit der Realität der Praxis[16]. Beibehalten wurde die schon im Mai vorgesehene Beschränkung der sachlichen Zuständigkeit der Schlichtungsbehörden auf Gesamtstreitigkeiten und deren Definition sowie der dreiinstanzliche Aufbau. Das Reichsschlichtungsamt sollte den Schiedsspruch in "wichtigen Fällen" selbst übernehmen können. Neu im Entwurf war, daß die Schlichtungsausschüsse grundsätzlich ohne unparteiischen Vorsitzenden zu verhandeln hatten. Dieser sollte obligatorisch erst

---

15) Nachzulesen bei Dersch, Schlichtungsverordnung, Berlin 1924, S.54.; Dersch war zunächst Ministerialrat im Reichsarbeitsministerium, dann Senatspräsident im Reichsversicherungsamt und von 1929-31 a.o.Prof. und von 1931-51 o.Prof. an der Universität Berlin.

16) So bei Winschuh, Diss. 1925, S.2. Dieser Kritik schlossen sich verschiedene Vorsitzende von Schlichtungsausschüssen z.B. Schneider aus Köln, Müller aus Hamburg, Ferch aus München, der Verfasser der "Denkschrift der Bayerischen Schlichtungsausschüsse betreffend den Entwurf der Schlichtungsordnung" vom 4.1.1921, u.a. an.

bei Scheitern der Einigungsbemühungen sozusagen als "ultima ratio" eingreifen können.

Kritik wurde laut[17]. Die württembergischen Schlichtungsausschüsse hatten bereits zu der vorläufigen Fassung des Entwurfs vom Dezember 1920 ausführlich Stellung genommen[18]: sie begrüßten die Beibehaltung der grundsätzlich autonomen Beilegung von Gesamtstreitigkeiten unter Ablehnung staatlicher Zwangsschlichtung sowie die Vereinfachung des Verfahrens und der Rechtsmittel, kritisierten jedoch den bürokratischen Aufbau. Als "unzulässige Durchbrechung der Zuständigkeitsgrenzen" bewerteten sie, daß das Landeseinigungsamt in wichtigen Fällen die Schlichtung selber übernehmen könne. Zu begrüßen sei dagegen die Befugnis des Reichseinigungsamtes, Schiedssprüche "für gundsätzlich zu erklären" und durch diese Bindungswirkung für alle Schlichtungsorgane eine einheitliche Spruchpraxis zu begründen. Aus diesen Gründen sollten die Entscheidungen des Reichseinigungsamtes im Reichsarbeitsblatt veröffentlicht werden.

In 141 Punkten begründete der aus Arbeitnehmer- und Arbeitgebervertretern gebildete Ausschuß seine Wünsche, vor allem den unbedingten Vorrang der Einigung im Wege der Selbstverwaltung vor der behördlichen Schlichtung sowie die Beseitigung des unparteiischen Vorsitzenden. Das Erfordernis einer Verbindlichkeitserklärung bejahten die Arbeitnehmer, die Arbeitgeber aber wollten sie höchsten bei Konflikten in lebenswichtigen Betriebe anerkennen. Im übrigen sollte die Verbindlichkeitserklärung der Kompetenz der Verwaltung entzogen und Kammern bei den Reichs- und Landesschlichtungsinstanzen überantwortet werden. Die zwangsweise Anrufung der Schlichtungsausschüsse vor Kampfhandlungen wollten die Gewerkschaften höchstens als instruktionelle Vorschrift ohne Strafbestimmung, auch gegebenenfalls für lebenswichtige Betriebe gelten lassen.[19] Die Ergebnisse dieser Besprechung wurden später bei der Ausarbeitung der Regierungsvorlage vom März 1921 berücksichtigt.

---

17) So Herrmann, Schlichtungsordnung in: Das Schliw. 1921, S.1ff.

18) Die württembergischen Schlichtungsausschüsse zum neuen Gesetzentwurf einer Schlichtungsordnung, in: Das Schliw., 1921, S.36.

19) Vgl. die Darstellung in Soz. Prax.1921, S.1286.

4. Vorlage des Entwurfs beim vorläufigen Reichswirtschaftsrat

Am 19.3. wurde der Regierungsentwurf nebst Begründung dem vorläufigen Reichswirtschaftsrat vorgelegt. In seiner ersten Vollversammlung am 30.6.1920 war aufgrund Art. 11 III der DemobilVO vom 4.5.1920[20] ein sozialpolitischer Ausschuß mit 30 ordentlichen Mitgliedern gewählt worden[21]. Der sozialpolitische Ausschuß des vorläufigen Reichswirtschaftsrates übertrug die Vorbereitung wieder einem Arbeitsauschuß von acht Mitgliedern. Dieser beriet im Mai 1921 den Entwurf in erster und zweiter Lesung und erstattete dem Ausschuß einen schriftlichen Bericht[22].

4.1. Kritikpunkte

Nachdem der Reichsarbeitsminister *Brauns* die wichtigsten Punkte der Schlichtungsordnung in der Kabinettssitzung vom 2.3.1921 erörtert hatte, sprach er sich gegen die Einführung von Strafbestimmungen aus[23]. Über die geplante Einführung des Anrufungszwanges herrschte Uneinigkeit. Der Reichsarbeitsminister drängte auf Verabschiedung des Gesetztes, dennoch wurde die Aussprache zweimal vertagt. Am 17.3.1921 erfolgte eine Abstimmung im Kabinett, die mit einer Stimme Mehrheit die Straftatbestände ablehnte, aber dem geplanten Anrufungszwang zustimmte[24].

Die Beratungen des Ausschusses im Juni 1921 endeten mit einer Verständigung über die besonders heftig umstrittenen Punkte des Entwurfs. Der Sozialpolitische Ausschuß stimmte dem Arbeitsausschuß zu, erklärte sich grundsätzlich mit dem Entwurf einverstanden, empfahl aber eine Reihe von Änderungen. Umstritten blieben weiterhin die Vorschriften des Entwurfs über den Schutz des Wirtschaftsfriedens durch Anrufungszwang und über die Verbindlichkeits-

---

20) RGBl. 1920, S.858.

21) Vgl. Hauenschild, Denkschrift 1926, S.261.

22) Bericht in den Drucksachen des Vorläufigen Reichswirtschaftsrates 1920/21, Nr. 180, 244.

23) Der Reichsminister des Inneren, Koch, DDP, befürwortete diese, wenn gemeinnötige Betriebe ausgenommen und in einem besonderen Gesetz geregelt würden. Reichswirtschaftsminister Scholz, DVP, wollte diese Angelegenheit entgegen der Ansicht Brauns im Wirtschaftsausschuß besprechen. In: Akten der Reichskanzlei, Kabinett Fehrenbach, Boppard 1972, Dok.Nr.187.

24) Vgl. Dok. Nr. 188, Dok. Nr. 209.

erklärung von Schiedssprüchen[25].
Der Ausschuß nahm einstimmig eine Entschließung an, die die Reichsregierung ersuchte, die Vorlage eines Entwurfs eines Arbeitsgerichtsgesetztes schleunigst vorzulegen, damit die Arbeitsgerichte möglichst gleichzeitig ihre Tätigkeit mit den neuen Schlichtungsbehörden aufnehmen könnten[26].

4.2. Verbesserungsvorschläge

Der Ministerialdirektor im Reichsarbeitsministerium, *Sitzler*, trug in der Kabinettssitzung vom 5.7.1921 vor dem Kabinett die Änderungen vor. Von Bedeutung war die Beseitigung der geplanten Sondereinigungskammern und -senate und der Verzicht auf die Sonderbehandlung der lebenswichtigen, im folgenden "gemeinnützigen" Betriebe. In beiden Punkten beabsichtigte das Reichsarbeitsministerium unter Zustimmung des Kabinetts, sich dem einstimmigen Gutachten des Reichswirtschaftsrates anzuschließen[27]. In der Vollversammlung am 26.10.1921 wurden von verschiedenen Seiten Anträge gestellt, die sich zum Teil gegen die Beschlüsse im sozialpolitischen Ausschuß stellten. Es bestanden noch immer wesentliche Differenzen. Die Vollversammlung wies den Entwurf nach einer kurzen allgemeinen Aussprache an den sozialpolitischen Ausschuß zurück, der erneut zur Beratung den Arbeitsausschuß einsetzte. Dieser wiederum lehnte alle Anträge der Vollversammlung ab. Am 25. und 26.11.1921 beriet der sozialpolitische Ausschuß selbst die in der Vollversammlung gestellten Anträge, nahm einen Teil an, lehnte aber den größten Teil ab und konnte bei der endgültigen Abstimmung kein einstimmiges Ergebnis erzielen. Daraufhin blieb kein anderer Ausweg: der sozialpolitische Ausschuß lehnte den Entwurf am 25.11.1921 einstimmig ab.[28]
Im Dezember beriet wieder die Vollversammlung des vorläufigen Reichswirtschaftsrates den Entwurf sowie die neu eingebrachten Anträge. Sie lehnte ihn

---

25) In: Dersch, Schlichtungsverordnung, S.55.
26) Nachzulesen in den Beratungen des vorläufigen Reichswirtschaftsrates, dem Reichswirtschaftsrat vorgelegt in der Sitzung vom 23.6.1921.
27) Vgl. Stellungnahme des vorläufigen Reichswirtschaftsrates im Entwurf der SchliO, Anhang, RT-Drs. Nr.3760, Bd. 72, S.78; Akten der Reichskanzlei, Kabinette Wirth I und II, Dok. Nr.44.
28) Vgl. Bericht der Beratungen des sozialpolitischen Ausschuß des Vorläufigen Reichswirtschaftsrates, Anlage 1 und 2 des Regierungsentwurfes, RT-Drs. Nr.3760.

in der Gesamtabstimmung am 9.12.1921 in 1.Lesung ab nahm ihn jedoch überraschenderwese in der 2.Lesung mit vier Stimmen Mehrheit an[29]. Nach dem Abschluß der Beratungen einigte man sich im Vorläufigen Reichswirtschaftsrat, die Vorlage des Entwurfes beim Reichsrat zu beschleunigen. Am 15.9.1921 erhielt der Reichsrat der umgearbeitete Entwurf zur Beschlußfassung. Dieser beschloß nach einigen Abänderungen in seiner Sitzung vom 2.2.1922, dem Entwurf in der von den Ausschüssen geschlossenen Form zuzustimmen.

II. Darstellung

1. Vorrang der freiwilligen Schlichtung

Der Entwurf sah an mehreren Stellen[30] ausdrücklich den Vorrang der vereinbarten vor den behördlichen Schlichtungsstellen vor. Gleichzeitig enthielt er eine Neuregelung des Schlichtungsverfahrens[31]. Bereits der 1920 veröffentlichte Referentenentwurf widmete Organisation und Verfahren der tariflichen Einigung besondere Abschnitte. Die Gleichstellung behördlicher und staatlicher Schlichtung stieß auf Kritik, wurde jedoch von der Kommission befürwortet[32]. Durch die Vereinbarungen in den Tarifverträgen, die behördlichen Schlichtungsausschüsse als Schlichtungsstelle für zuständig zu erklären[33], fand im Vorfeld schon eine gewisse Organisations- und Verfahrensangliederung statt. Die Schlichtungsbehörden sollten nur nach Anrufung durch die Beteiligten und von Amts wegen nur nach vorausgegangener Anhörung der Parteien zum Einleiten der Verhandlungen berechtigt sein[34]. Dies galt aber nicht für gemeinnützige Betriebe, bei denen das Schlichtungsamt auch ohne Rücksicht auf die Beteiligten von Amts wegen tätig werden konnte, wenn nicht die Zuständigkeit einer freiwilligen Schlichtungsstelle vereinbart war[35].

---

29) Vgl. Bericht über die Verhandlungen der Vollversammlung des Vorläufigen Reichswirtschaftsrates, Anlage 3 des Regierungsentwurfs, RT-Drs. Nr.3760.

30) §§ 1, 56, 67 des Entwurfes, RT-Drs. Nr. 3760; §§ 1,11,54,55,56,67,81,82,83,111,113 des Entwurfs sind im Anhang abgedruckt.

31) Siehe §§ 60ff. des Entwurfs.

32) Vgl.Begründung d.Entwurfs,RT-Drs.Nr.3760, S.36.

33) Was in § 8 des Entwurfs ausdrücklich vorgesehen war.

34) Gemäß §§ 66 67 II des Entwurfs.

35) § 67 I des Entwurfs.

2. Geltung nur für Gesamtstreitigkeiten

2.1. Trennung zwischen Einzel- und Gesamtstreitigkeiten

Gegenstand des Schlichtungswesens sollten nach dem Entwurf nur noch Gesamtstreitigkeiten sein[36] : "Gesamtstreitigkeiten im Sinne der Schlichtungsordnung sind Streitigkeiten zwischen einem oder mehreren Arbeitgebern oder wirtschaftlichen Vereinigungen von Arbeitgebern und der Arbeitnehmerschaft, einem Teile oder einer Gruppe der Arbeitnehmerschaft oder wirtschaftlichen Vereinigungen von Arbeitnehmern über die Regelung von Arbeitstreitigkeiten oder die Regelung wirtschaftlicher Interessen des Arbeitgebers oder gemeinsamer wirtschaftlicher Interessen der Arbeitnehmer", so lautete die Definition. Dies entsprach freilich mit deutlicherem Akzent dem durch die TarifVO vom 23.12.1918 geprägten Ausdruck "Gesamtstreitigkeit". Die alte Bezeichnung "Kollektivstreitigkeiten" war verdrängt worden. Gegenstand der Gesamtstreitigkeiten war die Gestaltung künftiger Arbeitsbedingungen und der Ausgleich von Interessengegensätzen. So trennte der Entwurf deutlich zwischen Einzel- und Gesamtstreitigkeiten und nicht zwischen Rechts- und Interessenstreitigkeiten. Er schuf keine Parallele zur Arbeitsgerichtsbarkeit, die sich der Einzelstreitigkeiten annehmen sollte.

2.2. Abgrenzung von der Gerichtsbarkeit

Die Zuständigkeit der Schlichtungsausschüsse berührte die Zuständigkeit der Gerichte nicht - es konnte sich bei der Schlichtung um rein wirtschaftliche Interessenstreitgkeiten <u>und</u> um rechtliche Regelungsstreitigkeiten handeln. Beide Verfahren bestanden selbständig nebeneinander. Nach Zweck und Ziel der Schlichtung, zwischen den Parteien eine gütliche Einigung herbeizuführen, sollte diese nur vermittelnd eingreifen. Das Schlichtungsverfahren unterschied sich deutlich vom Verfahren vor den ordentlichen Gerichten.
Die Neuregelung sollte die Schlichtungsauschüsse von den Streitigkeiten befreien, die ihnen durch Vorschriften in der DemobilVO vom 12.2. 1920, durch das Betriebsrätegesetz vom 4.2.1920, die Verordnung betreffend die vorläufige Landarbeitsordnung vom 24.1.1919 und dem Schwerbeschädigtengesetz vom 6.4.1920 zugewiesen waren. Die einigungsamtliche Zuständigkeit der Gewerbe-, Kaufmanns- und Berg-

---

36) Vgl. § 1 II, § 8 des Entwurfs.

werksgerichte sowie die der Innungseinigungsämter sollte im Hinblick auf das bevorstehende Arbeitsgerichtsgesetz außer Kraft gesetzt werden.

3. Organisation der Schlichtungsbehörden

Der geplante, dreistufige Aufbau der Schlichtungsbehörden in
1. Schlichtungsämter
2. Landesschlichtungsämter
3. Reichsschlichtungsamt [37]

war Ergebnis der langen Beratungen um die Errichtung eines Reichseinigungsamtes und der durch die TarifVO dem Reichsarbeitsministerium eingeräumten Befugnis, in wichtigen Fällen die Durchführung des Einigungs- und Schiedsverfahrens selbst zu übernehmen. Die eingeräumte Befugnis einer Reichsbehörde, autoritär Streitigkeiten zu schlichten, befriedigte jedoch noch nicht. Problematisch blieb, daß auch für Streitigkeiten, die sich räumlich über ein verbreitetes Gebiet oder gar über das ganze Reichsgebiet erstreckten, der Schlichtungsausschuß zuständig war, der zufällig zuerst angerufen wurde.

3.1. Zuständigkeit

Die Schlichtungsstellen sollten als öffentliche Behörden mit verschiedenen Kammern ausgebaut werden. Ihre Zuständigkeit erstreckte sich auf die Schlichtung von Gesamtstreitigkeiten, die der Landesschlichtungsämter auf die Schlichtung von Gesamtstreitigkeiten in den nach Branchen aufgeteilten Fachkammern. Dazu gehörten die Entscheidung über Einsprüche gegen Schiedssprüche der Schlichtungsämter in den Einspruchskammern, gegen Schiedssprüche des Reichsschlichtungsamts sowie Einsprüche und Entscheidungen des neben den Kammern zu bildenden großen Senates in wichtigen Fällen. Der Reichsarbeitsminister bildete für Unternehmungen und Verwaltungen des Reiches auch Fachsenate beim Reichsschlichtungsamt [38].

3.2. Der unparteiische Vorsitzende

Gegenstand heftiger Diskussionen war die Frage, ob die Schlichtungsausschüsse mit einem unparteiischen Vorsitzenden zu besetzten waren oder nicht. Bei den Beratungen des Entwurfs durch die Kommission wünschte die überwiegende Mehrheit der Arbeitnehmer, daß der Verwaltungsvorstand der Schlichtungsbehörden aus je einem Obmann der ständigen Beisitzer

---

37) Gemäß §§ 16ff. des Entwurfs.
38) § 49 des Entwurfs.

der Arbeitnehmer und Arbeitgeber gewählt werde[39]. Im Gegensatz dazu traten die Arbeitgeber für einen beamteten Vorstand ein. Der Entwurf folgte diesem Vorschlag[40] und bestimmte einen obligatorischen unparteiischen Vorsitzenden.
Anwälte ließ der Entwurf im wesentlichen nur im Rechtsmittelverfahren zu. In der ersten Instanz sollten als Vertreter und Beistände der Parteien nur gesetzliche Vertreter, Geschäftsführer, Generalbevollmächtigte und ständige Vertreter wirtschaftlicher Vereinigungen zugelassen werden. Dies erzeugte Protest bei den Vertretern der Anwaltschaft. Sie sprachen von "Diskriminierung eines Berufsstandes"[41].

4. <u>Anrufungszwang</u>

Der Anrufungszwang sollte den Arbeitsfrieden erhalten bzw. fördern und hatte zum Gegenstand, daß vor jedem Arbeitskampf zunächst ein Schlichtungsverfahren durchzuführen war. Die SchliO war bemüht, dieser bis dahin von den beteiligten Parteien in einzelnen Tarifverträgen freiwillig anerkannten Verpflichtung gesetzliche Anerkennung zu verschaffen. Der im Mai 1920 veröffentlichte Referentenentwurf sah Geldbußen und Strafbestimmungen für den Fall der Nichtanrufung des Schlichtungsausschuß vor. Im Gegensatz dazu bestimmte der letzte Entwurf einen Anrufungszwang ohne Sanktionsandrohung[42]. Kampfmaßnahmen jeglicher Art vor Anrufung der Schlichtunsstellen zogen Schadensersatzansprüche im Fall der Mißachtung mit sich[43].
Die dem Vorläufigen Reichswirtschaftsrat vorgelegte Fassung sah ferner eine Anrufungspflicht nicht nur bei "lebenswichtigen Betrieben", sondern für alle Arbeitskämpfe in allen Betrieben vor[44]. Ein Ein-

---

39) Vgl. Begründung des Entwurfs, S. 41.
40) §§ 20, 23 des Entwurfs.
41) In: Druckschriften des deutschen Anwaltsvereins Nr.1, Arbeitsgerichtsgesetz und Schlichtungsordnung, Vortrag von Baum am 19.11.1920, S.24.
42) § 55 des Entwurfs.
43) Die Verletzung wurde nicht strafrechtlich geahndet; vielmehr entstanden Schadensersatzansprüche gemäß § 823 BGB.
44) Bereits bei der ersten Beratung des Entwurfes im sozialpolitischen Ausschuß stimmten die freien Gewerkschaften gegen eine solche Bestimmung und erblickten darin eine "unerträgliche Einschränkung" ihres Streikrechtes, in: Berichte über die Beratungen des sozialpolitischen Ausschusses in den Drs. des Vorläufigen Reichswirtschaftsrates 1920/21, Nr. 180.

greifen der Schlichtungsstellen von Amts wegen sollte nur unter engen Voraussetzungen und gegen den Willen der Beteiligten nur bei Streitgkeiten in gemeinnützigen Betrieben bzw. zur Wahrung der Interessen der Allgemeinheit zulässig sein[45].

5. Schiedsspruch und Verbindlichkeitserkläruung

Die Regelung des Schlichtungsverfahrens orientierte sich wesentlich an dem Vorbild der TarifVO vom 23.12.1918 geregelt. So konnte weiterhin ein Schiedsspruch ohne die Anwesenheit beider Parteien gefällt werden, wenn sie nur ordentlich geladen waren[46]. Neu und der Herbeiführung eines einheitlichen Verfahrens dienlich war die vorgesehene Pflicht zur schriftlichen Begründung und Beurkundung[47] des Schiedsspruches. Seine rechtliche Bedeutung erschöpfte sich zunächst noch in der Beendigung des Schlichtungsverfahrens; seine weitere Bedeutung hing davon ab, ob er durch §§ 75,80 I BRG, durch eine Verbindlichkeitserklärung oder durch Unterwerfung der Parteien bindend war, oder nur als ein von dritter Seite den Parteien vorgelegten Vergleichsvorschlag zu qualifiziern war. In den beiden ersten Fällen entstand ein fiktiver Vertrag mit dem im Schiedsspruch dargelegten Inhalt ohne direkte Mitwirkung der Parteien mit den selben rechtlichen Konsequenzen, als hätten ihn die Parteien selbst geschlossen.
Das Schlichtungsverfahren beschränkte sich also zunächst auf die Schaffung von Vertragsrecht. So konnte aus Schiedssprüchen auch kein Zwangsvollstreckungstitel für den einzelnen Arbeitgeber oder Arbeitnehmer erwachsen.

Der Schiedsspruch konnte nach dem Entwurf nur noch mit Zweidrittelmehrheit im Schlichtungsausschuß für verbindlich erklärt werden[48]. Dies war für einen Schiedsspruch der freiwilligen Schlichtungsstellen in Einzelstreitigkeiten ausgeschlossen[49]. Eine Änderung des Schiedsspruchs bedurfte der Zustimmung der Parteien. Der Entwurf gestattete die Verbindlichkeitserklärung[50] nur, wenn der Schiedsspruch nach gerechter Abwägung beider Parteiinteressen der Billigkeit entsprach und die Interessen der Allge-

---

45) §§ 66, 67 des Entwurfs.
46) § 82 des Entwurfs.
47) §§ 85, 86 des Entwurfs.
48) § 115 III des Entwurfs.
49) § 111, S. 1 des Entwurfs.
50) § 111 des Entwurfs.

meinheit Berücksichtigung fanden.
Obwohl das Instrument der Verbindlichkeitserklärung nur in der Zeit der wirtschaftlichen Demobilmachung die Krisensituation hatte lindern sollen, wurde es im Entwurf der Schlichtungsordnung beibehalten.

6. Einspruch

Ein Rechtsmittelzug war der bisherigen Regelung fremd gewesen. Die VO vom 3.9.1919 verlieh den Demobilmachungskommissaren das Recht, die Sache bei Verletzung von Vorschriften der Tarifverordnung vom 23.12.1918 zur neuen Entscheidung und Verhandlung an den Schlichtungsausschuß zurückzuverweisen[51]. Die Einführung von Rechtsmitteln i.S.d. ZPO blieb schon begrifflich ausgeschlossen: im Gegensatz zum Zivilverfahren zielte ja das Schlichtungswesen - wie bereits erwähnt - auf einen Vertragsabschluß. Dieser beruhte auf Interessenabwägung und nicht auf der Anwendung von Normen, die im gerichtlichen Verfahren hätten überprüft werden können. Ähnlich dem verwaltungsrechtlichen Widerspruch sollte nunmehr durch einen "Einspruch" die Entscheidung auf eine andere Stelle übertragen und dort neu geprüft werden. Der Einspruch war in jeder Lage des Verfahrens zulässig[52]. Er konnte ausschließlich darauf gestützt werden, daß der angefochtene Schiedsspruch zwingende Vorschriften materiellen Rechtes außer acht ließ - eine Nachprüfung des Schiedsspruchs in tatsächlicher Hinsicht blieb ebenso wie der Einspruch gegen einen bereits verbindlich erklärten Schiedsspruch ausgeschlossen. Zuständig für die Einsprüche waren die betreffenden Einspruchskammern bei den Landesschlichtungsämtern und beim Reichsschlichtungsamt. Im Fall eines begründeten Einspruches sollte der Schiedsspruch aufgehoben werden[53].

III. Kritik

1. Organisation der Schlichtungsstellen

Die neue SchliO sollte den Übergangscharakter des derzeitigen Schlichtungswesens beenden. Den Ausführungen *Joachims*, der Entwurf der SchliO sei nur in einem recht geringen Ausmaß kritisch betrachtet worden[54], kann mit Rücksicht auf die Flut der Kri-

---

51) §§ 26, 28 der Verordnung vom 12.2.1920.
52) § 101 ff. des Entwurfs.
53) § 107 des Entwurfs.
54) Joachim, Schlichtungsverfahrens, in: RABl. 1922, S.762.

tik aus der arbeitswissenschaftlichen Literatur[55] und aus der Schlichterpraxis nicht gefolgt werden. Der Entwurf bot vielmehr Anlaß, zu grundsätzlichen Fragen des Schlichtungswesens Stellung zu nehmen.

1.1. Verfahren

Nach Ansicht des Vorsitzenden des Schlichtungsausschuß Mannheim, *Erdel*[56], mangelte es dem Entwurf an notwendigen Rechtsgarantieen, wobei besonders Kontrolle und Rechtsmittelverfahren angesprochen waren. Die Tarifparteien seien durch die Entscheidungsbefugnisse der Schlichtungsorgane deren Willkür schutzlos ausgesetzt. Trotz seiner grundsätzlichen Anerkennung des Entwurfs warnte *Erdel* bereits 1921 vor der engen Verbindung zwischen dem geplanten Reichseinigungsamt und dem Regierungsorgan Reichsarbeitsministerium. Er kritisierte im Entwurf der Schlichtungsordnung vor allem drei Verstöße gegen Prinzipien des Rechtsstaates:

- Keine Trennung von Justiz und Verwaltung (durch die zu weitgehenden Befugnisse des Reichsarbeitsministeriums im Schlichtungsverfahren);
- Keine Unabhängigkeit der Rechtschutzorgane (durch die Stellung der Vorsitzenden als Beamte, die je nach politischem Empfinden vom Reichseinigungsamt ausgetauscht werden könnten);
- Keine Garantie des gesetzlichen Richters (durch die Möglichkeit der Landesschlichtungsämter und des Reichsschlichtungsamt, die Streitigkeit zu übernehmen, ohne daß die Parteien dazu gehört werden mußten).

1.2. Vorrang freiwilliger Schlichtung

Nach anderer Ansicht[57] lag der Hauptmangel des bisherigen Rechts darin, daß keine organische Verbindung zwischen privaten und behördlichen Schlich-

---

55) Vgl. die Ausführungen unter § 6.

56) Erdel, Vorsitzender des Schlichtungsausschuß Mannheim, in: Entwurf, in: RABL. Nichtamtl. Teil 1921, S. 1091f.

57) U.a. Kahn, Diss. S.42ff. Er ging wohl fest davon aus, daß der Entwurf Gesetz werden würde. In seiner maschinegeschriebenen Dissertation sprach er stets von "Schlichtungsordnung" und fügte später handschriftlich jeweils das Wort "Entwurf" davor.

tungsstellen hergestellt werden konnte[58]. Durch den geplanten gesetzlich verankerten Vorrang freiwilliger Schlichtung erhofften sich die Kritiker der staatlichen Zwangsschlichtung eine Stärkung der freiwilligen Schlichtungsstellen, und die Parteien des Schlichtungswesens erwarteten eine Stärkung der Tarifautonomie. Eine Lösung des Problems des Schlichtungswesens sei allein auf tarifrechtlichem Gebiet und durch den unerläßlichen Vorrang der tariflichen Schlichtung als Wiederbelebung des Vertragsprinzips zu finden[59].

1.3. Geltung nur für Gesamtstreitigkeiten

Der Entwurf verzichtete darauf, den Begriff der dort definierten Gesamtstreitigkeit mit dem der Gesamtvereinbarung sprachlich und begrifflich in Verbindung zu bringen. *Flatow*[60] umschrieb die Gesamtstreitigkeit bereits als "das dem Abschluß der Gesamtvereinbarung vorausgehende Verhandlungsstadium" und legte damit einen Grundstein für die spätere gesetzliche Definition. Nach anderer Ansicht mangelte es dem Begriff der Gesamtstreitigkeiten immer noch an einer zureichenden inhaltlichen Bestimmung. Die Unterscheidung: Rechts- und Interessenstreitigkeiten sei zu bevorzugen, um den Bedürfnisssen der Praxis gerecht zu werden[61]. Ungeachtet dessen setzte sich die Trennung zwischen Einzel- und Gesamtstreitigkeiten im Ergebnis durch.

1.4. Aufbau der Schlichtungsbehörden

Die einheitliche Regelung für die staatlichen Schlichtungsorgane, die selbstständig neben Gerichte und Verwaltung treten sollte, stieß auf Zustimmung. Als besonderen Fortschritt wurde die Ausschaltung des Reichsarbeitsministeriums als Schlichtungsbehörde und die geplante Schaffung eines selbständigen und unabhängigen Reichsschlichtungsamtes bewertet. Dies sei die einzige Möglichkeit, die Schlichtertätigkeit von der Verwaltungstätigkeit zu trennen[62]. Das Reichsarbeitsministerium sollte zur Vereinheitlichung des Rechtes hinwirken und eigene Entscheidungen für

---

58) So auch schon Zimmermann, Ausbau. Jena 1914,. S.109ff.; später auch Weddingen, Schiedsgrundsatz, 1930, S. 29.

59) U.a.Gangloff, Diss. Heidelberg 1921, S.265; Bielschowsky, Grundsätze 1921, S. 191.

60) Flatow, Gesamtstreitigkeit, NZfA, 1922, S.587ff.

61) statt vieler: Winschuh, Diss. S.31.

62) Winschuh, Diss. S.76; Kahn, Diss. S. 47.

"grundsätzlich" erklären, von denen später kein Schlichtungsamt abweichen durfte.
Von mehreren Seiten artikulierte sich gleichzeitig der Vorwurf gegen die Bürokratisierung des Schlichtungswesens[63] durch den dreistufigen Aufbau der Organisationen und das den Gerichten ähnliche formalisierte Verfahren. Dies sei zu kostenaufwendig und dazu zu wenig effektiv. Auch die Arbeitgeber und Gewerkschaften fühlten sich in ihrer Selbstverwaltung und Vertragsfreiheit eingeschränkt . Der Entwurf zeichne sich durch zu weitgehende Bürokratisierung unter Außerachtlassung des Parteiwillens aus. Der Instanzenzug sei schädlich für die Verständigungsbereitschaft der Parteien; der Konflikt werde durch Juristen unötig verschleppt .
Die Neuregelung, daß aufgrund einer Vereinbarung die Kammern anders besetzt werden konnten, fand Zustimmung unter dem Gesichtspunkt einigungspolitischer Bedürfnisse[66].
Nach wie vor aber protestierten die Anwälte gegen die ihrer Ansicht nach diskriminierende Ausschließung ihres Berufsstandes in der ersten Instanz . Ferner blieben die Stellung und die Befugnisse des Vorsitzenden umstritten. Ziel war ein unabhängiger und weiterhin gewählter Vorsitzender, der sowohl mit einer sitzungspolizeilichen als auch mit der Befugnis, die Zeugen und Sachverständigen zu laden und zu vernehmen ausgestattet werden sollte[68].

2. Anrufungszwang

Flatow[69] begrüßte den neu eingeführten Anrufungszwang sowie auch den schon in der Vergangenheit geltenden Verhandlungszwang, wonach auch bei Abwesenheit des Gegners die Schlichtungsverhandlung stattfinden und ein Schiedsspruch abgegeben werden konnte. *Frielinghaus*[70] widersprach ausdrücklich *Flatow* stellte die Notwendigkeit der Zwangsanwendung unter Hinweis auf den Grundsatz der Vertrags-

---

63) So: Zimmermannn, Grundzüge, S.27; Windschuh, Diss. S.55; Meissinger, Organisation, S.108; Schneider, Kostenelement, S. 115ff.
64) Vgl. Meissinger, Organisation, S. 107.
65) Vgl. Gangloff, Diss. S.240
66) Kahn, Diss. S.96
67) In: Druckschriften Deutscher Anwaltsverein Nr.1, S.27.
68) U.a.:Lange, Entwurf in: RABL. Nichtamtl. Teil, 1922,S.946ff.;Hoeniger, Entwurf, NZfA 1923,S.1.
69) Flatow, Gesamtstreitigkeit, NZfA 1922,S.587ff.
70) Frielinghaus, Entwurf, NZfA, 1922, S. 711ff.

freiheit in Frage.

Das Schrifttum[71] stand der Neuregelung grundsätzlich positiv gegenüber und sprach sich mit Rücksicht auf die Pflicht des Gesetzgebers, für ein effektives Schlichtungswesen Sorge zu tragen, dafür aus, noch weitere Zwangsmittel einzuführen. Im Gegensatz zum australischen Recht (Lohnamtssystem)[72] trage in Deutschland der Anrufungszwang schließlich subsidiären Charakter. Für die freiwillige Schlichtung bliebe genug Spielraum. Das Schlichtungswesen ohne Anrufungszwang sei als bloß moralisch wirkende Institution entwertet. Die Befürworter des Anrufungszwangs versprachen sich insoweit Erfolg für den Arbeitsfrieden, als die Parteien nach einem Einigungsvorschlag, der u.U. noch für verbindlich erklärt wurde, kein Interesse mehr an den Kampfmaßnahmen hätten.

In diesem Zusammenhang sei auf einen bestehenden Widerspruch in dem geplanten Gesetz hingewiesen: Einerseits durfte der Schlichtungsauschuß bei Konflikten in einem gemeinnützigen Betrieb gemäß § 67 des Entwurfs in die Verhandlungen eingreifen und ein Schlichtungsverfahren erzwingen, andererseits bestand allgemeiner Anrufungszwang der Parteien gemäß § 55[73].

Teilweise wurden die unmittelbaren Zwangsbefugnisse der Schlichtungsbehörden durch deren "erzieherische Wirkung" gerechtfertigt[74]. Zwang sei aus Rechtsgründen erforderlich: durch das öffentliche Interesse am Arbeitsfrieden bestehe eine Pflicht zur Zwangsanwendung seitens des Staates zum Schutz der schwächeren Partei. Durch das Interesse der Parteien an dem Abschluß einer Gesamtvereinbarung bestehe ihrerseits ein Recht auf Zwangseinwirkung. Die Verbindlichkeitserklärung sei Weg zur Synthese der sich kreuzenden Interessen im Gedanken der Selbstverwaltung der Tarifparteien. Diese Forderungen konzentrierten sich in einem Alternativentwurf zur SchliO des damaligen Oberregierungs-

71) Kahn, Diss. S.125; Winschuh, Diss. S. 84f., 98.
72) In Australien existierte das sogenannte "Lohnamtssystem", welches Streitfälle ausschließlich im Wege obligatorischer Schlichtung und Zwangsschiedssprüchen regelte und auf diese Art und Weise auch die Löhne von staatlicher Seite amtlich festlegt.
73) Dies äußerte bereits Fiegel, Diss. 1924, S.63.
74) Mehlsbach, Entwurf, in: AcP 1925, S.161.

rates im Reichsarbeitsminsiteriums, *Mehlsbach*[75]. Nach ähnlicher Ansicht[76] rechtfertigten sich die Zwangsbefugnisse aus dem staatlichen Autoritätsprinzip und der Notwendigkeit, aus Gründen des Gemeinwohls und des Arbeitsfriedens Einzelinteressen hinter den Gesamtinteressen zurückstehen zu lassen.

Gegen die Weiterentwicklung der Zwangsbefugnisse sprachen historische und systematische Argumente: Mit Blick auf die Entstehungsgeschichte [77] der Schlichtungsorganisationen sei deutlich, daß der Tarifautonomie stets Vorrang eingeräumt wurde. Das Schlichtungsrecht sollte ausschließlich dem Selbstbestimmungsrecht der Parteien dienen und dazu gehöre auch das Recht freiwilliger Anrufung der Schlichtungsstellen. In der vorgesehenen Zwangsvorschrift wurde bereits das Scheitern der bisherigen Schlichtungspolitik erkannt[78]. Die Bereitstellung des staatlichen Schlichtungswesens als ergänzende öffentliche Ordnung im Fall des Versagens freiwilliger Schlichtung sei "eine kaum zu bestreitende Mission staatlicher Schlichtungspolitik"[79]. Darin liege jedoch die Gefahr eines "staatlichen Willenslenkers und Erziehers der Parteien", der ihnen das Verantwortungsgefühl und den eigenen Veständigungswillen nehme und sie zu übertriebenen Darstellungen der Verhältnisse antreibe. Eine Verhinderung der Arbeitskämpfe sollte statt durch Zwangseinwirkungen durch unabhängige und unparteiische Schlichterpersönlichkeiten in einem freiwilligen, schiedsrichterlichen Verfahren stattfinden[80]. Nur ein gemischtes System von freiwilliger und zu ihrer Ergänzung staatlicher Schlichtung biete auf die Dauer die einzige Lösung des Arbeitskampfproblems.

Das Wesen der Schlichtung beinhalte nicht, daß sie obligatorisch sein müsse[81]. Zum Begriff der

75) A.a.O. S. 170.
76) Bielschowsky, Grundlagen, Berlin 1921, S.196.
77) So argumentierte besonders Meissinger, in: Organisation, S.92, der Vertreter der Arbeitgeberschaft in der 18-köpfigen Kommission im Reichsarbeitsministerium gewesen war. Er sprach sich entschieden gegen jegliche Zwangsbefugnisse aus.
78) Deutlich äußerte sich dazu Zimmermann in: Kölner Vjh. f.Sozialpolitik, Jg.2, S.42ff.
79) Ders. a.a.O. S.42.
80) Ders. a.a.O. S.48.
81) So auch: Joachim, Entwurf, S.77.

Schlichtung gehöre lediglich, daß sie staatlich autorisiert sei. Arbeitskämpfe entstünden nur dort, wo es keine Gesamtvereinbarungen gab, folglich müsse der Staat für den Abschluß von Gesamtvereinbarungen sorgen und dies notfalls auch durch staatlichen Zwang.
Die Rechtfertigung der Anwendung staatlichen Zwangs von Seiten des Reichsarbeitsministeriums durch die Schutzbedürftigkeit der schwachen Arbeitnehmerorganisation, die die staatliche Unterstützung erst notwendig mache, stieß auf Kritik[82]. Mithin konnte diese Haltung als Anfang staatlicher Lohnpolitik durch autoritative Eingriffe des Staates zum Schutz einer schwachen Partei interpretiert werden. Die freiwillige Schlichtung ohne Zwangsbefugnisse vermochte die Aufgabe der Schlichtung, nämlich Arbeitskämpfe zu verhindern, sehr wohl bewältigen[83]. Nur beim Versagen der privaten Einrichtungen könnten die staatlichen Stellen zum Eingreifen verpflichet sein. Es sei jedoch die "beste Schlichtungsordnung witzlos, wenn die Arbeiterschaft den offenen Krieg wolle"[84] und wenn die Verständigungsbereitschaft der Parteien durch äußerliche Zwangsbefugnisse so geschwächt werde, daß von einer gütlichen Einigung keine Rede mehr sein könne. Es müßten enge Grenzen für die staatlichen Eingriffsbefugnisse und unbedingter Vorrang der tariflichen Schlichtung gewährleistet werden[85].

Die Arbeitgebervertreter lehnten die Verbindlichkeitserklärung hauptsächlich deswegen ab, weil diese nicht mit der gebotenen Zurückhaltung ausgeübt worden war. Ihrer Ansicht nach sollte der schwerwiegende Eingriff in die Vertragsfreiheit an strengere Voraussetzungen geküpft sein, als bloße Billigkeitsgesichtspunkte[86].

3. Rechtsmittel

Nach dem Entwurf sollte nicht mehr der Demobilmachungskommissar als Organ der Verwaltung, sondern die Schlichtungsbehörde selbst den Schiedsspruch für verbindlich erklären können. Diese Verbindlichkeitserklärung war endgültig und unanfechtbar. Es gab auch keinen Rechtsbehelf gegen die Ablehnung einer beantragten Verbindlichkeitserklärung.

---

82) U.a.Siefart, Diss. Freiburg 1922, S.16ff.
83) Dies. a.a.O. S.47.
84) So Gangloff, Diss. Heidelberg, 1921, S.5.
85) Ders. a.a.O. S.262
86) So deutlich: Scheu, Diss. S.163.

Die Regelung des Entwurfs entzog die Entscheidung über die Verbindlichkeitserklärung den bürokratischen Verwaltungsbehörden und übertrug sie den kollegial organisierten Schlichtungsbehörden. Dies fand besonders in der Schlichtungspraxis großen Anklang[87]. Die zuvor geplante Einführung von Rechtsmitteln bereits gegen Schiedssprüche konnte sich nicht durchsetzen[88]. Diese laufe dem kreativen Charakter des Schiedsspruchs als unverbindlichem Einigungsvorschlag zuwider. Rechtsschutzbedürfnis entstünde erst im Fall der Verbindlichkeitserklärung. Interessenfragen könnten nicht durch ein staatliches Organ gelöst werden.
Ein Instanzenzug sei der Verständigungsbereitschaft der Parteien hinderlich und trage zu einer Verschleppung des Konfliktes durch die Juristen bei; er diene einer ungünstigen und hinderlichen Bürokratisierung[89]. Unter diesen Gesichtspunkten sei auch die in den Entwurf aufgenommene Einspruchsinstanz entbehrlich. Der Schiedsspruch sei keine Rechtsentscheidung, sondern ein Vertragsvorschlag, gegen den ein Einspruch nicht nötig sei. Eine bloße Verweigeruung der Annahme führe zum selben Erfolg. Die im Entwurf verankerte Möglichkeit des Einspruchs gegen den Schiedsspruch fand schließlich doch überwiegend Zustimmung[90].

IV. Verhandlungen im Reichstag

1. Position der Arbeitnehmervertreter

Bereits während der ersten Beratung des Entwurfs im Reichstag klang von Seiten der arbeitnehmerfreundlichen Abgeordneten[91] heftige Kritik an. Zuvor war er als "Klassenkampfgesetz", als "Knebelungs- und Antistreikgesetz"[92] bezeichnet worden. Das für die inhaltliche Vorbereitung verantwortliche Reichs-

---

87) Vgl. Fiegel, Diss. S.74.
88) Vgl. Erdel, Reform, 1921, S. 1091; Kulemann, Entwurf, in: Soz.Prax. 1922, S. 577f., 596ff.
89) U.a. Meissinger, Organisation S.108; Gangloff Diss. S. 240.
90) Kulemann, Entwurf, S. 577f.; Erdel Entwurf, in: RABl. 1921; Gangloff, Diss. S.240.
91) Des SPD-Abgeordneten Giebel und des USPD-Abgeordneten Aufhäuser.
92) Verh. des RT, Sitzung vom 29.10.1920, Bd.345, S. 884; 69. Sitzung vom 25.2.1921, Bd. 347, S.2494 und Sitzung vom 7.7.1921, Bd. 350. S. 4549; ebenso später in der Sitzung vom 9.10.1932, Bd. 361, S. 12079.

arbeitsministerium trug in Gewerkschaftskreisen bald die vorwurfsvolle Bezeichnung "Reichsarbeitgeberministerium"[93]. Arbeitnehmer und Arbeitgeber stünden nach dieser Ansicht nicht mehr als gleichwertige Machtfaktoren gegenüber[94], die Schlichtungsregelung sei kein Mittel zum Ausgleich der Klassengegensätze, statt dessen schüre sie die sozialen Gegensätze und schwäche die Gewerkschaften, die doch gerade erst ihre Rechte errungen hätten. Zur Debatte stand nach Meinung der Gewerkschaften deren künftige Stellung im Staate und mit der SchliO ein Gesetz zu ihrer Reglementierung[95].

1.1. Anrufungszwang

Hauptangriffsziel war der geplante Anrufungszwang gemäß § 55 der SchliO. Durch ein "Diktat behördlicher Bürokratie"[96] griffen die Schlichtungsorgane nach dieser Ansicht verfassungswidrig in die dort garantierte Koalitionsfreiheit ein.
Von Seiten der freien Gewerkschaften klang eine Unterstützungsbereitschaft für die Regierungspläne an. Die freien Gewerkschaften hätten den Streik immer schon nur als äußerstes Kampfmittel angenommen[97]. Unverrückbar blieb die ablehnende Position zum Anrufungszwang. Die Beschränkung der freien Selbstbestimmung sei eine verfassungsfeindliche[98] gesetzliche Bestimmung gegen die Koalitionsfreiheit, welche auch die Entschlußfreiheit für oder gegen den Streik umfasse[99]. Die SchliO mute den Arbeitern nicht mehr oder weniger zu, als auf den Streik zu verzichten. Dieser sei die einzige Waffe der Arbeiter zur Erringung besserer Arbeits- und Lohnbedingungen. Jeder Zwang widerspreche dem Interesse der Arbeiter und verschärfe die Gegensätze und die Gegnerschaft zwischen Arbeit und Kapital. Dazu gehörten auch die Pläne zur schadensrechtlichen Haftung der Gewerkschaften im Fall

---

93) Verh. des RT, Sitzung vom 17.5.1922, Bd.354, S. 7297, Rede des USPD-Abgeordneten Karsten.
94) Verh. des RT, erste Lesung des Entwurfs am 17.6.1922, Bd. 355, S.7846; sie nehme die Arbeiter zu sehr an die "Kandarre"in: Bd. 354, S. 7297.
95) Vgl. in: Bd. 355, S.7849.
96) Vgl. in: Bd. 355, S.7850, Bd. 345, S.7297.
97) In: Bd. 355, S.7834, SPD-Abgeordneter Giebel.
98) So argumentierte Abgeordneter Bartz von der KP bereits vor der ersten Lesung am 17.5.1922, in: Verh. des RT, Bd. 354, S. 7307.
99) Bd. 355, S.7834

eines Streiks[100] und die diskutierten Sanktionen. Am Beispiel Australiens könne man erkennen, daß auch obligatorische Schlichtung keinen Schutz gegen Streiks zu bieten habe.

1.2. Verbindlichkeitserklärung

Die früher rein ablehnende Haltung zur Verbindlichkeitserklärung hatte nachgelassen. Dieses Thema verlor durch die beabsichtigte Einführung des Anrufungszwangs an Aufmerksamkeit. Bestehen bleib der Vorwurf, die Verbindlichkeitserklärung würde nicht mit der genügenden Zurückhaltung angewandt. Der Entwurf hingegen gewähre schon wirksameren Schutz gegen Mißbrauch, da die Entscheidung über die Verbindlichkeitserklärung in Zukunft nicht mehr beim Demobilmachungskommissar, sondern bei den Schlichtungsbehörden selbst läge und eine Verbindlichkeitserklärung nur mit Zweidrittelmehrheit, somit nicht mehr gegen die Stimmen sämtlicher Arbeitnehmer oder Arbeitgeberstimmen möglich sein werde[101].

2. Position der Arbeitgebervertreter

Nach Ansicht der arbeitgeberfreundlichen Abgeordneten bot die neue SchliO durch die Einführung des Anrufungszwangs ein wirksames Mittel, den Arbeitsfrieden zu sichern. Insgesamt erhielt sie ein positives Urteil[102].

2.1. Anrufungszwang

Zu den Vorwürfen gegen den vorgesehenen Anrufungszwang entgegneten fast alle zur Sprache gekommenen Abgeordneten, daß durch diese Regelung die Gewerkschaften lediglich ihrer Pflicht, Arbeitskämpfe im Interesse der Allgemeinheit zu verhindern und mit Rücksicht auf die Volksgesamtheit gewisse Maßregelungen in Kauf zu nehmen, nachzukommen hätten. Damit werde nicht in ihre Koalitionsfreiheit eingebrochen[103]. Ferner diene die SchliO nicht dem Klassenkampfgedanken, sondern vielmehr - nicht zuletzt durch den Anrufungszwang - der Verständigung und Aussprache. Ein Vergleich mit Australien sei unzulässig. Das Lohnamtssystem unterscheide

100) Gemäß § 823 BGB, a.A. Potthoff, der diese Rechtskonstellation begrüßte und hoffte, die Parteien würden zum Rechtsweg und nicht zum Machtkampf genötigt.

101) Verh. des RT. am 17.6.1922, Bd. 355, S.7836.

102) Schon vor der ersten Lesung in Verh. des RT., Bd. 354, S.7307; in der ersten Lesung: Bd.355, S. 7841; S.7843; S.7850; S. 7852; S. 7854.

103) Vgl. in: Bd. 355, S. 7844.

sich erheblich von den in Deutschland vorgesehenen Maßnahmen.

2.2. Verbindlichkeitserklärung

Kritisch betrachtet blieb dahingegen die Verbindlichkeitserklärung, deren Eingriff in die Vertragsfreiheit nicht von der Hand zu weisen, im Interesse der Volkswohlfahrt und des sozialen Friedens jedoch unter engen Voraussetzungen zu rechtfertigen sei. Mit Seitenblick auf die Politik der Gewerkschaften erntete Unverständnis, daß "ausgerechnet die Befürworter der Zwangswirtschaft Zwangsbefugnisse des Staates ablehnen"[104]. Dem Ausbau der freiwilligen Schlichtung kam große Aufmerksamkeit zu. Dem Entwurf müsse jedoch noch der "bürokratische Giftzahn gebrochen werden"[105], um der freiwilligen Schlichtung mehr Kompetenzen einzuräumen. Einhellig befürwortet wurde die beabsichtigte Trennung zwischen Gesamt- und Einzelstreitigkeiten sowie die geplante, bevorzugte Behandlung der gemeinnötigen Betriebe[106]. Darin herrschte auch Einklang mit den Gewerkschaften. Insgesamt versprach man sich von der neuen SchliO einen Beweis zur Verwirklichung des Verfassungauftrages zur Schaffung eines einheitlichen Arbeitsrechts[107]. Sie sollte das Demobilmachungsrecht schnell ablösen und zu einem unbürokratischen, einheitlichen Tarifrecht beitragen[108].

Nach der ersten und einzigen Lesung des Entwurfes im Reichstag ergingen zwei Anträge, das Gesetz über die neue SchliO schleunigst einzuführen[109], die unerledigt blieben. Der Gesetzentwurf wurde nicht mehr verabschiedet.

3. Position des Reichsarbeitsministeriums

Von Seiten des Reichsarbeitsministeriums saßen Staatssekretär *Geib*, Ministerialdirektor *Sitzler*,

---

104) So der Abgeordnete Moldenhauer, in: Bd. 355, S. 7851.

105) So der Abgeordnete Graef der DNP, in: Bd. 355, S.7845.

106) Schon vor der ersten Lesung, Bd. 345, S. 912; Bd. 355, S.7852 später in der Sitzung vom 3.5.1923, Bd. 361, S.17086.

107) Verh. des RT., Sitzung vom 17.5.1922 Bd. 354, S.7307; auch in: Bd. 355, S. 7852.

108) Vgl. in: Bd. 347, S. 2454.

109) Verh. des RT., Bd. 363, Nr. 62 (blieb unerledigt), Bd. 364, Nr. 936 (Berichtigung) und Bd. 364, Nr. 980.

Ministerialrat *Gaßner* und Regierungsassesor *Joachim* als Kommissare auf der Regierungsbank[110]. Reichsarbeitsminister *Brauns* erhielt mehrere Male die Gelegenheit, sich im Plenum zu dem in seinem Ministerium ausgearbeiteten Entwurf zu äußern[111]. Auch er sprach sich für die Bevorzugung der freiwilligen Schlichtung aus, da es den Beteiligten überlassen werden müsse, die Löhne an die tatsächlichen Verhältnisse anzupassen. Eine bindende Entscheidung im Schlichtungsverfahren diente seiner Ansicht nach der richtigen - und von Zeit zu Zeit unumgänglichen - Ausbalancierung der Löhne[112]. Auf das Demobilmachungsrecht könne aus Rücksichtnahme auf den Arbeitsmarkt noch nicht verzichtet werden. Die neue SchliO sei kein "Flickwerk", sondern sozialpolitische Gesetzgebung, wie die derzeitigen Verhältnisse sie erforderten[113]. Den Vorwurf der Bürokratisierung und der staatlichen Zwangsschlichtung wies *Brauns* zurück und betonte, der behördlichen Schlichtung komme ja nur ergänzende Funktion gegenüber der freiwilligen Schlichtung zu.

Nach den Aussprachen am 16. und 17.6. 1922 überwies der Reichstag den Entwurf an den Ausschuß für soziale Angelegenheiten. Dort wurde er nie beraten, der Entwurf verschwand in den Ablagen und wurde von den anstehenden Problemen durch die Inflation und die Wirtschaftskrise überholt.
Die dringende Reform des Schlichtungswesens erledigte die Schlichtungsverordnung vom 30.10.1923[114]. Diese Verordnung galt nach ihrem Eingangssatz nur "bis zur endgültigen gesetzlichen Regelung" des Schlichtungswesens. Die Hoffnung auf eine einheitliche und gesetzliche Regelung des Schlichtungswesens blieb jedoch unerfüllt.

---

110) Auf Seiten des Reichsfinanzministeriums: Ministerialdirektor von Schlieben, Regierungsräte Wachsman und Schilling; auf Seiten des Reichsjustizministeriums Ministerialrat Quastowski und Landgerichtsrat Jonas.

111) Während der ersten Lesung am 17.6.1922, Verh. des RT, Bd. 355, S. 7838; vorher in der Sitzung vom 23.3.1921, S. 2441 und in der Sitzung vom 25.2.1921, S. 2499.

112) In: Bd. 347, S. 2441, Brauns belegte dieses Argument mit Statistiken, die die wachsende Bedeutung der Schlichtungsorgane durch die steigende Anzahl von Gesamtstreitigkeiten, die vor den Schlichtungsbehörden verhandelt wurden, aufzeigten.

113) Vgl. Bd. 347, S. 2499.

114) RGBl. 1923, S.1043.

In diesem Zusammenhang muß auf die instabile außen- und innenpolitische Lage Deutschlands hingewiesen werden. Die Kabinette Wirth, Cuno und Stresemann traten jeweils nach einigen Monaten wieder zurück. Die Zersplitterung in Flügelparteien erschwerte die Regierungsfähigkeit. Dazu kamen die Schwierigkeiten mit den Reperationsverhandlungen. Die Ruhrbesetzung und der Ruhrkampf im Januar 1923 waren eine Folge der Unzufriedenheit Frankreichs über die vernachlässigten Kohlelieferungen Deutschlands. Dazu kamen Unruhen in Sachsen, Thüringen und die Verhängung des Ausnahmezustandes in Bayern, sowie die Inflation. Erst die neue Währungsordnung und das Ende der Inflation im November 1923 brachten wieder Stabilität und den Aufschwung der Wirtschaft.

§ 5

Die Verordnung über das Schlichtungswesen vom 30.10.1923

I. Vorgeschichte

Nachdem der Gesetzentwurf zur SchliO nicht verabschiedet, aber auch nicht zurückgezogen und seine baldige Verabschiedung nicht mehr erwartet wurde, trat erneut die Verwaltung als "Ersatzgesetzgeber" auf. Die Reichsregierung verkündete am 30.10.1923[1] eine neue Schlichtungsverordnung (SchliVO), deren Schlichtungseinrichtungen ihre Tätigkeit am 1.1. 1924 aufnahmen.
Reichsarbeitsminister *Brauns* bemühte sich, im Kabinett zu erläutern, daß die Löhne durch die Schlichtungspolitik der Demobilmachungskommissare über den "Friedenspreis" hinausgegangen seien. Erfolg verspräche eine nur eine durch die SchliVO realisierbare Lohnbegrenzung, Hand in Hand mit einer Preisbegrenzung für lebenswichtige Güter durch gesetzliche Maßnahmen und Kontrolle[2]. Wenig später bewertete Brauns die SchliVO als Maßnahme zur "dringend anstehenden" Veränderung der Schlichtungstätigkeit, da mit einem Schlichtungsgesetz nicht mehr zu rechnen sei[3].
Er lud am 30.10.1923 die Spitzenverbände der Tarifparteien zu einer Besprechung über die geplante Verordnng ein. Diese Besprechung fand unter Protest der Arbeitgeber über die überstürzte Neuregelung statt. Sie wurden nämlich verspätet eingeladen, konnten demzufolge nicht erscheinen und erhielten Nachricht von der Verordnung erst einen Tag später anläßlich einer Konferenz über die Frage des Übergangs zum Goldlohn[4].

---

1) RGBl. 1923, S.1043; §§ 3,5,6,7 der SchliVO sowie §§ 21 und 23 der 2. AusfVO sind im Anhang abgedruckt.

2) Kabinettssitzungen vom 20.8. und 29.9.1923 in: Akten der Reichskanzlei, Kabinette Stresemann I und II, Dok. Nr. 13 und 74; das Kabinett stimmte Brauns zu .

3) Kabinettssitzung vom 30.10.1923, Dok. Nr. 203; Besprechung des Staatssekretärs im Reichsarbeits ministeriums, Geib, am 25.10.1923, R 43 I/2054, Bl. 383; Vorausgegangen war die Weigerung Brauns, der Aufforderung des ADGB nachzukommen, zu dessen Bundesausschußtagung am 17.10.1923 in Berlin einen offiziellen Vertreter des Ministeriums zu senden, in: Dok. Nr. 136.

4) Schriften der VDA, 1923/24, S.299.

1. Ermächtigungsgrundlage

Aufgrund eines Ermächtigungsgesetzes vom 13.11. 1923[5] konnte die Reichsregierung auf dem Verordnungsweg wirtschaftliche, finanzielle und soziale Maßnahmen treffen, wenn sie sie für dringend und erforderlich hielt. Dabei konnte auch von den Grundrechten abgewichen werden. Ob und wann die Maßnahmen dringend und erforderlich waren, entschied die Regierung allein. Zunächst war die Gültigkeit bis zum Wechsel der Reichsregierung bzw. bis zum 31.3.1924 befristet[6]. Aufgrund dieses Gesetzes erließ die Reichsregierung im Wege der SchliVO die neue Regelung des Schlichtungswesens. Die Veröffentlichung der SchliVO erfolgte erneut ohne Begründung, was in der arbeitsrechtlichen Kommentierung nicht auf Widerspruch stieß. Die Gesichtspunkte, die den Gesetzgeber bei der Neuregelung geleitet hatten, waren nämlich bereits in den "Grundzügen der Verordnung über das Schlichtungswesen" durch das Reichsarbeitsministerium[7] bekannt gegeben worden. So fehlte nur formell eine Begründung; dieser Mangel sei nach Ansicht des Schrifttums materiell aber durch die Veröffentlichung der "Grundzüge" behoben[8] und ausschließlich auf die Kürze der Zeit und die Dringlichkeit der Neuerung zurückzuführen. *Sitzler*[9] zog zur Begründung auch der Entwurf der SchliO nebst dessen Begründung hinzu.

Über die Verordnungspraxis der Exekutive verärgert schrieb *Zimmermann* in der "Deutschen Allgemeinen Zeitung" vom 30.11.1923:

"Woran fast vier Jahre lang halbamtliche Ausschüsse, das Reichsarbeitsministerium, der Reichswirtschaftsrat und der Reichstag mit erheblichem Eifer gearbeitet haben, das hat die Reichsregierung aus eigener Machtvollkommenheit aufgrund des Ermächtigungsgesetz vom 13.10.1923 mit einem kurzen Federstrich der Macht zur Reife gebracht..."

---

5) RGBl. 1923, S. 943; bes. § 1 des Gesetzes.

6) Die Reichsregierung wechselte bereits im November 1923, das Gesetz blieb jedoch bestehen.

7) RABl. 1923, Amtl. Teil, S. 737f.

8) Pick/Weigert, Kommentar, Berlin 1924, S.9; Dersch, Schlichtungsverordnung, Berlin 1924, S.58.

9) Sitzler/Gaßner, Kommentar, Berlin 1924, S. 8.

2. "Grundzüge der Verordnung über das Schlichtungswesen"

Aus dem Reichsarbeitsministerium verlautete, daß die SchliVO eine endgültige gesetzliche Regelung nicht ersetze. Sie sei bestimmt, nur "die dringenden Verbesserungen auf dem Gebiet des Schlichtungswesens voranzutreiben"[10]. Dazu gehörte in erster Linie der organisatorische Neuaufbau der Schlichtungsstellen und ihre Entlastung von "wesensfremden Tätigkeiten", nämlich der Entscheidung über Einzelstreitigkeiten. Die Übertragung der Einzelstreitigkeiten an andere Behörden ermöglichte nach Ansicht des Reichsarbeitsministeriums der Schlichtung erst, ihre eigentliche Aufgabe zu erfüllen: Hilfeleistung beim Abschluß von Gesamtstreitigkeiten zu leisten.

Zweck der Neuregelung sollte sein, in Streitigkeiten über Lohn- und Arbeitsbedingungen im Interesse eines ruhigen Fortgangs des Wirtschaftslebens möglichst rasch entscheiden zu können. Obwohl die behördliche Schlichtung nur Vertragshilfe leisten sollte, galten staatliche Schlichtungsstellen und das staatliche Zwangsmittel der Verbindlichkeitserklärung als unentbehrlicher Garant für die Aufrechterhaltung des wirtschaftlichen und sozialen Lebens. Der Schiedsspruch sollte weiterhin der Billigkeit entsprechen und "seine Durchsetzung aus wirtschaftlichen und sozialen Gründen (...) erforderlich" sein[11].

Diese Voraussetzungen konkretisierten sich im einzelnen durch die vom Reichsarbeitsminister für Schlichter und Schlichtungsausschüsse erlassene, allgemeine Richtlinien. Sie sollten der Gewährleistung einer "einheitlichen Lohnpolitik" dienen. Zusätzlich ermächtigte sich sich der Reichsarbeitsminister dazu, die Schlichtung in "wichtigen Fällen" selbst zu übernehmen oder für Einzelfälle besondere Schlichter zu bestellen[12].

II. Darstellung

Zu den "dringenden Reformen" gehörte der organisatorische Umbau der Schlichtungsbehörden und den Ausschluß Einzelstreitigkeiten aus dem Schlich-

10) RABl. 1923, Amtl. Teil, S.737.
11) RABl. 1923, Amtl. Teil, S.738.
12) RABl: 1923, Amtl. Teil, S.738; vgl. auch Sitzler, Begriff,in: NZfA 1923, S.654.

tungsverfahren[13]. Organisatorisch bauten die Schlichtungsbehörden nicht mehr auf der noch aus der Zeit des HilfsdG von 1916 stammenden militärischen Einteilung auf; die Neueinteilung erfolgte vielmehr unter wirtschaftlichen Gesichtspunkten. Die SchliVO sollte dabei dem Grundsatz der Sparsamkeit und der Vereinfachung des Behördenaufbaus Rechnung tragen[14].
Die Schlichtung von Gesamtstreitigkeiten vor den Schlichtungsausschüssen regelte Artikel I der SchliVO, das Verfahren selbst wurde dann später in der 2. Ausführungsverordnung (AusfVO) zur SchliVO vom 29.12.1923[15] geregelt; die Entscheidung von Einzelstreitigkeiten dagegen fand in Artikel II der SchliVO und in der 1.AusfVO vom 10.12.1923[16] ihre Regelung. Die Trennung zwischen Einzel- und Gesamtstreitigkeiten erforderte dabei eine Umstellung der Verfahrensbestimmungen, die nach Ansicht des Reichsarbeitsministers sachgerechter durch die AusfVO erfolgte[17].

1. Organisation der Schlichtungsbehörden

Durch die SchliVO wurde - wie im Entwurf zur SchliO schon vorgesehen - der Vorrang der freiwilligen Schlichtung eingeräumt[18]. Dieser Vorrang war von Amts wegen und nicht nur auf Rüge einer Partei hin zu beachten. Es bedurfte keiner staatlichen Zuweisung der Streitsache an den zuständigen freiwilligen Schlichtungsausschuß. Dieser war quasi automatisch zuständig. Wurde trotz Zuständigkeit der vereinbarten eine staatliche Schlichtungsbehörde angerufen, hatte diese die Streitigkeit unter Benachrichtigung der Parteien an den freiwilligen Schlichtungsausschuß zu verweisen. Die gesetzlichen Schlichtungsstellen in der Gestalt der Einigungsämter der Gewerbe-, Kaufmanns-, Bergwerksgerichte oder Innungseinigungsämter wurden aufgehoben[19]. So sollte die bisherige Zersplitterung der Schlichtungsstellen beseitigt und die Einigungsämter für die Behandlung von Einzelstreitigkeiten

---

13) Flatow/Joachim, Schlichtungsverordnung, 1924, S.1; Dersch, a.a.O. S.59.
14) Pick/Weigert, Kommentar, S.9.
15) RGBl. 1924, S. 9.
16) RGBl. 1923, S. 1191.
17) RABl. 1932 Amtl. Teil, S. 737.
18) § 3 der SchliVO, "soweit eine vereinbarte Schlichtungsstelle nicht besteht oder eine Gesamtvereinbarung nicht herbeiführt"; § 9 der 2. AusfVO
19) Artikel III, § 4 der SchliVO.

vorbereitet werden. Es blieben als gesetzliche Schlichtungsstellen bestehen:

1. die Schlichtungsausschüsse;
2. die Schlichter;
3. der Reichsarbeitsminister.

1.1. Die Schlichtungsausschüsse

Unter Aufgabe der alten militärischen Einteilung wurden die neuen Schlichtungsausschüsse wie bisher als Landesbehörden im ganzen Reich errichtet. Trotz der Richtlinien des Reichsarbeitsministers blieben sie unabhängig und Weisungen nicht unterworfen[20]. Nach den bisherigen Erfahrungen hatte sich ein beamteter, unabhängiger, unparteiischer Vorsitzenden[21] als notwendig erwiesen. Er durfte nun nicht mehr aus dem Kreis der Arbeitnehmer und Arbeitgeberbeisitzern gewählt werden. Ihn bestellte die oberste Landesbehörde. Als Behördenleiter blieb der unparteiische Vorsitzende an Weisungen übergeordneter Stellen gebunden[22]. Die zuvor schon festgelegte paritätische Besetzung des Schlichtungsausschusses blieb erhalten[23].

1.2. Die Schlichter

Der Schlichter konnte vom Reichsarbeitsministerium als ständiger Schlichter für einen größeren Wirtschaftszweig[24] oder als nicht ständiger für einen besonderen Einzelfall bestellt werden. Die Schlichter erfüllten demnach nicht die personellen Voraussetzungen einer Landesbehörde, sondern die einer Reichsbehörde. Der Reichsarbeitsminister konnte sie jederzeit abberufen und für ihre Tätigkeit Richtlinien erlassen[25]. Scheiterten die Verhandlungen, hatte der Schlichter eine paritätisch besetzte Schlichtungskammer zu bilden[26], so daß wie beim Schlichtungsausschuß ein Vorverfahren vor dem einzelnen Schlichter und ein Nachverfahren vor dem

---

20) Artikel I, § 1 i.V.m. § 7.

21) Er wurde gemäß § 2 I der 2. AusfVO von der obersten Landesbehörde mit seinen Stellvertretern bestellt; vgl. RABl. 1923 Amtl. Teil, S. 737; Pick/Weigert, Kommentar, S. 11; Dersch, Schlichtungsverordnung, S. 62.

22) Sitzler/Gaßner, Kommentar, S. 12.

23) Sie wurde als Ausfluß von Art. 165 WRV. interpretiert, vgl. Flatow/Joachim, Schlichtungsverordnung, S. 5.

24) Artikel I, § 2 I S: 1 der SchliVO.

tikel I, § 2 I S: 1 der SchliVO.

25) Artikel I, § 7 der SchliVO.

26) Gemäß § 7 der 2. AusfVO.

Kollegialorgan der Schlichtungskammer erfolgte. Die Entscheidung darüber, ob ein Streitfall für das Wirtschaftsleben besondere Bedeutung hatte, blieb der pflichtgemäßen Ermessensausübung des Schlichters überlassen. Wie die des Schlichtungsausschusses trug die Tätigkeit des Schlichters den Charakter der Verwaltungstätigkeit; sie erfolgte im öffentlichen Interesse unter einer den besonderen Umständen entsprechenden Zweckmäßigkeits- und Billigkeitserwägung zum Ausgleich bestehender Interessengegensätze im Rahmen geltenden Rechtes[27].

1.3. Das Reichsarbeitsministerium

Die unmittelbare Schlichtertätigkeit des Reichsarbeitsministers war mit Außerkraftsetzung der TarifVO abgeschafft worden[28]. Seine Richtlinienkompetenz und die Zuständigkeit für die Verbindlichkeitserklärung von Schiedssprüchen, in gewissem Umfang auch von tariflichen Schlichtungsstellen[29], sicherten seine Einflußmöglichkeit auf den Ausgang des Schlichtungsverfahrens. Durch diese Regelungen sollte bei der Beilegung von Gesamtstreitigkeiten in besonders wichtigen Wirtschaftszweigen eine Beschleunigung des Verfahrens und eine einheitliche Lohnpolitik garantiert werden[30]. Die Richtlinien konnten auch Rechtsfragen betreffen. Besonders war aber an lohnpolitische Richtlinien zur einheitlichen Führung der Lohnpolitik durch das Reichsarbeitsministerium gedacht. Ferner entschied der Reichsarbeitsminister über die Verbindlichkeitserklärung in den Fällen, in denen keine Zuständigkeit eines Schlichters begründet war.

Die Schlichtungsstellen konnten auf Anruf der Parteien oder von Amts wegen täig werden[31]. Für Schlichter und Reichsarbeitsminister blieb die Eröffnung des Schlichtungsverfahrens jedoch eine Ermessensentscheidung[32]. Die Anrufberechtigung der Parteien setzte deren Gesamtvereinbarungsfähigkeit voraus. Diese war aber in der Verordnung jedoch nicht festgelegt[33].
Gegenstand des Verfahrens sollte eine erstrebte Ge-

---

27) Sperling, Verbindlichkeitserklärung in: Das Schliw. 1926, S. 31.
28) Artikel II § 4 der SchiVO i.V.m. § 22 II der TarifVO vom 23.12.1918.
29) Artikel I, §§ 2, 6 II, 7 der SchliVO.
30) RABl. 1923, Amtl. Teil, S.738.
31) Artikel I § 5 I der SchliVO
32) § 12 I der 2. AusfVO.
33) Dersch, Schlichtungsverordnung, S.207.

samtvereinbarung in Gestalt eines Tarifvertrags sein. Entscheidungen über Rechtssanprüche gehörten jetzt nicht mehr vor die Schlichtungsausschüsse.
Von Amts wegen durften Schlichtungsausschuß und Schlichter nur tätig werden, wenn das öffentliche Interesse ein Eingreifen erforderte[34]. Dazu zählten drohende oder ausgebrochene Arbeitskämpfe in gemeinnötigen Betrieben, soweit die Streitigkeiten schlichtungsfähig waren[35].
Neu war die Einführung eines obligatorischen Vorverfahrens vor dem unparteiischen Vorsitzenden des Schlichtungsausschusses oder dem Schlichter als Einzelperson, in dem die Gesamtvereinbarung zunächst durch den Versuch einer gütlichen Einigung herbeigeführt werden sollte[36]. Das Kammerverfahren schloß sich nur im Fall einer Nichteinigung an.

2. Zuständigkeit der Schlichtungsbehörden

2.1. Gesetzliche Definition der Schlichtung

Erstmalig in der SchliVO ist der Aufgabenkreis der Schlichtungsbehörden definiert: "Schlichter und Schlichtungsausschüsse haben zum Abschluß von Gesamtvereinbarungen (Tarifverträgen, Betriebsvereinbarungen), Hilfe zu leisten..." [37]. In die Gesetzesdefinition flossen die vorausgegangenen Begriffsbestimmungen von *Joachim*[38], *Flatow*[39], *Sitzler*[40] und *Hoeniger*[41] ein, die der Schlichtung nicht nur eine allgemein arbeitskampfverhütende, sondern speziell auch eine tarifvertragsfördernde Funktion zusprachen. Besonders die Begriffsbestimmung *Flatows* stellte trotz ihrer umstrittenen "engen" Schlichtungsdefinition einen vorläufigen Abschluß jahrzehntelanger Entwicklung des Eini-

---

34) § 12 II der 2. AusfVO.
35) Z.B. in Krankenhäusern, landwirtschaftlichen Betrieben etc. vgl. Flatow/Joachim, Schlichtungsverordnung, S. 38.
36) Artikel I § 5 II der SchliVO; § 20 der 2. AusfVO.
37) Artikel I § 3 der SchliVO.
38) Joachim, Entwurf, S. 273.
39) Flatow, Grundzüge, S.10, 16, 19; Gesamtstreitigkeit, S.582.
40) Sitzler, Verordnung, Berlin 1921, S. 20ff.
41) Hoeniger, Schlichtungsordnung, NZfA 1923,S.2.

gungswesens dar[42].
Die Erkenntnis hatte sich nunmehr durchgesetzt, daß Schlichtung sich nicht nur auf drohende oder ausgebrochene Arbeitskämpfe bezieht, sondern generell auf die gütliche Einigung von Tarifkonflikten. Den wichtigsten Teil der Schlichtung - die Anwendung unmittelbarer Zwangsbefugnisse durch die Verbindlichkeitserklärung - erfaßte die gesetzliche Definition allerdings nicht. Sie umgrenzte allerdings nun auch die sachliche Zuständigkeit der Schlichtungsbehörden. Die örtliche Zuständigkeit richtete sich nach dem Bezirk, in dem die beteiligten Arbeitnehmer beschäftigt waren[43].

2.2. Gesamtvereinbarung
Erstmalig tauchte der Begriff "Gesamtvereinbarung" in einer gesetzlichen Regelung des Schlichtungsverfahrens auf. Den Hintergrund dazu bildeten die Vorwürfe gegenüber dem Entwurf der SchliO, der die Gesamtstreitigkeit in den Mittelpunkt der Aufgabenumschreibung des Schlichtungsverfahrens stellte, diese nach Ansicht ihrer Kritiker jedoch nicht ausreichend bestimmt hatte. Gegenstand der Gesamtvereinbarung war nach der SchliVO entweder die Aufstellung von Normen für den Inhalt einzelner Arbeitsverträge oder die Begründung vertraglicher Rechte und Pflichten der beteiligten Organisationen. Dazu gehörte auch die Kompetenz zur Verlängerung oder Wiedervereinbarung einer Gesamtvereinbarung. Nicht enthalten war die Befugnis der Parteien, subjektive Rechte geltend zu machen. Der Streit der Parteien über die Regelung der Lohn- und Arbeitsverhältnisse sollten ausschließlich im Wege eines Interessenausgleichs beseitigt werden[44].

---

42) Die Schlichtung selbst wurde erst definiert in § 6 a der Verordnung über die Arbeitszeit (RGBl. 1927, S.110): "Schlichtung ist zur bindenden Entscheidung von Streitigkeiten über Form, Höhe und Berechnungsart von Überstunden sowie über das Vorliegen nicht vergütungspflichtiger Arbeitsbereitschaft oder notwendiger Mehrarbeit berufen, soweit es sich um den Streit gesamtvereinbarungsfähiger Parteien handelt, der durch freie Verhandlung und durch vorangegangenes Schlichtungsverfahren nicht beigelegt werden konnte".

43) Artikel I § 4 der SchliVO; § 11 der 2. AusfVO.

44) Vgl. Ferch, Neuregelung, Stuttgart 1924, S. 22; Ferch war zu der Zeit geschäftsführender Vorsitzender des Schlichtungsausschusses München I Mehlich, Handbuch, 1924, S. 32; Pick/Weigert, Kommentar, S. 29.

Rechtsstreitigkeiten gehörten ausschließlich vor die ordentlichen Gerichte. Der Aufgabenkreis der Schlichtungsbehörden sollte damit positiv exakt festgelegt und von dem der Rechtsprechung negativ abgegrenzt streng unterschieden werden - so, wie es der Entwurf der SchliO bereits vorgesehen hatte.

Um einer Belastung der Behörden mit schlichtungsfremden Tätigkeiten vorzubeugen, durften sie keine anderen Aufgaben als die ihnen durch den SchliVO zugeiweisenen wahrnehmen. Davon ausgenommen blieb die Befugnis des unparteiischen Vorsitzenden oder Schlichters, in Streitigkeiten zwischen Arbeitgebern und Arbeitnehmern, die wegen des Streitgegenstandes oder der Parteien nicht durch eine Gesamtvereinbarung beigelegt werden konnten, vermittelnd einzugreifen, wenn es das öffentliche Interesse erforderte[45].
Der Aufgabenkreis der Schlichter umfaßte drei Bereiche:

1. Zuständigkeit in Fällen, die für das Wirtschaftsleben von Bedeutung waren[46];
2. Zuständigkeit über die Verbindlichkeitserklärung von Schiedssprüchen der Schlichtungsausschüsse und vereinbarten Schlichtungsstellen[47];
3. Zuständigkeit unter den selben Voraussetzungen wie die des Vorsitzenden eines Schlichtungsausschusses, nämlich eine Sühnetätigkeit außerhalb des Gebietes der Schlichtung zu entfalten[48].

2. <u>Behandlung von Einzelstreitigkeiten</u>

Die Entscheidung von Einzelstreitigkeiten regelte die SchliVO gesondert in ihrem Artikel II und in der 1. AusfVO vom 10.12.1923. Danach waren die Arbeitsgerichte für die den Schlichtungsbehörden bisher durch andere Gesetze zugewiesenen Streitigkeiten zuständig[49]. Als Arbeitsgerichte galten bis zum Erlaß eines Arbeitsgerichtsgesetzes die Kaufmanns- und Gewerbegerichte. In beiden Fällen war kein Rechtsmittel statthaft[50]. Im Gegensatz zur der bisherigen Regelung konnten die Urteile der Kammern

45) § 8 der 2. AusfVO.
46) Artikel I § 2 II der SchliVO.
47) Artikel I § 6 II der SchliVO.
48) § 8 II der 2. AusfVO.
49) Artikel II § 1 der SchliVO.
50) Artikel II § 2 der SchliVO.

der Arbeitsgerichte sofort vollstreckt werden[51].

3. Schiedsspruch und Verbindlichkeitserklärung

Erst wenn im Vorverfahren und im Kollegialverfahren vor der Kammer des Schlichtungsausschusses keine gütliche Einigung zustande kam, durfte die Kammer einen Schiedsspruch erlassen, der den Parteien als unverbindlicher Gesamtvereinbarungsvorschlag dienen sollte[52]. Er behielt seinen Charakter als rechtsschöpfenden Akt und schloß das Schlichtungsverfahren ab. Grundsätzlich war zwar die eigenverantwortliche Regelung der Lohn- und Arbeitsbedingungen durch die Parteien beibehalten worden: das Schlichtungswesen stellte der Staat den Parteien nur als "Hilfeleistung zum Abschluß einer Gesamtvereinbarung" zur Verfügung für den Fall, in dem die Parteien trotz Vermittlung zu keiner Einigung fanden. Die Gegensätze der Parteien und die folgenden Arbeitskämpfe der Tarifpartner berührten jedoch unmittelbar die Interessen der Allgemeinheit. Zu deren Schutz beanspruchte dann der Staat das Recht und die Pflicht, den Abschluß einer Gesamtvereinbarung notfalls durch staatliche Zwangsschlichtung zu garantieren[53]. Dabei durfte nach den Richtlinien der Grundsatz der Vertragsfreiheit nicht weiter außer Kraft gesetzt werden, als der Gesetzeszweck es rechtfertigte[54]. Die Aufgabe der Schlichtungsbehörde war auf Vertragshilfe beschränkt. Sie durfte nicht als staatliches Lohnamt fungieren.

Ein Schiedsspruch kam nun im Gegensatz zur früheren Regelung auf jeden Fall zustande. Das Kollegium bestand durch den obligatorischen unparteiischen Vorsitzenden bzw. den Schlichter stets aus einer ungeraden Zahl. Eine Entscheidung konnte daher nicht an fehlenden Mehrheiten scheitern. Kein Mitglied der Kammer war befugt, sich der Stimme zu enthalten[55]. Sollte die Mehrheitsentscheidung trotzdem nicht zustande kommen, entschied allein die Stimme des Vorsitzenden[56]. Dieses Alleinent-

---

51) Vgl. Grundzüge der Verordnung über das Schlichtungswesen, in: RABl. 1923 Amtl. Teil , S. 737; §§ 4,5 der 1. AusfVO.

52) Artikel I § 5 IV der SchliVO.

54) Vgl. Mehlich, Handbuch, S. 76.

54) Flechsing, Diss. 1930, S. 41.

55) § 21 V der 2. AusfVO.

56) § 21 V S.4 der 2. AusfVO, dieses Alleinentscheidungsrecht des unparteiischen Vorsitzenden sollte im Zusammenhang mit dem Ruhreisenstreit zum Gegenstand heftiger Diskussionen werden.

scheidungsrecht des unparteiischen Vorsitzenden wich von der im Entwurf der SchliO vorgesehenden Regelung ab[57].
Beibehalten wurde die jedoch Befugnis zum Erlaß eines Schiedsspruchs auch bei Nichterscheinen oder Nichtverhandeln einer Partei trotz rechtzeitiger Ladung[58]. Mit Ausnahme der Regelungen des BRG[59] und dem Fall, daß sich die Parteien vor Erlaß des Schiedsspruchs unter ihn unterwarfen, behielt dieser bis zur beiderseitigen Annahme durch die Parteien den Charakter eines unverbindlichen Vertragsvorschlags.
Der Vorsitzende bestimmte eine angemessene Frist[60] für die Parteien, in der sie den Schiedsspruch ablehnen oder annehmen konnten. Grundsätzlich galt für die Annahme des Schiedsspruchs "pacta sunt servanda". Eine Rücktrittsmöglichkeit war nur unter engen Vorausssetzungen in Anlehnung an das Rechtsinstitut "clausula rebus sic stantibus" möglich, wenn den Parteien ein Festhalten am Vertrag unzumutbar war[61].

Die durch den Demobilmachungskommissar oder den Reichsarbeitsminister ausgesprochene Verbindlichkeitserklärung bildete den späteren Kernpunkt kritscher Auseinandersetzung mit der SchliVO. Die Möglichkeit zur Verbindlichkeitserklärung bestand zunächst nur nach Antrag mindestens einer Partei im Rahmen einer Ermessensentscheidung des Schlichters oder des Reichsarbeitsministers, wenn die im Schiedsspruch getroffene Regelung bei gerechter Abwägung der Interessen beider Teile der Billigkeit entsprach und ihre Durchführung aus wirtschaftlichen und sozialen Gründen erforderlich war[62]. Diese Voraussetzungen sollten die Handhabung des staatlichen Zwangsmittels und den schwerwiegenden Eingriff in die Vertragsfreiheit als ultima ratio auf Ausnahmefälle beschränken. Durch die alleinige Entscheidungsbefugnis des Schlichters und des Reichsabeitsministers zur Abgabe einer Verbindlichkeitserklärung war diese nicht bei der den Schieds-

57) Vgl. § 9 des Entwurfes.
58) § 21 IV der 2. AusfVO; dies geschah mit Rücksicht auf die tiefgreifenden Auswirkungen der Arbeitskämpfe, die den Staat jede Möglichkeit der Passivität der Parteien zu verhindern verpflichteten.
59) §§ 75.80 des BRG von 1920.
60) § 21 V der 2. AusfVO.
61) Flechsig, Diss. S.42.
62) Artikel I § 6 der SchliVO.

spruch erlassenden Stelle, dem Schlichtungsausschuß, sondern in die "Hand eines Dritten" gelegt[63]. Nachdem die bisherigen Regelungen des Schlichtungsverfahrens eine Verbindlichkeitserklärung nur in geringem Maße an Vorraussetzungen band[64], blieb die inhaltliche Ausfüllung der unbestimmten Rechtsbegriffe wie "erforderlich, "Billigkeit"...der verwaltungsrechtlichen Gewohnheitspraxis überlassen: eine Einleitung des Verfahrens auf Verbindlichkeitserklärung von Amts wegen war nur möglich, wenn es das öffentliche Interesse erforderte[65]. Dieses wurde angenommen, wenn durch die zu erwartenden Arbeitskämpfe die "Gesamtwirtschaft eines Ortes oder Bezirkes gefährdet erschien und unbeteiligte Bevölkerungsschichten in ernste Mitleidenschaft gezogen" zu werden drohten[66]. Damit ging die SchliVO erheblich weiter, als es ursprünglich im Entwurf der SchliO vorgesehen war: dort sollte eine Verbindlichkeitserklärung von Amts wegen nur bei gemeinnötigen Betrieben zulässig sein.

3.1. Der Zwangstarif

Zum ersten Mal war die rechtliche Konsequenz der Verbindlichkeitserklärung festgelegt worden: sie sollte die Annahme des Schiedsspruches durch die Parteien ersetzen[67]. Den fehlenden Annahmewillen ersetzte ein öffentlich-rechtliches Ersatzgeschäft[68] in Form eines Verwaltungsaktes. Die so zustande gekommene Gesamtvereinbarung unterschied sich in ihren rechtlichen Auswirkungen nicht von dem, was die Parteien sonst freiwillig vereinbart hätten. Eine Anfechtung seitens der Parteien nach den Vorschriften über die Willenserklärung war

---

63) Vgl.RABl. 1923, Amtl.Teil. S.737; Dersch,S.260.

64) Der Schiedsspruch mußte "bei gerechter Abwägung der Interessen der Billigkeit" entsprechen und "die notwendige Rücksichtnahme auf das allgemeine Wirtschaftsleben" sollte eine "Beilegung der Streitigkeit drigend verlangen"; letzter Punkt führte zu den Auseinandersetzungen darüber, ob die Verbindlichkeitserklärung auch bei weniger wichtigen Berufszweigen mit mit geringer Arbeitnehmerzahl möglich sein sollte. vgl. Sitzler, in: NZfA, 1923, S. 663.

65) § 23 der 2. AusfVO.

66) Pick/Weigert, Kommentar, S. 31; Richtlinie des Reichsarbeitsministers I 3 b.

67) Artikel I § 6 III der SchliVO.

68) Nipperdey, Beiträge, 1923, S. 102.

nicht möglich[69].
Der Zwangstarifvertrag galt im Verhältnis der einzelnen Arbeitnehmer zum Arbeitgeber normativ, jedoch obligatorisch im Verhältnis der Tarifvertragsparteien untereinander. Er konnte durch freiwillige Vereinbarung während seiner Geltungsdauer geändert werden. Gleiches galt für die Schiedssprüche vereinbarter Schlichtungsstellen.
Die Verbindlichkeitserklärung wandelte den Schiedsspruch in einen Zwangsvertrag ab. Dieser schuf die rechtliche Grundlage für die vor den ordentlichen Gerichten einzuklagende Rechte der einzelnen Mitglieder der Parteien einer Gesamtvereinbarung[70].

Zulässigkeit und Rechtsnatur der Verbindlichkeitserklärung erfuhren nähere Ausgestaltung durch die SchliVO. Der durch den Entwurf der SchliO angekündigten genaueren Regelung von Voraussetzungen und Wirkungen des Zwangstarifes entsprach die SchliVO nicht. Einigkeit bestand aber im Reichsarbeitsministerium, daß die Verbindlichkeitserklärung nach den Erfahrungen der Zeit der wirtschaftlichen Demobilmachung als notwendige Ergänzung des Schlichtungsverfahrens auf Dauer beibehalten werden sollte[71].

3.2. Gerichtliche Nachprüfbarkeit der Verbindlichkeitserklärung

Grundsätzlich richtete sich die gerichtliche Nachprüfung nach Verwaltungsrecht. Ein von zuständiger Stelle erlassener und bekanntgegebener Verwaltungsakt war rechtsgültig und nur unter engen Voraussetzungen anfechtbar. Bei der Verbindlichkeitserklärung handelte es sich um eine Ermessensentscheidung, die unter engen Voraussetzungen nur auf fehlerfreie Ausübung des Ermessens und oder auf absolute Nichtigkeit zu überprüfen war. Eine Verbindlichkeitserklärung konnte nicht aus Zweckmäßigkeitsgründen abgelehnt werden[72]. Dagegen stand kein Rechsmittel zur Verfügung. Das richterliche Nachprüfungsrecht beschränkte sich daher auf die Frage

---

69) §§ 119ff. BGB, vgl. Goldbaum, Verordnung, S.19; Mehlich, Handbuch, S. 75.

70) Pick/Weigert, Kommentar, S. 39; Flatow/Joachim, Schlichtungsverordnung, S. 49; Ferch, Diss. S.30, der diese Regelung ausdrücklich begrüßte.

71) Vgl. Begründung des Entwurfs der SchliO RT-Drs. Nr. 3760, 1922, S. 61; RABl. 1923, Amtl.Teil S. 737.

72) Flatow/Joachim, Schlichtungsverordnung, S. 143; Pick/Weigert, Kommentar, S. 37.

nach der Rechtsgültigkeit der Verbindlichkeitserklärung und nicht auf die sachgemäße Beurteilung der Entscheidungsgrundlagen[73].
Der Schiedspruch konnte auch nicht im Wege der Feststellungsklage richterlich überprüft werden, da er als solcher ohne Verbindlichkeitserklärung noch keine Rechtswirkungen entfaltete[74]. Im Wege gerichtlicher Nachprüfung bestand nur die Möglichkeit bei einer Klage aus dem Einzelarbeitsvertrag die Verbindlichkeitserklärung inzidenter auf Nichtigkeit oder auf absolute Verfahrensmängel zu überprüfen[75].
Auch ein nichtiger Schiedsspruch entfaltete nach der Verbindlichkeitserklärung Wirksamkeit[76]. Nahmen die Parteien den Spruch an, waren alle Verfahrensmängel geheilt. Erst die Verbindlichkeitserklärung selbst konnte auf ihre Nichtigkeit hin überprüft werden. Ein "nichtiger" Inhalt etwa durch Verletzung der Billigkeitsvorrausssetzungen blieb zwar unheilbar, aber jeder richterlicher Nachprüfung entzogen. Absolute, unheilbare Voraussetzungen einer wirksamen Schlichtung waren:

1. Vorliegen einer Gesamtstreitigkeit[77];
2. Gesamtvereinbarungsfähigkeit der Beteiligten;
3. Tarifberechtigung eines Arbeitgebers oder Arbeitnehmerverbandes[78];
4. Zuständigkeit der Schlichtungsstelle[79];
5. Fehler bei Beschlußfassung und Verkündung[80].

Zu den relativen, heilbaren Voraussetzungen gehörte:

1. Ein vorausgegangener, erfolgloser Einigungsversuch;
2. Ein Einigungsversuch, der kein bereits ergebnislos abgeschlossenes Schlichtungsverfahren wiederholte;
3. Eine ordnungsgemäße Vertretung des Antrag-

---

73) Sitzler/Gaßner, Kommentar, S. 33; Dersch, Schlichtungsverordnung, S. 273; vgl. auch: OLG München Urteil vom 23.6.1921 in: Das Schliw. 1921, S.231 und LG Ulm und Magdeburg in: Gewerbe- und Kaufmannsgerichte Jahrg. 26, S.95 und Jahrg. 26, S. 273.
74) Goldbaum, Verordnung, S. 23.
75) Berg, Diss. Köln 1929, S. 47.
76) Mehlich, Handbuch, S. 75.
77) Vgl. Artikel I § 3 der SchliVO, der begrifflich eine Gesamtstreitigkeit voraussetzte.
78) Gemeint ist die satzungsmäßige Ermächtigung des Verbandsvertreters.
79) Vgl. Flechsig, Diss. S. 8.
80) Berg, Diss. S. 56.

stellers.

Zu den anerkannten Nichtigkeitsgründen gehörten:

1. Nichtigkeit wegen örtlicher oder sachlicher Unzuständigkeit;
2. Nichtigkeit wegen amtlich unzuständiger Schlichterperson;
3. Nichtigkeit wegen Überschreitung des Wirkungskreises;
4. Nichtigkeit wegen wesentlicher Verfahrensmängel nur, wenn diese Vorschriften unmittelbar die Verbindlichkeitserklärung selbst betreffen[81];
5. Nichtigkeit wegen Mängel im Objekt[82].

Den einzigen Schutz vor Mißbrauch der Verbindlichkeitserklärung bot daher

- direkte Einflußnahme der Parteien auf die Verhandlungen durch das Prinzip der Mündlichkeit,
- die Berechtigung zur Ablehung des Vorsitzenden und
- das Recht, bei dessen pflichtwidrigem Verhalten Beschwerde beim Reichsarbeitsminister einzureichen[83].

III. Bewertung

1. Zwangsschlichtung

Die SchliVO vom 30.10.1923 sah anders aus als nach den Diskussionen der vergangenen Jahre und den vorgelegten Entwürfen hätte erwartet werden können. Der Anrufungszwang vor Beginn eines jeden Arbeitskampfes war nicht übernommen worden. Dafür räumte sich das Reichsarbeitsministerium ein ausgeprägtes Initiativrecht zur einheitlichen Lohnregelung ein. Noch sah die SchliVO den Vorrang der tariflichen Schlichtungsstellen vor den staatlichen vor.
Insgesamt aber war die Grundregelung des kollektiven Arbeitsrechts auf dem Niveau des unvollständigen Tarifvertragrechts von 1918 stehen geblieben und zusätzlich die Tarifautonomie jedoch durch den weitgehenden Einfluß der staatlichen Schlichtungsstellen ausgehöhlt. Durch das Recht der Verbindlichkeitserklärung und durch das Recht zur Bestellung von Sonderschlichtern für wichtige Fälle

81) Dersch, Schlichtungsverordnung, S. 275.
82) Z.B. Verbindlichkeitserklärung eines nichtigen Schiedsspruches.
83) § 18 der 2. AusfVO.

sicherte sich der Staat eine tiefgreifende Einflußmöglichkeit auf die Gestaltung der Lohn- und Arbeitsmarktpolitik. Und dies, obwohl Tarif- wie Schlichtungsrecht auf "vorläufige" Maßnahmen beschränkt war und eine endgültige gesetzliche Regelung - theoretisch - noch ausstand.

2. Gewaltenteilungsprinzip

Die SchliVO beruhte auf der Delegation der dem Parlament als ordentlicher Reichsgesetzgeber verfassungsrechtlich anvertrauten Kompetenz auf die Exekutive[84]. Ermächtigungsgesetze dieser Art hatten jedoch[85] verfassungsändernden Charakter: die verfassungsmäßige Kompetenz des ordentlichen Gesetzgebers schloß, sofern das Recht zur Delegation nicht ausdrücklich zugelassen ist, das Recht zur Kompetenzübertragung von der Legislative auf die Exekutive nicht ipso iure ein. Grundsätzlich galt deshalb Delegationsverbot und dies mit besonderer Strenge bei einem Ermächtigungsgesetz. Die Delegation gesetzgebender Gewalt auf die Exekutive durchbrach das die elementare Grundlage des Verfassungsstaates bildende Prinzip der Gewaltenteilung. Ohne Verfassungsänderung war ein Ermächtigungsgesetz daher in der Weimarer Republik nicht legal, sondern als Akt stillschweigender Verfassungsänderung unter Außerachtlassung des Gewaltenteilungsprinzips zu bewerten und daher höchstens legitim.

84) Interessanterweise ermangelte es den Ermächtigungsgesetzen nie an Zustimmung im Parlament, auch nicht bei der Opposition!
85) Huber, Verfassungsgeschichte, Bd. VI, S. 439.

§ 6

Grundbegriffe des Schlichtungsrechtes

Nach der Vorstellung der Instrumente des Schlichtungswesens schließt sich eine Betrachtung nach ihrem Sinn und Zweck unter methodischen Gesichtspunkten an. Der rechtliche Grundstein des Schlichtungswesens war durch die beschriebenen Verordnungen gelegt. Die Anwendung dieses Schlichtungsrechtes ließ den Tarifparteien jedoch wenig Spielraum in der Gestaltung iher Lohn- und Arbeitsbedingungen und die Möglichkeit staatlichen Einflusses wuchs. Methodisch und begrifflich konnte das Schlichtungswesen die Prüfung der Rechtstaatlichkeit nicht bestehen. Die Exekutive setzte sich durch die weitgehende Befugnis zur Verbindlichkeitserklärung von Schiedssprüchen über den eigentlichen Sinn und Zweck der Schlichtung hinweg.

I. Zweck der Schlichtung

Das Einigungs- und Schlichtungswesen stand vor der Aufgabe, die im Staate miteinander ringenden Verbände der Unternehmer und der Lohnabhängigen zur Einigkeit, zu einem "produktiven Ganzen" zu verbinden und eine Arbeitsgemeinschaft herzustellen. Ziel der Schlichtung war stets das vergemeinschaftete sozialpolitische Handeln der Tarifpartner, was schließlich nach allgemeiner Auffassung in den Arbeitsgemeinschaften nach dem Vorbild der ZAG sein Optimum erreichen sollte[1].

1. Schlichtungswesen als Teil der Sozialpolitik

Das Schlichtungswesen diente gleichzeitig der Wirtschafts- wie der Sozialpolitik mit internationalen Bezügen: der Verhinderung von Arbeitskämpfen und somit der Vermeidung des Kaufkraftverlustes, des Warenausfalls und eines schwachen Weltmarktes[2]. Sinn und Zweck der Sozialpolitik war das Eintreten für den wirtschaftlich und sozial Schwächeren, die Schaffung "sozialer" Gerechtigkeit durch den billigen Ausgleich der Interessengegensätze[3].

---

1) *Dazu: Weddingen, Jahrbücher, Jena 1929, S.348, ferner: Przewloka, Diss. Breslau 1928, S.60ff.*
2) *In diesem Zusammenhang vgl. die Untersuchung des Internationalen Arbeitsamts in Genf, Grundfragen des Schlichtungswesens, Genf 1931, S.6.*
3) *Scheu, Diss. Tübingen 1926, S.25.*

Der sozialpolitische Bezug der Schlichtung führte dazu, daß das Schlichtungswesen in den Jahren 1918-1933 vermehrt an den volks- und wirtschaftswissenschaftlichen Fakultäten als Thema von Dissertationen atraktiv war[4]. Durch die Verwurzelung des Schlichtungswesens in die wirtschaftlichen Verhältnisse trat Sozialrecht neben Individualrecht. Der Schlichtung kam staatsfördernde Bedeutung zu: spätestens ab Einführung der Verbindlichkeitserklärung agierte der Staat als "Sachwalter von Drittbetroffenen", nämlich den Tarifparteien und ihren Mitgliedern, um Arbeitskämpfe und deren wirtschaftliche Auswirkungen in deren Interesse zu vermeiden [5].

2. Schlichtung zur Erhaltung des Arbeitsfriedens

Die Schlichtung sollte sowohl dem individuellen als auch allgemein dem Arbeitskampf begegnen[6]. Sie entsprang einem Friedensgedanken, der eine rechtliche Beziehung zwischen Arbeit und Kapital aufbauen sollte [7]. Dazu gehörte die wichtige Funktion der Schlichtungsbehörden: den Abschluß von Tarifverträgen zu fördern[8].

In der Praxis enttäuschte das Schlichtungswesen jedoch die Erwartungen: die Arbeitgeber begründeten den Mißerfolg durch die fehlgeschlagene Lohnpolitik des Reichsarbeitsministers. Die Gewerkschaften fürchteten um ihre gerade erkämpfte Autonomie in der Gestaltung der Lohn- und Arbeitsbedingungen durch den zunehmenden staatlichen Einfluß[9]. Die Anerkennung des Schlichtungswesens durch die Parteien beinhaltete ja eine Selbstbeschränkung der Kampffreiheit und somit einen Verzicht auf Arbeitskämpfe. Umgekehrt provozierten die Arbeitskämpfe das Schlichtungswesen. Trotz aller Friedensbestrebungen, die durch die grundsätzliche Anerkennung der Schlichtungsorgane von den Parteien ausgingen, mußte berücksichtigt werden, daß die Gewerkschaft die Schlichtung zunächst nicht als Friedensinstrument ansahen. Es widersprach aus ideologischen Gründen dem Klassenkampfgedanken, sich mit den Arbeitgebern

4) Im einzelnen im Literaturverzeichnis gekennzeichnet.
5) Vgl. Richter, Sonderabdruck, Leipzig 1932, S.18.
6) Handwörterbuch der Arbeitswissenschaft, Halle 1930, S.3870ff.
7) Weber, Diss. Köln, 1923, § 3; Freytag, Diss. Berlin 1930, S.20.
8) Weddingen, Jahrbücher, S.350.
9) Przewloka, Diss, S.64.

an einen Tisch zu setzen und zu verhandeln[10].

In vielen Tarifverträgen fand sich in der Vereinbarung über eine freiwillige Schlichtungsstelle eine "Schlichtungsklausel", in der sich die Teilnehmer verpflichteten, alle Streitigkeiten über die Arbeitsbedingungen vor der Eröffnung des Arbeitskampfes vor die vereinbarte Schlichtungsstelle zu bringen[11]. Diese Klausel erinnerte sehr an den zuvor heftig abgelehnten Anrufungszwang!

3. Definitionsversuche

3.1. Der weite Schlichtungsbegriff

Eine von vielen Definitionsversuchen des Schlichtungsbegriffs lautete: "Schlichtung ist die einigungsamtliche oder schiedsrichterliche Tätigkeit zum Zweck der Verhütung drohender oder der Beilegung ausgebrochener Arbeitskämpfe" [12]. Zur Aufgabe der Schlichtung gehöre nicht nur die Aufhebung der Klassengegensätze[13]. Vielmehr diene die Schlichtung generell dem Arbeitsfrieden und der Beschränkung der Zahl der Arbeitskämpfe auf das absolute Minimum.

Nach einem noch weiteren Schlichtungsbegriff[14] zählte zum Schlichtungswesen "die Gesamtheit derjenigen Rechtsnormen, die die Beilegung wirtschaftlicher Interessenstreitigkeiten vor den Schlichtungsbehörden oder den tariflichen Schlichtungsstellen durch Herbeiführung eines zweckmäßigen und billigen Interessenausgleichs bezwecken". Das Schlichtungswesen diene der Lösung "brennender so-

---

10) Vgl. dazu: Futter, Diss. Freiburg 1970, S.4.

11) So z.B. in § 23 des Tarifvertrages für die Arbeiter bei der Reichsbank vom 18.6.1927, in: Graf, Diss. Berlin 1931, S.30; vgl. auch: Abkommen in der rheinischen Tabackindustrie in:Kleindienst, Schlichtungswesen, Soz. Prax. 1928, S. 857.
Auch heute ist eine solche Schlichtungsklausel in den Tarifverträgen teilweise vereinbart. Im Entwurf eines Arbeitskampfgesetzes, vorgelegt am 8.9.1988, ist ebenfalls vorgesehen, daß zulässig nur solche Kampfmaßnahmen sein sollen, wenn die Verhandlungen gescheitert und ein danach von einer Seite beantragtes Schlichtungsverfahren keinen Erfolg hatte. In: FAZ vom 9.9.1988.

12) Weißmann, Diss. Freiburg 1927, S.19

13) Ders. a.a.O. S. 23ff.

14) Scheu, Diss. S.138, so auch Zimmermann, Grundzüge, 1922; a.A.: Flatow/Joachim, Schlichtungsverordnung, 1924, die sich für einen engeren Schlichtungsbegriff aussprachen.

zialer Probleme"[15].

Demgegenüber zurückhaltender umschrieben[16] war die Schlichtung "eine dem Arbeitsrecht eigentümliche Form der Beilegung gewisser kollektiver arbeitsrechtlicher Streitigkeiten", konkreter dann später: "Schlichtung soll im Interesse des Arbeitsfriedens und im Interesse der Allgemeinheit vermittelnd eingreifen und einen Interessenausgleich herbeiführen" [17].

3.2. Der enge Schlichtungsbegriff

Auf der anderen Seite standen verschiedene, die Grenzen der Schlichtung enger fassende Definitionen. Sie mündeten schließlich in die gesetzliche Definition in Art. I § 3 der SchliVO vom 23.10.1923. Begrifflich spiegelte danach die Schlichtung das wieder, was sie sich zum Ziel gesetzt hatte: sie diente der Hilfeleistung zum Abschluß von Gesamtvereinbarungen, d.h. Tarifverträgen und Betriebsvereinbarungen[18] und umfaßte nur den engen Bereich des Interessenausgleichs, der auf den Abschluß eines Tarifvertrages ausgerichtet war.

Die Schlichtung diente nach beiden Definitionen:
- der Volksgemeinschaft durch Vermeidung von Arbeitskämpfen,
- Abschwächung der Interessengegensätze,
- dem Abschluß von Tarifverträgen.

II. Einigungs- und Schiedsgrundsatz

1. Vertrags- und Kampfprinzip

In der Frage der Lösung des Interessenkonfliktes zwischen Kapital und Arbeit standen nach damaliger Auffassung zwei Prinzipien im Gegensatz zueinander:
- Vertragsprinzip (Individualitätsprinzip);
- Kampfprinzip (Kollektivprinzip)[19] .

Der Vertrag zielt auf Versöhnung, im Kampf aber soll einem bestimmten Interesse zur unbeschränkten

15) *Martin, Schlichtungswesen, Jena, 1929, S.1.*
16) *Dersch, Schlichtungsverordnung, 1924 S.38.*
17) *Kaskel/Dersch, Arbeitsrecht, 1932, S. 320ff.*
18) *Erdel, Lehrbuch, Leipzig 1923, S. 66; Weddingen Schiedsgrundsatz, München 1930, S. 13; Flatow, Grundzüge Berlin 1923; ders. Übergangszeit, Berlin 1921; ders. Gesamtstreitigkeit, in: NZfA 1922, S. 587ff.*
19) *Bielschowsky, Grundlagen, 1921, S.98.*

Herrschaft verholfen werden[20]. Nach den Grundsätzen des Kampfprinzipes ließ sich eine Schlichtung nicht durchführen. Nur durch Zurückstellung des Sonderinteresses hinter das Allgemeininteresse und die Rücksichtnahme auf die Rechte des Gegners konnte nach Ansicht *Bielschowsky*[21] Schlichtung möglich sein. Das öffentliche Wohl einerseits und das Streikinteresse andererseits stehen sich danach konträr gegenüber.
Gerade unter diesem Gesichtspunkt verwirft das Kampfprinzip jeden Vergleich oder Kompromiß, das Vertragsprinzip hingegen findet im Mittel im Wege der Beschränkung der Selbsthilfe z.B. durch Streik einen Weg zur Lösung des Interessenkonfliktes[22].
In dieser Aufgabe, durch autoritäre Entscheidung - entweder durch ein von den Parteien anerkanntes unparteiisches Organ oder des das Gesamtinteresse repräsentierenden Staates - bindendes Recht zu schaffen, erwuchs die Schiedsgerichtsbarkeit als negative Ableitung des Kampfprinzipes[23]. Das Schiedsprinzip schränkte die Selbsthilfemöglichkeiten ein, das Vertragsprinzip ließ sie nicht zuletzt durch die Freiheit, einen Vertrag eben nicht einzugehen, grundsätzlich bestehen. Während das freiwillige Einigungswesen dem Vertragsprinzip entspricht, erwuchs aus dem Kampfprinzip die Befugnis zur bindenden Entscheidung einer dazu autorisierten Stelle.

2. Einigungs- und Schiedgrundsatz

Die polare Antithese im Schlichtungswesen bildeten daher die Begriffe: Einigungs- und Schiedsgrundsatz[24]. Diese Differenzierung galt nicht nur organisatorisch: Im freiwilligen Einigungsverfahren standen die Gesetze des Marktes im Vordergrund; der Einigungsvorschlag trug den beiderseitigen Machtverhältnissen Rechnung und nahm in der Regel das vorraussichtliche Arbeitskampfergebnis vorweg. Darüber hinaus zeichneten sich Unterschiede in den Verfahrenstypen ab, die auch international eine unterschiedliche Bewertung erhielten[25].
Grundsätzlich war das Einigungsverfahren ein frei-

---

20) Streng nach dem von Hobbes entwickeltem Gedanken Homo homini lupus est
21) Bielschowsky, a.a.O. S. 103.
22) Futter, Diss. S.4.
23) So entwickelte es Bielschowsky, a.a.O. S. 104.
24) So Weddingen, Schiedsgrundsatz, S.3; Weißmann, Diss. S.17.
25) Siehe die Untersuchung des Internationalen Arbeitsamtes in Genf, Grundfragen,1931, S.10ff.

williges, das Schiedsverfahren hingegen ein mit Machtmitteln des Staates zur Durchsetzung verbindlicher Entscheidungen ausgestattetes Verfahren. Das autoritative Moment im Einigungsverfahren war auf die bloße Anregung der Parteivereinbarung beschränkt, die erst nach beiderseitiger Annahme durch die Parteien Rechtsverbindlichkeit erlangte.
Im freiwilligen Einigungsverfahren waren zunächst die Vorschriften §§ 62-73 des GGG maßgebend. Zur Vermittlung standen zunächst alle Streitigkeiten über Tarifverträge und Arbeitsverhältnisse, Interessen- und Rechtsstreitigkeiten. Ziel des Verfahrens blieb allein die gütliche Einigung. Dahingegen stellte sich das Schiedswesens die Aufgabe, einen Schiedsspruch durchzusetzen und damit eine subsidiär geltende Zwangsregelung zu verhängen, falls die Parteien sich nicht einigten. Die Parteien setzen durch ihre Antragsrechte das Verfahren selbst in Gang.
Das Einigungsamt beschloß die vermittelnde Tätigkeit mit einer Einigung, einem Vergleich, der von beiden Parteien angenommen wurde. Auch bei Fehlschlagen der Verhandlungen waren die Parteien nicht zur Annahme verpflichtet. Das Schiedsgericht dagegen fällte nach obligatorischer Vermittlung einen bindenden Schiedspruch.
Beim Einigungsverfahren herrschte der Grundsatz der Parteimaxime und der Schlichtungsparität; beim Schiedsverfahren galt die Untersuchungsmaxime. Dies bedeutete meist eine Schwächung für die Arbeitgeber, da diese nicht gern für sie u.U. existenzwichtige Betriebsgeheimnisse aufdecken ließen.

3. Gemischtes System

Das Schlichtungswesen in der Weimarer Republik enthielt Elemente von beiden Grundsätzen. Erst durch die Möglichkeit zur Verbindlichkeitserklärung eines Schiedsspruches im Einigungs- bzw. Schlichtungswesen wurde endgültig mit dem Grundsatz der freien Einigung gebrochen. Die Vertreter des Liberalismus kämpften für das freiwillige Einigungsverfahren - die des Kollektivismus für den Schiedsgrundsatz. Wo ein Zwangssystem bestand, beruhte es i.d.R. auf dem Schiedsprinzip[26].

Leitender Gedanke der legislativen Politik war die Schaffung eines gemischten Systems zwischen obligatorischer und rein vermittelnder Schlichtungs-

---

26) Weißmann, Diss, S.18; Kühn Diss., S. 18.

tätigkeit mit Instanzenzug[27]. Dies enstprach den bereits 1908 geäußerten Vorschlägen des Freiherrn von *Berlepsch* zum Reichseinigungsamt, wonach staatliche Schlichtungsstellen als eigene Instanzen zur Schlichtung von Kollektivstreitigkeiten eingesetzt werden sollten. Diese sollten erst nach Versagen der freiwilligen Schlichtungsstellen angerufen werden können und nur unter engen Grenzen zum Eingreifen verpflichtet sein. Als vorzugswürdig galt eine Schlichtungspolitik, die sich am freien Spiel der Kräfte orientierte und so dem freien Einigungswesen entsprochen hätte.
Die Schlichtung als autoritäre, unmittelbare Sozialpolitik stand unter der Kontrolle der Faktoren, die auch politisch für die Wirtschafts- und Sozialpolitik verantwortlich waren. So orientierte man sich in Deutschland grundsätzlich am Einigungsgrundsatz und verfolgte den Schiedsgrundsatz nur insoweit, als ein unmittelbares volkswirtschaftliches Interesse die Vermeidung von Arbeitskämpfen unbedingt erforderte[28].
Gefordert wurde die kumulative, nicht die alternative Verbindung zwischen Einigungs- und Schiedsgrundsatz[29]. Erst bei Erschöpfung der Mittel des Einigungsgrundsatzes durfte danach der Schiedsgrundsatz für Fälle von unmittelbarem volkswirtschaftlichen Interesse herangezogen werden entweder

1. bei Nichteinigung im Einigungsverfahren oder
2. bei Fruchtlosigkeit der gütlichen Einigungsbemühungen bei Einleitung der Schlichtung.

Die erste Variante fand in Deutschland Einführung durch die TarifVO vom 23.12.1918. Kritik kam jedoch auf, als sich durch die spätere Einführung der Befugnis zur Verbindlichkeitserklärung die Parteien darauf einstellten, einen drohenden Arbeitskampf nicht unbedingt durch eine Einigung vermeiden zu müssen. Vielmehr garantierte die Staatsautorität einen in einen verbindlichen Tarifvertrag mündenden Schiedsspruch, so daß das Verantwortungsgefühl und die Verständigungsbereitschaft der Tarifparteien erheblich geschwächt worden war[30]. Das Schiedsorgan unterlag so der Gefahr, Organ offizieller Lohnpolitik zu werden. Nach anderer Beurteilung[31] war der

---

27) So fordert es schon 1921 Bielschowsky, S.158.
28) Weddingen, Schiedsgrundsatz, S.50.
29) Ders. a.a.O. S.52.
30) Ders. a.a.O. S.54.
31) Scheu, Diss. S.138.

Staat jedoch im Interesse der Volksgesamtheit verpflichtet, Streitigkeiten in autoriativer Weise unter Zugrundelegung des Schiedsgrundsatzes zum Abschluß zu bringen, um zum Schutz des Allgemeinwohls Arbeitskämpfe zu verhindern.

Beeinflußt durch die trotz der legislativen Verbindung grundsätzlich bestehenden Unterscheidung zwischen Einigungs- und Schiedsgrundsatz bildete sich ein neues Begriffspaar heraus: Freie und staatliche Schlichtung, bzw. freiwilliges und Zwangsschlichtungssystem[32]. Nebeneinander bestanden die tariflich vereinbarten freiwilligen Schlichtungsstellen (Einigungsgrundsatz) und die gesetzlich errichteten Schlichtungsbehörden (Mischung zwischen Einigungs- und Schiedsgrundsatz), wobei die Schiedssprüche beider Schlichtungsstellen für verbindlich erklärt werden konnten[33]. Dies führte nicht zuletzt zu einer gewissen Rechtszersplitterung und Verunsicherung.
Als optimales System galt[34] ein organisches Mit- oder Übereinander von freier und staatlicher Schlichtung. Das Schwergewicht dieser Mischung sollte darin liegen, den Parteien eine freie Willens- und Ermessensentscheidung einzuräumen. Diese freie Willensentscheidung wich jedoch mehr und mehr dem staatlichen Schlichtungsverfahren, dessen Zwangsbefugnisse sich am praktischen Erfolg orientierten. Maßgebend dafür waren die Erhöhung der abgeschlossenen Tarifverträge, die Verminderung der Arbeitskämpfe und das steigende Lohnniveau. Die Zwangsbefugnisse des Staates legitimierten sich nach der Argumentation des Reichsarbeitsministeriums durch die Pflicht des Staates zum Schutz des Schwächeren und zur Erhaltung und Förderung des Arbeitsfriedens.

III. Schlichten und Richten

Zur Orientierungshilfe grenzte die damalige Literatur die Begriffspaare "Schlichten und Richten" voneinander ab.

---

32) So auch Weißmann, Diss. S.30ff.; Siefart, Diss. 1922, S.47.
33) Vgl. §§ 21,28 DemobilVO vom 12.2.1920 i.V.m. § 15 TarifVO vom 23.12.1918.
34) Vgl. dazu: Weißmann, Diss. S.31.

1. Gegenstand der Schlichtung

Schlichten als vermittelnde Tätigkeit und Richten als autoritäre Entscheidung gleichen sich insoweit, als sie beide der Erledigung von Streitigkeiten durch staatliche Rechtshilfe dienen. Schlichten zielt dabei auf materielle, Richten auf formelle Gerechtigkeit. Im Arbeitsrecht war Schlichten zunächst jede Art von Einigungstätigkeit in arbeitsrechtlichen Streitigkeiten[35]. Die Schlichtung stellte ein Verfahren zur Beilegung von Meinungsverschiedenheiten zwischen den Parteien im kollektiven Arbeitsrechtes über die Regelung ihrer Lohn- und Arbeitsbedingungen zur Verfügung. Es handelte sich um Regelungsstreitigkeiten über ihre rechtlich nicht geschützten Interessen, nicht um Rechtsstreitigkeiten, was der 1923 in § 3 der SchliVO erstmals gesetzlich erwähnten Definition Schlichtung als "Hilfeleistung zum Abschluß von Gesamtvereinbarungen" entsprach. Sie beendete nicht einen Rechtsstreit durch eine objektive Entscheidung und fällte kein Urteil, aus dem sich rechtliche Ansprüche ableiten ließen. Die Schlichtung diente vielmehr dem Ausgleich von Interessenstreitigkeiten.

Erst die Ausstattung mit Zwangsmitteln führte über diese bloße Vermittlungstätigkeit hinaus zur schiedsrichterlichen Entscheidung im Schlichtungsverfahren. Im Gegensatz zu den Arbeitsgerichten waren die Schlichtungsstellen rechtsschöpfend tätig[36]. Die Schlichtung strebte nicht die "juristische Gerechtigkeit" des Richtens an: es sollte vielmehr "soziale Gerechtigkeit" durch Rücksichtnahme auf die Interessen der Parteien und auf die Volkswirtschaft in Gestalt eines neuen Billigkeitsrecht"" geschaffen werden[37]. Hinter den Schlichtungsparteien standen mittelbar oder unmittelbar Massen und Mächte, deren Unfrieden andere Folgen nach sich zog, als die Unzufriedenheit einer Prozeßpartei. Daher wandte sich die Regierung in den Jahren der Weimarer Republik dem Schlichtungswesen auch besonders zu.

Schlichtung befaßte sich mit zukunftsregelnder Einigungstätigkeit[38]. Sie wirkte konstitutiv und

---

35) Vgl. Dreßler, Diss. Tübingen, 1931, S.9.
36) Vgl. Handwörterbuch der Staatswissenschaft, S.232.
37) Vgl. Zimmermann, Grundzüge, 1922, S.12ff.
38) Dies kommt schon in §§ 62ff. GGG zum Ausdruck.

versuchte, dem Streit "gütlich-schiedlich" - notfalls unter Anwendung von Zwang - ein Ende zu bereiten. Die Rechtsprechung dagegen wirkt deklaratorisch, sie will durch Verwirklichung der schon bestehenden Rechtslage den Streit beseitigen. Die Schlichtung - so die damalige Auffassung - regelt, die Rechtsprechung verwirklicht [39].
Die scharfe Trennung zwischen Richten und Schlichten galt als Besonderheit des deutschen Rechts und war mehrfach Anlaß zu Kritik [40]. Diese Trennung führte schließlich auch zur unterschiedlichen Behandlung von Einzel- und Gesamtstreitigkeiten - spätestens seit Erlaß des Arbeitsgerichtsgesetz 1927. Bis zum Ende der Weimarer Republik beschäftigte sich die Literatur mit der negativen Abgrenzung des Schlichtens vom Richten und gelangte zu der engen Schlichtungsdefinition, die schließlich in die gesetzliche der SchliVO einfloß [41].

2. Funktion der Schlichtung

Sowohl Schlichtung als auch Tarifvertrag sind als untrennbare Einheit echte Rechtsquelle und nicht nur Rechtsauslegung[42]. Im Hinblick auf die Funktionen der Schlichtung:

- Förderung der Volkswirtschaft durch die
- Erhaltung des Arbeitsfriedens durch
- Verhinderung von Arbeitskämpfen und
- Ausgleich der Interessengegensätze,

läßt sich die These *Hartwichs* nicht aufrechterhalten, das Tarifvertragssystem sei erst mit Hilfe des Schlichtungswesens geschaffen worden [43]. Die Aufgabe der Schlichtungsbehörden - wie schon ihrer Vorgänger aus dem Mittelalter - bestand darin, die Forderungen beider Parteien durch eine gütliche Einigung zu befriedigen, die die Voraussetzung für den Abschluß eines Tarifvertrages war. Aus dem Schiedsspruch an sich ließ sich kein Anspruch auf Erlaß einer Verbindlichkeitserklärung oder auf subjektive Rechte aus dem Tarifvertrag begründen - dazu bedurfte es erst einer gerichtlicher Klage samt Urteil; eines gerichtlichen Vollstreckungstitels. Die Vollstreckbarkeit des Schiedsspruches war nach verbreiteter Ansicht [44] vom sozialpoli-

39) Erdel, Rechtsprechung in: Das Schliw.1927, S. 161ff.
40) U.a. Kahn, Diss. Heidelberg, 1921, S.18.
41) Kaskel/Dersch, Arbeitsrecht, 1932, S. 399.
42) Vgl. auch Heyse, Grundlagen, 1923/24, S.53.
43) Hartwich, Diss. S.11.
44) Koenemann, Diss. Köln 1925, S.40.

tischen Gesichtspunkt der Schlichtung, die eine gütliche Einigung oder einen billigen und gerechten Interessenausgleich zwischen den Parteien erzielen sollte, weder möglich noch wünschenswert. Vielmehr sei Zweck der Schlichtung die Herstellung des Friedens ohne Gewaltmittel, also auch ohne Zwangsvollstreckung. Vertreter dieser Ansicht widersprachen auch der eingeräumten Kompetenz zur Verbindlichkeitserklärung, da durch dieses Zwangsinstrument der Einigungsgrundsatz verlassen werde.

3. Schlichtung als Teil der Verwaltung

Richten verlangt die Subsumption der Tatbestände unter eine Rechtsnorm, demnach eine Entscheidung darüber, was rechtens ist und welche subjektiven Rechte und Pflichten zwischen den Parteien bestehen. Schlichten hingegen bietet nur eine billige Lösung unter Berücksichtigung der wirtschaftlichen und sozialen Interessen sowie der materiellen Gerechtigkeit an[45]. Sowohl Schiedsspruch als auch Verbindlichkeitserklärung beruhen auf der mangelnden Einigungsbereitschaft der Parteien. In ihrer den privatrechtichen Vertrag ersetzenden Funktion sind sie Produkt der mitwirkenden Behörde: Akt der Verwaltung und nicht Rechtsetzungsakt oder Akt der freiwilligen Gerichtsbarkeit[46].

Die freiwillig vereinbarte Schlichtung hingegen verbleibt in der Sphäre des Privatrechts und ist nicht Teil der öffentlichen Verwaltung[47]. Bis zur TarifVO 1918 war auch der Tarifvertrag als Produkt der Schlichtung ein rein schuldrechtlicher Vertrag, der bis zur Einführung der Unabdingabkeitsbestimmung keine normative Wirkung für die einzelnen Arbeitsverhältnisse entfaltete.

Für die Tarifparteien bestand die Wahl, den erstrebten Interessenausgleich durch ein staatliches Gericht in reiner Rechtsausslegung oder im Weg der Schlichtung durch die Schaffung einer Vereinbarung zu erreichen.

Die Schlichtung entbehrte der richterlichen Unabhängigkeit in dem von der Weimarer Reichsverfassung garantierten Sinne. Insbesondere fehlte den Mitgliedern der Schlichtungsstellen die Unabsetz-

---

45) Kaskel, Lehrbuch, 1928, S.352; Dersch, Schlichtungsordnung, S.38; Flatow/Joachim, Schlichtungsordnung, S.26; Hueck/Nipperdey, Lehrbuch, S.740.

46) Sinzheimer, Grundzüge, S.300.

47) So auch RGZ, 107,247; vgl. Hueck/Nipperdey, Lehrbuch, S.741.

barkeit des Richters. Vorsitzender, Beisitzer und Demobilmachungskommissare waren jederzeit abwählbar bzw abrufbar. Das bedeutete, daß die Parteien ihrem "ordentlichen Schlichter" entzogen und einer ad hoc gebildeten Schlichtungsstelle überwiesen werden konnten. Die Beisitzer als Mitglieder der Schlichtungsstelle, waren jedoch unabhängig und an Weisungen nicht gebunden [48].

IV. Schlichtungsfähige Streitigkeiten

1. Gesamtstreitigkeiten

Bis zum Erlaß der Richtlinien des Reichsarbeitsministeriums im Januar 1920[49] war der Begriff der Gesamtstreitigkeiten in keiner der gesetzlichen Grundlagen des Schlichtungswesens erwähnt. Die TarifVO vom 23.12.1918 [50] sprach ganz allgemein von "Arbeitsstreitigkeiten", ergänzt dann durch "Streitigkeiten über Lohn- und sonstige Arbeitsbedingungen" [51].

1.1. Die amtliche Interpretation

Die begriffliche Wandelung vollzog sich unter Einflußnahme bzw. Billigung des Reichsarbeitsministeriums [52]. Deutliches Beispiel für die rechtsfortbildene Kraft seiner Bescheide war, daß es die Befugnis zur Verbindlichkeitserklärung des Demobilmachungskommissars nicht nur bei Einzelstreitigkeiten sondern auch bei Gesamtstreitigkeiten bejahte [53]. Der Reichsarbeitsminister vertrat in dem Bescheid vom 24.6.1919[54] die Auffassung, daß alle Arbeitsstreitigkeiten durch eine Verbindlichkeitserklärung des Demobilmachungskommissars entschieden werden könnten. Dieser Auffassung schlossen sich die Gerichte größtenteils an [55]. Das Reichsarbeitsministerium füllte mit seinen Bescheiden Gesetzes-

---

48) Dies zumindest bis zum Erlaß der Richtlinien durch das Reichsarbeitsministerium.

49) RABl. 1920, Amtl. Teil, S. 95.

50) § 15 der TarifVO vom 23.12.1918

51) § 20 der TarifVO.

52) Buddeberg, Diss. Jena 1925 S. 37.

53) Dies. a.a.O. S. 64.

54) Vgl. auch RABl. 1921, S. 25, 543.

55) Gewerbegericht Mannheim vom 29.8.1919; Kaufmannsgericht Stuttgart vom 16.8.1919 unter ausdrücklicher Berufung auf den Bescheid des Reichsarbeitsministers in: Buddeberg Diss., S. 65; ebenso wurde das Reichsarbeitsministerium zitiert in RGZ vom 6.12.1922 in: RABl. 1922 Amtl. Teil, S. 204.

lücken aus. Es wurde oft durch die Gerichte bestätigt und übte so durch die faktische Befolgung seiner Bescheide rechtsfortbildend großen Einfluß auf die Entwicklung des Schlichtungswesens aus.

Nach den Richtlinien[56] hatte der Schlichtungsausschuß seine sachliche Zuständigkeit von Amts wegen zu prüfen und in Streitfällen, in denen es sich nicht um Gesamtstreitigkeiten handelte und er auch nicht nach anderen gesetzlichen Vorschriften für zuständig erklärt wurde, seine Anrufung zurückzuweisen[57] - damit wurde den freiwilligen Schlichtungsstellen noch eine gewisse Überlebenschance eingeräumt.

1.2. Die systematische Interpretation

Der Begriff "Gesamtstreitigkeiten" gehörte zum Begriffspaar: Einzelstreitigkeiten und Gesamtstreitigkeiten. *Sitzler*[58] trennte noch schärfer in drei Zuständigkeitsbereiche:

1. Schlichtung in Gesamtstreitigkeiten;
2. Tätigkeit der Schlichtungsausschüsse aufgrund sonstiger gesetzlicher Vorschriften (z.B. nach der DemobilVO vom 12.2.1920 oder dem BRG vom 4.2.1920..);
3. Schlichtung oder schiedsrichterliche Tätigkeit aufgrund freiwilliger Vereinbarung, i.d.R. bei Einzelstreitigkeiten.

Unter Gesamtstreitigkeiten fielen "solche Arbeitsstreitigkeiten, bei denen eine größere Zahl von Arbeitnehmern kollektiv auftreten und sich mit den Arbeitgebern im Streit befinden"[59]. Die Schlichtungsbehörden seien nach dieser Ansicht daher in Rechts- und Regelungsstreitigkeiten zuständig; zu den Rechtsstreitigkeiten gehörten die aus dem Tarifvertrag über die Anwendung der Normen, zu den Regelungsstreitigkeiten die über die Bestimmung der Lohn- und Arbeitsbedingungen[60].
Etwas umfassender lautete die Definition[61]: "Gesamtstreitigkeiten sind lediglich latente oder offene Meinungsverschiedenheiten oder die Geltendmachung von Forderungen und Gegenforderungen oder im engeren Sinne Machtproben". Nach ähnlicher An-

---

56) RABl. 1920, Amtl. Teil, S. 185.
57) Richtlinien in: Das Schliw. 1921, S.12.
58) Sitzler, Begriff, in: NZfA 1921, S.3ff.
59) Erdel, Lehrbuch, Leipzig 1923, S.66.
60) Ders. S.68.
61) Mehlsbach, Entwurf, Tübingen 1925, S.131.

sicht[62] waren schlichtungsfähig überhaupt nur Machtstreitigkeiten und keine Rechtsstreitgkeiten. Dazu gehörten im Fall der schlichtungsfähigen Gesamtstreitigkeit, daß mindestens auf Arbeitnehmerseite eine Vielzahl von Personen beteiligt war, die das gleiche Interesse vertrat. Bei Gesamtstreitigkeiten fielen keine Entscheidungen, es gab nur den Einigungsvorschlag an die Parteien, so daß die Tätigkeit der Schlichtungsstellen bis zum Schluß eine vermittelnde blieb[63]. Schlichtungsfähig waren demnach alle Kämpfe um Arbeitsbedingungen.

Der Ausdruck "Gesamtstreitigkeiten", untergliedert in Rechts- und Interessenstreitigkeit, hatte die ursprüngliche Bezeichnung "Kollektivstreitgkeiten" verdrängt und bestimmte sich nach den beteiligten Parteien und dem Gegenstand des Verfahrens. Im strengen Sinne waren die Gesamtstreitigkeiten nur Lohnstreitigkeiten.
Den Inhalt der Gesamtstreitigkeit bestimmten die Parteien jedoch selbst durch den Streitgegenstand und den Streitinhalt:

- Parteien waren zunächst die Gesamtheit der Arbeitnehmer auf der einen, die einzelnen Arbeitgeber auf der anderen Seite, sowie deren jeweiligen Verbände.
- Der Streitgegenstand umfaßte alle kollektivrechtlich regelbaren Fragen, insbesondere Löhne und Arbeitsbedingungen. Sobald auch nur eine Partei den Abschluß eines Tarifvertrages oder einer sonstigen gütlichen Einigung erstrebte um die Interessenkollision zu lösen, war der Streitgegenstand als Gesamtvereinbarung bestimmt.
- Als Streitinhalt war die Frage anzusehen, welche kollektivrechtliche Lösung künftig gelten sollte. Es bestand ja zunächst ein vertragsfreier Raum, für den die Grundsätze des Zivilrechtes galten. Dem Grundsatz "pacta sunt servanda" entsprach, daß vor Kündigung oder Ablauf des Tarifvertrages aus Gründen der Rechtssicherheit keine Schlichtung möglich sein sollte. Ein Schiedspruch durfte nicht in laufende Tarifverhandlungen eingreifen. Dies galt auch für vereinbarte Schlichtungsstellen. Der Streitinhalt teilte sich in:
  - Streitigkeiten betreffend die Auslegung eines bestehenden Tarifvertrages (Rechtsstreitigkeiten) oder

---

62) Weddingen, Schiedsgrundsatz, S.13.
63) von Braunmühl, Rechtsnatur, in: NZfA 1922, S.218.

- Streitigkeiten um die Schaffung eines neuen Tarifvertrags (reine Interessenstreitigkeit).

1.3. Interessenstreitigkeiten

Begrifflich spielte die Bezeichnung "Interessenstreitigkeit" schon in der Abgrenzung des Schlichtens vom Richten eine Rolle. In der Regel erfolgte ene Gleichsetzung mit dem Begriff der Gesamtstreitigkeit. Bei den Interessenstreitigkeiten handelte es sich ebenfalls um einen Streitgegenstand, der regelungsbedürftige Fragen eines Kollektivs betraf und auf billigen und gerechten Ausgleich der Kollision abzielte.
Unter den Oberbegriff der Gesamtstreitigkeit subsumierte die herrschende Meinung sowohl die reinen Interessenstreitigkeiten, als such die rechtlichen Regelungsstreitigkeiten. Sie entstanden zwischen einem oder mehreren Arbeitgebern oder wirtschaftlichen Vereinigungen von Arbeitgebern und der Arbeiterschaft[64]. Wichtig war lediglich, daß es sich um die Beilegung von sogenannten Kollektivstreitigkeiten handelte, an denen eine Gesamtheit von Arbeitnehmern und mindestens ein Arbeitgeber beteiligt war.[65]

Nach Ansicht *Amberts*[66] sei zu beachten, daß Gesamtstreitigkeiten auch als reine Rechtsstreitigkeiten vorkamen und deshalb Einzel- und Rechtsstreitigkeiten gleichzusetzten seien. Der Begriff "Gesamtstreititgkeit" decke sich unter Ausklammerung der Rechtsstreitigkeiten mit dem der "Interessenstreitigkeit". Daher sei die die Gegenüberstellung: Rechts- und Interessenstreitigkeiten sachgerechter. Dieses Begriffspaar setzte sich aber nicht durch[67]. Es blieb bei: Einzel- und Gesamtstreitigkeiten. Die Abgrenzung zwischen Macht- und Rechtsstreitigkeiten wurde für sehr problematisch gehalten, da die Lösung reiner Interessenkonflikte ohne Einschaltung des richterlichen Elementes angestrebt wurde[68].
Die gesetzlichen Schlichtungsausschüsse waren seit Erlaß der SchliVO 1923 - im Gegensatz zu den ver-

---

64) Vgl. die spätere Definition im Entwurf einer SchliO RT-Drs. Nr.3760, 1921/22.
65) Flatow, Übergangszeit, Berlin 1919, S.60; Giesberts/Sitzler, Kommentar, S.64.
66) Ambert, Diss. Köln 1936, S.16.
67) Weddingen, Schiedsgrundsatz, S.14.
68) Freytag, Diss. S.47.

einbarten Schlichtungsstellen - ausschließlich für Gesamtstreitigkeiten zuständig. Die vereinbarten Schlichtungsstellen erfüllten teilweise die Voraussetzungen eines Schiedsgerichtes i.S.d. ZPO und erließen einen Schiedsspruch in Gestalt eines Vergleiches, der - anders als die staatlichen Schiedssprüche - zunächst nicht für verbindlich erklärt werden konnte. Dies mußte jedoch aus der Vereinbarung hervorgehen[69].

2. Einzelstreitigkeiten

Bei den Einzelstreitigkeiten standen sich der einzelne Arbeitnehmer mit dem einzelnen Arbeitgeber als Partei gegenüber. Streitgegenstand war jeweils ein subjektives Recht aus dem einzelnen Arbeitsvertrag, z.B. ein Anspruch auf Weiterbeschäftigung nach vorausgegangener Kündigung, ein Anspruch auf Urlaubsgewährung...

Einzelstreitigkeiten, auch "unechtes Schlichtungswesen" genannt[70], waren immer Rechtsstreitigkeiten[71]. Es bestand ein quantitativer und qualitativer Unterschied zu den Gesamtstreitigkeiten.

§ 22 der DemobilVO vom 12.2.1920 i.V.m. § 15 der TarifVO vom 23.12.1918 erklärte jedoch die Schlichtungsbehörde in diesen Einzelstreitigkeiten für zuständig. Diese parallele Zuständigkeit für Einzel- und Gesamtstreitigkeiten war aus dem HilfsdG übernommen worden. Auch in den im BRG vorgesehenen Fällen konnte die Schlichtungsbehörde, ohne die Befugnis zur Verbindlichkeitserklärung zu haben, eine sofort bindende Entscheidung erlassen, obwohl es sich um Einzelstreitigkeiten handelte.

Später wurde diese Überweisung von Einzelstreitigkeiten als "gesetzgeberischer Mißgriff" bewertet[72]. Die Schlichtungsausschüsse waren mit Aufgaben belastet, die eigentlich die Zuständigkeit der Gerichte begründete. Der rechtliche Charakter der Schlichtung von Gesamtstreitigkeiten zur Verhütung von Arbeitskämpfen blieb dadurch uneinheitlich und verwirrend. Somit entstand auch die Unterscheidung in "unechte" (Einzelstreitgkeiten) und "echte Schlichtung" (Gesamtstreitigkeiten).

3. Gesamtvereinbarung

Es bestand ein logischer Zusammenhang zwischen dem Anlaß der Schlichtung: dem Vorliegen einer Gesamt-

---

69) Gleicher Ansicht auch: Siefart, Diss. S.88ff.
70) Winschuh, Diss. Marburg, 1925, S.20.
71) Kahn, Diss. S.7.
72) von Hausen, Diss. Jena 1925, S.13.

streitigkeit, und dem Ziel der Schlichtung: der Herbeiführung einer Gesamtvereinbarung. Die Gesamtvereinbarung war genau die Vereinbarung, die einen Arbeitskampf verhindern konnte, der ohne die Schlichtung zustandegekommen wäre. Die Einigung innerhalb eines Schlichtungsverfahrens stand der außerhalb zustande gekommenen gleich[73]. Ein Sympathiestreik konnte daher nicht Anlaß eines Schlichtungsverfahrens sein, da sich nicht zwei Interessenkollisionen gegenüberstanden und eben nur die Sympasthiekundgebung und keine Einigung Ziel des Arbeitskampfes gewesen wäre. Daher definierte *Flatow*[74] die Gesamststreitigkeit auch als "Vorstufe zur Gesamtvereinbarung". Nach geltendem Recht waren zwei Gesamtvereinbarungen anerkannt:

1. Betriebsvereinbarung zwischen Betriebsvertretung und Arbeitgeber (BRG);
2. Tarifvertrag zwischen den Tarifvertragsparteien (TarifVO).

Anlaß zum Eingreifen der Schlichtung von Amts wegen war meist, daß bei Ablauf einer Gesamtvereinbarung, nämlich eines Tarifvertrags oder einer Betriebsvereinbarung, Meinungsverschiedenheiten über deren Erneuerung entstanden[75]. Ohne deren Überbrückung bestand die Gefahr eines vertragslosen Zustandes und im ungünstigen Fall eines Arbeitskampfes. Instrumente für den Abschluß der Gesamtvereinbarung waren
- freiwillige Einigung,
- Vermittlung,
- Schiedsspruch,
- Verbindlichkeitserklärung.

V. Schiedsspruch und Verbindlichkeitserklärung

1. Gerichtliche Bewertung der Verbindlichkeitserklärung

Nachdem trotz anhaltender Diskussionen in den Jahren nach Erlaß der DemobilVO vom 12.2.1920 Schiedssprüche gefällt und auch für verbindlich erklärt wurden, erhielten auch die Gerichte Gelegenheit, zu Fragen der gesetzlichen Grundlage der Verbindlichkeitserklärung und ihrer Zulässigkeit bei Gesamtstreitigkeiten Stellung zu nehmen.
Gegen die gesetzliche Zulässigkeit von Verbindlichkeitserklärungen von Schiedssprüchen in Gesamt-

---
73) Sinzheimer, Grundzüge, S.300.
74) Flatow, Gesamtstreitigkeit, NZfA 1922, S.589.
75) Vgl. Albrecht, Wörterbuch, Jena 1933, S.137.

streitigkeiten sprachen sich aus die Gewerbegerichte Münster, Lübeck[76] und Magdeburg[77], ferner die Landgerichte Stolp[78], Köln[79], Berlin I und Aschaffenburg[80]. Die gleiche Ansicht vertraten die Demobilmachungskommissare in Dresden[81], Berlin[82], Magdeburg[83] und in Königsberg[84]. Die Urteile fanden sich übereinstimmend Bedenken über die Ermächtigungsgrundlage für den Erlaß der DemobilVO vom 12.2.1920, die ausschließlich aus den allgemeinen Demobilmachungsbestimmungen abgeleitet worden war. Ferner hielten sich dieser Ansicht nach die Demobilmachungskommissare nicht an die der Schlichtung ursprünglich durch die TarifVO vom 23.12.1918 zugewiesenen Aufgaben.

Befürworter der gesetzlichen Zulässigkeit der Verbindlichkeitserklärung von Schiedssprüchen der Schlichtungsausschüsse in Gesamtstreitigkeiten waren die Gewerbegerichte Essen[85], Mannheim[86], Stuttgart[87], Bruchsal[88], Köln[89], Baden-Baden[90] und Nürnberg[91], ferner die Kaufmannsgerichte Würzburg, Stuttgart[92] und Danzig[93], die Landgerichte

---

76) In: Das Schliw. 1922, S.91.
77) In: Mitteilungsblatt des Schlichtungsausschusses Groß-Berlin II, 1922, S.282.
78) In: JW 1920, S. 920.
79) Mitteilungsblatt des Schlichtungsausschuß Groß -Berlin, 1922, S.282.
80) In: Das Schliw. 1922, S.91 und 208.
81) In: Mitteilungsblatt des Schlichtungsausschuß Groß-Berlin, S.219.
82) In: Mitteilungen der VDA, Berlin 1920, Spruchsammlung 68.
83) In: Mitteilungsblatt des Schlichtungsausschusses Groß-Berlin, S.399.
84) In: Gewerbe- und Kaufmannsgericht, 26.Jahrg. S.141.
85) In: Mitteilungsblatt der Schlichtungsausschüsse in Württemberg II, S.11.
86) In: Gewerbe- und Kaufmannsgericht, 26. Jahrg. S.184.
87) In: Das Schliw. 1922, S. 92.
88) In: Das Schliw. 1922, S. 92.
89) In: Gewerbe- und Kaufmannsgerichte, 26. Jahrg. S.141.
90) In: Das Schliw. 1922, S.92.
91) In. Arbeitsrecht, 1922, S.86.
92) In: Mitteilungen der Schlichtungsausschüsse in Württemberg II, S.111 und S.143.
93) In: Das Schliw. 1922, S.26.

Frankfurt a.M.[94], Stuttgart[95], Mannheim[96], Ulm, Dresden[97] und Karlsruhe[98] sowie die Oberlandesgerichte Jena[99] und München[100]. Dem schloß sich an der preußische Minister für Handel und Gewerbe in sei-nem Schreiben vom 9.10.1920[101] und seinem Rundschreiben vom 6.10.1920 an die Regierungspräsidenten[192]. Zustimmend lautete auch das Gutachten des Reichsjustizministers *Heinze* vom 13.12.1920[103]. Das Reichsarbeitsministerium hatte die Grundlagen für diese Entscheidungen in seinen Richtlinien bereits gelegt[104].

Von entscheidendem Nachteil war der Umstand, daß das RG aufgrund der geltenden Zuständigkeitsbestimmungen nicht in der Lage war und nicht in die Lage kommen konnte, eine maßgebende Entscheidung zu fällen und daß es an einer höchsten Instanz in diesem Bereich fehlte. Dies schuf Rechtsunsicherheit in hohem Maße. Bedeutsam war daher ein Urteil des RG[105], welches dem Demobilmachungskommissar bei der Frage der gerichtlichen Nachprüfung von Verbindlichkeitsentscheidungen einen pflichtgemäßen Ermessensspielraum einräumte und staatlich angeordnete Tarifverträge für zulässig erachtete. Auch wenn dies eine grundsätzliche Billigung der Kollektivierung eines für verbindlich erklärten Tarifschiedsspruchs beinhaltete, blieb die Wirkung dieses Zwangstarifvertrags im Verhältnis zwischen dem einzelnen Arbeitgeber und dem Arbeitnehmer umstritten.

2. Rechtsnatur des Schiedsspruchs

Tätigkeitsbereich der amtlichen Schlichtung war die fördernde und gestaltende Verwaltungstätigkeit: fördernd bei Abgabe eines Schiedsspruchs als Vertragsvorschlag, gestaltend bei Abgabe der Verbindlichkeitserlärung als bindende inhaltliche Aus-

---

94) In: Mitteilungsblatt des Schlichtungsausschusses Groß-Berlin II S.173.
95) In: Das Schliw. 1922, S.26.
96) In: Gewerbe- und Kaufmannsgericht, 26. Jahrg. Fußnote.
97) In: Das Schliw. 1922, S.26, Fußnote.
98) In: Das Schliw. 1922, S.89.
99) In: Mitteilungsblatt des Schlichtungsausschusses Groß-Berlin II S.143.
100) In: Das Schliw. 1922, S.23.
101) In: Mitteilungsblatt des Schlichtungsausschusses Groß-Berlin II, S.131.
102) In: RABl. 1921, S.247.
103) In: RABl. 1921, S.595.
104) In: RABl. 1921, S.94, amtl.Teil I und S.144.
105) RGZ in: Recht 1921, S.424.

formung der Gesamtvereinbarung. Schlichtung war - wie bereits erläutert - Mitwirkung der staatlichen Verwaltung bei der Schaffung autonomer Rechtsnormen (den Gesamtvereinbarungen)[106].
Über die Rechtsnatur des Schiedsspruches bestanden unterschiedliche Auffassungen:

2.1. Vertragsvorschlag von autorisierter Stelle

Inhaltlich war der Schiedsspruch ein Ausspruch über den Standpunkt der Schlichtungstelle im vorliegenden Interessenkonflikt; nach einer Mindermeinung[107] sogar ein Gesetzesvorschlag verbunden mit einem schuldrechtlichen Vertragsvorschlag an die Parteien. Die fristgemäße Unterwerfungserklärung der Parteien setzte

- das Bestehen eines Schiedsspruchs,
- einer zuständigen Schlichtungsstelle,
- Beachtung der gesetzlichen Vorschriften voraus.

Nach Abgabe der Erklärung gestaltete sich der Schiedsspruch durch den Unterwerfungsvertrag als mit verbindlicher Wirkung ausgestattete Gesamtvereinbarung[108]. Der Wille der Parteien kam nur im Unterwerfungsvertrag zum Ausdruck und nicht durch den ursprünglichen Schiedsspruch[109]. Der Unterwerfungsvertrag bildete die eigentliche Gesamtvereinbarung[110].

2.2. Privatrechtlicher Vertragsvorschlag

Nach anderer Ansicht[111] war der Schiedsspruch rechtlich ohne Belang und weder die Parteien noch das Einigungsamt daran gebunden. Das Streitverhältnis sei kein öffentlich-rechtliches, sondern ein privates; der Schiedsspruch bleibe ein Vorschlag und keine autoritative Entscheidung, vielmehr ein unverbindlicher Rat einer autoritativen Stelle. Folgerichtig kam demnach dem Schiedsspruch auch keine materiell-rechtliche Bedeutung zu.
Nach ähnlicher Ansicht[112] war der Schiedsspruch eine Satzungsvereinbarung. Danach war die Schlichtung überhaupt nur möglich, wo auch freiwillige Satzungsvereinbarungen möglich waren. In diesen

---

106) von Hausen, Diss. S.62ff.
107) Dreßler, Diss. S.43,; die herrschende Meinung beschränkte sich auf die Annahme eines Vertragsvorschlags an die Parteien.
108) Vgl. Weber, Diss. 1923, § 15.
109) Anders bei §§ 75, 80 BRG.
110) Scheu, Diss. S.155.
111) Kahn, Diss. S.150.
112) Joachim, Entwurf, S. 76.

Bereich fiel nicht nur der Teil der Gesamtvereinbarung, der inhaltlich in den einzelnen Arbeitsvertrag überging, sondern auch die Bestimmungen, die das dauernde Verhältnis der Parteien zueinander regelten.

Einigkeit bestand jedoch darin, daß dem Schiedsspruch ohne eine vorherige Unterwerfungserklärung der Parteien und ohne Verbindlichkeitserklärung keine unmittelbare rechtliche Außenwirkung zukam.

3. Rechtsnatur der Verbindlichkeitserklärung

Teilweise sprach die Literatur von der Verbindlichkeitserklärung als "neuer Kategorie" des Rechtes, als "Gesetzgebung dritten Grades"[113], bei der die Parteien es jederzeit in der Hand hatten, durch eine freiwillige Einigung den für verbindlich erklärten Schiedsspruch wieder zu entkräften.
Durch das Instrument der Verbindlichkeitserklärung hatte sich der Staat nicht nur eine sehr wirkungsvolle Einflußmöglichkeit auf die Gestaltung der Gesamtvereinbarungen geschaffen, sondern auch die freie Willensentscheidung der Parteien geschwächt.
Die Verbindlichkeitserklärung sollte mit Rücksicht auf die volkswirtschaftliche und arbeitspolitische Bedeutung der Arbeitskämpfe für das Gemeinwohl als Ausnahmeentscheidung zugelassen werden[114], um die Verwirklichung des Arbeitsfriedens zu garantieren.
Gesetzlich wird die Verbindlichkeitserklärung in § 6 Abs. III der SchliVO 1923 als Ersetzung der Annahmeerklärung der Parteien des von der Schlichtungsstelle erlassenen Schiedsspruchs durch die Schlichter oder den Reichsarbeitsminister umschrieben.

3.1. Verwaltungsakt

Das Schrifttum beurteilte den Sinn und Zweck der Verbindlichkeitserklärung sehr realistisch[115]: dem an sich unverbindlichen Schiedsspruch mußte aus rechtspolitischen Gründen bindende Kraft zukommen, da es an einer Vollstreckungsmöglichkeit fehlte und der staatliche Schiedsspruch als bloßer Vorschlag sonst ohne Bedeutung bliebe. Zur Schlichtung, die durch die Vermeidung von Arbeitskämpfen staatliche Aufgaben erfülle, gehöre auch staatliche Autorität. Die Verbindlichkeitserklärung als Entscheidung einer Behörde mit unmittelbarer rechtlicher Außenwir-

---

113) Benzinger, Diss. Göttingen 1927, S. 27.
114) Vgl. Weber, Diss. § 16.
115) Joachim, Entwurf, S.77.

kung in einem konkreten Einzelfall charakterisierte sich nach herrschender Meinung und der Judikatur[117] als konstitutiven, das Verfahren abschließenden Verwaltungsakt. Dabei wurde auf die Definition von Otto *Mayer* zurückgegriffen[118]. Die Verbindlichkeitserklärung schuf nicht den Tatbestand der Gesamtvereinbarung selbst, sondern war Voraussetzung für deren Rechtsfolgen. Der verbindlich erklärte Schiedsspruch war ein "einseitiges, obrigkeitliches Diktat"[119] und gestaltete das Rechtsverhältnis der Tarifparteien mit den selben rechtlichen Konsequenzen, als hätten sie einen privatrechtichen Vertrag geschlossen: Erfüllten die Parteien ihre Verpflichtungen nicht, konnte die gegnerische Partei aus dem durch staatlichen Verwaltungsakt zustandegekommenen Tarifvertrag vor den ordentlichen Gerichten klagen. Ferner entstanden Schadensersatzansprüche bei Verletzung der Tarifpflichten durch einen Arbeitskampf. Der Verwaltungsakt zielte nicht auf die Begründung eines öffentlich-rechtlichen Verhältnisses ab, sondern auf die Regelung der Verhältnisse der Parteien unter sich.

3.2. Rechtsverordnung?

Nach anderer Ansicht[120] handelte es sich bei der Verbindlichkeitserklärung um ein Mittel zur Gestaltung von Rechtsverhältnissen: um eine Rechtsverordnung. Schlichter und Reichsarbeitsminister galten als staatlich zum Erlaß von Rechtsverordnungen ermächtigte Stellen, sozusagen als "verlängerter Arm der Gesetzgebung". Dem Reichsarbeitsminister komme diese Befugnis als poli-

---

116) Dersch, Schlichtungsverordnung § 6; Pick/ Weigert, Kommentar § 6; Flatow/Joachim, Schlichtungsverordnung § 6; Goldbaum, Verordnung § 6; Hauenschild, Diss. S.12, 16ff.; Freitag, Diss. S. 12; Reichert, Arbeitsstreitigkeiten in: Soz. Prax. 1928, S. 925.

117) RAG vom 22.1.1929 in: Bensh. Samml. Bd. 5, S. 167ff.; RGZ 104, 171; RGZ 107, 247; das RG bezeichnete in dieser Entscheidung auch die tariflichen Schlichtungsstellen und "öffentliche Organe" und erntete dabei Kritik.

118) Otto Mayer, Verwaltungsrecht Bd. I S. 593.

119) Vgl. Dreßler Diss. 1931, S. 19.

120) Flechsig, Diss. 1930, S. 58; Benzinger, Diss. 1927, S. 23f., S. 48, S.41 ; Neumann, Rechtsnatur in: NZfA 1926, S. 354ff.; ders. in: Die Arbeit S. 347.

tischer Ressortleiter ohnehin zu[121]. Die Verbindlichkeitserklärung schaffe den Tarifvertrag als reinen Normenvertrag durch einen "Akt delegierter Gesetzgebung"[122]. Wie eine Staatsbehörde durch Delegation könne auch eine amtliche Schlichtungsstelle in Vertretung der Tarifparteien gleichsam als ihr Organ zum Erlaß von Rechtsnormen ermächtigt werden.
Zwischen den jeweiligen Tarifparteien bestand jedoch keine generelle, sondern eine konkrete Rechtsbeziehung. Der für verbindlich erklärte Schiedsspruch beschränkte sich nicht auf die Schaffung von Rechtsnormen, sondern regelte und gestaltete durch seine die Willenserklärungen der Parteien ersetzende Wirkung einen Einzelfall mit unmittelbar bindender Rechtswirkung nach außen. Ferner beruhte die Ermächtigung zum Erlaß einer Verbindlichkeitserklärung selbst auf einem Ermächtigungsgesetz. Die Verbindlichkeitserklärung entbehrte der öffentlichen Bekanntmachung, so daß schon die formellen Voraussetzungen einer Rechtsverordnung nicht vorlagen[123].

3.3. Vertretung bei der Vertragsannahme?

Nach anderer Ansicht schloß der Staat als Vormund oder Pfleger durch Selbstkontrahieren für die Tarifvertragsparteien einen Vertrag ab[124]. Der für verbindlich erklärte Schiedsspruch stand einem freiwillig angenommenen Schiedsspruch in seiner rechtlichen Wirkung gleich[125]. Er ersetzte die Willenseinigungs-, die Zustimmungserklärung der Parteien auf Wiederherstellung der Gesamtvereinbarung und schuf auf diese Weise durch den gestaltenden Staatsakt bindendes Recht[126]. Die Verbindlichkeitserklärung charakterisiere sich daher nicht als Entscheidung, sondern als "antizipierte Annahmeerklärung" der Parteien zur freiwilligen

---

121) Aus § 21 GeschO der Reichsregierung folgte die Verpflichtung des Reichsarbeitsministers zur Unterichtung der Regierung bei Verbindlichkeitserklärungen mit allgemeiner wirtschaftlicher Bedeutung.

122) von Hausen, Diss. S.102.

123) So gemäß Reichsgesetz vom 13.10.1923 RGBl. 1923, S: 959; vgl. Preißler, Diss. S. 31; Hauenschild, Nachprüfung, S.19; Jacobi, Grundlagen S. 415.

124) Ähnlich wie §§ 1357, 1358, 1379, 1402, 1612ff. BGB, heutige Fassung.

125) § 6 der SchliO

126) von Hausen, Diss. S.68.

Gesamtvereinbarung[127].
Die Arbeitsrechtslehre spaltete sich auf in "Vertragstheoretiker" und "Staatstheoretiker". Erstere[128] bewerteten die Schlichtungsbehörde in ihrer Stellung zur Tarifpartei als Pfleger oder Vormund, der aus Gründen des öffentlichen Wohls mit Vertretungsbefugnissen ausgestattet sei, in den Rechtskreis der Parteien einzugreifen. Mängel und Nichtigkeit der Verbindlichkeitserklärung blieben jedoch auch nach dieser Anicht nach Verwaltungsrecht zu beurteilen. Das durch den verbindlich erklärten Schiedsspruch geschaffene Rechtsgebilde galt als "öffentlich-rechtliches Ersatzgeschäft" in Form eines Vertrages.
Die Staatstheoretiker[129] stützen ihre Ansicht methodisch auf die Wirkungen der Verbindlichkeitserklärung. Der so geschaffene Zwangstarifvertrag galt als "Diktat", als Willensbrechung durch staatlichen Zwangsausspruch im Einzelfall mit unmittelbarer Rechtswirkung nach außen. Der von *Nipperdey* entwickelte Begriff des "diktierten Vertrages" spielte dabei zwar keine unmittelbare Rolle; er entsprach aber inhaltlich den, was später unter "Lohndiktat" durch die Zwangsschlichtung verstanden wurde.Ob ein Schiedsspruch gefällt und für verbindlich erklärt wurde, entschied nur noch das öffentliche Interesse an der Vermeidung eines

---

127) Scheu, Diss. S.155.

128) U.a. Sinzheimer, Grundzüge, S. 304; Hueck, Handbuch, 1920, S: 105, 106; Kaskel, Lehrbuch, 1928, S. 18; Nipperdey, Beiträge 1923, S. 92, nach seiner Ansicht werde der Charakter des zweiseitigen Vertrages auch durch eine Behördenentscheidung gewahrt; Lecker, Diss. 1932, S. 71; Goering, Entgegnung NZfA 1921, S. 576.

129) U.a. Jacobi, Grundlehren, S. 29,30 und 413-18; er ging von einem staatlichen Hoheitsakt im "technischen Sinne" aus; Berg, Diss. S. 2ff.; Dreßler, Diss. S. 19; Neumann, Rechtsnatur in: NZfA 1926, S. 353ff.; Ortlieb, Diss. 1932, S. 40, der allerdings im Hinblick auf die Nähe zum privatrechtlichen Rechtsverhältnis einen Staatsakt eigener Art annahm.
Dersch, Schlichtungsverordnung, S. 270, wies darauf hin, daß auch bei Urteilen aus § 894 ZPO eine Stellvertretung weder direkt, noch indirekt angenommen werde. Daher sei die Zwangseinigung allein einseitiger Zwangsausspruch des Staates durch Verwaltungsakt; Vgl. dazu Nipperdey, Kontrahierungszwang und diktierter Vertrag Jena 1920, S. 82ff; S. 116ff.

Arbeitskampfes. Diese Ansicht setzte sich im Hinblick auf Art. I § 6 Abs. III der SchliVO durch und wurde von der Rechtsprechung bestätigt[130].

3.4. Freiwillige Gerichtsbarkeit?

Mit der freiwilligen Gerichtsbarkeit hatte die Schlichtung - wie verschiedentlich von den Vertragstheoretikern[131] behauptet - nichts gemein. Die Verbindlichkeitserklärung hat keinen eventuellen zukünftigen Streit zum Gegenstand. Vielmehr sollen zukünftige Rechtsansprüche aufgrund bereits bestehender Rechtsnormen festgestellt und nicht erst eine bestimmte Rechtslage zwischen der Parteien durch die Gesamtvereinbarung fixiert werden.

3.5. Schiedsspruch ohne Durchführungspflicht?

Nach einer Mindermeinung[132] kam einem für verbindlich erklärten Schiedsspruch keine rechtliche Außenwirkung zu. Vielmehr seien die Parteien nicht an die Tarifpflichten gebunden und nicht zur Durchführung des so zustandegekommenen Tarifvertrages verpflichtet. Sollten sie dem Inhalt des Schiedsspruches nicht zustimmen, stelle die Eröffnung eines Arbeitskampfes keine Verletzung der Tarifpflichten dar.

Dieser Ansicht stehen Bedenken entgegen, da die Verbindlichkeitserklärung als Ausspruch staatlicher Re-gelungskompetenz Arbeitskämpfe gerade durch den Erlaß eines Zwangstarifvertrages verhindern wollte. Es bestünde kein Unterschied zur freiwilligen Annahme des Schiedsspruchs. Den Parteien bliebe jedoch die Möglichkeit, den Tarifvertrag durch den Nichtabschluß von Einzelarbeitsverträgen zu ignorieren[133]. Transportierten sie aber die Tarifpflichten in die Einzelarbeitsverträge, hafteten sie bei Tarifbruch nach zivilrechtlichen Grundsätzen.

---

130) RGZ 104, 182; 105, 331; 111, 176; RAG 3, 137; 4, 179; 6, 161.

131) Z.B. Berg, Verbindlichkeitserklärung in: NZfA 1930, S. 226ff.; Sperling, Verbindlichkeitserklärung in: Das Schliw. 1926, S. 31f.

132) Hoeniger, Urteil in: MdW 1929, S. 679; Ders. Zwangstarif in: NZfA 1929, S. 339, 346, 535.

133) Das schlägt auch Hauenschild, Diss. S. 7, vor.

4. Abänderung von Schiedssprüchen durch die Verbindlichkeitserklärung

Einigkeit[134] in der Frage der Abänderungsmöglichkeit von Schiedssprüchen durch die Verbindlichkeitserklärung herrschte in der Auffassung, daß den Schlichtungsorganen keine Änderungsbefugnisse bezüglich des Inhaltes des Schiedsspruchs zustanden. Innerhalb gewisser Grenzen konnten von den Parteien Änderungsbefugnisse in der Frage des Termins des Inkrafttretens der Gesamtvereinbarung gewährt werden. Dies wurde jedoch teilweise als "unzulässige Festsetzung des Lohnerhöhungstermins" bewertet[135]. Die Frage bezog sich nur auf die wenigen Fälle, in denen nicht wenigstens von einer Partei ein Termin vorgesehen war war und daher praktisch von nicht allzu großer Bedeutung. Es bestand grundsätzlich keine Möglichkeit, durch inhaltliche Veränderung des ursprünglich gefällten Schiedsspruches von staatlicher Seite Einfluß auf die Gestaltung der Lohn- und Arbeitsbeziehungen zu nehmen.

5. Verbindlichkeitserklärung von Schiedssprüchen tariflicher Schlichtungsstellen

Grundsätzlich war anerkannt, daß auch die Schiedssprüche der tariflichen Schiedsstellen für verbindlich erklärt werden konnten. Die Zulässigkeit dieser Befugnis wurde damit begründet, daß die Schiedssprüche solcher freiwilligen Schlichtungsstellen nach dem Parteiwillen ja dazu bestimmt waren, einen verbindlichen Tarifvertrag zu schaffen[136]. Dieselbe Ansicht vertrat auch das Reichsarbeitsministerium in seinen Richtlinien vom 12.1.1920[137] und bestätigte diese Auffassung, die sich seit Erlaß der VO vom 3.9.1919 durchgesetzt hatte[138].

Im Gegensatz zu den Richtlinien des Reichsarbeitsministeriums ließ die Literatur[139] teilweise die Frage offen, ob sich ein "erzwungener" Schiedsspruch einer staatlichen Schlichtungsstelle von dem

---

134) Freiherr v.Ende,Verbindlichkeitserklärung, in: Das Schliw.1921, S.98, S.162; Kullmann, Verbindlichkeitserklärung, in: Das Schliw. 1921, S.139.

135) Kulmann a.a.O.

136) Syrup/Billerbeck, Kommentar, 1920, S. 50.

141) In: Das Schliw. 1921, S. 9ff.

138) a.A. Krauß, Demobilmachungsverordnung, 1921, S.138.

139) U.a. Erdel, Zwangsverbindlichkeit in: NZfA 1922, S. 73, S. 86; a.A. Krauß, a.a.O.S. 138.

einer freiwilligen Schlichtungsstelle überhaupt unterscheide. Durch die Verpflichtung, sich dem Schiedsspruch der Schlichtungsstelle zu unterwerfen, hätten die Tarifparteien nur ihre Bereitschaft zur Bindung freiwillige bekundet. Anders entschied am 3. und 9.9.1921 das Ministerium für soziale Fürsorge in München und verwarf die Verbindlichkeitserklärung von zwei Schiedssprüchen[140]. In der Begründung hieß es, daß die Verbindlichkeitserklärung als letztes Machtmittel staatlicher Zwangsgewalt bei Tarifstreitigkeiten unter anderem an die Voraussetzung geknüpft sein müsse, daß ein staatliches Eingreifen zur Aufrechterhaltung des Wirtschaftslebens unerläßlich sei, also nicht die Möglichkeit eines freiwilligen, tariflichen Schlichtungsverfahrens existiere. So hätten es die Richtlinien des Reichsarbeitsministeriums vorgeschrieben. Diese Voraussetzung war im vorliegenden Fall verneint worden. Im zweiten Fall bestand nach Ansicht des Ministeriums für soziale Fürsorge nicht das Ziel, eine tarifliche Regelung der Arbeitsbedingungen zu erreichen, daher eigne sich der Schiedsspruch nicht zur Verbindlichkeitserklärung. Die Entscheidungen blieben nicht unumstritten[141].

Andererseits stieß auch die durchgeführte Verbindlichkeitserklärungen des württembergischen Arbeitsministeriums am 2.3.1921 auf heftige Kritik, da die Erklärungsfrist gemäß der DemobilVO vom 12.2.1920 nicht eingehalten wurde. Die Kritik bezog sich vorrangig auf die Verbindlichkeitserklärung eines Schiedsspruchs einer tariflichen Stelle, die nach § 20 II, 28 der VO nur zulässig war, wenn die tarifliche an Stelle der behördlichen Schlichtungsstelle getreten war, also in einer Sache entschieden habe, die an sich zur Zuständigkeit des behördlichen Schlichtungsausschuß gehören würde. Sei dies nicht der Fall, bleibe auch für eine Verbindlichkeitserklärung kein Raum. Der ergangene Schiedsspruch sei dann nach § 1040 ZPO zu beurteilen und für die Verbindlichkeitserklärung fehle es an der gesetzlichen Grundlage.
Die Vereinbarung einer Schiedsstelle im Tarifvertrag enthielt demnach immer zwei verschiedene rechtliche Grundlagen:

---

140) In: Das Schliw. 1921, S. 244.
141) Vgl. dazu: Das Schliw. 1921, S.244ff.

- Tätigwerden aufgrund Parteivereinbaruung an Stelle des gesetzlichen Schlichtungsverfahrens:
  - Verbindlichkeitserklärung war möglich;
- Tätigwerden aufgrund Parteivereinbarung als Schiedsgericht i.S.d. ZPO:
- Verbindlichkeitserklärung war nicht möglich.

6. Rechtsprechung und Zwangstarif

Grundsätzliche Anerkennung durch die Gerichte erhielt die Verbindlichkeitserklärung bereits 1922[142]. Auch nach Ansicht des RG ersetzte sie den Annahmewillen und die Annahmeerklärung der Parteien und führte für die Parteien zu den selben rechtlichen Konsequenzen, wie nach einem freiwillig angenommenen Schiedsspruch einer tariflichen Schlichtungsstelle[143]. Der verbindlich erklärte Schiedsspruch diente der Schaffung einer Rechtsnorm durch den Abschluß eines Zwangsvertrages[144] - auch in Art. I §§ 3, 6 der SchliVO war stets von Gesamtvereinbarung die Rede.
Jede höchstrichterliche Entscheidung zum Charakter oder zum Sinn und Zweck der Verbindlichkeitserklärung bzw. des Schlichtungsverfahrens generell erfolgte bezeichnenderweise durch die Zivilgerichte. Innerhalb des Schlcihtungsverfahrens existierten keine Rechtsmittel, kein Instanzenzug, so daß nur durch die Zivilgerichte bei Streitigkeiten aus dem Einzelarbeitsverhältnis bzw. aus dem Tarifvertrag inzidenter über die Rechtsnatur und den Charakter der Verbindlichkeitserklärung entschieden werden konnte.

6.1. Grenzen der Verbindlichkeitserklärung

Ziel der Verbindlichkeitserklärung war eben nicht die Abänderung eines bestehenden Tarifvertrages, sondern der Abschluß einer neuen Gesamtvereinbarung[145]. Es reichte nicht aus, wenn eine Partei das Verfahren durch die Anrufung einer Schlichtungsbehörde in Gang stetze, um nur einen be-

142) RGZ in: RABl. 1922, Amtl. Teil, Urteil vom 6.1.1922; Vgl. ferner das Grundsatzurteil vom 7.3.1922 in: RGZ 104, 182; RGZ 107, 247.

143) RGZ in: RABl. 1927, Amtl. Teil I S. 363.

144) Vgl. Gewerbegericht Freiburg vom 27.8.1924 in: NZfA 1926, S. 182.

145) RGZ vom 21.1.1929 in: JW 1929, S. 1294; LG Berlin vom 15.10.1929 in: NZfA 1929, S. 36; Beschluß des Schlichtungsamtes Frankfurt vom 6.3.1928 in: Das Schliw. 1928, S. 82; LG Stettin vom 9.3.1928 vom 9.3.1928 in: JR 1928, S. 2189.

stehenden Tarifvertrag zu ändern[146]. Es bestand allerdings die Möglichkeit, durch gerichtliche Entscheidung in einer zivilgerichtlichen Streitigkeit einen Tarifvertrag rückwirkend anders auszulegen oder auf einen anderen Schiedsspruch einer anderen Schlichtungsstelle zu verweisen[147]. Dabei durfte der für verbindlich erklärte Schiedsspruch nicht in die Regelungen eines bereits bestehenden Tarifvertrages eingreifen[148].
Die Verbindlichkeitserklärung war daher auch unzulässig, wenn zwischen den Tarifparteien kein Streit, sondern ein noch geltender Tarifvertrag bestand oder die Streitigkeiten Rechtsfragen und nicht Regelungsfragen betraf[149]. Ein von den Schlichtungsorganen gefällter und für verbindlich erklärter Schiedsspruch war mit den von staatlicher Seite ausgefüllten inhaltlichen Bestimmungen durchzuführen[150]. Nach Ansicht des RAG[151] war daher auch eine Feststellungsklage einer Tarifpartei gegen die andere auf Bestehen oder Nicht-Bestehen des Zwangstarifs zulässig. Das insoweit erforderliche Feststellungsinteresse gemäß § 256 ZPO wurde bejaht, weil durch den obligatorischen Teil der Gesamtvereinbarung unmittelbar Rechte und Pflichten begründet wurden[152].

146) RGZ vom 18.3.1930 in: JR 1928, S. 2189.
147) RAG Bens. Samml. Bd. 6, 550 vom 19.6.1929; Bd. 7,114 vom 28.9.1929; Bd.7,286 vom 23.10.1929.
148) LAG Mannheim vom 8.5.1929 und Arbeitsgericht Frankfurt vom 8.5.1929 in: Rechtsprechung des Arbeitsrechts 1930, S. 11/ 227; RGZ vom 25.1.1929 in: JW 1930, S: 413; diese Problematik war später auch Gegenstand des Ruhreisenstreites 1928/29.
149) RAG Bens. Samml. Bd. 3, 147ff. vom 27.6.1928; Bd. 9, 90ff. vom 10.8.1931; Bd. 3, 9ff. vom 1.12.1928.
150) RAG Bens. Samml Bd. 10, 203ff. vom 20.2.1932, Bd. 10, 198ff. vom 20.2.1932.: danach war der Tarifvertrag streng nach § 25 II S.1 der 2. AusfVO nur mit Zustimmung der beiden Parteien zu ändern; Bd. 7, 234ff. vom 11.9.1929; vgl. auch Art. I § 5 der SchliVO.
151) RAG Bens.Samml. Bd. 2, 117ff. vom 22.2.1928.
152) A.A. Hoeniger, der eine Durchführungspflicht der Tarifparteien ganz ablehnte, so daß sich seiner Meinung nach auch eine Festellungsklage erübrigte: Zwangstarif in: NZfA 1929, S. 271ff.; S. 339ff.; Ruhreisenkonflikt in: JW 1929, S. 1273ff.

6.2. Richterliches Nachprüfungsrecht

Der Umfang der inzidenter Nachprüfung des Zwangstarifvertrags inzident durch die Zivilgerichte war auf die Fälle begrenzt, in denen sich die Parteien den Entscheidungen der Schlichtungsstellen nicht unterworfen hatten, sondern kraft Gesetz oder infolge der Verbindlichkeitserklärung des Schiedsspruchs an die Rechte und Pflichen aus dem so zustandegekommenen Zwangstarif gebunden waren. Eine Klage zur Durchsetzung der Rechte und Pflichten war möglich, sehr begrenzt jedoch die richterliche Überprüfbarkeit ihrer Entstehung.

Die Gerichte waren nicht zur Prüfung berechtigt, ob die Schlichtungsorgane die für sie geltenden Verfahrensvorschriften bei ihren Entscheidungen beachtet hatten[153]. Allein die ordnungsgemäße Besetzung des Schlichtungsausschuß galt als "wesentliche Verfahrensvorschrift"[154], die unbedingt beachtet werden mußte - nicht aber die Auswahl der Beisitzer. Sie erfolgte nach pflichtgemäßer Ermessensentscheidung des Reichsarbeitsminsters und war nicht nachprüfbar[155]. So konnte ein Schiedsspruch nur mit der Stimme des Vorsitzenden, dem bei Stimmengleichheit ein Alleinentscheidungsrecht zukam, zustandekommen, ohne daß er seinem Inhalt oder seiner Voraussetzungen nach überprüfbar war - solange der Ausschuß in der vorgeschriebenen Besetzung getagt hatte und der Schiedsspruch in der richtigen Form veröffentlicht worden war[156].

Zu beachten war nur die Zuständigkeit des Schlichtungsorgans als "Garant einer sachkundigen Verwaltung". Eine Überprüfung der Verfahrensvorschriften war nur zulässig, wenn durch ihre Verletzung von einem "gesetzlichen Schlichtungsverfahren nicht mehr gesprochen werden konnte"[157], also der Mangel eines nicht ordnungsgemäß besetzten Schlichtungsausschusses auch nicht durch eine Verbindlichkeits-

---

153) RGZ 119,192 vom 2.12.1927; vgl. auch RGZ 101, 53; 105, 59; 115, 103; 116, 9; RAG Bens. Samml. Bd. 8, 129 vom 26.10.1929.

154) Gewerbegericht Königsberg vom 15.11.1921 in: Gewerbe und Kaufmannsgericht 1927, S. 86ff.

155) RGZ 111, 167ff.

156) RAG Bens. Samml. Bd. 8, 129ff. vom 26.10.1929.

157) RAG Bens. Samml. Bd. 7, 117 vom 21.9.1929; Bd. 3, 41; Bd. 5, 167; die Nachprüfung war auf die Fälle der "absoluten" Unzuständigkeit beschränkt; vgl. auch RGZ 104, 171; RGZ 111, 167; 119, 196.

erklärung "geheilt" werden konnte[158]. Ein solcher "Kardinalfehler" und damit die Verletzung einer "wesentlichen" Verfahrensvorschrift lag z.B. vor, wenn der Paritätsgrundstz des Art. I § 5 III der SchliVO verletzt war. Eine Nachprüfung war nach Ansicht der Rechtsprechung gestattet bei formellen Fehlern wie:

1. Unzuständigkeit der Schlichtungsstelle;
2. Verletzung der gesetzlichen Form- oder wesentlicher Verfahrensvorschriften[159];
   - Fehlende sachliche Zuständigkeit[160];
   - Fehlerhafte Besetzung des Ausschusses[161];
   - Mangelnde Bestimmung der Erklärungsris[162]t;
   - Fehlen eines rechtzeitigen Antrags auf Verbindlichkeitserklärung;
   - Verletzung des Paritätsgrundsatzes;
3. Verstoß gegen ein Verbotsgesetz[163].

---

158) RGZ 101, 53; 103, 314; 104, 231; 105, 59; 107, 247.

159) Dazu gehörte auch die Änderung eines bestehenden Schiedsspruchs ohne die Zustimmung der Parteien (Vgl. § 25 II der 2. AusfVO), die Verletzung des Paritätsgrundsatzes, die Mitwirkung eines Beisitzers, der zu Unrecht in die Beisitzerliste aufgenommen wurde, die fehlende Unterschrift des Vorsitzenden unter die Urkunde; vgl. RAG Bens. Samml. Bd. 5, 543; Bd. 7, 104; 117, 246, 265; ArbG Pforzheim vom 2.9.1927 in: NZfA 1927, S. 782.

160) Das Gewerbegericht Chemnitz erkannte einen für verbindlich erklärten Schiedsspruch nicht an, weil die Schlichtungsstelle über ihre sachliche Zuständigkeit hinausgegangen war in: Gewerbe- und Kaufmannsgericht, Jahrg. 1925, S.183, Urteil vom 30.5.1920;
Das Kaufmannsgericht Spandau lehnte es aus dem gleichen Grund ab, eine durch verbindlich erklärten Schiedsspruch getroffene Festsetzung der Entschädigungssumme gemäß § 84 BRG nachzuprüfen in: Gewerbe- und Kaufmannsgericht Jahrg. 1926, S., 99, Urteil vom 28.10.1920.

161) Das LG Stettin verwarf einen Schiedsspruch, weil ein Schlichtungsausschuß in einem Betrieb unter 20 Arbeitnehmern gar nicht hätte angerufen werden dürfen in: Gewerbe- und Kaufmannsgericht, Jahrg. 1926, S. 161, Urteil vom 24.1.1921.

162) Das Gewerbegericht Dresden stellte fest, daß ein Schiedsspruch nach Versäumung der Anrufungsfrist unzulässig war in: Gewerbe- und Kaufmannsgericht Jahrg. 1926, S. 158 Urteil vom 21.1.1921.

163) Dies bestätigte auch die Literatur: Freitag, Diss. S. 19; Dersch, Schlichtungsverordnung S. 237.

Eine gerichtliche Nachprüfung war nach Ansicht der Literatur[164] auf zwei Fälle zu beschränken:

1. Im Fall, daß ein Streitteil dem Schiedsspruch trotz Verbindlichkeitserklärung nicht nachkommt, sollte der andere Teil zu einer Erfüllungsklage berechtigt sein, mit der er einen vollstreckbaren Titel erlangen konnte.
2. Im Fall der Ungültigkeit des Schiedsspruchs aus formellen Gründen sollte beiden Teilen eine negative Feststellungsklage zur Verfügung stehen.

Zu den unwesentlichen Verfahrensfehlern gehörten:

- die Bestimmung über die Befugnis zur Anrufung,
- die Vorschrift über die Beachtung des Grundsatzes des Vorrangs tariflicher Schlichtungsstellen,
- die Bestimmung über die Auswahl der unständigen Beisitzer,
- die Vorschrift über den Einigungsversuch vor Fällung des Schiedsspruches,
- die Vorschrift über die Bekanntmachung des Schiedsspruches[165].

Diese Auswahl belegt die geringe Bedeutung der gütlichen Einigung und der tariflichen Schlichtung in den Augen der Judikatur und Literatur.

Eine materielle Nachprüfung war nur im Fall von Gesetzesverstößen oder Verstößen gegen allgemeine Rechtsgrundsätze wie der Mißachtung der Kündigungsfristen nach der GewO oder dem HGB oder bei Überschreitung der Höchstgrenze in §87 BRG möglich. Keinesfalls durfte der Schiedsspruch daraufhin überprüft werden, ob er der Sachlage gerecht wurde. Dies blieb dem pflichtgemäß auszuübendem Ermessen des Schlichtungsorgans überlassen. In formeller und materieller Hinsicht galten die zivilprozeßrechtlichen Grundsätze für die Rechtskraft und die verwaltungsrechtlichen über den Verwaltungsakt[166].

Letzlich betraf die Zulassung gerichtlicher Nachprüfung eines Verwaltungsaktes, wie ihn die Verbindlichkeitserklärung ja darstellte, eine Frage

---

164) U.a. Erdel, Nachprüfung, in: NZfA 1921, S.321ff.

165) Vgl. Erdel, Nachprüfung, S.326.

166) A.A. Königsberger, Nachprüfung, in: NZfA 1921, S.573ff.; Goering, Entgegnung in: NZfA 1921, S.575f.

der Gewaltenteilung. Die Gerichte blieben im Fall des rechtmäßigen Zustandekommens an die Entscheidung der Verwaltung gebunden. Die Inzident-Prüfung der Verbindlichkeitserklärung richtete sich dabei nach den allgemeinen Grundsätzen des Verwaltungsrechtes und den Regelungen über den Verwaltungsakt. Keine Schlichtungsbehörde war zur Aufhebung gerichtlicher Entscheidungen befugt und umgekehrt. Unter der Maske von Neutralität und richterlicher Unabhängigkeit wurden jedoch hochpolitische Entscheidungen gefällt. Die Legislative hielt sich zugunsten von Judikatur und Exekutive zurück, die als Faktoren der Rechtsfortbildung im Schlichtungsrecht in Funktion traten. Dazu trugen besonders Entscheidungen des RAG nach Erlaß des ArbGG im Jahr 1927 bei[167].

7. Rechtsmittel

Obwohl das Schlichtungsverfahren höchstens äußerlich Ähnlichkeit mit einem Prozeß aufwies, gewann die Frage nach der Rechtskraft von Schiedsspruch und Verbindlichkeitserklärung und damit die Frage der Rechtsmittel gegen diese Entscheidungen der Schlichtungsbehörden Bedeutung.
In der Literatur traten einige Autoren [168] an dieser Stelle für eine Trennung der Schiedssprüche in

- kraft Gesetztes bindende Schiedssprüche, (§§ 75,80 BRG)
- Schiedssprüche in Einzelstreitigkeiten,
- Schiedssprüche in Gesamtstreitigkeiten

eingetreten. Im ersten Fall handelte es sich formell um Verwaltungsakte mit rechtsschöpferischem Charakter, die autoritativ künftige Rechtsbeziehungen regeln. Sie ergingen jedoch im Gegensatz zum Urteil aufgrund einer Interessenabwägung und nicht aufgrund Rechtsanwendung. Materiell schufen sie eine Zwangsbetriebsvereinbarung wie einen diktierten Vertrag. Rechtsmittel waren gegen diese von Anfang an bindende Entscheidung nicht zugelassen. Bei den Schiedssprüchen in Einzelstreitigkeiten galt dasselbe mit dem einzigen Unterschied, daß zwischen unverbindlichem Schiedsspruch als Vertragsvorschlag und einem rechtsschöpferischem Verwaltungsakt in Gestalt der Verbindlichkeitserklärung ein juristisch bedeutender Zwischenschritt

167) ArbeitsGG vom 23.12.1926 in: RGBl. 1927, S. 557; Das krasseste Beispiel dafür ist die Entscheidung im Ruhreisenstreit 1928/29.

168) Dersch, Schlichtungsbehörden,in: NZfA 1923, S.359ff., S.410ff.

lag. Die Erklärung der Parteien über die Annahme oder Ablehnung war kein Rechtsmittel, daher auch die Erklärungsfrist[169] keine Rechtsmittelfrist. Gleiches galt für die Möglichkeit der Zurückverweisung[170] und die Aufsichtsbeschwerde[171]. Unberührt davon blieben die Anfechtungsmöglichkeiten der Willenserklärungen der Parteien[172].
Formell und materiell schloß spätestens die Verbindlichkeitserklärung als konstitutiver Verwaltungsakt das Verfahren endgültig ab, ohne daß Rechtsmittel zugelassen waren. Im Schlichtungsverfahren wurde nicht entschieden, sondern "obrigkeitliche Hilfe zum Vertragsschluß" gewährt. Nach verbreiteter Ansicht in der Literatur[173] wünschten sich die Parteien in der Praxis jedoch sehr wohl eine Entscheidung über ihnen vertraglich zustehende Rechte, um dann aufgrund dieser Entscheidung zu einem möglichst friedlichen Ausgleich zu gelangen. Folglich sollten Berufung und Revision zugelassen und eine zweite Instanz geschaffen werden, die die Entscheidung der ersten Instanz zu kontrollieren vermochte.

8. Verbindlichkeitserklärung und Vertragsprinzip

Der Gedanke obligatorischer Vermittlung hatte sich etabliert und weitreichende Konsequenzen gefordert. Im Interesse der Allgemeinheit durfte nach vorherrschender Ansicht zur Verhütung von Arbeitskämpfen, die das Gesamtinteresse der Bevölkerung schädigten, eine autoriative Regelung der Rechts- und Interessenkonflikte unter Ausschaltung des Prinzips der Vertragsfreiheit getroffen werden. Die beide Seiten bindende Entscheidung des übergeordneten Schlichtungsorgans schloß als öffentlichrechtlicher Verwaltungsakt das Verfahren endgültig ab. Dieser brach so in die Vertragsfreiheit ein und schaltete die Tarifautonomie aus.
Der Vorwurf der Tarifparteien, ihrer sozialen und wirtschaftlichen Selbstbestimmung werde Gewalt angetan, wurde immer lauter[174]. Es liege eine Beeinträchtigung ihrer Freiheit bei der Gestaltung der Arbeitsbedingungen vor. Die Verbindlichkeitserklä-

---

169) § 28 DemobilVO vom 12.2.1920, Dersch, Schlichtungsverordnung, S.410.
170) § 26 DemobilVO vom 12.2.1920.
171) § 30 DemobilVO vom 23.12.1918.
172) §§ 119ff. BGB.
173) Vgl. Siefert, Diss. S.80; Joachim, Schlichtungsverfahen, S. 764ff.; Mannheim, Rechtsmittel in: NZfA 1922, S. 237ff.
174) Vgl. u.a. Siefert, Diss. S. 80.

rung des Schiedsspruchs führe zu einem aufgezwungenen, unfreiwilligen Rechtszustand, einem Eingriff in die Koalitionsfreiheit der Arbeitnehmer[175].
Dieser Eingriff sei jedoch, so entgegnete ein Großteil der Literatur[176] und der Reichsarbeitsminister, durch das öffentliche Interesse am Arbeitsfrieden gerechtfertigt. Das Gemeinwohl erfordere diesen autoritären Eingriff. Die Schlichtungsorgane handelten danach als "Sachwalter im öffentlichen Interesse"[177] bei der Verbindlichkeitserklärung von Schiedssprüchen. Diese Umwandlung des freiwilligen Vertragscharakters in die Zwangsregelung der Lohn- und Arbeitsbedingungen vollzog sich mit staatlicher Hilfe und bezog auch widerstrebende Organisationsaußenseiter oder Unbeteiligte durch die Zwangsschiedssprüche in die einheitliche vom Reichsarbeitsministerium steuerbare Regelung der Lohn- und Arbeitsbeziehungen mitein[178]. Die ursprünglich ganz ohne Zwangsbefugnisse ausgestattete TarifVO von 1918 wurde durch Zweckmäßigkeitserwägungen und neue Verordnungen der Verwaltung überholt. Der gesetzlich verordnete "Zwangswaffenstillstand" durch die Verbindlichkeitserklärung eines Schiedsspruches oktroyierte mit gesetzlicher Autorität den vom Reichsarbeitsministerium vorgesehenen Inhalt der Vereinbarungen über Lohn- und Arbeitsbedingungen den Tarifparteien auf. Die Vertrags- und die Tariffreiheit existierten daher nur noch auf dem Papier. Der Schiedsgrundsatz hatte sich durchgesetzt.

VI. Schlichtung und Weimarer Reichsverfassung

1. Koalitionsfreiheit

In Art. 157 WRV stellte sich der Staat selbst die Aufgabe, ein einheitliches Arbeitrecht zu schaffen.

---

175) Paul Umbreit in der 28. Sitzung des sozialpolitischen Ausschusses des Vorläufigen Reichswirtschaftrates am 24.6.1921 in: Bericht des Arbeitsausschusses des sozialpolitischen Ausschusses des Vorläufigen Reichswirtschaftsrates.

176) Goering, Entgegegnung zu Erdel, in: NZfA 1921, S.575ff.; Joachim, Entwurf, S.77; Kahn, Diss. S.14; Flatow, Übergangszeit, S.9; Kritisch dazu: Fiegel, Diss. 1924, S.41; Siefart, Diss. S.80; Bielschowksy, Grundlagen, S.182.

177) Goering, Entgegnung, NZfA 1921, S.577.

178) Vgl. Zimmermann, Arbeiterfrage, 1925, S.104.

Das BRG vom 4.2.1920 blieb jedoch die einzige auf Dauer angelegte Regelung einer Teilmaterie. DIe Weimarer Verfassung setze die "soziale Selbstbestimmung" der Berufsverbände voraus und gewährleistete ihnen Tarifautonomie. So blieb der daraus entstehende Tarifvertrag lange Zeit die Hauptquelle des Arbeitsrechts in der Weimarer Republik[179]. Daran vermochte auch die Einführung der Verbindlichkeitserklärung nichts zu ändern; geändert hatte sich dadurch nur, daß der staatliche Einfluß auf den Inhalt der Verträge die freie Willensentscheidung abgelöst hatte. Nicht mehr das Recht des Einzelnen trug zur Entwicklung des Arbeitsrechts bei, sondern im Vordergrund standen die Kollektivrechte und die staatliche Lohnpolitik.

1.1. Art. 159 WRV als subjektiver Rechtsanspruch?

Als Fortführung des Gedankens aus §§ 152,153 GewO garantierte Art. 159 WRV[180] das Recht, sich einer Koalition anzuschließen. Jede Beeinträchtigung dieses Rechtes durch öffentlich-rechtliche oder privatrechtliche Maßnahmen wurde sanktioniert[181]. Es gabt nun Rechtsgleichkeit und positive sowie negative Koalitionsfreiheit, ferner die institutionelle Garantie des Koalitionsrechtes.
Ob diese Freiheiten wie auch die Vereinsfreiheit, die Gewerbefreiheit und Vertragsfreiheit jedoch einen subjektiven Rechtsanspruch entbehrten und nur als "allgemeine Grundsätze" galten[182] oder ein aktuelles mit derogatorischer Kraft ausgestattetes Recht verkörperten[183], war zunächst umstritten. Die Rechte aus Art. 159 galten nach der herrschenden Meinung als unmittelbar wirkende Gesetzesvorschrift[184]; dies besonders nach der Grundsatzentscheidung des RG 1925[185]. Art. 159 WRV proklamierte die Koalitionsfreiheit gegenüber dem Staat und den

---

179) Potthoff, Arbeitsrecht, Berlin 1928, S.64. Er war Regierungsrat im Reichsarbeitsministerium, Hrsg. der Zeitschrift: Arbeitsrecht und ein engagierter Sozial- und Wirtschaftspoltiker.

180) Text ist im Anhang abgedruckt.

181) Vgl. Regierungsentwurf in der 18. und 34. Sitzung der verfassungsgebenden Nationalversammlung in Weimar; Baum, Organisationszwang, in: NZfA 1922, S.27; Huber, Verfassungsgeschichte, Bd. VII. S. 1116.

182) So Baum, Organisationszwang, S.27; Sinzheimer, Grundzüge, S.207ff.

183) Anschütz, Verfassung, 1933, S.732ff.

184) Ders. a.a.O.

185) RGZ 111, 199.

sozialen Gewalten. Nach Ansicht *Nörrs*[186] war Art. 159 WRV daher ein frühes Beispiel für die Drittwirkung von Grundrechten, weil die Koalitionsfreiheit gegenüber nicht nur dem Staat, sondern auch gegenüber den sozialen Gewalten proklamiert wurde.

1.2. Keine Streikrechtsgewährleistung

Diese verfassungsgemäß gewährleistete Koalitionsfreiheit beinhaltete jedoch kein subjektives Streikrecht. Sie ermächtigte nicht zum Vertragsbruch, sondern garantierte das Recht der Verbände auf Waffengleichheit im Arbeitskampf. Wenn Art. 159 ein Kampfrecht garantierte hätte, wären alle Maßnahmen gegen Streiks und Aussperrungen insbes. der Tarifvertrag und die Schlichtung, die die Kampffreiheit der Tarifparteien beschränkten, unzulässig gewesen. So galten vertragsgemäße Abreden, durch die in ein Grundrecht eingegriffen wurde, nicht als verfassung- bzw. rechtswidrig[187]. Dies bezog sich besonders auf das Schlichtungsverfahren und die Anerkennung der Verbindlichkeitserklärung. Hier galt es im Wege der Rechtsgüterabwägung zwischen der Erhaltung des Arbeitsfriedens und dem Recht der Koalitionen einen angemessenen Ausgleich zu schaffen. Art. 48 II WRV nannte unter den im Ausnahmezustand suspendierten Grundrechten die Koalitionsfreiheit nicht. Arbeitseinstellungen aus überwiegenden Gründen des öffentlichen Interesses konnten jedoch schon durch einfaches Gesetz (bzw. durch Notverordnungen) verboten werden.

2. Die Tarifautonomie

Obwohl Art. 165 WRV[188] nicht das Rätesystem, wie es nach dem Aufruf der Volksbeauftragten nach dem Vorbild Rußlands als Herrschaft der Arbeiterklasse geplant war, aufgenommen hat, war den Arbeitern die Möglichkeit der Selbstverwaltung und Mitbestimmung garantiert. Art. 165 WRV bestätigte den Parteien, daß die Lohn- und Arbeitsbeziehungen von ihnen selbst im Wege der Tarifautonomie festgestellt werden sollten.

---

186) Nörr, Grundlinien. in: ZfA 1986, S. 412.
187) Baum, Organisationszwang, S.27.
188) Text ist im Anhang abgedruckt. Vgl. dazu Potthoff, Reichsverfassung,1925; Kaskel, Arbeitsrecht 1919, S. 101; Giese in: NzfA 1923, S.209.

2.1. Garantierte Gleichberechtigung

Art. 165 WRV garantierte keine eigenständige Wirtschaftsverfassung[189], sondern nur die Gleichberechtigung von Arbeitgebern und Arbeitnehmern[190]. Danach sollte die Arbeiterschaft an den Lohn- und Arbeitsbedingungen nur mit-wirken, deren Gestaltung aber nicht allein bewirken. Art. 165 WRV war auf das Beispiel der ZAG zurückzuführen und begründete eine Gemeinschaft zwischen Arbeit und Kapital kraft Verfassung. Daraus konnten erst die Tarifverträge und die Schlichtung entstehen. *Sinzheimer* sprach über den Tarifvertrag und die Schlichtung als "besondere Formen der Arbeitsverfassung"[191]. Es handele sich dabei um eine Verwaltungsgemeinschaft und nicht um eine wirtschaftliche Gemeinschaft. Seiner Meinung nach baute diese gesetzliche Arbeitsgemeinschaft auf dem Sozialistengesetz auf. Er erkannte die Koalitionen und Tarifverträge als Elemente einer neuen "arbeitsrechtlichen Selbstverwaltung"[192].

2.2. Art. 165 WRV als subjektives Recht?

Art. 165 WRV war durch die Positionierung im Abschnitt der Grundrechte rein formell als solches anerkannt, materiell bestand nach anderer Ansicht ein subjektiv öffentliches Recht jedoch nur gemäß S.2[193]. Während Art. 159 WRV durch die dem Individuum gewährte rechtliche Handhabe ein wirklich subjektives Recht garantierte, sei Art. 165 I S.2 als positive Ergänzung, gleichsam als Programm für den Gesetzgeber zu bewerten[194]. Die Berufsverbände erhielten durch Art. 165 eine partielle spezifisch arbeitsrechtliche Rechtsfähigkeit, konkretisiert durch die TarifVO von 1918, welche das Mitwirkungsgebot an der Gestaltung der Lohn- und Arbeitsbeziehungen gewährleistete. Ein Koalitionsrecht als Schutz- und Abwehrrecht ließ sich nur aus Art. 159 ableiten; Art 165. schaffe lediglich ein Persönlichkeitsrecht durch die Vereinigungsfreiheit als

---

189) A.A. Sinzheimer, Grundzüge, S.207.
190) Anschütz, a.a.O.
191) Sinzheimer, Grundzüge, S.213.
192) Ders. S. 84; Jacobi, Grundlehren, S. 15/18.
193) Neumann, Reichsverfassung, Berlin 1932, S. 20ff.; Tatarin-Tarnheyden, Kommentar 1930, S.9; Kaskel/ Dersch, Arbeitsrecht, S.312/19; Hueck/ Nipperdey, Lehrbuch, 1932, S. 515.
194) Tatarin-Tarnheyden, Kommentar, S.39.

Korrelat der Vertragsfreiheit des Einzelnen[195]; für die Parteien kein Recht auf staatliche, zwangsweise Durchsetzung von Lohn- und Arbeitsbedingungen.

Von einer Beseitigung des Streikrechts durch das Schlichtungswesen konnte nicht gesprochen werden, da die WRV eben kein Streikrecht garantierte[196]. Die Kampffreiheit der Koalitionen war zwar Bestandteil der Freiheit gemäß Art. 165 WRV, stand jedoch durch Art. 159 WRV unter Verfassungvorbehalt und wurde im Rahmen der Güterabwägung durch diese selbst eingeschränkt. Das Streikrecht erschöpfte sich also in der Streikbefugnis und sicherte nicht die Wahl eines bestimmten Kampfmittels zu[197]. Beschränkungen der Kampffreiheit waren nur zulässig durch gesetzliche Bestimmungen und politische Maßnahmen. Nach anderer Ansicht[198] waren alle Verordnungen im Schlichtungswesen, die die Verbindlichkeitserklärung zuließen, verfassungswidrig und eine unzulässige Beschränkung der Kampffreiheit der Gewerkschaften. Der Verfassungsgeber wollte jedoch nicht die Kampffreiheit schützen, sondern lediglich die freie Existenz der Kolalitionen und ihre Tätigkeit im Rahmen der Gesetze gewährleisten[199].

2.3. Einschränkungen der Tarifautonomie

Gesetzlich war die Tarifautonomie durch den Staat unter engen Voraussetzungen einschränkbar. Obwohl sie den Tarifparteien durch die Weimarer Verfassung eingeräumt wurde und danach die Zwangsschlichtung eigentlich unzulässig gewesen wäre, beriefen sich die Parteien selbst meist dann auf deren verfassungsrechtliche Zulässigkeit, wenn ihre Interessen durch staatliche Stützungsmaßnahmen gesichert wer-

---

195) Potthoff, Reichsverfassung,in: Ramm, Quellentexte 1918-1933, 1966, S.11, 28.

196) Schwarzfischer, Stellungnahme, 1931, S. 47ff.

197) Potthoff, S.28; a. A. war teilweise die Rechtsprechung: so erkannte das LG Frankfurt am 20.7.1923 einen Streikaufruf der Gewerkschaft als Rechtfertigung für die Arbeitsniederlegung und Verletzung der Pflichten aus dem Arbeitsvertrag durch ihre Mitglieder an; in einer anderen Entscheidung war der Streikaufruf der Gewerkschaft als "wichtiger Grund" für eine fristlose Kündigung des Arbeitsvertrags angenommen worden.

198) Neumann, Reichsverfassung, S. 89ff.

199) Vgl.: Protokolle des Verfassungsausschusses der verfassungsgebenden Nationalversammlung, Weimar 1919, S. 389ff.

den konnten[200]. Der Erlaß der TarifVO 1918 trug zur Verwirklichung des Gedankens aus Art. 165 I S. 2, Art. 159 WRV bei: die Regelung der Lohn- und Arbeitsbedingungen dem autonomen Bereich der Koalitionen zu übertragen. Erst durch die Einführung der Verbindlichkeitserklärung wurde das geplante System wirtschaftlicher Selbstverwaltung durch die Eingriffe des Reichsarbeitsministeriums in Gestalt der staatlichen Zwangsschlichtung unterlaufen.

VII. Grundsätze der Schlichtung

Für die Schlichtung als Mittel zum Ausgleich der Interessenkonflikte kollektiver Parteien galten zusammenfassend damals folgende Grundsätze ohne Rücksicht darauf, ob es sich um eine staatliche oder um eine tarifliche Schlichtungsstelle handelte:

1. Schlichtungsfähig waren Gesamtstreitigkeiten, die Parteien mußten tariffähig sein.
2. Sinn und Zweck der Schlichtung war ein billiger und gerechter Interessenausgleich unter Berücksichtigung beider Parteien sowie die Erhaltung bzw. Wiederherstellung des Arbeitsfriedens durch Vermeidung von Arbeitskämpfen.
3. Die Schlichtung diente der Schaffung neuer Rechtsnormen. Ihr Ziel war der Abschluß einer Gesamtvereinbarung. Die Parteien erkannten diese als Rechtsquelle an und wandten sich im Fall von Fragen über die Auslegung bzw. die Erneuerung der Gesamtvereinbarung an die Schlichtungsstelle. Diese konnte durch das Instrument der Verbindlichkeitserklärung einen Zwangstarif erlassen.
4. Schlichtungsstellen waren die freiwillig in den Tarifverträgen vereinbarten Stellen und die gesetzlichen Schlichtungsbehörden, wiederum untergliedert in:
   - Schlichtungsausschuß,
   - Schlichter, (früher Demobilmachungskommissar),
   - Reichsarbeitsministerium.

---

200) Vgl. Mommsen, Klassenkampf, Köln 1978 S.20.

§ 7

Die Zwangsschlichtung als Instrument staatlicher Lohnpolitik

Durch das Schlichtungswesen griff die staatliche Verwaltung in den Rechtskreis der Tarifvertragsparteien ordnend und gestaltend ein. Der staatliche Machtanspruch verdrängte mehr und mehr die bereits ausgehöhlte Tarifautonomie. Als schwaches Surrogat der freiwilligen Vereinbarung stellte die staatliche Zwangsschlichtung nur äußerlich den Arbeitsfrieden wieder her. Denn durch öffentlich-rechtliche Zwangsmaßnahmen hielt das "behördliche Diktat" in der Gestaltung der Lohn- und Arbeitsbedingungen Einzug in das Arbeitsrecht. Das Schlichtungswesen als Instrument sozialstaatlicher Intervention auf dem Arbeitsmarkt ersetzte die ursprünglich unternehmerischen, bzw. tarifparteilichen Funktionen. Als Instrument staatlicher Lohnpolitik wirkte die Schlichtung in ihrer damaligen Form gleichsam stabilisierend wie destabilisierend: Einerseits bot die auf der unbestimmten Ermächtigungsgrundlage der Demobilmachungsbefugnisse entstandene Kompetenz zur Verbindlichkeitserklärung die juristische Legitimation für ein Eingreifen des Staates in die Gestaltung von Lohn- und Arbeitsbedingungen. Andererseits führte diese zur Unzufriedenheit der Tarifparteien, deren Gestaltungsspielraum existenzbedrohend verringert worden war, deren Verständigungsbereitsschaft untereinander sank und deren Streikbedürfnis anstieg.
Es soll im folgenden untersucht werden, wie weit der Einfluß der staatlichen Zwangsschlichtung auf das Lohnniveau und auf den Arbeitsfrieden reichte.
Dazu ist es unerläßlich, in einem Exkurs die Reaktion der Tarifparteien selbst, des Reichstags und der öffentlichen Meinung zu betrachten, da nicht zuletzt diese Faktoren die Wirtschaftspolitik bestimmten. Als Hintergrundinformation sollen auch die dargestellten Statistiken über die Schlichtungstätigkeit dienen.

I. Bewertung und Reaktionen auf die Zwangsschlichtung durch Parteien und Staat

1. Der Begriff des Zwangstarifvertrags

Begrifflich ist zunächst noch einmal zwischen Tarifzwang und Zwangsschlichtung, bzw. zwischen Schlichtungszwang und Zwangsschlichtung zu diffe-

renzieren. Ersterer bezeichnet den Zwang für die Parteien des Tarifrechtes, z.B. durch die Unabdingbarkeitsklausel oder die Allgemeinverbindlichkeitserklärung von Tarifverträgen. Die Zwangsschlichtung vermochte durch die Verbindlichkeitserklärung und qua lege auch gegen den Willen mindestens einer Partei einen Tarifvertrag zu erzwingen und ersetzte dadurch die Einigung der Tarifparteien. Aus diesem Grund galt das Schlichtungswesen als das "unehrlichste Kapitel der deutschen Sozialpolitik"[1].
Zur Zwangschlichtung gehörte jedoch nicht die Pflicht für die streitenden Parteien, nach dem Scheitern der freien Verhandlung die Schlichtungsstelle anzurufen, bevor sie Kampfmaßnahmen ergreifen durften. Eine solcher Anrufungszwang war zwar im gescheiterten Entwurf der SchliO vorgesehen, blieb aber nach der damaligen Gesetzeslage einer freiwilligen Vereinbarung der Parteien überlassen, den Tarifparteien selbst überlassen. In Deutschland existierte nicht Anrufungszwang, sondern staatlicher Schlichtungszwang, der den Parteien die selbständige und eigenverantwortliche Gestaltung der Lohn- und Arbeitsbedingungen entzog. Doch durch die Befugnis der Schlichtungstellen, unter bestimmten Voraussetzungen ein Schlichtungsverfahren auch von Amts wegen einzuleiten, gab es einen "Anrufungszwang" für die Parteien Wahrheit doch. Die Parteien gingen tatsächlich also stets das Risiko einer staatlichen Zwangsschlichtung ein, wenn sie nach dem Scheitern einer gütlichen Einigung ohne ein vorausgegangenes Schlichtungsverfahren einen Arbeitskampf eröffneten.

Die Tarifautonomie konnte nur funktionstüchtig sein, wenn ihre Partner auch wirklich autonom blieben und ihre Aufgaben in alleiniger Verantwortung wahrnahmen. Der Staat belastete durch die Zwangsschlichtung die Parteien mit der Verantwortung für seine eigene Entscheidungen: durch die zumindestens auf dem Papier noch enthaltende Möglichkeit der freiwilligen Einigung blieb im Blick auf die deutsche Schlichtung weiterhin der Eindruck bestehen, die Regelung der Arbeits- und Lohnbedingungen beruhe auf dem Willen der Tarifpartner.
Die Zwangswirkung im Schlichtungswesen hatte zu diesem Zeitpunkt bereits alle ursprünglich von

---

1) Weber, Kampf, 1954, S. 313.

Hoefinghoff[2] entwickelten Stufen durchlaufen:

1. freiwillige Einigung
2. Anrufungszwang
3. Vergleichsvorschlag
4. Einigungszwang
5. Zwangstarif

Der Zwangstarifvertrag gehörte in der Weimarer Republik zu den bedeutsamsten Entwicklungen auf dem Gebiet des Arbeitsrechts. In ihm verschmolzen öffentliches Recht und Privatrecht, Arbeitsrecht und Sozialpolitik. Aus diesen Gründen wurde die Frage nach dem Wesen des Zwangstarifs vorrangig unter wirtschaftlichen und sozialpolitischen Gesichtspunkten betrachtet[3]. Unter dem juristischen Aspekt des Zwangstarifvertrages erhellte sich der Einblick in die allmählich "perfekte" Sicherung der staatlichen Einflußnahme auf die Gestaltung der Löhne. Er war jedoch einer der am wenigsten ausformulierten arbeitsrechtlichen Institute[4]. Organisation, Befugnisse, Rechtswirkungen und Rechtsgrundlagen befanden sich bis zuletzt im Fluß der Entwicklungen. Dies mißbrauchten die Interessenvertreter durch subjektive Interpretation und agierten in den Lohnauseinandersetzungen mit taktischen Forderungen.

Die Politik der Reichsregierung hatte durch staatliche Maßnahmen die Tarifparteien von den ihnen ursprünglich durch die Verfassung zugewiesenen Aufgaben der Selbstverwaltung und eigenverantwortlichen Regelung der Lohn- und Arbeitsbedingungen entbunden. Auch wenn der Staat nur im Fall des Versagens der freiwilligen Einigung und nur, soweit es die wirtschaftliche Lage zum Schutz des Gemeinwohls erforderte, mit staatlichen Maßnahmen reglementierend eingriff, gewährte das Instrument der Verbindlichkeitserklärung dem Staat großen Einfluß. Die

---

2) Hoefinghoff, Diss. 1922, S. 12.

3) Dies war im Hinblick auf die volkswirtschaftlichen Auswirkungen der Arbeitskämpfe auch nicht verwunderlich; vgl. in diesem Zusammenhang auch die Fülle von volkswirtschaftlichen Dissertationen: Hoefinghoff 1922, Przewloka 1928, Freytag 1930, Siebke 1931, Schwarzfischer 1931, Meijer 1932, Höppner 1934; später Oursin 1956, Hartwich 1958, Krips 1959 und Tschirbs 1986, vgl. Literaturverzeichnis.

4) Kleindienst sprach vom "rechtlich unbestelltem Felde" in: Soz. Prax., S. 819; auch Berg, Diss. 1929, in der Einleitung.

Tarifpartner verlagerten zunehmend die Verantwortung für die Gestaltung der Lohn- und Arbeitsbeziehungen auf den Staat und drängten durch eigene Passivität die freiwillige Schlichtung in den Hintergrund.

1. Stellungnahmen der Arbeitgeber

Seit der Resolution der Gewerkschaften von 1899, in der diese den Tarifvertrag als Zeichen der Gleichberechtigung und der Weiterführung dieses Gedankens im ZAG-Abkommen anerkannten, standen die Arbeitgeber aus Angst um ihre bis dahin unangetastete Position bei der Gestaltung von Lohn- und Arbeitsbedingungen dem Tarifvertrag kritisch gegenüber[5]. 1899 hatten sie die ZAG von 1919 noch nicht voraussehen können. Die Erhöhung des Lohnniveaus, die wachsende politische Einflußnahme der Arbeitnehmervertreter und die Gefahr für kleinere Unternehmen, durch diese Lohnerhöhungen nicht konkurrenzfähig bleiben zu können, erzeugten Bedenken. Die Politik der Arbeitgeberverbände vor dem Krieg konzentrierte sich auf die Streikabwehr, nach dem Krieg kämpften sie vor allem um die Befreiung der Wirtschaft von den hemmenden Eingriffen der Bürokratie durch das Lohndiktat des Reichsarbeitsministeriums[6].

1.1. Richtlinien der VDA gegen den Zwangstarif

Der behördliche Zwang widerspreche dem Wesen des Kollektivvertrages, so äußerte sich der Vorstand der VDA[7]. Das Eingreifen des Staates sollte sich durch den Ausbau des tariflichen Schlichtungswesens erübrigen. Tatsächlich aber zögerten sie, Verhandlungsbereitschaft gegenüber den Gewerkschaften zu zeigen[8]. Dies ging soweit, daß der Arbeitgeberverband unter dem Vorsitz von Ernst von *Borsig* "Richtlinien für die Bekämfung des Tarifzwangs" erließ. Darin war festgeschrieben, daß die Arbeitgeberverbände nur zu freier Verständigung bereit sein und die staatlichen Schlichtungsstellen in jeder Hinsicht boykottieren würden - einschließlich ihrer Mitwirkung bei der Beisitzerbestellung und der Verhandlung zur Sache.

Solange die ZAG noch bestand, verwiesen die Arbeitgeberverbände auf ihre dort praktizierte Verhandlungsbereitschaft. Aus dieser Erfahrung heraus, so erklärten sie offiziell, dürfe auch die Schlichtung

---

5) Vgl. Lindemann, Diss. Berlin 1933, S. 4ff.
6) Streicher, Diss. Freiburg, 1927, S. 93.
7) Geschäftsbericht der VDA, 1923/24, S. 304ff.
8) Herkner, Arbeiterfrage, 1921, S. 411ff.

im Einvernehmen mit den beiden Parteien und nicht von Amts wegen, sondern nur freiwillig erfolgen[9]. Durch den Austritt der freien Gewerkschaften aus der ZAG und deren Auflösung durch Austritt aller Gewerkschaften im Frühjahr 1924 entfiel für die VDA die Möglichkeit, mit den Gewerkschaften in unmittelbaren Meinungsaustausch zu treten. Daher verkündete sie den "Kampf gegen den Tarifzwang" und reichte einen im Dezember 1923 im großen Ausschuß gefaßten Beschluß, gegen die Anwendung der neuen SchliVO Widerstand zu leisten, am 13.12.1923 als Eingabe an den Reichsarbeitsminister. Dieser lehnte sie am 14.12.1923 ab mit der Begründung, daß sich die Zweckmäßigkeit der Verbindlichkeitserklärung durch Beispiele aus der Vergangenheit belegen lasse. Wenig später, am 22.12.1923, erhielt der Reichsarbeitsminister eine neue Eingabe, die die Forderung nach Beseitigung des staatlichen Zwangs unter Hinweis auf die erfolgreiche Zusammenarbeit in der ZAG zu unterstreichen versuchte. Doch Reichsarbeitsminister *Brauns* lehnte dies am 29.12. 1923[10] erneut ab.
Danach führte eine Aussprache im Vorstand der VDA zu folgenden Beschlüssen:

1. Beseitigung des Tarifzwangs als unverändertes Ziel;
2. Bejahung und Begrüßung der tariflichen Schlichtungsstellen unter der Voraussetzung, daß keiner der beiden Teile die Verbindlichkeitserklärung herbeiführt;
3. Verpflichtung der Arbeitgeberverbände, nicht selbst die staatlichen Schlichtungsstellen anzurufen;
4. Verpflichtung der Arbeitgeberverbände, keinen Antrag auf Verbindlichkeitserklärung zu stellen;
5. Verpflichtung, von Amts wegen verbindlich erklärte Schiedssprüche nicht durchzuführen[11].

Im Februar 1924 folgte ein Entwurf eines Abkommens betreffend die Schaffung tariflicher Schiedsstellen und Einschränkung des staatlichen Tarifzwanges, welches gemeinsam von Vertretern beider Spitzenverbände unterzeichnet werden sollte, von den Gewerkschaften jedoch abgelehnt wurde[12].
Ein vorläufiges Ende fand der Kampf gegen den Ta-

9) Geschäftsbericht der VDA 1923/24, S. 299ff.
10) Geschäftsbericht der VDA 1923/24, S. 301-304.
11) Geschäftsbericht der VDA 1923/24, S. 305.
12) Geschäftsbericht der VDA 1923/24, S. 306/7.

rifzwang schließlich in einer Vorstandssitzung der VDA vom 26.3. 1924. Obwohl der Protest gegen die als untragbar bezeichnete bürokratische Regelung des Schlichtungswesens anhielt, war fortan die Durchbrechung des Grundsatzes der Vertragsfreiheit zur Abwendung der drohenden wirtschaftlichen und sozialpolitischen Schäden und Gefahren für die Allgemeinheit anerkannt[13].

1.2. Kampf gegen einzelne Schlichter

Ein besonderes Ärgernis erblickten die Arbeitgeberverbände darin, daß als Schlichter mehrere Interessenvertreter der Arbeitnehmer und Gewerkschaften tätig waren, wie z.B. der damals noch im Vorstand des ADGB tätige sozialdemokratische Abgeordnete und spätere Reichsarbeitsminister Rudolf *Wissell*, der zum Vorsitzenden des Schlichtungsausschusses Groß-Berlin bestellt wurde[14]. Im Berliner Metallarbeitskampf konnte neben einem vom Reichsarbeitsministerium durch Verbindlichkeitserklärung erlassenen Zwangstarifvertrag auch eine freiwillige Gesamtvereinbarung zwischen den Tarifparteien geschlossen werden. Der Metallarbeitgeberverband hatte jede Verhandlung vor dem staatlichen Schlichtungsausschuß abgelehnt, um so den neu zum Vorsitzenden des Schlichtungsausschusses berufenen *Wissell* und das staatliche Schlichtungsverfahren im Ganzen zu boykottieren[15]. Daher gelang es den Tarifparteien, sich im freiwilligen Verfahren zu einigen.

Auf eine später durchgeführte Umfrage an die Parteien der Schlichtung durch den Sozial- und Wirtschaftspolitiker und damaligen Regierungsrat im Reichsarbeitsministerium, *Potthoff*[16], wandte sich der Arbeitgebervertreter *Meissinger* nochmals entschieden gegen die bürokratische Ordnung des

13) *Geschäftsbericht der VDA 1923/24, S. 307/8.*

14) *Eine ähnliche Reaktion rief die Bestellung des früheren Metallarbeitersekretär Philipp hervor; Geschäfsbericht der VDA 1923/24 S.300.*

15) *Meissinger, Tarifzwang, in: Der Arbeitgeber 1924, S.21; dieser Vorfall führte später zu einem Gesetzentwurf im Reichstag, nachdem die Schlichter nicht mehr aus Arbeitgeber- oder Arbeitnehmerkreisen stammen durften, sogenannte "Lex Wissell"; Sten. Ber. des RT, Verh., Bd. 384, Rede des SPD-Abgeordneten Schneiders in der 19. Sitzung am 9.2.1925,S.465.*

16) *Potthoff, Schlichtungszwang in: Das Arbeitsrecht 1924, S.342ff.,er befragte als Vertreter der Arbeitnehmer Wissell und als Vertreter der Arbeitgeber Meissinger*

Schlichtungswesens, die Bestellung von Vorsitzenden, die nicht das Vertrauen beider Parteien genossen[17], gegen die Verbindlichkeitserklärung im Ganzen und gegen jede Art von Zwangstarif. An anderer Stelle verteidigte jedoch der damalige Syndikus des Verbandes der Metallindustriellen Dresden, *Nikisch*[18] den "Tarifzwang", wie er fälschlich den Zwangstarif bezeichnete, als "notwendiges Übel", und zwar solange, "bis die wirtschaftlichen Schwierigkeiten und Inflationszeiten von normalen Zeiten abgelöst" worden seien. Der damalige Zustand dürfe aber keineswegs weiter ausgedehnt werden, als es die Verhältnisse der Zeit auf arbeitsrechtlichem Gebiet unbedingt erforderten. Jeder Zwang sei dem Tarifvertrag von Natur aus fremd[19].

Nach Ansicht der Arbeitgeber schlug die Politik des Reichsarbeitsministeriums völlig fehl[20]. Sie messe den Lohn nicht am Produktionsertrag und erzwinge angesichts des Kapitalmangels nach dem Krieg eine für die Arbeitgeber immer teuerer werdende Rationalisierung. Durch das staatliche Lohndiktat würde ein Teil der Selbstkosten der Wirtschaft nicht durch die Wirtschaft selbst, sondern durch den Staat bestimmt, was eine Anomalie in der Lohnregelung sei. Die Verbindlichkeitserklärung als Eingriff in den freien Mechanismus der Preisbildung dränge der Volkswirtschaft einen unrichtigen und daher verfehlten Lohn auf.
Ein Versuch, auf die entscheidenden Persönlichkeiten im Reichsarbeitsministerium unmittelbar Einfluß zu nehmen, scheiterte: Der damalige Syndikus der VDA, *Meissinger*, hatte über eine Besprechung mit dem Ministerialdirektor im Reichsarbeitsministerium, *Sitzler*, die von diesem als

---

17) Gemeint war vor allem Rudolf Wissell.

18) Nikisch, Tarifzwang in: Das Arbeitsrecht 1924, S.188.

19) Potthoff, Schlichtungszweck, in: Das Schliw. 1926, S.1ff.

20) Geschäftsbericht der VDA 1921, S. 113; vgl. "sozialrechtliches Programm der VDA", Gesamtbetrachtung in: Geschäftsbericht der VDA 1923/24, S.IX; vgl. auch Gespräch beim Empfang einer Abordnung des Reichsverbandes der deutschen Industrie beim Reichspräsidenten am 29.12.1925 in: Akten der Reichskanzlei, Kabinett Luther I, Dok. Nr. 258, in der die Vertreter der Industrie dem Staat durch seine "Lohnzwangswirtschaft" eine Mitschuld am negativen Einfluß auf die Aufträge der Industrie und der Verlustwirtschaft anlasteten.

vertraulich erbeten wurde, eine Aktennotiz angefertigt und diese mit einem Rundschreiben zur Kenntnis an die Mitglieder der VDA weitergeleitet [21]. Die Affäre gelangte an die Öffentlichkeit und *Meissinger* wurde zur Verantwortung gezogen[22]. Das Ganze war dann Gegenstand einer Reichstagsdebatte[23], in der das Ereignis sehr kritisch diskutiert wurde.

1.3. Gewollte Tarifunfähigkeit

Die durch Zwang zustandegekommenen Tarifverträge hielten die Arbeitgeber oft nicht ein. Es ergingen ausdrückliche Aufforderungen der Arbeitgeberverbände an ihre Mitglieder, sich an den Inhalt der verbindlich erklärten Schiedssprüche nicht zu halten und den Zwangstarif zu ignorieren. Diese Problematik war Gegenstand etlicher Gerichtsentscheidungen[24], die im Ergebnis meist zur Unzulässigkeit dieser Aufforderungen gelangten.
Zu der Strategie der Arbeitgeber gehörte es auch, die sich aus einem Zwangstarif ergebenen Pflichten durch eine "gewollte Tarifunfähigkeit" auszuklammern. Durch eine Satzungsbestimmung erklärte sich ein Verband schlicht als nicht berechtigt, Tarifverträge abzuschließen. So beriefen sich die Arbeitgeber auf die rechtliche Unzulässigkeit des Zwangstarifs, den sie mit der Begründung nicht

---

21) Auszüge des Inhaltes der Notiz: (...) Vor allem erklärte sich Sitzler völlig mit mir darüber einig, daß es ganz ausgeschlossen wäre, der einsetzenden Wirtschaftskrisis, die auch er spätestens ab Oktober erwarte und der damit verbundenen Tendenz zum Lohnabbau durch das Mittel des staatlichen Tarifzwangs entgegenzuwirken, eine Einstellung, die ich mit besonderer Genugtuung feststelle. (...) Bei jeder sich bietenden Gelegenheit, sei es in der Begründung von Schiedssprüchen, die die Lohnforderungen ablehnen, sei es in der Begründung von Verbindlichkeitserklärungen solcher Schiedssprüche wird das Reichsarbeitsministerium seine Meinung über die Lohnlage, über die Wirtschaftslage und über die zur Erörterung stehenden Interessen rückhaltlos sagen....

22) Vgl.in: Soz. Prax. 1927. S. 930.

23) Sten. Ber. des RT, Verh. Bd.389, Sitzung vom 20.1.1926, S.5785.

24) LG Stettin in: Das Schliw. 1926, S. 173, welches einer Unterlassungsklage der Angestelltenverbände gegen eine solche Arbeitgeberaufforderung stattgegeben und diese als Aufforderung zum Ungehorsam gegen das Gesetz mit den Konsequenzen des Schadensersatz gemäß §§ 823,826 BGB bezeichnet hatte.

anerkannten, es handelte sich eben nicht um einen echten Vertrag[25]. Dem Staat blieb die Möglichkeit versagt, die sich gemeinsam weigernden Arbeitgeber außerhalb der zivilrechtlichen Haftung zur Ausführung des Zwangstarifvertrags zu zwingen. Die Anerkennung dieser "gewollten Tarifunfähigkeit" blieb in der Literatur umstritten.
Es galt in diesem Zusammenhang zu unterscheiden zwischen:
- Tariffähigkeit und
- Tarifberechtigung.

Die Tariffähigkeit war allgemein anerkannt als die "Fähigkeit, Träger tariflicher Rechte und Pflichten zu sein", also die Fähigkeit, objektives Recht für den Inhalt von Arbeitsverträgen zu schaffen, wie es § 1 der TarifVO vom 23.12.1918 für den Tarifvertrag vorsah[26]. Eine gesetzliche Regelung der Tariffähigkeit existierte nicht, wohl aber unterschiedliche Auffassungen über die Voraussetzungen der Tarifberechtigung als Tarifvertragsabschlußberechtigung. Dies entstand aus dem Gedanken, daß eine tariffähige Vereinigung unter Umständen zusätzlich einer besonderen Ermächtigung bedurfte, um aus innerem Willen Tarifverträge abschließen zu können. Befürworter der "gewollten Tarifunfähigkeit" waren daneben *Richter*[27], *Silberschmidt*[28], *Priebe*[29] und *Oertmann*[30]. *Nipperdey*[31] erkannte sie an mit der Prämisse, daß sich die Arbeitgeberverbände nicht die Tariffähigkeit, sondern nur die Tarifberechtigung absprechen konnten. *Erdel*[32] sprach sich zwar gegen eine Trennung zwischen Tarifeignung und Tarifbefugnis aus, forderte aber ähnlich wie *Nipperdey*, daß die Verbindlichkeit eines Schiedsspruches lediglich von dem Annahmewillen des Verbandes, gegen den er ergangen war, abhängen soll-

---

25) Schwarzfischer, Stellungnahme, 1931, S. 52ff.
26) Vgl. Dissertation von Wulf Dietrich von Hagen, "Die gewollte Tarifunfähigkeit von Arbeitgeberorganisationen" Göttingen 1932 S. 6ff.
27) Richter, Anwaltverein, in: NZfA 1924, S. 272.
28) Silberschmidt, Tariffähigkeit in: Das Schliw. 1925, S. 186.
29) Priebe, Tarifberechtigung, in: Das Schliw.1925, S. 187; S.201.
30) Oertmann, gewollte Tarifunfähigkeit, in: Das Schliw.1925, S.97ff.
31) Nipperdey, Beiträge, 1923, S. 22.
32) Erdel, Zwangstarif in: Das Schliw. 1925, S.145ff.; Tarifberechtigung in: Das Schliw. 1925, S. 229.

te[33]. Dann läge für die Tarifparteien auch kein Grund mehr vor, sich der Tarifabschlußberechtigung durch Satzung zu entziehen.

Gegner[34] der "gewollten Tarifunfähigkeit" charakterisierten die Tarifberechtigung lediglich als integralen Bestandteil der Tariffähigkeit, als sachliche Zuständigkeit zum Abschluß von Tarifverträgen und lehnten jede subjektive Entscheidungsfreiheit der Vereinigungen ab. Dieser Meinung schloß sich auch der Reichsarbeitsminister an[35]. Die Hilfeleistung zum Abschluß einer Gesamtvereinbarung beziehe sich nicht auf eine konkrete Person, sondern sei unter objektiven Gesichtspunkten zu betrachten. Nach dieser Ansicht[36] übte der Staat durch das Schlichtungswesen Aufsicht über die arbeitsrechtliche Selbstverwaltung, wenn die Privatpersonen in den ihnen übertragenen Aufgaben versagten. Zum Ausgleich des freien Spiels der Kräfte zwischen den Tarifpartnern müsse der Staat im öffentlichen Interesse regelnd eingreifen.
Eine die Tarifberechtigung ausschließende Satzungsklausel blieb demnach materiell im Innenverhältnis zwar wirksam, wich aber im Außenverhältnis dem stärkeren Staatswillen. Zulässig blieb die "gewollte Tarifunfähigkeit" zum Entzug der Rechte und Pflichten im Schlichtungsverfahren nach dieser Ansicht nur, wenn aus der Satzung hervorging, daß die Vereinigung überhaupt keine Arbeitgebervereinigung im technischen Sinn mehr sein wollte.

Die Taktik der "gewollten Tarifunfähigkeit" scheiterte letztlich am RAG, welches die Aufgaben der Koalitionen dem öffentlichen Recht zuordnete, so daß ihnen bei Vorliegen der materiellen Tarifeignung der satzungsmäßige Ausschluß der Tarif-

---

33) Erdel, "Zwangstarifs" in: Das Arbeitsrecht 1926, S. 277.

34) Goldschmidt, Schlichtungsverfahrens in: RABl. Nichtamtl. Teil vom 24.11.1924, S. 285; Lange, Zwangstarif in: Das Schliw. 1925, S. 122; Jacobi, Grundlehren, S.162ff; Kaskel, Lehrbuch, S. 30ff; Sinzheimer, Grundzüge, S.254ff; RG im Urteil vom 9.10.1925 in: Das Schliw. 1925, S. 2; RGZ 107, 144; 111,354; RGZ in: RABl. 1927 Nr. 13; RAG vom 10.4.1929; gleicher Ansicht auch Hagen Diss., 26ff.; Hoeniger, Parteipflicht in: NZfA 1927, S. 593ff.

35) Vgl. Bescheid des Reichsarbeitsministers in: RABl. Amtl. Teil 1927, S. 107.

36) Vgl. konkret dazu Hagen, Diss. S. 30.

fähigkeit nicht zugebilligt werden konnte[37].

Anders zu beurteilen war jedoch die Auflösung einer Vereinigung vor oder nach Anhängigkeit des Schlichtungsverfahrens. Im Schrifttum blieb jedoch umstritten, ob ein Schlichtungsverfahren nach den Grundsätzen über die Liquidation[38] im Zivilrecht durchgeführt werde konnte oder nicht. Dagehen sprachen u.a. *Kaskel*[39] und *Dersch*[40]; dafür u.a. *Nipperdey*[41], *Buddeberg*[42] und auch der Reichsarbeitsminister *Brauns*[43].
Ein Verbot des Verbandes an seine Mitglieder, Tarifverträge abzuschließen, wurde nach zivilrechtlichen Grundsätzen nicht als nichtig, jedoch wie die "gewollte Tarifunfähigkeit" im Außenverhältnis als unwirksam bezeichnet. Der Begriff der Tarifberechtigung konnte auf einzelne Arbeitgeber nicht angewandt werden und eine rechtsgeschäftliche Machtübertragung zum Abschluß von Tarifverträgen war nicht möglich[44]. Die Durchführung des Schlichtungsverfahrens diente jedoch nicht der Vermögensverteilung, so daß die Parteien nicht zur Teilnahme am Verfahren verpflichtet werden konnten[45].

Nach Ansicht der VDA beschnitten die Arbeitgeber durch ihr Verhalten das Streikrecht der Gewerkschaften nicht[46]. Denn ein solches sei weder aus Art. 165 WRV noch aus dem Tarifrecht oder dem Tarifvertrag selber abzuleiten. Sie wiesen vielmehr auf ihre Verständigungsbereitschaft und die entspannte Atmosphäre zwischen den Tarifparteien im Rahmen der freiwilligen Schlichtung hin[47]. Über die

---

37) Vgl. RAG in: Bens. Saml. Bd. 5, 543 und 537, 1929; in: Bens. Saml. Bd.9, 478, 1930; in: Bens. Saml. Bd. 11, 385,1931; dem Tarifvertrag, der bei Auflösung des Verbandes durch Satzungsbeschluß hinfällig wurde, kam nach Ansicht des RAG jedoch privatrechtlicher Natur zu, vgl. in: Bensh. Saml. Bd. 8, 128, 1928 und in: Bens. Saml. Bd. 14, 595, 1932; vgl. auch RGZ 111, 105ff, 166ff, 172ff.
38) Vgl. § 730 BGB.
39) Lehrbuch, S. 31, S. 358.
40) Kaskel/Dersch Lehrbuch, S. 325, 405.
41) Hueck/Nipperdey, Lehrbuch 1932, S. 156.
42) Diss. S.70.
43) In: Das Schliw. 1921, S. 97.
44) Vgl. Hagen Diss. 1932, S. 38
45) Wittkowski, Diss. S.60; a.A: Kaskel, Hauptfragen, S.81; Erdmann, in: NZfA 1923, S.13.
46) Geschäftsbericht der VdA, 1923/24, S.317ff.
47) Geschäftsbericht der VdA, 1925/26, S. 231.

Zwangsschlichtung entrüsteten sie sich, besonders wenn es um Lohnerhöhungen ging, mit Vorwürfen wie: "rechtspolitische Durchbrechung der das Vertragsrecht beherrschenden Grundsätze über Vertragstreue und Vertragssicherheit"[48]. Schließlich aber erkannte auch die VDA dem Staat das Recht zu, im Interesse des Gemeinwohls in die Gestaltung der Arbeitsbedingungen einzugreifen. Das freie Spiel der Kräfte gehörte der Vergangenheit an. Diskussionsgegenstand blieb nur noch die Zweckmäßigkeit, nicht mehr die Rechtmäßigkeit des Eingriffs in die Vertragsfreiheit. Die Arbeitgeber bekannten sich schließlich auch offen zu der Taktik, in den Verhandlungen zunächst mit überhöhten Forderungen aufzutreten, weil sie durch die drohende Verbindlichkeitserklärung mit einem die Forderungen auf jeder Seite halbierenden Zwangstarifvertrag rechnen mußten[49]. Gegenstand ihrer Kritik war ferner das sinkende Verantwortungsbewußtsein der Parteien, die unsachliche Verhandlungstaktik und der durch den Zwangstarif provozierte schwindende Verständigungswillen[50].

2. Stellungnahmen der Arbeitnehmer

Nach Aufkündigung der ZAG durch die Gewerkschaften im Frühjahr 1924 zeigte sich die Arbeiterschaft tariffeindlich. Durch juristische Mittel und Wege versuchten sie wie die Arbeitgeber, sich dem Schlichtungsverfahren zu entziehen. So nahm der Abschluß außertariflicher Arbeitsverträge zu und es entstand die "Lehre des Tariflohnverzichtes für die Vergangenheit" als Korrespondenz zur Lehre von der "gewollten Tarifunfähigkeit" der Arbeitgeberverbände; so wurde das Wort "Hilfeleistung" in der gesetzlichen Definition der SchliVO mißbraucht[51].

Eine gesetzliche Regelung der staatlichen Schlichtung erachteten die Gewerkschaften für dringend notwendig[52], um die schwächere Position der Arbeitnehmer zu stärken. Insgesamt jedoch entwickelten die Gewerkschaften ein starkes Machtbewußtsein und

48) Erdmann, Rechtspolitik, in: Der Arbeitgeber, 1929, S. 59.

49) Geschäftsbericht der VdA, 1925/26, S. 231ff.

50) Geschäftsbericht der VdA, 1923/24, S. 302ff.; 1925/26, S.231ff.

51) Vgl. Erdel, Vortrag, S.33ff.

52) So lautete auch eine Entschließung vom 13.9.1926 auf dem 5.ordentlichen Bundestages des Bundes der technischen Angestellten und Beamten, vgl. Erdel a.a.O., S. 36.

konnten bei Tarifkonflikten wie in Fragen der Pausen- und Urlaubsregelung und der Verbesserung des Überstundenwesens bereits erhebliche Erfolge vermelden[53]. Auch bezüglich der Arbeitszeitverkürzung im Wege verbindlich erklärter Schiedssprüche maßen sie der staatlichen Zwangsschlichtung erhöhte Bedeutung zu[54].

2.1. Kampf gegen die "Zerstörung des Streikrechts"

Der Gegnerschaft gegen den staatlichen Zwangstarif lag der Gedanke zugrunde, daß der freie Arbeitskampf als Erscheinungsform des wirtschaftlichen Klassenkampfes nicht durch einseitigen Hoheitsakt des Staates eingeengt werden dürfe. Diese Ansicht bekräftige auch der langjährige ADGB-Vorsitzende *Nörpel*[55], indem er auf die Gefahr für das Streikrecht und die Vereinigungsfreiheit der Arbeiter hinwies. Seiner Meinung nach wurzelten die Mängel des Schlichtungsverfahrens in der Verbindlichkeitserklärung durch eine Behörde[56]. Er forderte, daß nur die Arbeitnehmerpartei einen Antrag auf Verbindlichkeitserklärung stellen dürfe.

Am 29.3.1924 hieß es in einer Entschließung des Bundesausschusses des ADGB[57], daß die Gewerkschaften durch die Verbindlichkeitserklärung ausgeschaltet und ruiniert würden, daher jeder Zwangstarif abzulehnen sei. Allenfalls sollte die behördliche Schlichtung auf die Fälle beschränkt werden, in denen eine vertragliche Schlichtung nicht existierte. Im Einigungszwang jedenfalls läge eine schwere Gefahr für die Lebensinteressen der Arbeiterschaft und der Gewerkschaftsbewegung. Daher könnten die Gewerkschaften auf das Recht nicht verzichten, erforderlichenfalls als letztes Mittel des Kampfes für berechtigte Arbeiterforderungen den Streik anzuwenden.
Die Schlichtungsausschüsse würden von Regierung und

53) *Streicher, Diss. S. 57ff.*
54) *Vgl. Jahrbuch des ADGB 1923, S. 69.*
55) *Nörpel, Schlichtungsverfahren,in: Das Arbeitsrecht 1924, S.359.*
56) *Vgl. auch Nörpel, Schlichtungsergebnisse, in: Gew.-Ztg., ab 1924 Nachfolgerin des "Korrespondenzblatt" als Zentralorgan des ADGB, 1924, S. 333 und in: Gewerkschaftsarchiv 1924, Nr.4; Artikel vom 8.2.1925 im "Vorwärts"; vgl. auch den grundsätzlichen Artikel "Das Versagen der Schlichtungsausschüsse und der Schlichtung" im "Vorwärts" vom 16.7.1926.*
57) *In: Gew.-Ztg 1924, S. 92ff.*

Unternehmern einseitig beeinflußt. Gewerkschaftsführer *Tarnow* sprach sich in der Bundesausschußsitzung vom 18.3.1924[58] jedoch gegen die völlige Abschaffung der Verbindlichkeitserklärung aus; beseitigt werden müßten seiner Ansicht nach nur die Gefahren für die Lebensinteressen der Arbeitnehmer durch die einseitige Zwangsausübung durch die Schlichtungsbehörden.

Im Jahr 1925 formulierte Vorwürfe[59] gegen die Schlichtungsbehörden lauteten: "Im Krisenjahr 1925 wäre es die soziale Aufgabe der Schlichtungsinstanzen gewesen, alle Machtmittel einzusetzen, um durch Tarifverträge die Existenzbedingungen der Arbeiter zu sichern, soweit man überhaupt dem Schlichtungswesen eine Mitwirkung bei dieser Aufgabe zuweisen kann." So hätten die organisatorisch schwachen Arbeiter gespürt, daß die Schlichtungsinstanzen sie im Stich lassen.

In den regelmäßig in der Gewerkschafts-Zeitung erscheinenden "Schlichtungsergebnissen"[60] beklagten die Arbeitnehmerparteien ihre schlechte Erfahrungen mit Schiedssprüchen und Verbindlichkeitserklärungen am Beispiel der Textilarbeiter, Metallarbeiter, Lebensmittel- und Getränkearbeiter, Werft- und Bauarbeiter. Daraus folgte als Reaktion, daß die Arbeiter die Zwangstarifverträge nicht einhielten und Klagen vor den ordentlichen Gerichten wegen Nichtigkeit der Verbindlichkeitserklärung anhängig waren. Dazu trat das Phänomen, daß keine Partei mehr ihre endgültigen Forderungen in den Verhandlungen benannte, sondern aus taktischen Erwägungen weit darüber blieb. Besonders die Schlichtungsbehörden ernteten Vorwürfe, weil sie "tatenlos zusehen, wie das Unternehmertum einen Tarifvertrag nach dem anderen zerstört" und das Schlichtungswesen seine Aufgabe als "Institution des Arbeiterschutzes" nicht mehr erfülle[61].

Auch während einer Besprechung mit Reichskanzler *Luther* am 3.4.1925 äußerten sie sich kritisch zur Lohn- und Besoldungspolitik im Reichsarbeitsministeriums. Die Löhne seien zu niedrig und der Staat

---

58) In: Gew.-Ztg. 1924, S. 93.
59) Graßmann, in: Handbuch des ADGB 1925.
60) Gew.-Ztg. 1924, S. 92, 320,333; 1925, S.225
61) Gew.-Ztg. 1925, S. 685.

mische sich zu sehr in ihre Angelegenheiten ein[62]. Der außerordentliche Bundestag des ADGB am 15./16. 3.1926 legte in einer Entschließung[63] zur Sozial- und Wirtschaftspolitik dar, daß in dem Verhalten der Schlichtungsbehörden der "unheilvolle" staatliche Einfluß deutlich zu erkennen und daher abzulehnen sei. Aus diesem Grund erklärten Gewerkschaftsmitglieder in der kurz darauf stattfindenden Lohnverhandlung im Baugewerbe, nicht auf die "altbekannten, primitiven Mittel des Streiks" verzichten zu können[64]. Lohnpolitik sei schließlich Machtpolitik.

In diesem Zusammenhang beklagte u.a. Gewerkschaftssekretär *Müller*[65] auch die ausgedehnte Interpretation des "öffentlichen Interesses". Es sollte unter Außerachtlassung des "öffentlichen Interesses" und unter Anerkennung und Stützung des freien Vertragswillens der Parteien allein nach Recht und Billigkeit über die Verbindlichkeitserklärung entschieden werden.

2.2. Befürworter der Verbindlichkeitserklärung

Vertreter der christlichen Gewerkschaften sprachen sich im Reichstag für die Beibehaltung der Verbindlichkeitserklärung aus. Nach Ansicht des Vorsitzenden des christlichnationalen Gewerkschaftsbundes und späterem Reichsarbeitsministers, *Stegerwald*[66], könne einer Beseitigung des staatlichen Tarifzwangs nicht zugestimmt werden, solange die deutsche Wirtschaft nicht Weltmarktlöhne erreicht habe. Dieser Ansicht folgten die Delegierten auf dem 11. Kongreß der christlichen Gewerkschaften am 17.4.1926[67]: die Schlichtung galt nach ihrer Ansicht unverändert als noch ausbaufähiges Friedensinstrument.

Der Ausbau des Schlichtungswesens gehörte auch von Anfang an in das Programm der Hirsch-Dunkerschen

---

62) "Es gibt Dinge, die nur im Kampf ausgetragen werden können", so äußerte sich ein Gewerkschaftsvertreter zur Schlichtung. in: Aufzeichnung des Staatssekretärs Meissingers über die Besprechung am 3.4.1925 in: Akten der Reichskanzlei, Kabinett Luther I, Dok. Nr. 63.

63) Gew.-Ztg. 1926, S. 207ff.

64) Gew.-Ztg. 1926, S. 226/7.

65) Müller, Schlichtungsordnung in: Das Schliw. 1926, S. 209ff.; Lessing, Verbindlichkeitserklärung in: Arbeitsrecht 1926. S. 847ff., 858.

66) Sten.Ber.des RT, Verh. Bd. 384, 19.Sitzung am 9.2.1925, S.461.

67) Zentralblatt der christlichen Gewerkschaften Deutschlands 1926, S.132; 1928, S. 285.

Gewerkschaften[68]. Sie stimmten der Verbindlichkeitserklärung zu und forderten ihre Beibehaltung, da der Staat über dem Kampf der sozialen Gruppen zum Schutz der Schwachen stehen müsse. Nach dem Gesetzentwurf des ihres Gewerkschaftssekretärs und Reichstagsabgeordneten, *Lammer*[69] war die Verbindlichkeitsentscheidung künftig schriftlich abzufassen und zu begründen, sowie der Stichentscheid des unparteiischen Vorsitzenden zugunsten der im Entwurf der SchliO vorgesehenen Zweidrittelmehrheitsentscheidung abzuschaffen.
Die Notwendigkeit eines staatlichen Schlichtungswesens und der Verbindlichkeitserklärung betonte auch die Angestellten-Bewegung "Afa-Bund". Die Arbeitskraft müsse, entsprechend dem sozialen Charakter des Arbeitsrechtes, geschützt werden. Das Recht zur Antragsstellung einer Verbindlichkeitserklärung sollte jedoch auch nach ihrer Ansicht nur den Arbeitnehmerorganisationen zustehen, um die ablehnende Haltung der Unternehmer brechen zu können[70].
Sogar ausdrücklich gegen den Ausbau der tariflichen Schlichtung wandte sich der Metallarbeiterverband Stuttgart[71], der in der privaten Schlichtung eine Kampfes- und Manövrierunfähigkeit der Arbeiterklasse erblickte und zu vollständigem Verzicht auf die private Schlichtung aufrief.

Die 10. Auschußsitzung des ADGB[72] am 24./25.11.1927 beschäftigte sich fast ausschließlich mit dem Thema "Verbindlichkeitserklärung". Die Gewerkschaftsmitglieder unterstellten den Arbeitgebern, durch die Bekämpfung des Zwangstarifes den Tarifvertrag an sich beseitigen zu wollen. Nach der Idealvorstellung würden die Gewerkschaften durch eigene Vorbildfunktion die Arbeitgber allmählich zum Abschluß von Tarifverträgen "erziehen". In einer Ausschußsitzung des ADGB 1928 verlautete daher hochtrabend: "Das Schlichtungswesen hat eine staatspolitische Aufgabe zu erfüllen; die Verbindlichkeitserklärung ist ein staatspolitscher Akt" [73]. Auch der Vorsitzende des ADGB, *Nörpel*, erklärte im Anschluß an die Sitzung

---

68) in: Martin, Schlichtungswesen, 1929, S. 88.
69) Sten. Ber. des RT, Bd. 398, Drs. Nr. 354, Gesetzentwurf vom 15.1.1925.
70) Afa-Bundeszeitung vom 24.4.1924, diese Ansicht vertrat der Afa-Bund auch anläßlich einer Aussprache im Reichsarbeitsministerium vgl. Angestellten-Bewegung 1921 bis 1925, S.174.
71) In: Gew.-Ztg. vom 21.7.1928.
72) Gew.-Ztg. 1927, S. 680ff.
73) In: Gew.-Ztg. 1928 S. 370.

des Bundesausschusses, es sei eine gesellschaftlich bedingte Notwendigkeit, den wirtschaftlich Schwachen, der Arbeiter, vor dem wirtschaftlich Starken, den Unternehmern zu schützen[74]. Nur mit Hilfe des Staates könnten die Gewerkschaften für die Anerkennung und Durchführung eines kollektiven Arbeitsrechts, also für Tarifverträge, eintreten[75]. Ganz ohne Bindungen gegenüber dem Staate könnten die Gewerkschaften aber nicht leben, es sei daher "grundsätzlich richtiger, notwendige zivilrechtliche Bindungen anzuerkennen". Und dazu gehörte seiner Meinung nach auch das Mittel der Verbindlichkeitserklärung, welches der Staat zur Verfügung stelle, um die Sozialinteressen der Arbeiterklasse und die Allgemeininteressen wahrzunehmen und was jedenfalls strafrechtlichen Sanktionen für einen Tarifbruch vorzuziehen sei. Diesen Standpunkt stellte er auch anläßlich einer Besprechung über das Schlichtungswesen am 16.10.1928 im Reichsarbeitsministeriums dar. Es sei nach Auffassung der Arbeitnehmer unmöglich, auf die Eingriffskompetenz des Staates zum Schutz der Allgemeinheit zu verzichten.
Auf ihrem internationalen Kongreß in München schlossen sich 1928 die christlichen Gewerkschaften dieser Auffassung an und sprachen dem Staat die Aufgabe des Hüters der Gerechtigkeit im Wirtschaftsleben zu[76].

Nach Ansicht der Gewerkschaften war der Streik als Machtmittel unentbehrlich; nicht minder das Schlichtungswesen und die Verbindlichkeitserklärung zur Verhinderung volkswirtschaftlicher Schäden und zur Hilfeleistung an die wirtschaftlich schwächeren Arbeitnehmer dringend geboten. Es herrschte aber die Vorstellung, daß die kollektive Arbeitsregelung einmal so ins Bewußtsein der Parteien übergegangen sein werde, daß sich sowohl eine individuelle als auch eine staatliche Regelung der Arbeitsbe-

---

74) Nörpel, Schlichtungswesens, in: Gew.-Ztg. 1928, S. 596; Müller in: Die Arbeit 1927, S. 433ff.

75) Nörpel S. 597, ähnlich schon in der Stellungnahme gegenüber Sinzheimer, Probleme, in: Die Arbeit, 1927, S. 820ff.;

76) In: Zentralblatt der christlichen Gewerkschaften Deutschlands vom 15.10.1928.

dingungen erübrigen werde[77].
Sinzheimer[78] entgegnete freilich auf einen Vortrag des Vorsitzenden der VDA, Ernst von *Borsig*[79], daß die Verbindlichkeitserklärung Bestandteil des öffentlichen Rechtes sei, die die Gesamtheit der staatlichen Interessen an dem Bestand von Tarifverträgen zur Geltung bringe und für diese Interessen unentbehrlich sei. Der Staat nehme durch die Verbindlichkeitserklärung die Aufgabe war, dem arbeitenden Menschen die sozialen Daseinselemente rechtlich zu sichern, ohne die eine menschenwürdige Existenz nicht möglich sei. *Sinzheimer* wies darauf hin, daß die staatliche Schlichtung die Verständigungsbereitschaft der Parteien nicht gerade fördere und die eigene Verantwortlichkeit schwäche[80]. Seiner Meinung nach war das als "Schutzwall" der Arbeiterklasse gedachte Arbeitsrecht durch die Institution des Zwangstarifs zu einer Gefährdung für die Arbeiterklasse selbst geworden[81].

Die Kommunistische Partei hatte begreiflicherweise den Kampf gegen das Schlichtungswesen als "eines der Machtmittel des kapitalistischen Staates zur Knebelung der Arbeiter und zur Verhinderung der Durchsetzung der Arbeiterforderungen" auf ihre Fahnen geschrieben[82]. Sie bekämpfte das Schlichtungswesen prinzipiell und warf der SPD die "Übereinstimmung mit der Entwicklung des deutschen Kapitalismus" und "Vorbereitung der Zwangsschlichtung" durch Reichsarbeitsminister *Brauns* vor.

Die Gewerkschaften reagierten insgesamt opportunistisch: Stand ihren Interessen die Politik des Reichsarbeitsministeriums entgegen, beklagten sie die Aushöhlung der Tarifautonomie und den Eingriff in die Vertragsfreiheit[83]; ermöglichte ihnen die-

77) Lindemann, Diss. S. 24; Lessing, S. 858; Flatow, Rurhstreit, Soz. Prax. 1931, S. 1462.
78) Sinzheimer, Reform, in: RABl. Nichtamtl. Teil 1929, S.149ff.
79) In: Schriften der VdA, 1929, Heft 18, S. 21ff.
80) Sinzheimer, Reform, S. 152.
81) Sinzheimer/Fraenkel, Chronik, 1968, S. 295.
82) Vgl. 1. Satz im Vorwort von: Merker, Schlichtungswesen, 1928; Merker, Kampf, in: Die Internationale, 1928, S.485; ders. Ruhrkampf, in: Die Internationale 1928, S. 809ff.
83) Jahrbuch des ADGB, Berlin 1923, S.70; 10.Bundesausschußtagung des ADGB am 24./25.8.1927 in: Gewerkschafts-Zeitung 1927, Nr. 49; ferner Nörpel, Schlichtungsergebnisse, in: Gew.-Ztg. vom 6.9.1924.

selbe Politik jedoch, eine Lohnerhöhung durch Verbindlichkeitserklärung eines ihren Forderungen entsprechenden Schiedsspruchs durchzusetzen, wurde die Zwangsschlichtung anerkannt als Verwirklichung der verfassungsmäßigen Aufgabe des Staates, die Position der schwächeren Tarifpartei zu stärken und der Volksgesamtheit zu dienen[84].
In Zeiten der Depression wurden jedoch Schiedsspruch und Verbindlichkeitserklärung von den Arbeitgebern, in den Zeiten der Konjunktur eher von den Arbeitnehmern ignoriert.

3. Stellungnahmen des Reichsarbeitsministeriums

3.1. Der Reichsarbeitsminister

Der Reichsarbeitsminister agierte in doppelter Funktion: als oberste Schlichtungsinstanz und als politisch verantwortlicher Minister. Als Minister bestimmte er durch die Richtlinien inhaltlich die durch das Instrument der Verbindlichkeitserklärung beeinflußbare Lohnpolitik; als oberster Schlichter wandte er sie an. Die Schlichtertätigkeit war eine politische und als solche im Wege der Ministerverantwortlichkeit des Art. 54 WRV als "Krönung des Parlamentarismus" kontrollierbar[85], da dem Reichsarbeitsminister die Verwaltungstätigkeit der Schlichtung im Rahmen eines Spezialgesetzes i.S.d. Art. 56 WRV übertragen worden war. Arbeitsrecht und Sozialpolitik blieben so in der Weimarer Republik eng verzahnt. Der Reichsarbeitsminister sollte dem Parlament gegenüber auch als Schlichter verantwortlich sein. Der Reichstag konnte ihn gegebenenfalls zum Rücktritt zwingen.

3.2. Richtlinienkompetenz

Nachdem Reichsarbeitsminister *Brauns* mit den "Grundzügen der Verordnung über das Schlichtungswesen"[86] und der Stellungnahme zu den erlassenen AusfVO bereits in den beiden Rundschreiben vom 19.12. und 30.12.1923[87] die Weichen für die Anwendung des Zwangsmittels der Verbindlichkeitserklärung gestellt hatte, nutzte er seine Richtlinienkompetenz[88] weiter aus: Schon am 30.1.1924 erging das erste Rundschreiben an die Schlichter, worin er auf

---

84) Schwarzfischer, Diss. S. 7ff..
85) So: Fraenkel in: Betriebsrätezeitschrift des DMV 1930, S. 677; Schmitt, Verfassung, 1931, S.148.
86) RABl. Amtl. Teil 1923, S. 737.
87) RABl. Amtl. Teil 1924, S. 12.
88) Gemäß Artikel I § 7 S.1 der SchliVO.

die "Pflicht zur Zurückhaltung der Verbindlichkeitserklärung und der vorrangigen Beachtung des Grundsatzes der Vertragsfreiheit" hinwies[89]. Allein die Notwendigkeit, dem öffentlichen Interesse zu dienen, rechtfertige die Durchbrechung des Prinzips der Vertragsfreiheit. Wenige Wochen später, am 3.3. 1924, wiederholte der Reichsarbeitsminister diese "strengstens zu beachtenden" Grundsätze[90]. Mit dem gleichem Inhalt erging eine weitere Richtlinie am 27.5. 1924, wonach der Zweck des staatlichen Zwangs nur erreicht würde, wenn seine Anwendung eine seltene Ausnahme bliebe[91]. Nach Meinung *Brauns* blieb es also in erster Linie Sache der Gewerkschaften und Arbeitgebervereinigungen, die Lohn- und sonstigen Arbeitsbedingungen selbständig zu regeln.

In der Praxis schienen diese Richtlinien wenig Eindruck zu hinterlassen. Dennoch war es das Reichsarbeitsministerium, welches durch seine im Januar 1920 erstmalig erlassenen Richtlinien zum Schlichtungsverfahren nach den Verordnungen vom 23.12.1918 und vom 12.2.1920 maßgeblichen Einfluß auf die Begriffsbestimmung der Schlichtung, auf die Trennung von Einzel- und Gesamtstreitigkeiten und die Grundsätze der Anwendbarkeit der Verbindlichkeitserklärung nehmen konnte[92]. Die inhaltliche Ausfüllung der unbestimmten Rechtsbegriffe "öffentliches Interesse", "Durchführung aus wirtschaftlichen und sozialen Gründen erforderlich" etc. übernahm zunächst der Reichsarbeitsminister allein[93].
Die Schlichter agierten als seine Ausführungsorgane. Sie hatten durch die Richtlinien, die regelmäßigen Schlichterbesprechungen unter Leitung führender Beamter im Reichsarbeitsministerium, die an alle Schlichter verteilten Schlichterberichte und die persönliche Auswahl der Schlichter durch den Reichsarbeitsminister weitgehend tatsächlich ihre Unabhängigkeit verloren[94]. Nach Einführung der Arbeitsgerichte durch das ArbeitsGG 1927 erließ dann der Reichsarbeitsminister nur noch Richtlinien[95], die der Differenzierung zwischen Schlichtung und

89) *RABl. Amtl. Teil 1924, S. 107.*
90) *RABl. Amtl. Teil 1924, S. 127.*
91) *RABl. Amtl. Teil 1924, S. 222.*
92) *Vgl. RABl. Amtl. Teil 1920, S. 53, 95,1 43, 185; 1921, S.561.*
93) *Vgl. RABl. Amtl. Teil 1924, S. 107; Buddeberg, Bescheide,in: Das Schliw. 1927, S. 68ff.*
94) *Hartwich, Diss. Berlin 1967, S. 41.*
95) *RABl. Amtl. Teil 1928, S. 100ff.*

Rechtsprechung dienten.

3.3. Sozialpolitik des Reichsarbeitsministeriums

Vor dem Krieg war die Sozialpolitik Teil der Innenpolitik und gehörte nicht zum Aufgabenbereich des Reichsarbeitsministers. Das Reichsarbeitsministerium beanspruchte für sich jedoch aus Art. 157, 159, 160, 162 und besonders aus Art. 165 WRV das Recht, auch in der arbeitsrechtlichen Gesetzgebung stärker seine soziale Fürsorgepflicht zu betonen. So gliederte sich die Sozialpolitik schwerpunktmäßig in das Aufgabenfeld des Reichsarbeitsministeriums ein.

Nach bereits erläuterter Ansicht von Reichsarbeitsminister *Brauns*[96] (1920-28) war eine Verbindlichkeitserklärung bei Nichteinigung beider Parteien zur unvermeidlichen Notwendigkeit geworden und rechtfertigte sich aus der wirtschaftlichen Zwangslage, um den Arbeitsfrieden zu erhalten. Ein Vergleich zwischen den freien Vereinbarungen in der Zeit 1923/24 und den Schiedssprüchen und Verbindlichkeitserklärungen zeige keine wesentlichen Unterschiede auf. Dem Vorwurf eines "ungerechtfertigten Lohndrucks durch Schlichtungs- und Schiedsinstanzen" begegnete *Brauns* mit einer wirtschaftlichen Begründung: die Vorwegnahme der Lohnsteigerung hätte zu inflationistisch gewirkt. Der durch die Verbindlichkeitserklärung beschrittene Weg habe sich als der einzig gangbare erwiesen. So wurde auch klar zum Ausdruck gebracht, daß das Schlichtungswesen nunmehr eine andere Funktion zu erfüllen hatte: es diente staatlicher Lohnpolitik und nur noch entfernt der Verhütung von Arbeitskämpfen und der Vereinbarung von Tarifverträgen. Den Vorwürfen gegen den Zwangstarif von Seiten der Arbeitgeber und Arbeitnehmer widersprach *Brauns* mit dem Hinweis auf die immer noch bestehende Vorrangstellung der freiwilligen Schlichtung in der SchliVO[97].

1927 erschien ein Sonderheft zum Reichsarbeitsblatt[98], worin sich ein Artikel mit dem Thema

---

96) Brauns, Wirtschaftskrisis, 1924, S. 29ff.; vgl. auch Rede am 27.1.1924 in Hagen vor einigen hundert Vertrauensleuten des ADGB; vgl. auch Rede im Reichstag am 29.2.1924 anläßlich der Verhandlung über die Politik der Reichsregierung aufgrund des Ermächtigungsgesetzes vom 8.12.1923, in: Sten. Ber. des RT, Verh. Bd. 361, S. 12480ff.

97) Brauns, Wirtschaftskrisis, S. 37.

98) 38. Sonderheft zum RABl. Arbeitrecht, Arbeitsmarkt und Arbeitsschutz, Berlin 1927.

"Schlichtungswesen" befaßte[99]. Zum Ausdruck kam darin folgende Auffassung des Reichsarbeitsministers: der Staat stehe in der Wirtschaft und sei mit ihr unlösbar verknüpft, ohne mit der Volkswirtschaft identisch zu sein. Daher fühle er sich an der Wirtschaft als Vertreter der Interessen der Allgemeinheit beteiligt und verpflichtet dort einzugreifen, wo es ihm notwendig erscheine. Der Erfüllung dieser sozialstaatlichen Eingriffspflicht diene das Schlichtungswesen in seiner damaligen Gestalt. Nach wie vor sei die Regelung der Lohn- und Arbeitsbedingungen zwar Sache der Parteien, der Staat müsse aber angesichts der verheerenden Auswirkungen auf die Volkswirtschaft durch Arbeitskämpfe überall dort eingreifen, wo den Parteien keine Einigung gelänge.

In seiner Erinnerungsschrift erklärte auch der spätere Reichsarbeitsminister *Wissell*[100] (1928-30) einschränkend, daß ein für verbindlich erklärter Schiedsspruch von Seiten des Staates lediglich als "guter Dienst zur Vermeidung von Arbeitskämpfen" aufgefaßt werden sollte[101]. Anläßlich der Feier des 10jährigen Bestehens des Reichsarbeitsministeriums äußerte sich *Wissell* dann dahingehend, daß die Schlichtung dem Arbeiter ein Minimum an Existenzsicherung gewährleisten solle und der Staat in den Fällen, in denen dieses durch staatliche Machtkonstruktionen nicht zu erlangen sei, selbst die Initiative ergreifen müsse. Diese richtungsweisende Politik sei stets von dem Ziel getragen, den Anteil der Arbeitnehmer am Gesamtertrag der Wirtschaft so groß wie möglich zu halten[102]. Im Zusammenhang mit dem Ruhreisenkonflikt 1929[103] erklärte *Wissell* schließlich, daß das Schlichtungswesen zur Ausführung des Art. 165 WRV notwendig sei und eine staatspolitische Funktion erfülle. Diese hatte nach Verschärfung der Weltwirtschaftskrise ab 1929 ein anderes Gesicht.

Nach Ansicht des Reichsarbeitsministers *Stegerwald* (1930-32) fiel der Schlichtung aus denselben volks-

99) Goldschmidt, Sonderheft, S.82-93.
100) Deutsche Sozialpolitik 1918-28, Erinnerungsschrift des Reichsarbeitsministers, 2. Auflage, Berlin 1929; Wissell löste 1928 den von 1920-28 amtierenden Brauns ab.
101) Wissell, Erinnerungsschrift, S. 76.
102) Wissell in: RABl. 1928, S. 517ff.
103) Wissell, Reform in: MdW 1929, S. 71ff.

wirtschaftlichen Gründen und der Pflicht, für das Gemeinwohl zu dienen, nunmehr die Aufgabe zu, die Löhne nötigenfalls zu senken[104]. Denn sie stehe, so betonte *Stegerwald*, nicht im Dienst der einen oder anderen Partei, sondern der Gesamtwirtschaft.

4. Stellungnahmen der Schlichter

Neben den Richtlinien des Reichsarbeitsministers übte dieser auch durch die regelmäßigen Schlichterbesprechungen Einfluß auf die Tätigkeit der Schlichtungsbehörden aus. Sie umfaßten rechtliche Belehrungen über das Verfahren, Informationen über die Absichten der Reichsregierung oder bevorstehende Verordnungen, über die politischen Vorstellungen des Reichsarbeitsministers und etwaige Äußerungen im Reichstag, Informationen über die Absichten der Verbände über die Begründung von Schlichtungsentscheidungen durch den Reichsarbeitsminister selbst, Empfehlungen etc.[105]. Deshalb dürfen die öffentlichen Äußerungen der Schlichter nicht ohne diesen Hintergrund betrachtet werden.

Anläßlich der Befragung der Schlichtungsparteieen durch den Regierungsrat im Reichsarbeitsministerium, *Potthoff*[106] äußerte sich *Wissell*, damals noch Schlichter im Schlichtungsausschuß Groß-Berlin, positiv zum Instrument der Verbindlichkeitserklärung. Der Zwangstarif sei kein Ideal, aber zur Überwindung der Krise der deutschen Wirtschaft unentbehrlich[107]. *Wissell*[108] beklagte, daß durch die Vereinfachung des Erlasses von Schiedssprüchen die Verständigungsbereitschaft der Parteien gesunken sei. Die Schlichtungsergebnisse bezeugten seiner Meinung die Falschheit der Vorstellung, es würden nur noch Zwangstarife geschaffen. Die staatliche Schlichtung bleibe subsidiär[109].

Nach Meinung des Vorsitzenden des Schlichtungsausschusses Mannheim, *Erdel*[110], lag die Krise des Schlichtungswesens ausschließlich an der wirt-

---

104) So Reichsarbeitsminister Stegerwald, in: Jahrbuch, S. 10ff.
105) In: Hartwich, Diss., S. 226.
106) In: Das Arbeitsrecht 1924, S. 342ff.
107) In: Das Arbeitsrecht 1924, S. 248.
108) Wissell, Schlichtungsverordnung in: Soz. Prax. 1924, S. 456; Schlichtungsergebnisse in: Gew.-Ztg. 1924, S.321.
109) Wissell, Schlichtungsstellen in: Soz. Prax. 1928, S.841ff.
110) Erdel, Vortrag, Berlin 1926, S. 9.

schaftlichen Notlage des deutschen Reiches. In Zeiten wirtschaftlicher Depression sei das Tarifvertragswesen geeignet, ein allzu hemmungsloses Hinabgleiten der Löhne zu verhindern. Er kritisierte die Ausnutzung wirtschaftlicher Machtstellung der Arbeitgeber, die ihre Arbeitnehmer oder Angestellten dazu brachten, auf tarifliche Rechte zu verzichten und bezeichnete dies als "Verleitung zum Vertragsbruch". Später räumte er ein, daß zwar viele Arbeitskämpfe durch die Zwangsverbindlichkeit gefällter Schiedssprüche vermieden worden waren[111], die Zeit jedoch nicht gekommen sei, den Zwangstarif wieder abzubauen.

Das Schlichtungswesen stellte nach Ansicht des mitteldeutschen Schlichters in Magdeburg, *Lüttgens*[112], für die "Zweierverbindung" von Arbeit und Kapital ein drittes logisches Element zur Verfügung. Die Parteien hätten sich bewußt ihrer Hoheitsrechte wie die eigene Verhandlungsführung und selbständige Vereinbarung entledigt, so daß die dem Schlichtungswesen innewohnende Mittlerfunktion unentbehrlich geworden sei. Bei der damaligen Verschärfung des Konfliktes zwischen Arbeit und Kapital könne der Staat im Interesse der Allgemeinheit nicht auf ein Rechtsmittel verzichten, welches den Streit der Parteien nicht nur vermittelnd, sondern auch entscheidend beeinflussen konnte[113].

Der Reichs- und Staatskommissar und Schlichter *Mehlich*[114] rechtfertigte die Verbindlichkeitserklärung ausschließlich durch ihre Funktion, Arbeitskämpfe zu verhindern. Die volkswirtschaftlichen Auswirkungen der Arbeitskämpfe seien so gravierend, daß der Staat den Grundsatz der Nichteinmischung nicht aufrechterhalten könne.

Nach Ansicht des die Zwangsschlichtung befürwortenden Vorsitzenden des Schlichtungsausschusses für die Provinz Oberhessen in Gießen, *Raab*[115], habe die Erfahrung in den letzten Jahren auch bei den Unternehmern als den schärfsten Gegnern des Zwangstarifs

---

111) Ders., "Zwangstarifs" in: Das Arbeitsrecht 1926, S. 276ff.
112) Lüttgens, Schlichtungswesen, 1926, S. 6.
113) Ders., Schlichtungswesen, S. 18.
114) Mehlich, Handbuch, 1924; Mehlich war SPD -Mitglied.
115) Raab, Schlichtungswesen in: Das Schliw. 1926, S.154ff., 156/7.

gezeigt, daß in absehbarer Zeit nicht mit einer Beseitigung des amtlichen Schlichtungsapperats zu rechnen sei. Keine Regierung könne dies angesichts des "segensreichen, die wirtschaftlichen Gegensätze mildernden Wirkens der Schlichtungsausschüsse" verantworten.
Der Beschluß der VDA, das Schlichtungswesen durch Verweigerung der Mitarbeit lahmzulegen, erntete Kritik beim Vorsitzenden des Schlichtungsausschusses Karlsruhe, *Schick*[116]. Der Geschäftsführer des Schlichtungsausschusses Freiburg, *Hessel*[117], erblickte den Zweck der Schlichtung darin, an die Stelle des wirtschaftlichen den "sozialen", den "politischen" Lohn zu setzen.

Von einer bloß vorübergehenden Bedeutung der SchliVO, den diese ursprünglich vorsah, gingen die Schlichter nicht mehr aus. Die Schlichtungspraxis habe die weitreichende Bedeutung des Schlichtungswesens für die deutsche Wirtschaft erkannt - vielleicht auch schon die Sackgasse, in der sich die Tarifautonmie bereits befand.

<u>5. Stellungnahmen im Reichstag</u>
Regelmäßig bei den Haushaltsdebatten stand das Thema "Schlichtungswesen" auf der Tagesordnung im Reichstag. Reichsarbeitsminister *Brauns* verteidigte in der Sitzung vom 29.2.1924 das teilweise scharf angegriffene Instrument der Verbindlichkeitserklärung in seinen Reden über die Sozialpolitik des Reichsarbeitsministeriums und wies den Vorwurf eines "bürokratischen Lohndiktats" zurück[118]. Die SchliVO sichere die wirtschaftliche Freiheit, stelle die freie Verständigung in den Vordergrund und wirke an der aufsteigenden Tendenz des Lohnniveaus mit. Das Reichsarbeitsministerium sei die letzte Stelle, die der Selbstbestimmung der Tarifverbände in den Rücken fallen werde. Aber bei Nichtverständigung der Parteien bestünde die Gefahr der Produktionsniederlegung sowie verheerende Auswirkungen für die deutsche Volkswirtschaft und das

---

116) Schick, Lahmlegung in: Das Schliw.1926, S.183.
117) Hessel, Schlichtung in: Gew.-Ztg. 1932, S.135.
118) Sten. Ber. des RT, Verh. Bd. 361, Sitzung vom 29.2.1924, S.12480, Bd. 392, 282. Sitzung vom 11.3.1927,S. 9368; auch Bd. 389, Sitzung vom 19.2.1926, S. 5738; Bd. 392, Sitzung vom 11.3.1927, S. 9368 in Entgegnung zu Vorwürfen der KP.

Gemeinwohl, der der Staat verhindern müsse.

Als Antwort auf einen Beschluß des Reichstags über eine Petition bezüglich der Bekämpfung der Widerstände gegen das staatliche Schlichtungswesens seitens der Reichsregierung - im vorliegenden Fall betreffend die Maßnahmen zum Schutz gegen Massenentlassungen der Nordwestlichen Gruppe der Eisen- und Stahlindustrie - antwortete die Regierung: "Der Reichstag bekämpfte die mitunter zutage tretenden Widerstände gegen das staatliche Schlichtungswesen mit allen ihr nach dem Gesetz zustehenden Mitteln (...) Eine besondere gesetzliche Sicherung der Durchführung für verbindlich erklärte Schiedssprüche, etwa durch Einführung von Strafen, hält die Reichsregierung nach dem Ergebnis der öffentlichen Aussprache über diese Fragen anläßlich des seinerzeit vorgelegten Gesetzentwurfes zu einer Schlichtungsordnung nicht für zweckmäßig nach den im Ausland gesammelten Erfahrungen"[119].

Im mündlichen Bericht des Haushaltsausschusses über den Haushalt des Reichsarbeitsministeriums für das Rechnungsjahr 1928 stand eine Entschließung[120] zur Annahme. Sie ersuchte die Reichsregierung, im Fall offensichtlichen Tarifunwillens der Tarifparteien das Mittel der Verbindlichkeitserklärung eines Schiedsspruches auch dann anzuwenden, wenn unter anderen Umständen nach allgemeiner Gepflogenheit sich eine Verbindlichkeitserklärung nicht ohne weiteres rechtfertigen lasse. Diese Entschließung wurde angenommen[121] und später von der Reichsregierung beantwortet[122].

Die Abgeordneten bemängelten gleichzeitig den weitgehenden Einfluß des Reichsarbeitsministeriums auf

---

119) Vgl. Sten. Ber. des RT, Drs. Bd. 412, Nr. 2821, S. 129 vom 10.12.1926.
120) Drs. Bd. 421, Nr. 3876, II a).
121) Vgl. Verh. Bd. 395, Sitzung vom 17.2.1928, S. 12934.
122) Vgl. Drs. Bd. 434, Nr. 878, S. 59.

die Lohnpolitik[123]. Nach Ansicht der DVP[124] "werden wir es in diesem wirtschaftlichen Auftrieb der Welt versäumen, uns einen Platz zu erobern", wenn die wirtschaftliche Gesundung durch Arbeitskämpfe gestört wird. Einzig in der Rückkehr zum Gedanken der Arbeitsgemeinschaft liege für die Tarifautonomie eine Chance. Die Verbindlichkeitserklärung sei bis dahin aus wirtschaftlichen Gründen noch unerläßlich und verstoße so geringfügig gegen die Tariffreiheit wie die Möglichkeit der Enteignung gegen den Eigentumsbegriff. Die Aufrufe der VDA, die Schlichtung zu boykottieren seien sehr bedauerlich; "solange die Gesetze bestehen, müssen sie im Interesse der

---

123) Abgeordneter Ziegler, Verh. Bd. 382, Sitzung vom 26.6.1924 S. 345, seiner Meinung nach standen viele Dinge nur auf dem Papier und die Verbesserung im Schlichtungswesen sollte endlich in Angriff genommen werden.

124) Abgeordneter Raumer in: Verh. Bd. 361, Sitzung vom 6.3.1924, S. 12611; gleicher Ansicht Abgeordneter Veidt (DNVP), der von der "Frage des Gewissens" bei der sozialpolitischen Arbeit sprach, Bd. 381, Sitzung vom 26.6.1924, S. 299; ebenso Abgeorndeter Thiel (DVP) Bd. 382, Sitzung vom 26.6.1924, S.336; Abgeordneter Gok (DNVP) in: Bd. 384, Sitzung vom 9.2.1925, S. 451, der die gute Absicht der Schlichtungseinrichtungen zur Erhaltung des Arbeitsfriedens herausstellte; Abgeordneter Schneider (DDP), Bd. 384, Sitzung vom 9.2.1925, S. 465; Abgeordneter Stegerwald (Zentrum) S. 461.

Staatsautorität befolgt werden".

5.1. Gesetzentwürfe

Nach etlichen Anfragen[125], die sich größtenteils mit dem Instrument der Verbindlichkeitserklärung befaßten, wurden ihm Reichstag auch eine Reihe von Gesetzentwürfen eingereicht. Dazu gehörte auch der Gesetzentwurf der KPD[126], der die Überführung des Schlichtungswesens in die berufsständische Selbstverwaltung und den Vorrang der tariflichen Schlichtungsstellen bis zur endgültigen gesetzlichen Entscheidung vorsah. Er wurde abgelehnt.
DVP-Abgeordnete forderten 1925 in einem Gesetzentwurf, daß die Bestellung der Schlichter dem besonderen Nutzen der Arbeitgeber- und Arbeitnehmervereinigungen Rechnung tragen sollte und die Verbindlichkeitserklärung schriftlich zu begründen sei[127]. Durch die vorgesehene Regelung sollte die

---

125) *Anfrage des Abgeordneten Thiel (DVP) am 10.8.1921 zur Unzulässigkeit einer einseitigen Abänderung eines Teiltarifs in: Sten. Ber. des RT, Drs. Bd. 369, Nr. 2818, Antwort Bd. 370, Nr. 3094; Anfrage des Abgeordneten Giebel zur Statistik der Streitfälle in: Drs. Bd.369, Nr. 3029, Antwort in: Bd. 370, Nr. 3117; Anfrage des Abgeordneten Budjahu und Genossen zur Verwendung gutachterlichen Äußerungen des Reichsarbeitsministers bei Entscheidungen von Streitigkeiten, Drs. Bd. 371, Nr.3679, Antwort in: Bd. 353, Verh. 185. Sitzung, S. 6225; Anfrage des Abgeordneten Thiel zur Ablehung der Verbindlichkeitserklärung eines Schiedsspruchs durch den Demobilmachungskommissar, weil der Tarifvertrag für die Gestaltung der Arbeitsbedingungen keine überwiegende Bedeutung hatte, Bd.365, Nr.1468, Antwort in:Bd.366, Nr. 1796; Ablehung einer Verbindlichkeitserklärung eines Schiedsspruchs für das ganze Reich in der Privatversicherung durch das Reichsarbeitsministerium in: Bd. 355 in der 213. Sitzung S.7368; Regelung der Verbindlichkeitserklärung ergangener Schiedssprüche durch den Entwurf der neuen SchliO in: Bd. 355, 227. Sitzung, S. 7837, 7842, 7851, 7854, 228. Sitzung S.7873, Bd. 361,401. Sitzung, S. 12485, 406. Sitzung, S.12618, 409. Sitzung, S.12757.*

126) *In: Drs. Bd. 383, Nr. 34 vom 19.6.1924, Ausschließlich die wirtschaftlichen Berufsgruppen der einzelnen Gewerbe sollten Recht und Macht erhalten, durch eigene Schlichtungsorgane und eigene Arbeitsgerichte Einzel und Gesamtstreitigkeiten in Arbeitsverhältnissen engültig mit bindender Kraft zu entscheiden.*

127) *Abgeordnete Schneider, Lemmer und Ziegler In: Drs. Bd. 398, Nr. 354 vom 15.1.1925.*

Einheitlichkeit der Verwaltungsmaßnahmen erzielt und Unzufriedenheit verhindert werden. Aber auch diese Regelung wurde nicht übernommen.

Ein weiterer Entwurf der DVP[128] hatte die von der SDP als solche bezeichnete "lex Wissell"[129] zum Gegenstand: Danach sollte der Reichsarbeitsminister für größere Wirtschaftsbezirke oder für den Einzelfall besondere Schlichter bestellen. Vor deren Bestellung seien die beteiligten obersten Landesbehörden sowie die wirtschafltichen Vereinigungen der Arbeitgeber und Arbeitnehmer zu hören. Nicht bestellt werden durften danach Personen, die Arbeitnehmer oder Arbeitgeber waren. Der zum Schlichter in Groß-Berlin berufene Rudolf *Wissell* war Arbeiter und Gewerkschaftsmitglied. Der Antrag wurde diskutiert, aber nicht angenommen[130]. Dies wiederfuhr auch dem Gesetzentwurf der KPD, der zur völligen Aufhebung des gesetzlichen Schlichtungsverfahrens führen sollte[131].

5.2. Stellungnahmen zur Verbindlichkeitserklärung

Nach verbreiteter Ansicht waren also die amtlichen Schlichtungsausschüsse ein "notwendiges Übel in der Zeit des wirtschaftlichen Wiederaufbaus"[132], Die freie Verständigung und Selbstverwaltung der Berufsstände blieb jedoch Idealvorstellung. Die Verbindlichkeitserklärung sei verfassungsrechtlich bedenklich und sollte so weit wie möglich beschränkt werden. An Stelle des Schlichters sollte eine unabhängige Körperschaft gesetzt werden.
Die DVP erkannte die Bedeutung des staatlichen Schlichtungswesens und der Verbindlichkeitserklärung an und setzte sich schon vor Erlaß der SchliVO für die Möglichkeit einer Verbindlichkeitserklärung von Schiedssprüchen ein[133]. Sie vertrat

128) Abgeordnete Thiel und Genossen in: Drs. Bd. 382, Nr. 127 vom 3.6.1924, ferner in: Drs. Bd. 397, Nr. 19 vom 18.12.1924.

129) Abgeordneter Aufhäuser (SPD) in: Bd. 384, Sitzung vom 9.2.1925, S. 454.

130) Vgl. Bd. 384, Sitzung vom 9.2.1925, für die vorgesehene Regelung sprach sich der Abgeordnete Pfeffer (DVP) aus, S. 459.

131) Abgeordnete Stoecker, Rädel und Genossen in: Drs. Bd. 414, Nr. 3039 vom 23.2.1927, wonach anhängige Verfahren mit Zustimmung beider Parteien weitergeführt werden, ansonsten aber die SchliVO ganz aufgehoben werden sollte.

132) In: Verh. 381, Sitzung vom 26.6.1924, S. 336.

133) Flugblatt der DVP, die sozialen Aufgaben des Wiederaufbaus, 1921, S. 21.

den Standpunkt, daß in "solch schwierigen Krisenzeiten wie der gegenwärtigen zur Überwindung großer Spannungen" die Verbindlichkeitserklärung als Eingriff des Staates nicht entbehrt werden könne[134]. Beispielhaft wies der Abgeordnete *Thiel* 1927 auf die "verheerenden Folgen im Bergarbeiterstreik in England" und auf die Gefahren hin, die das "Fehlen eines allgemein anerkannten amtlichen Schlichtungswesens" mit sich bringe[135].
Ähnlich war die Auffassung der DNVP, die sich für die Zwangsschlichtung einsetzte[136]. Prozentual falle nach ihrer Ansicht die Anzahl der verbindlich erklärten Schiedssprüche gegen die Fülle der Tarifverträge gar nicht ins Gewicht und nur die Verbindlichkeitserklärung und das Eingreifen von Amts wegen könnten die Arbeitskämpfe verhindern[137]. Nur der DNVP-Abgeordnete *Gok* wandte sich entschieden gegen die Verbindlichkeitserklärung: Sie erzeuge eine größere Zahl von Arbeitskämpfen als sie verhindere. Um aber wirklichen Arbeitsfrieden zu erhalten, müsse jede Zwangswirkung beseitigt werden. Durch die unbestimmbaren Klauseln wie "öffentliches Interesse" und "Billigkeit" verberge sie einen "gefährlichen Charakter"; die Schlichtungsstellen könnten nicht den "richtigen" Lohn finden, sie trügen zur "Störung des Wirtschaftsfriedens bei"[138].

Die Abgeordneten der SPD verteidigten die Verbindlichkeitserklärung aus ideologischen Gründen: "Der Kampf gegen die Verbindlichkeitserklärung bedeutet

---

134) Sten. Ber. des RT, Verh., Bd.389. Sitzung vom 19.2.1926, S. 5712, Rede des Abgeordneten Moldenhauers; ebenso Thiel Bd. 384 Sitzung vom 3.2.1925, S. 291, der trotz seiner wiederholten Appelle an die Verständigungsbereitschaft der Arbeitnehmer- und Arbeitgeberorganisationen dem Reichsarbeitsministerium die Aufgabe zusprach, innerhalb seiner Autorität die Befugnis zur Verbindlichkeitserklärung aus sozialen Gründen auszuüben.

135) In: Bd. 392, Sitzung vom 26.2.1927, S. 9261; gleicher Ansicht war Lambach (DNVP) in: Bd. 392, Sitzung vom 9.3.1927, S. 9281, mit Blick auf Englands Streiks erklärte er, daß "wir mit unserem Schlichtungswesen auf dem richtigen Wege sind".

136) Verh., Bd. 389, Sitzung vom 20.2.1926, S. 5783, Rede der Abgeordneten Behm; ebenso Leopold, Bd. 395, S. 12828;

137) Abgeordneter Lambach in: Bd. 392, Sitzung vom 9.3.1927, S. 9281.

138) Verh. Bd. 384, Sitzung vom 9.2.1925, S. 451.

Brotlosmachung der Massen"[139]. Der Schutz der Arbeiter und die Sicherung ihrer Löhne sei Aufgabe des Reichsarbeitsministeriums.
Nach Ansicht der DDP wurde das Schlichtungswesen einfach falsch angewandt, insgesamt galt es jedoch als notwendiger Bestandteil des Wirtschaftslebens[140]. Auch das Zentrum erklärte "Es gibt vielfach keine andere Möglichkeit als durch die Verbindlichkeitserklärung von Schiedssprüchen den Arbeitsfrieden zu sichern"[141].

Einzig die Kommunisten stellten sich einhellig gegen die Verbindlichkeitserklärung und bezeichneten sie als "berüchtigte Bestimmung, durch die alle Entscheidungen in die Hand des Reichsarbeitsministers gelegt wurden". Das Reichsarbeitsministerium übe keinen günstigen Einfluß aus. Es müsse Aufgabe der KPD sein, "das Proletariat auf den Betrug des Schlichtungswesens aufmerksam zu machen". Ihr Abgeordneter *Thälmann* sprach von der "Anleihegemeinschaftspolitik mit der Bourgeoisie" und von der "Politik der herrschenden Klasse"[142]. Eine in diese Richtung zielende, gleichlautende Entschließung sollte die Mißbilligung des Reichstags gegen das "arbeiterfeindliche Verhalten des Reichsarbeitsministers ausdrücken, das bei Lohn- und Arbeitszeitkämpfen sowie bei sonstigen Arbeitsstreitigkeiten durch die vom Reichsarbeitsminister gegen die Gewerkschaften gefällten Schiedssprüche fortge-

---

139) Abgeordneter Aufhäuser in Bd. 384, Sitzung vom 9.2.1925, S.453, ebenso Ditzmann in Bd. 384, Sitzung vom 3.2.1925, S.277.

140) Abgeordneter Schneider Bd. 384, Sitzung vom 4.2.1925, S.309,Sitzung vom 9.2.1925 S. 465, Bd. 395, Sitzung vom 11.2.1928, S. 12751.

141) Abgeordneter Stegerwald in Bd. 384, Sitzung vom 9.2.1925, S.461; ebenso Imbusch, Bd. 392, Sitzung vom 10.2.1928, S. 12735, der die Ansicht vertrat, daß sich die Wirtschaft ohne das Schlichtungswesen nicht so erholt hätte.

142) In: Bd. 394, Sitzung am 20.1.1928, S. 12266, vgl. auch Abgeordneter Maltzahn in: Bd. 361, Sitzung vom 11.3.1924 und Abgeordneter Rädel in: Bd. 384, Sitzung vom 4.2.1925, S. 333 und Bd. 392 Sitzung vom 26.2.1927, S. 9271, er sprach von einer "schändlichen Praxis" gerade in der Schuh- und Textilindustrie, in der die Wochenarbeitszeit ausgedehnt und die Löhne nicht erhöht würden, Heckert in: Bd. 395, Sitzung vom 14.2.1928, S. 12825.

setzt zum Ausdruck kommt"[143]. Die entsprechende Resolution wurde in mehreren Sitzungen behandelt, schließlich aber abgelehnt[144].
Auch die SPD beklagte die schlechte Lage der Arbeiter am Beispiel des oberschlesischen Bergbaus und der dort immer noch existierenden 8 1/2 Stunden-Schicht, die nicht ausreichende Lohnerhöhung im Ruhrgebiet, im Bankgewerbe und in der Braunkohle[145]. Diesen Vorwürfen trat der DDP-Abgeordnete *Erkelenz*[146] und Reichsarbeitsminister *Brauns* entgegen[147].
Erneut reichte die KPD eine Interpellation in den Reichstag[148], in der die negativen Auswirkungen der Verbindlichkeitserklärungspraxis des Reichsarbeitsministers am Beispiel der Hamburger Hafenarbeiter, der rheinisch-westfälischen Stahlindustrie, dem Ruhrbergbau und Braunkohlebergbau aufgezeigt werden sollten. Auch diese Resolution wurde beraten und war dann erledigt[149]. Es folgten zwei Mißtrauensanträge gegen den Reichsarbeitsminister[150]. Nachdem im Jahr 1927 der Reichsarbeitsminister[151] zu den Mißtrauensanträgen Stellung genommen hatte,

143) Drs. Bd. 406, Nr. 1907, Entschließungsantrag der Abgeordneten Stoecker, Rädel, Tieldt und Genossen vom 17.2.1926.
144) Bd. 389, Sitzung vom 19.2.1926; Ablehung dann: Bd.390, Sitzung vom 27.3.1926 .
145) Abgeordneter Becker (SPD), Bd. 392, Sitzung vom 1.3.1926, S. 5779.
146) Bd. 392. Sitzung vom 9.3.1927, S. 9286, die Schlichtungsbehörden hätten zur Verhinderung der Arbeitskämpfe beigetragen.
147) Bd. 389, Sitzung vom 19.2.1926, S. 5738; Bd. 392, Sitzung vom 11.3.1927, S. 9368, der sich gegen den "Vorwurf der Lohndrückerei" wandte.
148) Drs. Bd. 410, Nr. 2578 vom 2.10.1926.
149) Bd. 395, Beratung in der Sitzung vom 13.2.1928 und vom 14.2.1928, Erledigung in der Sitzung vom 17.2.1928, S. 12939.
150) Antrag in Bd. 415, Drs. Nr. 3259 vom 1.4.1927 und in Bd. 419 Nr.3664 vom 18.10.1927 der Abgeordneten Stoecker, Rädel u.G.
151) In: Bd. 393, Sitzung vom 4.4.1927 S. 10417.

wurden beide Anträge abgelehnt[152].

5.3. Appell an die Verständigungsbereitschaft der Tarifparteien

Es bestand Einigkeit darüber, daß das Schlichtungswesen zur Schwächung der Verständigungsbereitschaft und des Verantwortungsbewußtseins der Parteien verleite[153]. Besonders die Abgeordneten der DNVP appellierten an die Tarifparteien, zum alten Gedanken der Arbeitsgemeinschaft zurückzukehren[154]. Diese werde aber da verhindert, wo ein zentrales Organ zur Regelung der Lohn- und Arbeitsbedingung errichtet worden sei. Auch der Ministerialdirektor im Reichsarbeitsministerium, *Sitzler*, erklärte, die Verbindlichkeitserklärung müsse die Ausnahme bleiben, da der Reichsarbeitsminister diese Verantwortung sonst nicht übernehmen könne und wolle[155].

Der DVP-Abgeordnete *Moldenhauer* warnte vor einer "Schematisierung der Sozialpolitik" und erklärte:"Ich würde es sehr bedauern, wenn wir dahin kommen, daß dem Staat Funktionen übertragen wurden, die er nicht übernehmen will und kann"[156].

In diesem Zusammenhang forderte die SPD[157] eine Erweiterung der Statistiken über das Schlichtungs-

---

152) Ablehnung des 1. Antrags in Bd. 393, Sitzung vom 6.4.1927, S. 10568; Ablehnung des 2. Antrags nach vorausgehenden Verhandlungen in den Sitzungen vom 18.10.1927 in Bd. 394, S. 11525. Der KPD-Abgeordnete Koenen wiederholte ihn mündlich in der Sitzung vom 19.10.1927, der Antrag wurde jedoch von der Tagesordnung abgesetzt in der Sitzung vom 22.10.1927 und laut Schreiben der KPD-Reichstagsfraktion als erledigt angesehen. Erneut wiederholte Stoecker das Mißtrauensvotum am 13.2.1928, Bd. 421, Drs. Nr. 3973, eine Ablehnung erfolgte in der Sitzung vom 17.2.1928, Bd. 395, S. 12933 .

153) Abgeordneter Aufhäuser (SPD) in: Bd. 384, Sitzung vom 9.2.1925, S. 453, Thiel (DVP) in: Bd. 381 Sitzung vom 26.6.1924, S. 336 und in: Bd. 384 sitzung vom 3.2.1925, S. 291; Imbusch (Zentrum) in: Bd. 394 Sitzung vom 10.2.1928, S. 12735, Haldenkamp (DNVP) in: Bd.395, Sitzung vom 11.2.1928, S. 12743.

154) Thiel in: Bd. 384 Sitzung vom 3.2.1925, S. 291; ebenso Moldenhauer von der DVP in: Bd. 389, Sitzung vom 19.2.1926, S. 5712.

155) In: Bd. 389 Sitzung vom 20.2.1926, S.5722.

156) In: Bd. 389, Sitzung vom 19.2.1926, S. 5712.

157) In: Bd. 389, Sitzung vom 20.2.1926, S. 5779, Ministerialdirektor im Reichsarbeitsministerium Sitzler entgegnete, mit dem Ausbau der Statistiken sei schon begonnen, S. 5787.

wesen. Schlichter und Schlichtungsausschüsse sollten vom Reichsarbeisministerium besser kontrolliert und die Einhaltung der Schiedssprüche durch die Parteien beobachtet werden. Dem schloß sich das Zentrum an, das den Tarifunwillen beklagte und den Wunsch an die Regierung aussprach, die Schiedssprüche der Schlichter und Schlichtungsausschüsse als formell unachfechtbar auszugestalten[158].

Das Parlament diskutierte oft über das Schlichtungswesen. Eine gesetzesgestaltende Tendenz war aus den Debatten aber nicht abzulesen. Der Entwurf der SchliO wurde nicht wieder behandelt und das Legislativorgan Reichstag sah keinen Handlungsbedarf. Die von der Exekutive aufgrund der umstrittenen Ermächtigungsgrundlage erlassene SchliVO blieb die einzige gesetzliche Grundlage für die Durchbrechung des in der Verfassung garantierten Grundsatzes der Vertragsfreiheit und der Tarifautonomie. Das Reichsarbeitsministerium handelte für die Regierung als Administrativorgan und entledigte den Gesetzgeber stillschweigend seines Auftrages, das Schlichtungswesen neu zu definieren und gesetzlich zu gestalten.
In diesem Zusammenhang beklagte der damalige Syndikus des deutschen Metallarbeiterverbandes *Fraenkel*[159] den Funktionswandel des Parlaments. Das Sprachrohr politischer Volksmeinung sei zurückgedrängt worden, so führt er aus. Der natürliche Gegenspieler Regierung repräsentiere die Identität von Parteiführern und Regierungsmitgliedern. Die rechtliche Abhängigkeit der Regierung vom Parlament habe sich gewandelt zur Abhängigkeit des Parlaments von der Bürokratie. Die Macht des Gesetzes werde überschätzt und von der Legislative auf die Justiz übertragen. Nur noch die kollektive Demokratie sei ein Mittel, den bürokratischen Apparat zu demokratisieren[160].

II. Zwangsschlichtung als Instrument politischer Lohnfindung

1. Erfahrungen mit der Zwangsschlichtung

Der Rückgang der Tarifverträge nach 1924 lag beson-

---

158) In: Bd. 395, Sitzung vom 14.2.1928, S. 12820.
159) Fraenkel, Demokratie, in: Ramm, Quellentexte, S.80ff.
160) Dabei ging Fraenkel von Art. 165 WRV aus.

ders an der Verlängerung der Laufzeiten der Verträge sowie an der wachsenden Zahl der Verbindlichkeitserklärungen[161]. 1926 verhandelte der 36. Deutsche Juristentag in Köln über den Tarifvertrag und mögliche Folgen eines Arbeitskampfes, den die Schlichtung dringend verhüten möge[162]. Die Bedeutung der Zwangsschlichtung wuchs indessen und die den Parteien aufgrund der Tarifautonomie übertragene Verantwortung sank Hand in Hand gehend mit der der zunehmenden Einflußnahme des Staates.

1.1. Der Stellenwert der Zwangsschlichtung

In jeder monatlichen Ausgabe der Zeitschriften "Das Schlichtungswesen"[163], "Soziale Praxis"[164], "Neue Zeitschrift für Arbeitsrecht"[165] sowie im Reichsarbeitsblatt und anderen Fachzeitschriften wurden regelmäßig Schiedssprüche, Verbindlichkeitserklärungen, Empfehlungen des Reichsarbeitsministers und Entscheidungen der ab 1927 eingerichteten Arbeitsgerichte[166] veröffentlicht. Daneben erschienen bereits ab 1920 das Mitteilungsblatt der Schlichtungsausschüsse von Nord- und Mitteldeutschland, nämlich: "Der Schlichtungsausschuß"[167] sowie "Das Schlichtungswesen", Mitteilungsblatt der Schlichtungsausschüsse im Deutschen Reich unter Mitwirkung des Reichsarbeitsministeriums[168], das "Einigungsamt" als Organ des Reichsverbandes deutscher Eini-

---

161) Weddingen, Grundsätze, S. 60; Martin, Schlichtungswesen, S. 118.

162) In: Hundert Jahre Deutsches Rechtsleben, Festschrift zum 110jährigen Bestehen des deutschen Juristentages 1860-1960, Bd. II, Karlsruhe 1960, S. 381.

164) früher: "Arbeitsrecht und Schlichtung", Mitteilungsblatt der Schlichtungsausschüsse im Deutschen Reich, Hrsg. unter Mitwirkung des Reichsarbeitsministeriums, der Länder und der Vereinigung Deutscher Schlichtungsausschüsse, Stuttgart.

164) Zentralblatt für Sozialpolitik, Organ des Verbandes deutscher Gewerbegerichte, Jena ab 1894 bis 1943.

165) Monatlich erschien die von Syrup erarbeitete "Rundschau", die zur Gesetzgebung, Verwaltung und Rechtssprechung rund um das Schlichtungswesen informierte.

166) Nach Verabschiedung des ArbeitsGG 1927.

167) Erschienen in Schleswig bis 1921, Schriftleitung: Otto Grün.

168) Herausgegeben von der Vereinigung deutscher Schlichtungsausschüsse, verantwortl. Ferch, erschienen in Berlin 1918-1925.

gungsämter[169], das "Mitteilungsblatt des Schlichtungsausschusses Groß-Berlin"[170], und schließlich das "Mitteilungsblatt über Tarif- und Schlichtungswesen"[171]. In allen diesen Zeitschriften wurden Statistiken über die Anzahl der Verfahren, den Stand der Erhebungen, die Anzahl der Schiedssprüche und Verbindlichkeitserklärungen, die Besetzung der Auschüsse, die Berufung einzelner Schlichter durch das Reichsarbeitsministerium, interne Nachrichten, Jahresberichte, einzelne Aufsätze von Schlichtern, Schlichtungsausschußvorsitzenden oder Beisitzern etc. veröffentlicht.
Am 1.4.1931 bestanden insgesamt 90 Schlichtungsausschüsse: 11 in Bayern, 15 in Württemberg, 4 in Sachsen, 4 in Baden, 50 in Preußen, je 3 in Hessen, Mecklenburg-Schwerin und Bremen, einer in Thüringen, Hamburg, Oldenburg, Braunschweig, Anhalt, Lübeck und Mecklenburg-Strelitz[172].

1.2. Die Statistiken

1924 wurde nach der Statistik der VDA in insgesamt 9490 erfolglos durchgeführten Schlichtungsverhandlungen ein Schiedsspruch gefällt, 4492 davon von den Parteien nicht angenommen und nur 930 für verbindlich erklärt[173]. 1925 nahmen die Parteien von 8352 Schiedssprüchen 3416 an. Von den 4636 nicht angenommenen wurden 707 für verbindlich erklärt. 1926 ergingen nur noch 2807 Schiedssprüche, von denen 1182 angenommen und von den 1625 abgelehnten Schiedssprüchen 315 für verbindlich erklärt wurden. 1925 veröffentlichte erstmalig das Reichsarbeitsministerium eine Statistik[174], nach der im ganzen

---

169) Erschienen in Berlin 1923-1930, verantwortl. Brumberg; 1913-1915 gab bereits von Schulz "Das Einigungsamt", Monatschrift zur Pflege des gewerblichen Einigungswesens und der Tarifverträge in Berlin heraus.

170) Erschienen in Berlin 1919 bis 1920 als Jahresbericht herausgegeben von der Geschäftsführung des Schlichtungsausschusses.

171) Herausgegeben vom Staatsministerium für Landwirtschaft und Arbeit in Bayern in München 1918-1934.

172) In: Lecker, Diss. Frankfurt 1932, S. 67.

173) In: Zimmermann, Einigungswesen, S. 7; im Vergleich zu diesen und den folgenden Zahlen: im britischen staatlichen Schlichtungswesen wurden 1987 pro Woche etwa 25 Tarifstreitigkeiten geschlichtet und während des ganzen Jahres 133 Schiedsspüche gefällt, in: FAZ vom 24.5.1988.

174) RABl. Nicht amtl. Teil, 1925, S. 525/26.

Reichsgebiet 16480 Streitigkeiten vor die 119 Schlichtungsausschüsse gelangten. Davon wurden 1634 vor Anberaumung einer Verhandlung und weitere 2319 Fälle im Vorverfahren erledigt, so daß die Schlichtungsbehörden noch 12527 Fälle zu entscheiden hatten. 7686 wurden durch Schiedsspruch, 769 Fälle durch Beschluß erledigt. Das bedeutete, daß 41 Prozent der Schiedssprüche von beiden Seiten angenommen wurden, insgesamt 4239 von einer Seite abgelehnt und nur 600 verbindlich erklärt worden sind. 2605 fanden nachträglich eine andere Erledigung, bei 1033 wurde die beantragte Verbindlichkeitserklärung verweigert.

Die Zahlen der VDA und die des Reichsarbeitsministeriums weichen zum Teil erheblich von einander ab, so daß die Auswertung der Statistiken nur ungefähr die tatsächliche Bedeutung der Verbindlichkeitserklärungen wiederzugeben vermag. Jedenfalls war der "Feldzug gegen den Zwangstarif" mit Blick auf die Zahlen erstaunlich[175]. Zwei Drittel der Verfahren konnten nämlich nach Angaben des Reichsarbeitsministerium erledigt werden, ohne daß die Voraussetzung für eine Verbindlichkeitserklärung vorlag.
Die Statistik des Schlichtungsausschusses Groß-Berlin zeigt für 1925 bei 676 Anträgen auf Durchführung eines Schlichtungsverfahrens nur 12 verbindlich erklärte Schiedssprüche[176]. Beim Hamburger Schlichtungsausschuß war es möglich, alle Verfahren mit einer Einigung der Parteien zu beenden[177].
Nach den jährlich erschienenen Schlichtungsstatistiken des Reichsarbeitsministeriums erschien 1929 eine große, die Entwicklung aufzeigende Übersicht vom Jahre 1924-27[178]. Sie eröffnet einen Einblick in die Zahl der Ablehnungen der Schiedssprüche durch Arbeitnehmer und Arbeitgeber, wobei sich beide Zahlen in etwa die Waage halten. Außerdem enthielt sie eine Übersicht über die einzelnen Schlichter und Schlichtungsbehörden und deren Anzahl der Verbindlichkeitserklärungen.

---

175) Vgl. dazu Eberhardt, Vertrag oder Diktat? in: Das Schliw. 1927; auch Horbat, Schlichtung, in: Das Schliw. 1926, S. 231ff.

176) Vgl. Das amtliche Schlichtungswesen im Tarifkampf, in: Der Deutsche vom 11.4.1926.

177) In: Die Deutsche Soazialpolitik, 1926, S. 34.

178) RABl. Nicht amtl. Teil, 1929 II, S. 220ff.

Nach der überarbeiteten Statistik des Reichsarbeitsministerium ergab sich folgende Übersicht:

	1924	1925	1926	1927
freie Einigung	1680	1285	573	1069
Erledigung durch Schiedsspruch	18575	13418	5043	8436
davon angenommen	10562	4629	1580	2723
verbindlich erklärt	839	707	480	936

Danach war eine Abnahme der Schlichtungsverfahren von 1927 gegenüber 1924 um 52 Prozent, eine Zunahme gegenüber 1926 um 37 Prozent festzustellen. Hinsichtlich der Anträge auf Verbindlichkeitserklärung ließ sich ein Rückgang von 1927 gegenüber 1924 um 46 Prozent und eine Zunahme gegenüber 1926 um 69 Prozent verzeichnen.

Aus den Statistiken läßt sich weiter ablesen, daß etwa in der Hälfte der Verbindlichkeitserklärungsverfahren ein vertragsloser Zustand eintrat, in dem die Arbeit ohne Kampfmaßnahmen und ohne Tarifvertrag fortgesetzt wurde. Die Abnahme der erledigten Schlichtungsverfahren in den Jahren 1924-26 läßt sich aber hauptsächlich auf die längere Bindung der Parteien durch Mantel-, Gehalts- und Lohntarife zurückführen. Die immer noch hohen Zahlen der Schlichtungsverfahren zeigen, daß der Wille zur freiwilligen Einigung nicht gerade gewachsen war. Immerhin konnten in einem Drittel aller Fälle von 1924-26 die Verfahren mit einer Einigung beendet werden. Nach Ansicht *Sitzlers*[179] war die Zahl der Schlichtungsverfahren in erster Linie von der wirtschaftlichen Entwicklung bestimmt.

1927 fielen allein 60 Prozent aller Textilarbeiter unter einen durch Verbindlichkeitserklärung zustandegekommenen Tarifvertrag, im Bergbau 1928 sogar 89,6 Prozent. Insgesamt waren 1927 über 40 Pro-

179) Ministerialdirektor im Reichsarbeitsministerium, Soziale und wirtschaftliche Bedeutung der staatlichen Schlichtung in: NZfA 1930, S. 1-22.

zent aller von der Statistik der VDA erfaßten Tarifarbeiter von einem verbindlich erklärten Lohntarif erfaßt[180]. In der Berliner Metallindustrie waren in der Zeit von 1932-33 so gut wie alle tariflichen Gesamtregelungen unter staatlichem Einfluß zustandegekommen[181].

Etwas andere Zahlen finden sich bei *Hartwich*[182], ohne daß eine Überprüfung jetzt noch möglich wäre:

	1924	1925	1926	1927
Zahl der Tarifverträge	8790	7099	7533	8178
betroffene Betriebe	812671	785945	788755	807300
betroffene Personen	13135384	11904159	11140521	10970120
Schlichtungsverfahren	18575	13418	5043	8436
Verbindlichkeitserklärungen	839	707	315	540
Zahl der Arbeitskämpfe	2012	1766	383	871

Die Zahl der Arbeitskämpfe nahm derweilen weiter ab. Die der amtlichen Schlichtungsverfahren sank auf 4791 im Jahr 1932, wovon nur noch 140 verbindlich erklärt wurden. Dies bedeutete ein Rückgang gegenüber 1924 um 73 Prozent.

Die Statistik der VDA[183] über das Zustandekommen von Lohntarifen in Prozentzahlen zeigte wieder

180) Zimmermann Einigungswesen, S.9.
181) Hartwich, Diss. S. 193
182) Ders.im Anhang 4; vgl.Fröhlich, Diss. S.86ff.
183) In: Hartwich, 1967, Anhang 4, S. 437.

andere Ergebnisse:

	1925	1926	1927	1928	1929
freie Vereinbarung	23,6	34,4	29,5	20,7	21,5
angenommener Schiedsspruch	32,7	22,8	20,3	25,3	36,2
Verbindlichkeitserklärungen	40,1	32,2	40,6	34,4	34,5

Das statistische Reichsamt veröffentlichte zuletzt 1933 Erhebungsergebnisse über die Tätigkeit der deutschen Schlichtungsbehörden 1931[184]. Danach wurden 1931 6898 Schlichtungsverfahren eingeleitet, von den Schiedssprüchen 58,9 Prozent abgelehnt, insgesamt 1830 Schiedssprüche für verbindlich erklärt. Der stetige Rückgang der Arbeitnehmeranträge auf Verbindlichkeitserklärung ist auf die dann einsetzende staatliche Lohnsenkung durch die Zwangsschlichtung zurückzuführen.
In diesem Zusammenhang ist zu erwähnen, daß auch der ADGB in seinen Jahrbüchern Statistiken ver-

184) Nachzulesen bei Siegel, Bilanz in: Arbr.und Schli.1933,S.9ff.

öffentlicht hat:

	1929	1930	1931
Gesamtzahl	7.699	4.294	9.601
Direktschli. der Parteien	4.941	2.520	5.412
vor tarifl. Schlichtstellen	1.053	460	660
vor behördl. Schlichtstellen	1.705	1.314	3.529
davon VE	237 (19%)	448 (30%)	1.114 (49%)

2. Die Weiterentwicklung des Schlichtungsbegriffs

2.1. Die Funktion der Schlichtung vor 1923

Die Regelung über die Schlichtung von Arbeitsstreitigkeiten im GGG und KaufmannsGG hatte allein den Zweck, Störungen des Wirtschaftslebens durch Unterbrechung der Arbeitstätigkeit zu verhüten. Daher gehörte alles, was die Fortsetzung oder Wiederaufnahme der Arbeit betraf, auch Einzelstreitigkeiten zum Schlichtungswesen. Die Schlichtung diente

- -der Volksgemeinschaft,
- -der Abschwächung der Klassengegensätze,
- -der Vermeidung von Arbeitskämpfen,
- -durch den Abschluß von Tarifverträgen.

Im Mittelpunkt der Schlichtung stand der sozialpolitische Bezug: aus Gründen des Gemeinwohls galt es, Arbeitskämpfe unbedingt zu verhindern. Die Einigungsämter der Gewerbegerichte griffen in Streitigkeiten weit über ihren Bezirk hinaus ein. Der Vorsitzende war nicht Vertrauensmann der Beteiligten sondern Beamter und die Schlichtungserfolge davon abhängig, welche Erfahrungen die Parteien mit dem einzelnen Gewerberichter in Einzelstreitigkeiten hatten. In der Kriegszeit konzentrierte sich die Schlichtung durch den Ausbau der staatlichen Schlichtungseinrichtungen noch intensiver auf die Vermeidung von Arbeitskämpfen. Produktionsstilllegungen mußten auf jeden Fall verhindert werden. Die Suspension der Vertragsfreiheit rechtfertigte das Reichsarbeitsministerium durch das dringende Ordnungsbedürfnis und den notwendigen Maßnahmen der allgemeinen Demobilmachung. Auch der Entwurf der SchliO lenkte die Aufmerksamkeit nicht auf die Gesamtvereinbarung, sondern auf die Gesamtstreitigkeit, die es jedenfalls zu verhindern galt.

2.2. Der Funktionswandel nach 1923

Erst die "enge" Begriffsbestimmung *Flatows*[185]: "Schlichten ist behördliche Hilfe zum Abschluß einer Gesamtvereinbarung" lenkte die Aufmerksamkeit vom Arbeitskampf weg hin auf den Tarifvertrag als Gestaltungsmittel der Lohn- und Arbeitsbedingungen hin. Der Tarifvertrag als Gesamtvereinbarung entpuppte sich als die einzige Alternative zum Arbeitskampf als Gesamtstreitigkeit und stellte auf diese Weise den inzwischen verlorengegangenen Zusammenhang zwischen Schlichtung und Arbeitskampf wieder her. Der Staat nahm sich das Recht, für die Tarifparteien als Vermittler zu agieren, aus seiner Verpflichtung für das Gemeinwohl.

Ausgangspunkt des Schlichtungswesens war die Freiwilligkeit der Beteiligten. Sein Ende mündete jedoch in die Ausschöpfung jeder Möglichkeit staatlichen Rechtszwangs. Das Schlichtungswesen differenzierte nicht mehr zwischen Parteien, die einen Tarifvertrag abschließen, und solchen, dies es nicht wollten. Es bildete sich der Grundsatz der "bedingten Freiwilligkeit" im Schlichtungsverfahren heraus[186]. Der Staat half nur dem, der nach einer Gesamtvereinbarung strebte, den anderen entmündigte er faktisch durch die Verbindlichkeitserklärung eines nicht angenommenen Schiedsspruchs.

Den Begriff der "Einigung" als Wurzel des Tarifvertrags erwähnte die SchliVO nur negativ[187].

Grundsätzlich bestand seitens des Staates am Tarifvertrag mindestens so großes Interesse wie an der Schlichtung, denn ohne Tarifvertrag fehlte es an jedem Ansatzpunkt für eine staatliche Intervention. Die Verbindlichkeitserklärung stand als Mittel autoritär geschaffener Lohn- und Arbeitsbedingungen streng genommen auch außerhalb des Systems der

---

185) Flatow, Grundzüge, S.10, 16, 19f..

186) Weißmann, Diss. S. 31.

187) Artikel I § 5 "wenn keine Einigung zustandekommt...".

Schlichtung[188]. Kritiker der Verbindlichkeitserklärung wurden nach plastischer Beschreibung *Zimmermanns*[189] daher wie "Rebellen" gegen die ordnende Staatshoheit behandelt. Die staatlichen Zwangsbefugnisse galt es streng vom ursprünglich zur Schlichtung führenden Einigungsprinzip zu unterscheiden. Sie wurzelte ausschließlich im Schiedsprinzip.

Die Zwangsschlichtung war infolge der Wirtschaftskrise 1923 und das Umsichgreifen der Inflation als staatspolitische Notwendigkeit anerkannt. Sie sollte dem Ausufern der Arbeitskämpfe zuvorkommen und das Tarifsystem erhalten[190], hatte sich aber selbst dabei unentbehrlich gemacht und quasi zum Selbstzweck erhoben. Der Staat ließ dabei Privatwirtschaft zwar bestehen, fühlte sich aber als Vertreter der Allgemeinheit an der Wirtschaft beteiligt und ermächtigt, zu ihrem Schutz in die Regelung der Lohn- und Arbeitsbedingungen einzugreifen[191]. Die Schlichtung als staatliche Hilfeleistung wurde den Kollektivparteien ungefragt zur Verfügung gestellt und erzwang eine Gesamtvereinbarung überall da, wo die Parteien - aus welchen Gründen auch immer - nicht zur Einigung gelangten. So breitete sich die staatliche Gewalt auf die Bereiche von Wirtschaft und Sozialpolitik aus, obwohl das Schlichtungswesen ursprünglich lediglich eine Korrektur der wirtschaftlichen Machtverhältnisse unter voller Berücksichtigung der ökonomischen Gesetze anbieten sollte. Die ursprüngliche Friedensfunktion der Schlichtung rückte jetzt wieder in den Vordergrund. Der Arbeitskampf selbst war Druckmittel für den Abschluß des Tarifvertrags.

2.3. Die Schlichtung als Instrument staatlicher Lohnpolitik

Durch die Zentralverwaltung im Reichsarbeitsministerium wandelte sich das Schlichten, wie dargelegt, zum Instrument des Regierens und das

188) Löhr, Entwicklung, S.225; ähnlich: Weißmann Diss. S. 81, der annahm, daß mit der Verbindlichkeitserklärung die Sphäre der freien Wirtschaft verlassen worden sei.

189) Zimmermann, Einigungswesen, S. 18.

190) Feldmann, Streiks, München 1981.

191) Vgl. die Darstellung der verschiedenen Auffassungen des Staatszwecks in: Hüfner, Diss. Heidelberg 1929, S.20ff.; vgl. auch dazu Joachim, Staatszweckes, S. 73ff.

Schlichtungswesen zum Mittel der Sozialpolitik[192]. Die lohnpolitische Funktion des Schlichtungswesens war deshalb von Seiten des Reichsarbeitsministeriums immer wieder in Wort und Schrift betont worden[193]. Die herausgegebenen Richtlinien sollten explizit zur Gewährleistung einer einheitlichen Lohnpolitik beitragen. Auch *Sitzler* behauptete, zur Schlichtung gehöre begrifflich die Lohnpolitik[194]. Die Schlichtungsbehörden seien stets für die wirtschaftlich Schwächeren und für Lohnerhöhungen eingetreten.
Sitzler[195] und auch *Nikisch*[196] sprachen daher von einem "Stück staatspolitischer Erziehungsarbeit", welches die Schlichtung durch "Stützung und Förderung der kollektiven Arbeitsverfassung" durch ihren Eingriff in Arbeitskämpfe und durch die Gestaltung der Lohn- und Arbeitsbeziehungen geleistet hätte. *Nikisch* räumte später ein, es sei allerdings nicht die Aufgabe der Schlichtung, eine staatliche Tarifpolitik zu treiben. Sie gebe dem Staat nur Gelegenheit dazu, auf eine "gerechte Regelung der Arbeitsbedingungen und auf die Erhöhung der unzureichenden Löhne hinzuwirken".

Die VDA gab ein Gutachten[197] über die in diesem Zusammenhang sehr interessante Frage in Auftrag: welche staatsrechtliche Stellung der Reichsarbeitsminister insgesamt bei der Verbindlichkeitserklärung von Schiedssprüchen einnehme, insbesondere, ob er die Verbindlichkeitserklärung in seiner Eigenschaft als Mitglied der Reichsregierung mit der sich daraus ergebenden politischen Verantwortung oder als Schlichter ausspreche? Die verfasungsrechtlich eng umgrenzte Stellung jedes Reichsministers beschreiben die Art. 56 und 57 der WRV: die Richtlinienkompetenz des Reichskanzlers und die Ressortverantwortung des Reichsministers. Gemäß Art. 54 WRV konnte das Parlament die Vertrauensfrage stellen[198]. Zu den innerhalb der verfassungsrechtlich gewährleisteten Befugnisse lie-

---

192) Seidel, Gewerkschaften, S.50.
193) RABl. Amtl. Teil 1923, S. 737ff.; Amtl. Teil 1928, S. 517ff.
194) Sitzler, Bedeutung, in: NZfA 1930, S. 1.
195) Vgl.Festschrift für Nipperdey, 1955, S.193ff.
196) In: Festschrift, S. 320.
197) Peters, Reichsarbeitsminister, in: Der Arbeitgeber 1929, S. 62ff.
198) Wie ja bei Reichsarbeitsminister Brauns geschehen.

genden Aufgaben des Ministers gehörte:

- der Erlaß von Ausführungsvorschriften,
- die Ernennung von Schlichtern,
- der Erlaß von Richtlinien,
- die behördliche Aufsicht,
- die Verbindlichkeitserklärung.

Innerhalb dieser Befugnisse war der Reichsarbeitsminister als politischer Beamter verantwortlich, ohne daß ihn die Verbindlichkeitserklärung als "oberster Schlichter" davon befreien konnte[199]. Das Gutachten kommt zu dem Ergebnis, daß sich aus Art. 165 WRV über die Art der Ausgestaltung des Schlichtungswesens nichts entnehmen lasse. Ferner unterscheide sich die staatsrechtliche Stellung des Reichsarbeitsministers in keiner Weise von seiner sonstigen Verwaltungstätigkeit. Er trage die für die von ihm ausgesprochenen Verbindlichkeitserklärungen gemäß Art. 56 WRV die parlamentarische Verantwortung allein und sei nur, wenn Richtlinien des Reichskanzlers ergingen, an diese gebunden[200]. Durch die ausdrückliche Beanspruchung des Rechtes zur staatlichen Lohnpolitik mit Hilfe der staatlichen Zwangsschlichtung gerate der Reichsarbeitsminister durch die Vermengung von Lohn- und Schlichtungspolitik immer mehr in die Abhängigkeit der Gruppeninteressen[201].

Der Aufgabenwandel der Schlichtung kam den Gewerkschaften infolge der die natürlichen und persönliche Verbündung mit der teilweise aus ihren Reihen stammenden Reichsarbeitsminister (*Brauns, Wissell, Stegerwald*) zugute[202]. Die Abwendung vom Gedanken der Verhinderung eines Arbeitskampfes hin zur Förderung der Gesamtvereinbarung schwächte notwendigerweise die Tarifautonomie, welche ursprünglich die Gewerkschaften zum gleichberechtigten Partner der Arbeitgeber erhob. Die Verbände wurden unter dem Deckmantel der Tarifautonomie in den Vollzug staatlicher Sozialpolitik eingeschaltet und zur Zusammenarbeit gezwungen, wollten sie wirtschaftlich überleben. Der Staat disqualifizierte damit die Tarifparteien zu Ausführungsorganen seiner Lohnpolitik. Wirtschaftliche Marktpolitik und politische Machtkämpfe waren ohnehin deckungsgleich, da die Löhne bereits soweit durch die Zwangseingriffe von außen politisiert waren, daß

---

199) Peters, Reichsarbeitsminister, S. 64f.
200) Ders. a.a.O.
201) Vgl. auch Oursin, Diss. S. 82.
202) Vgl. Nörr, Grundlinien, in: ZfA 1986, S. 421.

sich das Lohnniveau in seiner Gesamtheit nachteilig veränderte. Die ursprünglich den Tarifvertragsabschluß fördernde Schlichtung war durch die staatliche Lohnpolitik in die Lage geraten, ihn ganz zu ersetzen.

3. Einfluß auf die Verständigungsbereitschaft der Parteien

Aus dem früher herrschenden individuellen war nach Ansicht *Sinzheimers*[203] ein kollektiver Liberalismus geworden, der die Nichteinmischung des Staates in die kollektive Auseinandersetzung zwischen Arbeit und Kapital forderte. Eine Mitwirkung der Tarifparteien am Arbeitsleben, wie sie Art. 165 WRV ursprünglich vorgesehen hatte, war durch die Verbindlichkeitserklärung praktisch ausgeschlossen. Die Kritik gegen diesen Funktionswandel vollzog sich auf zwei Ebenen:

- gegen den Zwangstarif selbst als wesensfremdes Element,
- gegen die zu häufige Anwendung des Zwangstarifs.

Das Mißtrauen gegen die Schlichtungsbehörden wuchs trotz überwiegender Einsicht in die praktische Notwendigkeit der Zwangsschlichtung. Die Kritik[204] knüpfte auch nicht am Wesen der Schlichtung, sondern an der Praxis an: weniger an der amtlichen Lohnpolitik des Reichsarbeitsministeriums, sondern mehr an der Mentalität der Tarifparteien, an ihrer konsumierenden Haltung zum staatlichen Schlichtungswesen. Das Schlichtungswesen lähmte die Verständigungsbereitsschaft der Parteien. Diese zogen aus der sich zunehmend verringernden Möglichkeit der Einflußnahme ihre Konsequenz: Passivität in den Verhandlungen sowie aus taktischen Gründen weit überhöhte Lohnforderungen. Beides belastete die Tarifautonomie noch mehr.

3.1. Verbindlichkeitserklärung als Übergangslösung

Ursprünglich war davon ausgegangen worden, daß sich die Verbindlichkeitserklärung durch die freiwillige Verständigung der Parteien eines Tages von selbst erübrigen werde. Wenn die Parteien nur ausreichende Bereitschaft zeigten, dann erübrige sich die Notwendigkeit der Beschränkung der Selbsthilfe durch Arbeitskampf. Der Staat müsse dann nicht mehr in

---

203) Sinzheimer/Fraenkel, Chronik, S. 219ff.
204) Martin, Schlichtungswesen, S. 99ff.; ebenso Mönch, in: Jahrbücher, S. 367.

Streitigkeiten eingreifen, die das Allgemeinwohl gefährdeten und dadurch Freiheit und Selbstbestimmung der Parteien einschränken[205]. Die Gemeinschaft der Tarifparteien könne erschüttert, aber nie aufgehoben werden und die amtliche Schlichtung werde ihre Machtstellung von selbst verlieren.
Die Praxis der Schlichtung enttäuschte diese Erwartungen jedoch bald: Die Arbeitgeber sprachen von Zweckentfremdung des Schlichtungsgedankens und kritisierten ihre Bevormundung durch staatliche Lohnpolitik. Die Arbeitnehmer wollten im Ergebnis auf die Zwangsschlichtung nicht ganz verzichten, aber die einzelnen Ergebnisse und Fälle ihrer Anwendung kritisieren.
Die Parteien in ihrer Funktion als Träger der Selbstverwaltung der Lohn- und Arbeitsbedingungen hätten von einem Dritten in der Schlichtung nur "Hilfe" empfangen dürfen. Der Tarifvertrag als traditionelles "Waffenstillstandsinstrument" wäre schon begrifflich nicht durch Zwangseinwirkung zu erreichen gewesen, hätten die Parteien nicht selbst durch ihre schwindende Verständigungsbereitschaft und das Abwälzen der Verantwortung auf das Reichsarbeitsministerium dazu beigetragen.

3.2. Die Lähmung der Verhandlungsbereitschaft

Auch wenn eine Verbindlichkeitserklärung ungewiß war, wurde die Verhandlungsbereitschaft der Parteien schon wegen der bloßen Aussicht auf eine Verbindlichkeitserklärung gelähmt[206]. Sie stellten sich nicht mehr darauf ein, daß sie einen drohenden Arbeitskampf durch Einigung vermeiden könnten, sondern wälzten das Lohnrisiko auf die Staatsautorität ab[207]. Die Löhne waren Schritt für Schritt über die gesamtwirtschaftlich nötige und zulässige Grenze hinaus erhöht worden, woran nicht zuletzt die durch die Politik des Reichsarbeitsministerium provo-

---

205) Przewlowa, Diss. Breslau 1928, S. 66.
206) Weddingen, Schiedsprinzip, S. 54.
207) Raupach, Diss. Köln 1962, S.57; Meijer, Diss. S. 102; Schweitzer, Krise, in: Soz. Prax. 1928, S. 886.

zierte "Halbierungstaktik" führte[208].
Potthoff[209] empfahl sogar den Gewerkschaften die Durchsetzung ihrer Forderung im offenen Arbeitskampf, sollte der Schlichtungsweg durchlaufen, ein Schiedsspruch erzielt und angenommen, vom Gegner jedoch nicht eingehalten werden. Arbeitskampf zur Durchsetzung des amtlichen Schlichtungswesens sei nicht nur erlaubt, sondern erwünscht, nicht nur rechtmäßig, sondern ordnungsmäßig. Auch wenn dieser Vorschlag dem ursprünglichen Einigungssystem offensichtlich zuwiderlief, existierten mehrere Vorschläge dergestalt, daß die Parteien durch Nichteinhaltung der Vereinbarungen am effektivsten dem staatlichen Schiedsspruch oder der Verbindlichkeitserklärung entgingen. Beide Parteien vermochten sich dem verbindlich erklärten Schiedsspruch stets durch offenen Rechtsbruch, durch Betriebsstillegung bzw. Arbeitsniederlegung, zu entziehen. Die heftigen Spannungen im Verhältnis zwischen Arbeitgebern und Arbeitnehmern führten dazu, daß lieber die Schlichtungsbehörden angerufen, als eine freiwillige Verständigung eingeleitet wurde[210].

Die Parteien, besonders die Arbeitnehmer, erhofften sich zwar, wie gezeigt, Vorteile durch die staatliche Schlichtung. Beide Seiten beklagten gleichzeitig den Verlust der Verständigungsbereitschaft, zeigten sich aber gleichermaßen inkonsequent und beantragten selbst immer wieder die Verbindlichkeitserklärung von ihnen günstig erscheinenden

---

208) Höppner, Diss., S. 16; Albrecht Wörterbuch, S. 142; a. A.: Koenemann, Diss. S. 147, der den Vorwurf ungerechtfertigten Lohndrucks zurückwies und die mangelnde Verständigungsbereitschaft der Partien beklagte.
Vgl. zu der Frage der Lohnerhöhungen die Statistiken im Anhang bei Hartwich, Arbeitsmarkt 1967, Tabelle 21,22,23,30; Leidig, Abhandlungen, S.193ff, 208; Moser, Arbeiterleben, S. 75ff.; Schneider, ADGB, S. 22ff, 25.

209) Potthoff, Arbeitsrecht, 1928, S. 133ff.

210) Opitz, Kritik, in: NZfA 1926, S. 218ff., 222; Löhr, 1929, S. 289ff.

Schiedssprüchen[211]. Schon aus diesem Grund konnten keine Reformbestrebungen fruchten. Trotz der grundsätzlichen Einigkeit aller Parteien über die wünschenswerte Verringerung bzw. Abschaffung der Verbindlichkeitserklärung stießen diese Reformansätze bei der mangelnden Bereitschaft der Parteien zu eigenverantwortlicher Verständigung auf passiven Widerstand. Das Schlichtungsverfahren erzog zu Unaufrichtigkeit (Halbierungstaktik) und Unverantwortlichkeit. Die Parteien erleichterten so dem Reichsarbeitsministerium die staatliche Lohnpolitik und förderten den politischen Lohn[212].
Die Resignation der Tarifparteien kam auch der politischen Machtumbildung 1933 zugute. Daß eine "dritte Partei", der Staat, die Exekutive, die nach der Verfassung gerade nicht zur Gestaltung der Lohn- und Arbeitsbedingungen befugt war, zu einem nicht unerheblichen Teil das Schlichtungsergebnis bestimmte, war auch Ausdruck des gefährdeten Bestandes der Weimarer Republik. Der Gewaltenteilungsgrundsatz galt nicht mehr.

4. Die Auswirkungen auf das Lohnniveau

Die Schlichtungspraxis beeinflußte unmittelbar das deutsche Lohnniveau - Rückwirkungen im ökonomischen Bereich waren nicht zu verhindern und vom Reichsarbeitsminister auch beabsichtigt[213]. Das mit staatlichen Zwangsmitteln ausgestattete Schlichtungswesen führte zu einem politischen Lohn. Die staatliche Lenkung der Löhne ermöglichte zunächst deren reale Verbesserung[214], führte aber ab der Weltwirtschaftskrise 1928/29 wieder zu deren Senk-

---

211) 1924 wurden die Schlichtungsausschüsse 16480 mal angerufen, in 9460 Fällen wurde ein Schiedsspruch gefällt, jedoch davon nur in 4492 Fällen angenommen. Ein Antrag auf Verbindlichkeitserklärung ist 3559 mal gestellt wurden, 1365 mal konnte sich doch geeinigt werden und nur 839 Schiedssprüche wurden tatsächlich verbindlich erklärt, vgl.: RABl. Nicht amtl. Teil 1925, S. 526.

212) Vgl. Winschuh, der sich besonders mit den psychologischen Auswirkungen auf die Parteien beschäftigte, Schlichtungswesen, in: Soz. Prax., 1928, S. 845.

213) Franke, S. 10, Diss. 1931; vgl. auch: Bühring, Referat, 1950, S.10.

214) Vgl. Preller, Sozialpolitik, 1978, S. 361; Schneider, ADBG, 1975, S. 25; Moser, Arbeiterleben,1984, S. 75ff.

ung. Das Volkseinkommen pro Kopf betrug:

1927	1413 Reichsmark
1928	1453 Reichsmark
1929	1436 Reichsmark
1930	1372 Reichsmark
1931	1094 Reichsmark

In wirtschaftlich schwierigen Zeiten hatten die Unternehmer von vornherein geringe Chancen auf freiwillige Verständigung, wenn ihre Vorschläge nicht den wirtschaftspolitischen Grundtendenzen der Schlichtungsbehörden entsprachen.
So erklärte Reichsarbeitsminister *Brauns* in seiner Etatrede vor dem Reichstag am 11.3.1927, die Erhöhung der Löhne sei in vielen Betrieben den Schlichtungsbehörden zu verdanken, was volkwirtschaftlich nachgewiesen werden konnte[215]. Dazu wurden allein in der Zeit von 1928-29, einer Zeit der Wirtschaftsdepression, Lohnmehrausgaben von 1,8 Milliarden Mark aufgebracht[216]. 1928 liefen viele Ta-rifverträge aus, so daß harte und scharfe Auseinandersetzungen um die Forderungen nach steigenden Löhnen folgten. Das Reichsarbeitsministerium hatte sich die Kontrolle über den Arbeitsmarkt gesichert; es gab keinen marktgerechten Lohn mehr sondern nur noch eine neutrale Schlichtung. Noch immer aber bestimmte das Argument vom Vorrang

---

*215) Sten. Ber. des RT, Verh. Bd.392, 282. Sitzung am 11.3.1927, S. 9368ff; in der Metall- und Textilindustrie wurden die Löhne damals um bis zu 8 Prozent erhöht.
Generell gab es mehrere volkswirtschaftliche Untersuchungen, die die lohnsteigernde Wirkung der Zwangsschlichtung belegten; vgl. Vierteljahresbericht des Instituts für Konjunkturforschung 1930; Münchner Volkswirtschaftliche Studien: Zwangssschiedspruch und Schlichtungswesen, Jena 1929, S. 193ff.; 208; Wirtschaftslage... Hrsg. ADBG, 1930, S. 21ff, 25, dort werden jährliche Lohnsteigerungen um 5 Prozent festgestellt; Schneider, ABGB 1975, S. 25ff.;*

216) Höppner, Diss, S. 16; vgl. Preller, S. 361, der dem Reichsarbeitsministerium grundsätzlichen Einfluß auf die Lohnerhöhungspolitik und Sympathie mit den Arbeitnehmerforderungen unterstellte.

öffentlicher Interesssen die Diskussion[217].

Nach Ansicht von Kritikern[218] sollte dann, wenn ein staatlicher Eingriff mehr Nachteile verursachte, als ohne ihn bestanden hatten und das Recht des Staates zu einem Unrecht an der Wirtschaft würde, die Vorraussetzungen seines Eingriffs strenger untersucht werden. Auch wenn der Verbindlichkeitserklärung weniger die Aufgabe zukäme, die Wünsche der Parteien zu befriedigen, als den Bedürfnissen der Allgemeinheit Folge zu leisten, sei doch festzustellen, daß sich ohne den staatlichen Eingriff zweckmäßigere Löhne aus der freien Verständigung der Parteien heraus gebildet hätten. Das Reichsarbeitsministerium provoziere durch seine Politik die überhöhten Forderungen der Parteien in den Schlichtungsverhandlungen. Aus diesen Gründen sei die Verbindlichkeitserklärung schädlich für das Lohnniveau. Sie entbehre auch in der Zeit der Stabilisierung jeder Zweckmäßigkeit im Vergleich zur freien Schlichtung ohne Zwangseingriff. Es werde kein gerechter Lohn "gefunden", sondern "geschätzt". Selbst durch Arbeitskämpfe könnten zweckmäßigere Lohnpreisbildungen erfolgen als durch die Zwangsschlichtung, da die Institution der Verbindlichkeitserklärung nicht imstande sei, der ökonomisch bedingten Schwierigkeit der Lohnpreisbildung gerecht zu werden. Sie fördere lediglich den sozialen Unfrieden unter den Parteien, auch den Unfrieden der unterliegenden Partei, vermindere die Selbstverantwortung, Arbeitslust und Wirtschaftsinitiative und nehme den Parteien die organisatorische Selbstständigkeit. Der soziale Friede bei gewerblichem Unfrieden, das war das Resultat der staatlichen Arbeitsmarktpolitik[219].

Die Verbindlichkeitserklärung durch die staatliche Lohnpolitik die Löhne in Deutschland seit 1927 übermäßig in die Höhe getrieben und trotz des Konjunkturabstiegs 1928/29 noch weiter erhöht, bis eine Lohnsenkung durch Notverordnungen 1931 not-

---

217) Vgl. RABl. 1928, Amtl. Teil, S. 100ff.

218) Hönigschmid-Grossich, S. 74; derselben Ansicht war Löhr, Entwicklung, S. 318, nach dessen Ansicht die Schlichtung unmöglich die volkswirtschaftliche Aufgabe erfüllen könnte, den richtigen Lohn zu finden; ebenso: Nörpel, in: Gew.-Ztg. 1928, S. 613; Winschuh, Schlichtungs wesen in: Soz. Prax. 1928, S. 845.

219) Hönigschmid-Grossich, Zwangsschlichtung,S.102.

wendig wurde[220]. *Sinzheimer*[221] verurteilte unterdessen scharf den Zwangstarif als Gestaltungsmittel des Lohnniveaus, da ihm auf anderen Gebieten des Sozial- und Wirtschaftslebens keine ähnlichen Einrichtungen entsprächen.
Die Kritik, das Schlichtungswesen stünde im "Dienst einer zentralen Lohnaufbaupolitik" wurde vereinzelt zurückgewiesen[222]: Die Schlichtungstätigkeit habe der deutschen Wirtschaft viele Arbeitskämpfe erspart und den Nachweis erbracht, daß das Schlichtungswesen bei richtiger Anwendung und Beschränkung eine durchaus produktive Einrichtung sei.
Sitzler als Vertreter des Reichsarbeitsministeriums wollte die Frage nach dem Einfluß der Zwangsschlichtung - ohne konkretes Zahlenmaterial anzuführen - so beantworten, daß sich die Schlichtung insgesamt lohnsteigernd ausgewirkt hätte[223].

In Deutschland entwickelten sich, faßt man das Gesagte zusammen, drei grundsätzliche Ansichten zur

---

220) Albrecht, Wörterbuch, S. 143; vgl. die Zahlen in den Statistiken im Anhang bei Hartwich, Arbeitsmarkt, 1967; vgl. die Tabellen bei Moser, Arbeiterleben, 1984, S. 75ff. vgl. die Zahlen des Instituts für Konjunkturforschung 1930 (RT-Verh. Bd. 445 1931, S. 1475, die Reichsarbeitsminister Stegerwald in seiner Reichstagsrede vom 12.3.1931 zitiert. Danach ist das jährliche Prokopfeinkommen um 10 Prozent gesunken. Die KPD-Abgeorndeten sprechen in dieser Reichstagssitzung demgegenüber von Lohnkürzungen um 30 Prozent und beziehen sich dabei auf die Mitteilungen des Deutschen Metallarbeiterverbandes und des deutschen Textilarbeiterverbandes von 1930).

221) Sinzheimer/Fraenkel, Chronik, S. 295.

222) Winschuh, Schlichtungswesen, in: Soz. Prax. 1928, S. 844ff.

223) Sitzler, Bedeutung, in: NZfA 1930, S.1ff.; an anderer Stelle behauptet Sitzler, eine wissenschaftliche Nachprüfung würde zu dem Erfolg führen, daß die staatliche Schlichtung das Lohnniveau nicht wesentlich beeinflußt hätte. Der wichtigste Verdienst der staatlichen Schlichtung bleibe, daß überhaupt ein Tarifvertrag zustandegekommen sei.

Schlichtungsfrage:

1. Im Vordergrund steht die Einigung, nur in Ausnahmefällen ist die staatliche Zwangsschlichtung für den Wirtschaftsfrieden notwendig.
2. Im Vordergrund steht der Tarifvertrag, daher ist die Verbindlichkeitserklärung legitimes Mittel, um den Tarifvertragsabschluß zu garantieren.
3. Im Vordergrund steht die Sozialpolitik, daher ist der Zwangseingriff des Staates wünschenswert, um bei der Festlegung der Löhne die Schwachen zu schützen.

§ 8

Der Arbeitskampf der westdeutschen Eisenindustrie und seine Auswirkungen auf das Schlichtungswesen

I. "Krise des Schlichtungswesens"

"Krise des Schlichtungswesens", so lautete häufig die Überschrift in der allgemeinen Presse und in den Fachzeitschriften und wurde zum geflügelten Wort. Die Kritik richtete sich weniger gegen das Vorhandensein der staatlichen Schlichtung überhaupt, als gegen die Art ihrer staatlichen Handhabung. Der Vorwurf an das Reichsarbeitsministerium vom "Diktat der Löhne" war gerechtfertigt und die tatsächliche Praxis des Schlichtungsverfahrens entfernte die Tarifparteien zunehmend voneinander. Für die Autorität des Schlichtungswesens blieb es nicht nebensächlich, daß seine rechtliche Grundlagen auf Demobilmachungsverordnungen und Verwaltungspraxis aufgebaut waren. Sie stammten aus der Notlage der wirtschaftlichen Krise und sollten schließlich "nur die dringenden Verbesserungen bringen", eine endgültige gesetzliche Regelung aber nicht ersetzen[1]. Das Zwangsschlichtungssystem gliederte sich in das am Anfang der Weimarer Republik sich gut entwickelnde Tarifvertragswesen ein, entpuppte sich jedoch zunehmend als Fremdkörper. Den ersehnten gewerblichen Frieden vermochte es nicht herbeizuführen. Schon vor der wegweisenden RAG-Entscheidung über den Arbeitskampf in der nordwestdeutschen Eisenindustrie am 22.1.1929 konzentrierte sich die Diskussion in den Fachzeitschriften auf die allseits erkannte "Krise des Schlichtungswesens" und auf neue Reformvorschläge, die jedoch nur auszugsweise dargestellt werden sollen.

1. Vorschläge zu Vorsitzenden und Beisitzern

Vor Ausbruch des Ruhrkampfes im Jahr 1928 erschien ein grundsätzlicher Aufsatz *Deneckes*[2] "Krise des Schlichtungswesens" in der Zeitschrift "Arbeitsrecht und Schlichtung". Darin kam zum Ausdruck, daß "der Staat in gewissen Fällen mit seinen Macht-

---

1) Vgl. auch Grundzüge der Verordnung über das Schlichtungswesen in: RABl Amtl. Teil 1923, S.737.; aus neuer Zeit: Schneider, Auf dem Weg in die Krise - Thesen und Materialien zum Ruhreisenstreit 1928/28, 1974.

2) Denecke, Krisis, in: Arbr. und Schli. 1928, S. 209ff.

mitteln eingreifen müsse, um den in der Reichsverfassung aufgestellten Grundsatz der wirtschaftlichen Gleichheit und der gleichberechtigten Teilnahme der Arbeitnehmer an der wirtschaftlichen Entwicklung zur Geltung zu bringen". Der Staat könne das freie Spiel der Kräfte nicht in vollem Maße zulassen, ohne sich mit Verfassungsgrundsätzen, wie dem Art. 165 WRV, in Widerspruch zu setzen. Eine Abschaffung der Verbindlichkeitserklärung sei nicht möglich, sie sei vielmehr notwendiger Bestandteil des staatlichen Schlichtungswesens. Der Grundsatz der Staatsautorität erfordere ein Eingreifen bei drohenden Arbeitskämpfen zum Schutz der Allgemeinheit im öffentlichen Interesse. Lehne man die Verbindlichkeitserklärung ab, müsse man das staatliche Schlichtungswesen insgesamt ablehnen.

Die mangelnde Verständigungsbereitschaft der Parteien sei auf das Alleinentscheidungsrecht (Stichentscheid) des Vorsitzenden über die Verbindlichkeitserklärung in § 21 V der 2. AusfVO zurückzuführen, nach der die Parteien sich zu einer "Einigung" zwingen lassen mußten. Der Düsseldorfer Landgerichtsdirektor Denecke bezeichnete die Bestimmung daher als "Fremdkörper" im System der Schlichtung[3], die sich vom Lohnamtssystem doch gerade dadurch unterscheide, daß die Regelung wenigstens dem Schein nach zwischen den Parteien des Tarifvertrages und nicht allein durch Beamte des Staates vereinbart werde. Eine Rückkehr zum Einigungsgrundsatz der TarifVO, mit der auch der Entwurf der SchliO weitgehend übereinstimmte, sei dringend notwendig und der einzige Ausweg aus der Krise des Schlichtungswesens. § 21 V der 2. AusfVO verfehle das Ziel, das Zustandekommen einer Gesamtvereinbarung zu garantieren .

Zu den Vorschlägen gehörte die Einrichtung ständiger Beisitzer des Schlichtungsausschusses, die durch häufiges Zusammentreffen nicht bloß zur Regelung der Lohn- und Arbeitsbedingungen, sondern auch zur Auslegung und Anwendung von Tarifbestimmungen und einer besseren Arbeitsatmosphäre, einer Art "Tarifgeist" beitragen könnten. Sie übertrügen als "Sachwalter ihres Verbandes" die Verantwortung wieder den Parteien des Wirtschaftslebens. Diese Rückbildung der wirtschaftlichen Selbstverwaltung entspreche auch dem Vorbild der Verfassung.

---

3) Denecke, Krisis, S. 231.

Dieser grundlegende Lagebeschreibung und den beiden Vorschlägen, den Einmannschiedsspruch abzuschaffen und ständige Beisitzer einzuführen, widersprach der ADGB-Vorsitzende *Nörpel*[4]. Er erklärte, eine Abschaffung des § 21 V der 2.AusfVO führe nur dazu, daß an Stelle der Verantwortungslosigkeit der Parteien die Verantwortungslosigkeit der Beisitzer treten und der Vorsitzende sich hinter einer Partei verstecken könnte.

2. Behördliche Lohnregelung?

Der Sozialpolitiker und Regierungsrat im Reichsarbeitsministerium, *Potthoff*, schlug vor, dem Schlichter durch staatlichen Akt das Recht zur behördlichen Regelung der strittigen Arbeitsbedingungen zu übertragen[5]. Der Staat habe das Verhältnis der Tarifparteien durch die Gewährung der Tarifautonomie zwar mit rechtlich ausgestaltet. In Wirklichkeit aber regele er zwingend selbst die Arbeitsbedingungen, und verstecke dies nur in der Form einer "fiktiven Vereinbarung" der Beteiligten. Da die Verbindlichkeitserklärung erfahrungsgemäß zur Vermeidung von Arbeitskämpfen vorerst unentbehrlich bleibe, sollte der Staat sich doch ehrlicherweise und offen zur behördlichen, obrigkeitlichen Regelung bekennen. Anlaß für *Potthoffs* Ausführungen war § 6a II der Arbeitszeitverordnung vom 14.4.1927[6], wonach der Schlichter allein berufen war, auf Antrag tarifvertragsfähiger Parteien eine bindende Entscheidung über den Mehrarbeitszuschlag zu treffen.

Auch *Potthoffs* Ansicht erntete starken Widerspruch bei den Gewerkschaftsführern *Nörpel*[7] und *Broecker*[8]. Wenn der Staat die Durchführung der von ihm geschaffenen Normen unmittelbar sichern müsse, bleibe dazu nur die Strafgewalt als Kontrollmittel übrig. Während sich bei der damaligen gesetzlichen Regelung die Hilfe des Staates auf das Zustandekommen des Vertrages beschränke und den Parteien theoretisch ihre Koalitionsrechte erhalten blieben, wurde eine unmittelbare staatliche Regelung des Schlichtungswesens die Parteien in ihren Rechten

4) *Nörpel, Bedeutung, in: Gew.-Ztg. 1928, S. 612.*
5) *Potthoff, Zwangsvertrag, in: Arbeitsrecht, 1928, S. 12.*
6) *RGBl. 1927, S.110.*
7) *Nörpel, Bedeutung, in: Gew.-Ztg. 1928, S. 612.*
8) *Broecker, Selbstverwaltung, in: Die Arbeit 1928, S. 514.*

beschneiden und bedeute einen Rückschritt[9].
Potthoff entgegnete auf diese Kritik, er sei von *Nörpel* mißverstanden worden[10]. Er wende sich nicht gegen die Selbstverwaltung der Parteien, sondern nur dagegen, "daß, wenn der Staat durch einen behördlichen Akt Arbeitsbedingungen vorschreibt, er dies in der Form tut, als ob die Beteiligten diese Regelung vereinbart hätten". Sachlich trete er wie bisher für eine möglichst weitgehende Verbandsautonomie, für den unbedingten Vorrang tariflicher Schlichtungsstellen, für die Beschränkung von Verbindlichkeitserklärungen auf dringende Fälle und für die vorgeschlagene Abschaffung des § 21 V der 2. AusfVO ein. Er wünsche auch eine Beschränkung des staatlichen Eingreifens in die Lohnregelung und beklagte die "Verkehrung des Schlichtungszwekkes"[11]. Während der staatliche Zwang sich früher vornehmlich gegen die Vertragsunwilligen richtete, wandte er sich nun gegen die Vertragswilligen, die sich wohl einigen wollten, aber nicht einigen könnten und denen nun durch die Verbindlichkeitserklärung des Schiedsspruchs ein Vertrag aufgezwungen werde, dessen Inhalt sie nicht wollten.
Aus seiner Sicht bedürfe es keiner Gesetzesänderung, um aus der Misere hinauszukommen: die Parteien müßten umdenken und die Staatsmacht so zu vorsichtiger Zurückhaltung der Anwendung der Verbindlichkeitserklärung bewegt werden[12].

3. Vorschläge in der Deutschen Allgemeinen Zeitung

In der "Deutschen Allgemeinen Zeitung" vom 6. Juli, 24. und 30. August 1928 erschienen Artikel mit der Überschrift: "Kritik am Schlichtungswesen". Außer Zweifel stand für den unbekannten Autor, daß das bestehende System die Parteien zur Verantwortungslosigkeit und unehrlicher Taktik erzogen habe. Eine völlige Aufhebung der Schlichtung sei jedoch politisch weder vertretbar noch durchführbar.
Die notwendige Reform des Schlichtungswesen müsse

9) Vgl. Nörpel, Lohnämter, in: Arbeitsrecht 1928, S. 466ff.
10) Potthoff, Staatsgewalt, in: Arbeitsrecht 1928, S. 474ff.
11) Potthoff, Zukunft, S. 5/6.
12) Potthoff, Schlichtungswillen, in: Arbr. und Schli. 1929, S.226; Er schlug Gesetzesänderungen außerhalb des Schlichtungswesens vor, z.B. daß verschiedene den Arbeitern und Arbeitgebern wichtige Bereiche (z.B. Arbeitszeit), gesetzlich nur durch Tarifvertrag zu regeln seien.

folgende Elemente enthalten:

- Ernennung hauptamtlicher und unabhängiger Schlichter durch das Arbeits- und Wirtschaftsministerium, möglichst mit Zustimmung der Verbände,
- Verkleinerung der Anzahl der Schlichterbezirke,
- Beschränkung des amtlichen Eingriffs auf Konflikte in lebensnotwendigen Betrieben,
- Ausbau des tariflichen Schlichtungswesens,
- Versachlichung des Schlichtungsverfahrens,
- Übertragung der Verbindlichkeitserklärung an eine unabhängige Reichsschiedsstelle, die auch befugt werden könne, das Verfahren selbst einzuleiten,
- Erschwerung der Einleitung des Verfahrens auf Verbindlichkeitserklärung und dieser selbst,
- teilweise oder völlige Übertragung der Kosten des amtlichen Verfahrens auf die Parteien,
- Rückgang der parteilichen oder verbandspolitischen Aspekte bei der Auswahl der Schlichter, die hauptamtlich tätig sein sollten[13].

Der Verfasser wandte sich auch gegen den Vorschlag von Arbeitgeberseite, das Inkrafttreten der Verbindlichkeitserklärung von der Zustimmung des Reichswirtschaftsministeriums abhängig zu machen. Es liege nicht im Staatsinteresse, Verbindlichkeitserklärungen zum Streitgegenstand zwischen zwei Ministerien zu erheben. Notwendig sei vielmehr, die Verbindlichkeitserklärung allem Einfluß der parlamentarischen Instanzen zu entziehen und sie einem mit hohen richterlichen Funktionen ausgestatteten Organ, etwa in Form einer Reichsschiedsstelle, zu übertragen.

Die Gewerkschaften[14] lehnten auch diese Vorschläge ab und bestritten, jemals nur taktisch motivierte Forderungen erhoben zu haben. Das Verfahren sei nach ihrer Ansicht unnötig bürokratisiert und so werde auf unzumutbare Weise den Arbeitnehmer- und Arbeitgeberbeisitzern die Verantwortung für die Entscheidung der Verbindlichkeitserklärung aufgebürdet. Strafrechtlich dürften die Parteien auf keinen Fall belangt werden. Eine amtliche Lohnfestsetzung müsse verhindert werden.

---

13) Auszüge abgedruckt in: Soz. Prax., 1928, S. 861ff.

14) Vgl. Nörpel, Schlichtungsergebnisse, in: Gew.-Ztg. 1928, S. 612; ebenso Broecker, Reform, in: Die Arbeit 1928, S. 512ff.

II. Der Arbeitskampf in der nordwestdeutschen Eisenindustrie 1928/29

1. Vorgeschichte

Die politische und wirtschaftliche Landschaft hatte sich verändert: zum ersten Mal seit 1923 gab es unter Reichskanzler *Müller* wieder eine große Koalition; das Reichsarbeitsministerium lag nicht mehr in den Händen des Zentrums, sondern wurde von dem aus der Gewerkschaftsbewegung hervorgegangenen ehemaligen Reichswirtschaftsminister und späteren Schlichter, Rudolf *Wissell*, SPD, geleitet. Bei den Gewerkschaften und Unternehmerkreisen ließ sich eine Radikalisierung gepaart mit mangelnder Verständigungsbereitschaft feststellen[15]. Die Konjuktur der Jahre 1927/28 gab nach. Gerade in dieser Zeit mußte ein Arbeitskampf in den Ausmaßen des Ruhreisenstreites verhängnisvolle Auswirkungen haben. *Huber*[16] spricht sogar vom "Modellfall für die Problematik der Weimarer Sozialverfassung" und davon, daß der große Arbeitskonflikt in der westdeutschen Eisenindustrie die Weimarer Krisenperiode 1929-32 eingeleitet habe.

2. Der Ruhrkampf

Zwischen den Parteien der nordwestdeutschen Eisenindustrie bestand ein Rahmentarifvertrag über die Arbeitsbedingungen der Arbeiter vom 16.5.1927, der ungekündigt fortbestand, sowie ein durch einen für verbindlich erklärten Schiedsspruch zustande gekommener Lohntarif vom 15.12.1927[17]. Ein Arbeitskampf kam noch während der Verhandlungen über den von den Gewerkschaften zum 1.11.1928 gekündigten Lohntarif der Gruppe Nordwest deswegen zum Ausbruch, weil die Arbeitgeber den Arbeitern während der Schlichtungsverhandlungen am 13.10.1928 vorsorglich Kündigungen zum 1.11.1928 aussprachen und sich weigerten, diese Kündigungen zurückzunehmen. Die neuen Forderungen der Gewerkschaften lauteten auf 15 Pfennig Zulage für Stundenlöhne. Demgegenüber boten die Arbeitgeber eine Verlängerung des bestehenden Tarifvertrags und eine geringfügige Verbesserung für die auch von den Lohnerhöhungen betroffenen etwa 500 Hilfsarbeiter

15) *Hüfner, Diss. Heidelberg 1929, S.41.*
16) *Huber, Verfassungsgeschichte, Bd, VII,S. 1138.*
17) *Siehe Anlage S. 208ff, in: Grauert/Mansfeld/ Schoppen, Rechtsstreit, Mannheim 1929.*

an und erfüllten die Forderungen der Arbeiter nicht. Eine Einigung konnte nicht erzielt werden.

3. Die Schlichtungsverhandlungen

Schlichtungsverhandlungen wurden am 22.10.1928 eingeleitet. Nach ergebnislosen Eingigungsversuchen erging am 26.10.1928 von der Schlichtungskammer ein Schiedsspruch des Vorsitzenden *Joetten*[18], der eine Verbesserung der Stundenlöhne um 6 Pfennig und eine Zulage für die der Akkordarbeiter von 2 Pfennig die Stunde vorsah. Die Arbeitgeber lehnten den Schiedsspruch ab, die Gewerkschaften nahmen ihn an und beantragten seine Verbindlichkeitserklärung. Diese erfolgte am 31.10.1928[19] durch den Reichsarbeitsminister *Wissell*, obwohl sich aus "gesamtwirtschaftlichen Gründen" Reichswirtschaftsminister *Curtius* entschieden gegen die Verbindlichkeitserklärung ausgesprochen hatte[20]. Der Eintritt eines tariflosen Zustandes war nach Ansicht *Wissells* jedoch "mit den sich daraus ergebenden Arbeitskämpfen wirtschaftlich und sozial nicht erträglich".

Die Unternehmer hielten trotzdem die Kündigungen der Arbeitsverträge mit dem Hinweis aufrecht, daß der Schiedsspruch rechtsungültig sei und das Alleinentscheidungsrecht des Vorsitzenden mit Art.I § 5 der SchliVO in Widerspruch stünde. Danach sollte der Schiedspruch von der Schlichtungskammer

---

18) In: Grauert/Mansfeld/Schoppen, S. 215.

19) In: Grauert/Mansfeld/Schoppen, S. 216.

20) Vgl. Protokoll der Ministerbesprechung vom 31. 10.1928 in:Akten der Reichskanzlei, Das Kabinett Müller II, Bd. I, Dok. Nr.52, wirtschaftspolitische Begutachtung des Schiedsspruchs durch das Reichswirtschaftsministeriums S. 182, 1970; Curtius wollte eine neue Schlichtungskammer einsetzen um zu einem formell und materiell einwandfreien Schiedsspruch zu kommen. Der Reichsminister des Inneren, Severing, empfahl einen 2.Schiedsspruch nur dann, wenn davon auszugehen sei, daß der Schiedsspruch von den Parteien auch angenommen würde. Im Gegensatz zum Reichsjustizminister beharrte Wissell darauf, daß allein er unabhängig vom Parlament und Kabinett unser seiner alleinigen Verantwortung über die Verbindlichkeits zu entscheiden hätte. Dagegen wurde § 21 der GeschO der Reichsregierung angeführt, wonach "Angelegenheiten von allgemeiner innen- oder außenpolitischer, allgemeiner wirtschaftlicher oder finanzieller Bedeutung sollen der Regierung, wenn sie ihr nicht zur Beschlußfassung vorgelegt werden, vor Erledigung zur Kenntnis mitgeteilt werden" in: RMinBl. S. 173ff.

gefällt werden. Sie sperrten etwa eine Viertelmillion Arbeiter aus. Diese Aussperrung zum 1.11. hätte vertragswidirg den Tarifvertrag durchbrochen, wenn die Verbindlichkeitserklärung zu Recht erfolgt wäre. Die Arbeitgeber bestritten die Rechtmäßigkeit unter Hinweis auf Verfahrensvorschriften:

- der Schiedsspruch sei gemäß der Bestimmung Art I § 5 IV der SchliVO ein unzulässiger "Einmannschiedsspruch", § 21 V der 2. AusfVO sei ungültig,
- der Schiedsspruch greife ferner gesetzwidrig in den noch laufenden Tarifvertrag ein, nachdem nur der Lohntarif, nicht aber der Rahmentarif gekündigt worden war[21].

III. Der Ruhreisenstreit im Reichstag

Die erst am 22.1.1929 verkündete Entscheidung des RAG[22] vermochte nicht mehr zur konkreten Lösung des Konfliktes in der westdeutschen Eisenindustrie beizutragen. Um den Folgen der Aussperrung im November 1928 unmittelbar zu begegnen, wurden sofort mehrere, allerdings ergebnislose Versuche zur friedlichen Beilegung des Arbeitskampfes unternommen.

Der Düsseldorfer Regierungspräsident *Bergmann* leitete eine neue Einigungsrunde ein, die an der mangelnden Verständigungsbereitschaft der Tarifparteien scheiterte. Arbeitgeber und Gewerkschaften stützten sich auf ihre Rechtsansprüche - die einen auf die Nichtigkeit des Zwangstarifs, die anderen auf die Verbindlichkeit des Schiedsspruches. Die wirtschaftlichen Auswirkungen der Aussperrung von

---

21) Diese Ansicht wurde durch mehrere Gutachten bedeutender Arbeitsrechtswissenschaftler im Auftrag des VDA untermauert: Gutachten von Alfred Hueck und Hans Carl Nipperdey vom 30.10.1928; Gutachten von Heinrich Lehmann vom 6.11.1928; Ergänzende gutachtliche Äußerungen zu dem Gutachten Hueck-Nipperdey vom 30.10.1928 von Hans Carl Nipperdey vom 22.11.1928; Zusätzliches Gutachten des Heinrich Lehmanns vom 22.11.1928; Ergänzungsgutachten des Alfred Hueck vom 23.11.1928; Rechtsgutachten von Heinrich Gerland vom 23.11.1928; Gutachtliche Äußerung von Heinrich Lehmann vom 8.12.1928; Gutachten von Heinz Goldschmidt vom 22.11.1928; Ergänzungsgutachten Heinrich Goldschmidt vom 1.12.1928; alle in: Grauert/ Mansfeld/Schoppen S.228ff.

22) RAG Amtl. Samml. Bd. 3, S. 178ff.

mindestens 250 000 Menschen vor allem bei den Kleinbetrieben waren erheblich[23].

1. Stellungnahmen im Reichstag

Vom 12. - 14.11.1928 befaßte sich der Reichstag mit dem Ruhreisenstreit, nachdem das die Ansicht der Unternehmer bestätigende Urteil des Arbeitsgerichtes Duisburg am 12.11.1928[24] verkündet worden war. Zuvor hatten die Kommunisten ihren Antrag[25] wiederholt, das gesetzliche Schlichtungswesen aufzuheben. Es fessele die Arbeiterklasse und habe "jeden Kampf zugunsten der Bourgeoisie verhindert"[26]. Nach Beratungen im Sozialpolitischen Ausschuß wurde der Antrag wieder abgelehnt[27].

1.1. Reichsarbeitsminister Wissell

Wissell erklärte in seiner Grundsatzrede vor dem Reichstag, daß er nach ergebnislosen Verhandlungen und mangelnder Verständigungsbereitschaft der Parteien "gezwungen war"[28], den Schiedsspruch für verbindlich zu erklären. Den wirtschaftlichen Einwänden der Unternehmer entgegnete er unter Anführung eines Zitats aus der "Kölnischen Zeitung" vom 27.10.1928, daß der Schiedsspruch "ungefähr den Schnittpunkt aller wichtigen Kräfte" treffe und wirtschaftlich gerecht sei. Seiner Auffassung nach war der Arbeitgeberverband verpflichtet, seine Mitglieder zur Rücknahme der ausgesprochenen Kündigungen zu veranlassen, seit das Zustandekommen des neuen Tarifvertrages durch die Verbindlichkeitserklärung des Schiedsspruchs bekannt war. Den Nichtigkeitsvorwurf gegen den Einmannschiedsspruch bezeichnete *Wissell* als "unerfindlich". Er hielt ihn für gültig und sprach sich bis zur eindeutigen Klärung der Rechtslage gegen eine weitere Vermittlung zwischen Regierung und Parteien aus.

1.2. Die Abgeordneten

In derselben Sitzung erklärte der Zentrums-Abgeordnete und spätere Reichsarbeitsminister *Stegerwald*: "Nun geht es nicht, daß nach einem

---

23) Preller, Sozialpolitik, S. 404.

24) In: Grauert/Mansfeld/Schoppen S. 25ff.

25) Vgl. Drs. des RT Bd. 430 Nr. 17, Antrag vom 14.7.1928.

26) Verh. des RT, Rede des Abgeordneten Ewert, (KP), Sitzung vom 4. Juli 1928, Bd. 423, S. 68.

27) Verh. des RT, Sitzung vom 5.7.1928, Bd. 423, S. 114; Drs. des RT , Bd. 430, Nr.240.

28) Verh. des RT , Sitzung vom 12.11.1928, Bd. 423, S. 253f.

ordnungsgemäß für rechtsverbindlich erklärten Schiedsspruch heute die Arbeitgeber und morgen die Arbeiter zum Ausdruck bringen: dieser (...) Schiedsspruch paßt uns nicht und deshalb betrachten wir ihn als nicht existierend"[29]. Die veranschlagten Löhne entsprachen seiner Ansicht nach den Effektivdurchschnittslöhnen in der deutschen Metallindustrie. Er räumte zwar Kritikpunkte am deutschen Schlichtungswesen ein, schreckte aber wie fast alle Kritiker vor seiner Abschaffung zurück. Vielmehr stehe eine Reform dringend an, nachdem 1914 1,5 Millionen, 1928 jedoch 10 bis 12 Millionen Arbeiter durch einen Tarifvertrag gebunden seien: "Es geht nicht, daß der Reichsarbeitsminister Schiedssprüche für verbindlich erklärt und jede Interessengruppe aus sich heraus darüber befinden kann, ob sie dieses so geschaffene Recht anerkennen will oder nicht; das führt zur Anarchie".
Er und seine Fraktion stellten deshalb den Antrag auf Abänderung der TarifVO von 1918 und der SchliVO von 1923[30]. Arbeitskampfmaßnahmen sollten demnach nur noch über nicht im Tarifvertrag geregelte Punkte möglich und ein verbindlich erklärter Schiedsspruch als Verwaltungsakt bis zu einer Nichtigkeitserklärung durch ein Urteil eines Arbeitsgerichts rechtswirksam sein. Die Nichtigkeitsklage entfaltete keine aufschiebende Wirkung und sollte gegen die die Verbindlichkeitserklärung aussprechende Behörde gerichtet werden.

Die Abgeordneten der SDP ließen keinen Zweifel darüber entstehen, daß sie einer Verstärkung der Verständigungspflicht und damit einer Einschränkung der Kampffreiheit nicht zustimmen würden. Mit einer anderen Begründung hatten sie auch die Kommunisten an ihrer Seite[31]. Diese verurteilten das "kapitalistische Schlichtungssystem" und warfen der Regierung und der Sozialdemokratie vor, mit Hilfe des Schlichtungswesens gegen die Arbeiter mit dem Reichsarbeitsministerium zu paktieren.

---

29) Stegerwald stammte aus der christlichen Gewerkschaftsbewegung, deren Generalsekretär und Vorsitzender er war.

30) Drs. des RT , Bd. 431 Nr. 398 und 399, Antrag vom 8.11.1928.

31) Abgeordneter Florin in Sitzung vom 12.11.1928, Bd. 423, S. 265; Ulbricht in Sitzung vom 14.11.1928, Bd, 423, S. 316; Stoecker, S. 320.

Anders die BayVP[32] und DVP[33], die sich grundsätzlich dem Antrag *Stegerwalds* anschlossen. Die Verantwortung der Parteien solle nicht länger einem politischen Einflüssen ausgesetzen Exekutivorgan des Staates übertragen werden können. Die Verbindlichkeitserklärung sei zur Zeit zwar unentbehrlich, der Staat müsse sich jedoch weitestgehend zurückhalten. Nur, wo es "sich um Staatsnotwendigkeiten handelte (...) sollen Gremien geschaffen werden, die sachkundig und unabhängig und unparteiisch sind, diese Fragen zu prüfen. Dann soll aber auch die letzte Verantwortung der Reichsregierung übertragen werden".
Kritik ernteten die Arbeitgeber der Ruhrindustrie schließlich auch von der DDP[34], nach deren Auffassung durch die Aussperrung der "Rechtsboden verlassen worden" war. Eine so schwere Erschütterung des Rechtsgedankes müsse Reformen herbeiführen. Ihr Abgeordneter *Schneider*[35] sprach sich deshalb für eine unmittelbare Entscheidung durch das RAG in solchen Fällen wie dem Ruhreisenstreit aus, da man durch den Instanzenzug unnötig Zeit verliere. Er beendete (unter Beifall) seine Rede mit der dringenden Aufforderung an die Regierung, in den Streit einzugreifen und den Arbeitsfrieden mit Rücksicht auf die betroffenen Menschen wiederherzustellen.

2. Initiativanträge an die Reichsregierung

Einen Tag später stand ein Antrag *Stegerwalds* auf der Tagesordnung: Die Reichsregierung wurde ersucht, "schon jetzt durch eigene Initiative Maßnahmen zu treffen, die geeignet sind, einer Wiederholung von Auseinandersetzungen, wie sie in der Nordwestgruppe der Eisen- und Schwerindustrie eingetreten sind, bei künftigem Ablauf von Tarifverträgen von ähnlicher Bedeutung vorzubeugen"[36]. Dagegen wandte sich ein Vertreter der Chr.BP[37], der für die Abschaffung des behördlichen Schlichtungswesen zugunsten des tariflichen Schlichtungswesens und gegen die Einmischung des Parlamentes plädier-

---

32) Abgeordneter Schwarzer in Sitzung vom 13.11.1928, Bd. 423, S. 301.
33) Abgeordneter Moldenhauer in Sitzung vom 13.11.1928, Bd. 423, S. 293.
34) Abgeordneter Schneider in Sitz.vom 13.11.1928, Bd. 423, S.297.
35) Bd. 423, S. 299.
36) Drs. Bd. 432, S. 407, Abänderungsantrag Nr. 419
37) Abgeordnete Döbrich in Sitz. vom 14.11.1928, Bd. 423, S.308.

te. Wie die übrigen - insgesamt neun - Anträge zum Ruhreisenstreit wurde auch dieser an den sozialpolitischen Ausschuß überwiesen, dessen Berichterstatter *Pfeffer* (DVP) den Reichstag am 17.11. 1928 [38] über die dreitägigen, ergebnislosen Beratungen informierte. Mit der Ausschußmehrheit sprach sich daher Pfeffer dafür aus, "daß es zweckmäßig sei, diese ganzen Fragen in diesem Augenblick nicht zur Lösung zu bringen, sondern sie auf eine ruhigere Zeit zu verschieben". Die Anträge wurden konsequenterweise alle zurückgestellt[39].

3. Staatliche Unterstützung der ausgesperrten Arbeiter

Der sozialpolitische Ausschuß behandelte schließlich noch weitere Anträge, die sich mit der Forderung nach Unterstützung der vom Arbeitskampf betroffenen Arbeitnehmer beschäftigten. Nachdem verschiedene Vorschläge über die insoweit erforderliche Finanzierung vorlagen, hatte sich die Mehrheit des Ausschusses auf eine Entschließung[40] geeinigt. Danach wurde die Reichsregierung ermächtigt, zur "Abstellung der Notstände, die im rheinisch-westfälischen Industriegebiet durch die Aussperrung entstanden sind", den Ausgesperrten eine Unterstützung von insgesamt 15 Millionen Mark zu gewähren. Der Reichstag stimmte aufgrund seiner geltenden Fürsorgepflichtgesetzgebung[41] zu. Die Unterstützungsmaßnahme erfuhr die Billigung aller Parteien[42]. Am 17.11.1928 faßte der Reichskanzler das Ergebnis der Ministerbesprechung zusammen und ersuchte den Reichstag, der Reichsregierung eine Ermächtigung zur Abstellung der Notstände zu erteilen. Zuvor legte der Reichsarbeitsminister im

38) *Bd. 423, S. 394f.*

39) *Und in der folgenden Zeit auch nicht erledigt.*

40) *Drs. des RT Bd, 432, Nr. 472.*

41) *Sogenannte "Fürsorgeverpflichtungsordnung" vom 13.2.1924 in: RGBl. S. 100.*

42) *Vgl. Sitzung vom, 17.11.1928, S. 396ff.; zuvor hatte das Kabninett wiederholt dieses Thema beraten (Vermerk des Ministerialrates Vogels vom 2.11.1928, Ministerbesprechung mit dem preußischen Staatsministerium am 17.11.1928), nachdem zahlreiche Telegramme von Gewerkschaften, Kommunalbehörden und der Evangelischen Kirche als Folge der Aussperrung die Reichsregierung aufgefordert hatten, der Notlage der Familien zu helfen.*

Reichstag die Handlungsbereitschaft der Regierung dar[43].

Zum ersten Mal griff damit der Staat unmittelbar in einen Arbeitskampf und in den bis dahin geltenden Grundsatz der staatlichen Neutralität ein. Er bezog zugunsten der Arbeiter Stellung und gewährte ihnen durch die Unterstützungsaktion die finanziellen Mittel, die sie zur Weiterführung des Arbeitskampfes benötigten.
Nachdem an eine wirksame tarifpolitische Kooperation von Arbeitgebern und Gewerkschaften nicht mehr zu denken war[44], war die tarifpolitische Verantwortlichkeit endgültig auf den Staat abgewälzt worden. Erstmals wurden die Grenzen des Schlichtungswesens deutlich: die Regierung konnte die Durchsetzung des für verbindlich erklärten Schiedsspruches mit keinerlei Zwangs- bzw. Sanktionsmaßnahmen herbeiführen.

4. Der Eingriff der Reichsregierung in die Schlichtungsverhandlungen

Die Regierung rief die streitenden Parteien unter dem Vorsitz des Reichskanzlers *Müller* zusammen[45]. Sie hatte nach dem offensichtlichen Scheitern der Einigungsbemühungen in der Kabinettssitzung vom 28.11.1928 vom Reichskanzler feststellen lassen, daß Regierungspräsident *Bergmann* von der Ansicht der Regierung verständigt werden sollte, daß sie es für verfehlt hielt, der Öffentlichkeit gegenüber von einem Scheitern der Vermittlungsaktion zu sprechen. Vielmehr sollte *Bergmann* den Parteien zu verstehen geben, daß das Reichskabinett eine Schlichtung des Streites durch ein Oberschiedsgericht unter dem Vorsitz eines Sonderschlichters bevorzugte.
Wissell und *Curtius* einigten sich bald über die Bestellung des damaligen Innenministers *Severing* zum

---

43) Verh. des RT , Sitzung vom 17.11.1928, Bd. 423, S. 399.
44) Vgl. Tschirbs, Tarifpolitik, 1986, S. 330.
45) Besprechung mit den Arbeitgebern des Bezirks Nordwest am 30.11.1928, Dok. Nr. 76 und Besprechung mit den Arbeitnehmern des Bezirks Nordwest am 30.11.1928, Dok. Nr. 77 in: Akten der Reichskanzlei, Kabinett Müller I, Bd. I.

Sonderschlichter[46]. Besondere Schwierigkeiten erwuchsen allerdings daraus, daß sich der Angriff der Tarifparteien doch gegen einen Schiedsspruch richtete, dessen Verbindlichkeitserklärung von der Regierung notwendigerweise als rechtsgültig angesehen werden mußte, nachdem sie ihn aus seiner Position als Reichsarbeitsministers selbst erlassen hatte. An den Besprechungen mit den streitenden Parteien nahmen Reichskanzler *Müller* und die Minister *Wissell* und *Curtius* sowie Außenminister *Stresemann* teil. *Müller* schlug auf Drängen *Stresemanns*, der weitere volkswirtschaftliche Störungen verhindern wollte, vor, daß sich die Parteien einem von der Regierung zu ernennenden Vermittler von vornherein unterwerfen und dessen Spruch annehmen sollten[47]. Am 2.12.1928 unterwarf sich schließlich auch der Deutsche Metallarbeitgeberverband diesem Vorschlag. Damit sollte jedoch nach beiderseitigem Einvernehmen eine Entscheidung der grundsätzlicheen Fragen durch das RAG nicht ausgeschlossen werden.

4.1. Der Schiedsspruch Severings vom 21.12.1928

Der Schiedsspruch *Severings* vom 21.12.1928[48] hielt aus "staatspolitischen Gründen" den für verbindlich erklärten Schiedsspruch zunächst bis Ende 1928 aufrecht. *Severing* verteilte jedoch die Lohnerhöhungen für 1929 etwas anders: die sogenannte "Severing-Klausel", wonach eine Veränderung durchgeregelter Akkorde nur bei Änderung der Berechnungsgrundlage, nicht dagegen unter Berücksichtigung der wirtschaftlichen Lage erfolgen konnte, spielte im späteren Tarifrecht noch eine große Rolle. Durch Severings Schiedsspruch wurden alle vorher ausgesprochenen Kündigungen der Arbeitgeber ex nunc unwirksam.

Trotz aller Kritik bewirkte der Schiedsspruch eine Entspannung auf dem Arbeitsmarkt. Der Arbeitsfrieden im Ruhrgebiet war ab 1.1.1929 vollständig wiederhergestellt.

---

46) Das SPD-Mitglied Severing war bereits nach dem Krieg als Reichs- und Staatskommissar für das rheinisch-westfälische Industriegebiet zuständig und unter Otto Braum 1920-26 Innenminister in Preußen.

47) Vgl. Akten der Reichskanzlei, Das Kabinett Müller II, Bd. 1 S. 250ff.

48) In der Veröffentlichung "Stahl und Eisen", Sonderheft: Der Arbeitskampf in der Großeisenindustrie, S. 27.

4.2. Bewertung

Dennoch: dieser Schiedsspruch und die folgende Entscheidung des RAG beeinträchtigten die Staatsautorität im Schlichtungswesen und lösten erneut eine heftige Reformdiskussion aus. Die Lohnpolitik des Reichsarbeitsministers war zumindest nach ihrem äußeren Anschein gescheitert: die Regierung hatte eine rechtlich wirksame Entscheidung abändern müssen. Nachdem *Severing* die Löhne wegen mangelnder Anzeichen für eine günstigere wirtschaftliche Entwicklung nicht erhöht hatte, konnte die Regierung keine wirtschaftliche Gründe für die politische Steigerung des Lohns mehr anführen.
Ferner hatte auch *Severing* von "Mängeln" des Schlichtungsverfahrens gesprochen. Der Stichentscheid des Vorsitzenden bei fehlender Mehrheit der Schlichtungsausschußmitglieder sei zwar zur allgemeinen Übung geworden, senke jedoch nachteilig das Verantwortungsgefühl und die Verständigungsbereitschaft der Parteien. Eine gesetzliche Änderung des Schlichtungsverfahrens sei notwendig.
Im Ruhreisenkampf war die ganze Widersprüchlichkeit zwischen den Gesetzen der Wirtschaft und den der Sozialstaatlichkeit der Weimarer Republik augenfällig zum Ausdruck gekommen. Der Reichstag war zur Marionettenfigur der Regierung verkümmert, deren Entscheidungsspielraum durch wirtschaftliche Interessen und arbeitsmarktpolitische Maßnahmen begrenzt wurde.

5. Stellungnahme des Reichsarbeitsminister sWissell

Nachdem Reichsarbeitsminister *Wissell* bereits ausführlich in seiner Reichstagsrede vom 12.11.1928[49] zum Ruhreisenstreit Stellung genommen hatte, veröffentliche er kurz vor Verkündung des Urteils des RAG am 22.1.1929 am 17.1.1929 einige grundsätzliche Äußerungen zum Schlichtungswesen[50] .

5.1. Darstellung

Seiner Meinung nach diente das Schlichtungswesen der Ausführung des Art. 165 WRV. Die Organisation der Wirtschaft müsse auf Gesamtvereinbarungen der Arbeitgeber und -nehmer beruhen. Nur durch den Abschluß von Tarifverträgen könne eine Befriedigung des Arbeitslebens erfolgen. Das Schlichtungswesen erfülle daher eine staatspolitische Aufgabe. Um diesem staatspolitischen Zweck zu diesen, sei, so

---

49) Verh. des RT, Bd. 423, S. 253ff.
50) Wissell, Reform, MdW 1929, S. 71ff.

Wissell, die Beibehaltung des Stichentscheides des Vorsitzenden in § 25 der 2. AusfVO notwendig. Eine Einschaltung des Reichswirtschaftsministeriums in das Schlichtungsverfahren lehnte er ebenso wie die Schaffung eines Reichsschiedsamtes und gesetzliche Änderung des Schlichtungsverfahrens ab.

5.2. Die Reaktion der Arbeitgeber

Der Vorsitzende der VDA, Gerhard *Erdmann*[51], kritisierte die Schlußfolgerung *Wissells*, der aus Art. 165 WRV statt einer bloßen Hilfspflicht des Staates gemäß Art. I § 3 der SchliVO nun eine Zwangsbefugnis des Staates ablesen, gleichsam den Parteien eine Gesamtvereinbarung "aufoktroyieren" wollte. Logische Folgerung daraus sei die Einführung eines Organisationszwanges für Arbeitnehmer und Arbeitgeber. Dies wiederum verstoße ausdrücklich gegen das von der Reichsverfassung gewährleistete Koalitionsrecht in Art. 159 WRV, welches auch die negative Koalitionsfreiheit garantiere[52]. Der Zweck der Schlichtung sei deshalb ausschließlich aus Art. I § 3 der SchliVO, aus der reinen Hilfeleistung abzulesen. Sie stehe schon begrifflich subsidiär hinter jeder freiwilligen Vereinbarung. *Wissell* wolle im Ergebnis nur die staatliche Einwirkung auf die Löhne rechtfertigen, die wirtschaftlich ungesunde Verhältnisse schaffe und eine Anpassung an die unterschiedliche Leistungsfähigkeit des Einzelnen verhindere[53].

Nach Ansicht der Arbeitgeber[54] war die Lohnpolitik längst auf das Reichsarbeitsministerium und damit "auf die parlamentarisch nicht verantwortlichen Gewerkschaften übertragen worden". Der Staat verstoße gegen die gebotene Zurückhaltung und stelle sich "einseitig dem einen kämpfenden Teil zur Verfügung". Dies führe zum Verlust der Staatsautorität und bringe einen weiteren Ausbau der staatlichen Zwangsbefugnisse mit sich. Der politische Lohn mit seinen demoralisierenden Folgen müsse endgültig abgeschafft, die soziale Auseinandersetzung versachlicht und die eigene Verantwortlichkeit wiederhergestellt werden[55].

---

51) Erdmann, Rechtspolitik, in: Der Arbeitgeber 1929, S. 58f.

52) Ders. a.a.O.; S.59.

53) Brauweiler, Schlichtungsreform, in: Der Arbeitgeber 1929; Heinrichsbauer, System, in: Der Arbeitgeber 1928, S. 204ff.

54) Heinrichsbauer, System, S. 207

55) Vgl. dazu Marwitz, Grundlagen des Schlichtungswesens, in: Arbeitsrecht 1929, S.92f.

Nörrs These[56] aus dem Jahr 1986, der Funktionswandel des Schlichtungsbegriffes räume den Gewerkschaften eine günstigere Position ein, war damals von den Arbeitgebervertretern bereits aufgenommen worden. Durch die Förderung bzw. den Zwang zum Abschluß einer Gesamtvereinbarung von Seiten des Reichsarbeitsministeriums standen die Gewerkschaften und Arbeitgeber gleichberechtigt als Partner gegenüber der über die Verbindlichkeitserklärung entscheidenden Verwaltung.

5.3. Die Reaktion der Gewerkschaften

Gewerkschaftsführer *Nörpel*[57] schloß sich der Auffassung des Reichsarbeitsministers an. Art. I § 5 der SchliVO ermögliche zu Recht zur diktatorische Befugnisse bei der Fällung eines Schiedsspruchs und § 21 V der 2. AusfVO gestatte den Stichentscheid, um gegen die Arbeitgeberseite ein Mittel zur Verhinderung der Verschlechterung der Tarifvertragsbestimmungen in der Hand zu halten. Gerade im Ruhrkampf, aber auch vorausgehend im Kampf um die Arbeitszeitfrage zeige sich die Notwendigkeit solcher Zwangsmittel. Die Gewerkschaften bekannten sich zu dem vom Reichsarbeitsminister aufgestellten staatspolitischen Grundsatz des Schlichtungswesens und erklärten sich bereit, im öffentlichen Interesse "ihr Machtstreben hinter den zwingenden Erfordernissen des Staates zurücktreten zu lassen"[58]. Bezeichnend ist gerde an dieser Stelle die Identität der Argumente des Reichsarbeitsministeriums und der Gewerkschaften.

IV. Die Urteile im Arbeitskampf der Nordwestdeutschen Eisenindustrie

Durch das Ruhrkampfurteil des RAG sollten die Ausführungen des Reichsarbeitsministers *Wissell* nicht bestätigt werden: der Stichentscheid des Vorsitzenden und der Einbruch in einen laufenden Tarifvertrag durch ein Schlichtungsverfahren wurden für unzulässig erklärt. Die durch das Urteil betroffenen Gewerkschaften beriefen sich jedoch immer wieder auf die Thesen des Reichsarbeitsministers und legten diese ihren Argumenten in der Diskussion um die

---

56) Nörr, Grundlinien, in: ZfA 1986, S. 421.

57) Nörpel, Schlichtungswesen, in: Gew.-Ztg. 1929, S.97ff.

58) Ders. a.a.O., S. 99

Schlichtungsreform zugrunde[59].

1. Das Urteil des Arbeitsgerichtes

Am 3.11.1928 klagten die Arbeitgeber beim Arbeitsgericht Duisburg auf Feststellung des Nichtbestehens eines Tarifvertrages aufgrund des verbindlich erklärten Schiedsspruchs vom 26.10.1928[60]. Die Beklagten waren der Christliche Metallarbeiter-Verband, der Deutsche Metallarbeiter-Verband und der Gewerkverein Deutscher Metallarbeiter (Hirsch-Dunkersche Gewerkschaft). Sie bestritten die Ausführungen der Arbeitgeber und legten der Klagebeantwortung die Rechtmäßigkeit der Verbindlichkeitserklärung zugrunde[61]. Das Urteil des Arbeitsgerichtes Duisburg vom 12.11.1928[62] bestätigte die Ansicht des Arbeitgeberverbandes.

1.1. Einmannschiedsspruch

Die Verbindlichkeitserklärung war nach Ansicht des AG von der Schlichtungskammer im Wege einer Mehrheitsentscheidung zu fällen, wie es in Art. I § 5 der SchliVO vorgesehen war. Damit griff das Urteil massiv in die bestehende Praxis der Schlichtungsausschüsse ein: gerade der Einmannschiedsspruch hatte ja die Übung der Parteien gefördert, sich der eigenen Verantwortung zu entziehen und diese allein dem Vorsitzenden des Schlichtungsorgans, zu übertragen. Die Vorfrage, ob das Arbeitsgericht überhaupt zu einer Nachprüfung des gesetzlichen Zustandekommens der Entscheidung in der Schlichtungsinstanz befugt war, wurde grundsätzlich bejaht.

1.2. Einbruch in den laufenden Tarifvertrag

Als materiellen Mangel wertete das Gericht den unzulässigen Eingriff in die Bestimmungen des Rahmentarifs vom 16.5.1928. Eine schlichtungsfähige Streitigkeit könne nicht vorliegen, wenn eine zu entscheidende Frage noch in einem gültigen, ungekündigten und laufenden Tarifvertrag geregelt

---

59) *Vgl.: Nörpel, Probleme, in: Die Arbeit 1929, S. 141ff.; Schlichtung in: Gew.-Ztg. 1930, S.729ff.*

60) *Vgl. Klageschrift des Arbeitgeberverbandes für den Bezirk der nordwestdeutschen Gruppe des Vereins deutscher Eisen- und Stahlarbeiter vom 3.11.1928 in: Grauert/Mansfeld/Schoppen, S.2ff.*

61) *In: Grauert/Mansfeld/Schoppen S. 5ff.*

62) *In: Grauert/Mansfeld/Schoppen S. 25ff.*

sei[63]. Das Arbeitsgericht war der Ansicht, daß der für verbindlich erklärte Schiedsspruch sowohl gegen formelles als auch gegen materielles Recht verstieß und erklärte ihn für nichtig.

2. Das Urteil des Landesarbeitsgerichtes

Am 19.11.1928 legten die Gewerkschaftsvertreter Berufung ein und beantragten, das erstinstanzliche Urteil aufzuheben und die Klage kostenpflichtig abzuweisen[64]. Die Beklagten standen unverändert auf dem Standpunkt, daß der Vorsitzende durch sein Alleinentscheidungsrecht den Schiedsspruch der Schlichterkammer inhaltlich herbeiführen könne, wie sich aus dem Wortlaut der in Frage stehenden Ausführungsbestimmung des § 21 I 2. AusfVO ergäbe. Dies folge zwangsläufig aus Art. I § 5 IV der SchliVO, nach der die Schlichterkammer einen Schiedsspruch abgeben "müsse". Um Vorsorge zu treffen, daß ein Schiedsspruch überhaupt zustandekommen konnte, mußte auch nach Ansicht der Gewerkschaften damals die rechtsgültige Bestimmung in § 21 V 2. AusfVO ergehen. Der Wille der Einzelperson solle fiktiv als Wille des Ganzen erscheinen.

Ferner sei das Gericht nicht zur Nachprüfung der Zuständigkeit des Schlichtungsausschusses befugt gewesen, da es sich nicht um eine Frage der absoluten Zuständigkeit gehandelt habe. Die Schlichterkammer sei zuständig gewesen und es sei herrschende Lehre, daß die gleichen Parteien, wenn sie über einen Lohntarif verhandelten, auch in einen un-gekündigten Rahmentarif eingreifen könnten.
Die Arbeitgeber wiederholten ihre Ausführungen in der Berufungsbeantwortung vom 23.11.1928[65] unter Hinweis auf ihre Klageschrift und verschiedene Sachverständigengutachten.
Das Landesarbeitsgericht Duisburg erklärte den Stichentscheid des Vorsitzenden und den Eingriff in den Rahmentarif für zulässig und begründete dies aus der staatspolitischen Aufgabe des Schlichtungswesens heraus , wie sie ihr zuvor von *Wissell* zugewiesen worden war.

63) So auch RAG vom 27.6.1928 in: Bens. Samml. Bd. 3, Nr. 42,wonach eine schlichtungsfähige Gesamtstreitigkeit nicht vorliegen könne, die noch in einem bestehenden Tarifvertrag geregelt sei und daß ein trotzdem über eine solche Frage ergangener Schiedsspruch nichtig sei.
64) In: Grauert/Mansfeld/Schoppen S. 35ff.
65) In: Grauert/Mansfeld/Schoppen S. 51ff.
66) LAG Duisburg in Amtl. Samml. Bd. 4, S. 60ff.

2.1. Einmannschiedsspruch

Auch wenn sich nach Ansicht des LAG eine abschließende Prüfung der Frage erübrigte, ob der Vorsitzende einer Schlichterkammer bei mangelnder Mehrheit berechtigt sei, seinen Vorschlag zum Spruch der Schlichterkammer zu erheben, da die Willensbildung im Schlichtungsverfahren gar nicht gerichtlich nachprüfbar sein solle, nahm diese Untersuchung einen großen Stellenwert ein. Mit Rücksicht auf das "hohe Interesse am deutschen Schlichtungswesen" erschien es dem LAG "dringend erforderlich", zu dieser Frage Stellung zu nehmen[67].
Grundsätzlich war nach Ansicht des LAG zu unterscheiden zwischen dem Kollegialsystem und dem entgegenstehenden Bürosystem. Bei ersterem entscheide das Kollegium mehrheitlich auch nach außen, beim Bürosystem nach außen nur der Einzelbeamte. Grundsätzlich gehe zwar Art. I § 5 IV der SchliVO vom Kollegialsystem aus. Die Bestimmung des § 21 V S. 4 der 2. AusfVO halte sich jedoch im Rahmen der Verordnungsbefugnis durch Art. II § 1 der SchliVO. Der Vorsitzende, der trotz seiner Bemühungen keine Mehrheit in der Kammer erziele, könne seinen eigenen, meist in der Mitte liegenden Vorschlag zum Spruch der Schlichtungskammer bestimmen. Dies, so begründete das Gericht, widerspreche nicht der SchliVO und sei rechtsgültig.

2.2. Nachprüfbarkeit durch die Gerichte

Die Gerichte seien auch grundsätzlich zur Nachprüfung der Gültigkeit von Verwaltungsakten befugt, wenn darin eine präjudizielle Vorfrage liege und das Gesetz die verwaltungsrechtliche Entscheidung nicht ausdrücklich als bindend für die Gerichte erklärt habe. Nach Ansicht des LAG handelte es sich jedoch in dieser Streitfrage um einen Prozeß der inneren Willensbildung und nicht um die Frage des Zustandekommens eines Verwaltungsaktes. Der mit Ermessensspielraum ausgestattete Schlichter habe von der ihm zustehenden Kompetenz als Vorsitzender Gebrauch gemacht. Eventuelle Willensmängel in diesem Alleinentscheidungsrecht könnten höchstens einen Anspruch auf Beseitigung des Staatsaktes geben, nicht jedoch zur Nichtigkeit der Entscheidung führen[68]. Folglich sei das Gericht nicht zur Überprüfung dieser Entscheidung befugt.

---

67) LAG Duisburg, S. 70.
68) LAG Duisburg, S. 75.

2.3. Einbruch in den laufenden Tarifvertrag

Zur Frage des Eingriffs in einen bestehenden Tarifvertrag verwies das LAG auf die herrschende Meinung in der Literatur[69], die ein Überschreiten der gesetzlichen Zuständigkeit der Schlichtungsbehörden annahm, wenn diese in einen noch laufenden Tarifvertrag dadurch eingriffen, daß sie seine Abänderung verfügten. Unter dieser Voraussetzung war ein ergangener Schiedsspruch ungültig.

Nach Ansicht des LAG[70] sei es für den Schlichter jedoch eine Ermessensfrage, ob ein Schlichtungsverfahren mit dem Ziel auf Abänderung eines noch bestehenden Tarifvertrages eingeleitet werde oder nicht, die der gerichtlicher Nachprüfung nicht unterliege. Die Frage, ob überhaupt eine Gesamtstreitigkeit vorliege, wenn in einen bestehenden Tarifvertrag eingeriffen werde, bejahte das LAG unter Hinweis auf den "Begriff der echten Schlichtung", die nur bei einer auf Abänderung einer bestehenden Tarifvertragsnorm oder auf Neuvereinbarung eines Tarifvertrages gerichteten Hilfeleistung vorliege. Hier handele es sich aber bereits begrifflich nicht um Rechtsanwendung, sondern um die Schaffung neuen Rechts an Stelle des umstrittenen alten. Auch begrifflich stehe eine bestehende Gesamtvereinbarung weder der Einleitung des Schlichtungsverfahrens noch der Fällung des Schiedsspruchs entgegen[71]. Es sei zwar in den geltenden Manteltarif eingegriffen worden, staatspolitische Interessen hätten diesen Eingriff jedoch erfordert, was nach dem Zweck des Schlichtungsverfahrens zulässig sei. Zum Wohle des Gemeinwohls und dem öffentlichen Interesse am Arbeitsfrieden sei ein Einbruch in die bestehenden Regelungen des noch

---

69) Flatow/Joachim Anm. 3 zu § 5 der SchliVO, Schlichtungsverordnung, Berlin 1924; Kaskel, Lehrbuch, S.351; Nörpel in: Arbeitsrechtspraxis 1928, S. 229; vgl. auch RAG vom 27.6.1928 in: Bens. Samml. Bd. 3 Nr 42 mit Anmerkungen von Nipperdey.

70) Ebenso Hueck in Anmerkung zu LAG in: Bens. Samml.Bd.2 Nr.43.

71) Zitiert wird hier Dersch, Schlichtungsverordnung, 1924, S. 178 und in: Rechtsprechung des Reichsgerichtes zum Arbeitsrecht, 1926, S.247, der jedoch ausdrücklich vor dem Fehler warnt, eine allgemeine "clausula rebus sic stantibus" in das Tarifrecht durch eine u.U. bestehende Zulässigkeit eines Verfahrens zur Abänderung eines bestehenden Tarifvertrags einführen zu wollen.

geltenden Tarifvertrages durch den für verbindlich erklärten Schiedsspruch notwendig gewesen. Deshalb wies das LAG die Klage kostenpflichtig ab.

3. Das Urteil des Reichsarbeitsgerichtes

Nachdem die Arbeitgebervertreter unter Hinweis auf die Ungesetzmäßigkeit des § 21 V der 2. AusfVO und die Ungültigkeit des ergangenen Schiedsspruchs und dessen Verbindlichkeitserklärung sowie wegen der Unzulässigkeit eines Eingriffs in laufende Tarifverträge am 14. Dezember 1928 Revision eingelegt hatten, erging am 22. Januar 1929 das endgültige Urteil im Ruhrkampf durch das RAG[72]. Die Revision hatte Erfolg: das Gericht stellte gemäß dem Klägerbegehren fest, daß ein Tarifvertrag aufgrund des für verbindlich erklärten Schiedsspruches vom 26.10.1928 nicht bestanden hatte. Das Feststellungsinteresse gemäß § 256 ZPO bejahte das RAG zu diesem Zeitpunkt noch, da die Lohnsätze des Schiedsspruches vom 26.10.1928 für diejenigen Arbeitnehmer in Betracht kamen, welche während der von dem Kläger verhängten Aussperrung die Notstandsarbeiten verrichtet hatten.

3.1. Einmannschiedsspruch

Bei der Prüfung der Nichtigkeit des § 21 V der 2. AusfVO gelangte das Gericht unter Berücksichtigung von Entstehungsgeschichte und Gesamtzusammenhang zu dem Ergebnis, daß diese Vorschrift als rechtsunwirksam anzusehen sei[73]. Bereits der Entwurf der SchliO 1922[74] legte für die Entscheidungen der Schlichtungskammern das Kollegialprinzip zugrunde. Sollte keine Mehrheitsentscheidung zustande kommen, sollte der Vorsitzende notfalls als ultima ratio, durch einen eigenen Vorschlag entscheiden. Die Verbindlichkeitserklärung war aber in die Hände eines Kollegiums gelegt, welches mit Zweidrittelmehrheit zu entscheiden hatte[75]. Das RAG unterstellte, daß der Reichsarbeitsminister die in Betracht kommende Bestimmung des Entwurfes wörtlich in § 21 V 2. AusfVO aufgenommen hatte. Allein die Schlichtungskammer hatte einen Vorschlag zu unterbreiten und nicht der einzelne Schlichtungsvorsitzende. Art. I § 5 IV SchliVO bringe grundsätzlich zum Ausdruck, daß der Schiedsspruch eine Willenskundgebung der Kammer, d.h. des aus mehreren Personen bestehenden

72) *RAG amtl. Samml. Bd. 3, S. 178ff.*
73) *RAG, Bd. 3, S. 191.*
74) *RT-Drs. 1921/22 Nr. 3760, § 83 III,IV.*
75) *Vgl. § 111 des Entwurfs.*

Kollegiums, also eine Kollegialentscheidung enthalten müsse. Damit widersprach das RAG dem LAG, welches Kollegial- und Bürosystem nur in Bezug auf die Kundgabe nach außen unterschied.

3.2. Nachprüfbarkeit durch die Gerichte

Trotz dieser Feststellungen stellte sich der Schiedsspruch für das Gericht als Verwaltungsakt dar, der unter Wahrung der vorgeschriebenen Formen zustandegekommen war. Als solcher war er bindend und von den Gerichten zu beachten[76]. Die von den Klägern erhobene Rüge bezog sich nicht auf die Frage der Zuständigkeit, nicht auf äußere Mängel des Verfahrens, sondern auf einen Mangel der inneren Willensbildung bei Abgabe des Schiedsspruches, somit auf das Zustandekommen des Verwaltungsaktes. Auch wenn der Schiedsspruch aufgrund der vom Gericht als unzulässig erachteten Vorschrift des § 21 V der 2.AusfVO ergangen war, änderte dies nach Ansicht des RAG nichts an der Tatsache, daß der Schiedsspruch als Verwaltungsakt ergangen und verkündet worden war. Zur Nachprüfung von Verfahrensmängeln, welche die innere Willensbildung betrafen, waren aber die Gerichte nicht befugt[77]. An diesem Standpunkt hielt das RAG fest, stimmte darin auch der LAG-Entscheidung zu und erklärte dagegen gerichtete Angriffe der Revision für unbegründet[78].

3.3. Einbruch in den laufenden Tarifvertrag

In der zweiten Rechtsfrage, ob die Schlichtungskammer durch ihren Schiedsspruch in den Rahmentarifvertrag vom 16.5.1927 eingegriffen und damit ihre Zuständigkeit überschritten habe, gab auch das RAG dem Revisionsantrag der Arbeitgebervertreter unter Berufung auf die Judikatur[79] und die herrschende Meinung im Schrifttum recht.

Voraussetzung für die Schlichtung sei das Vorliegen einer Gesamtstreitigkeit, die im Wege eines Interessenausgleichs eine Gesamtvereinbarung mit Hilfe der behördlichen Schlichtungsinstanzen erstrebte. Dort, wo bereits ein Ausgleich der Interessen stattgefunden habe, seien die Parteien nach allgemeinen Rechtsgrundsätzen gebunden. Entstehe ein Streit über Bedeutung und Einhaltung der vertraglichen Bestimmungen, so liege ein Rechtsstreit und kein Interessenstreit vor. Ein zulässiges Eingrei-

---

76) RAG, Bd. 3, S. 192.
77) RG 119, S. 196 sowie ständige Rechtsprechung.
78) RAG, Bd. 3, S. 193.
79) RAG vom 27.6.1928 in amt. Samml. Bd. 2, S. 153.

fen in noch laufende Tarifverträge bedeute einen unzulässigen Eingriff in den das gesamte Vertragsrecht beherrschenden Grundsatz der Vertragstreue. Die Parteien seien nicht in der Lage, "ein unzulässiges Verfahren zulässig zu machen"[80]. Etwas anderes gelte nur, wenn beide Parteien übereinstimmend die Aufhebung der vertraglichen Bindung erklärten.
Für die weitere Frage, welche Folgen die unzulässigen Eingriffe in den bestehenden Rahmentarif vom 16.5.1927 in Bezug auf den verbindlich erklärten Schiedsspruch hatten, war nach Ansicht des RAG zu beachten, daß sich der für verbindlich erklärte Schiedsspruch aus zwei Elementen zusammensetzte: aus Schiedsspruch und aus Verbindlichkeitserklärung. Entgegen der Ansicht des LAG und der herrschenden Lehre, die den Schiedsspruch als unverbindlichen Vertragsvorschlag, als Tatsache, bewerteten, erklärte das RAG, durch die vom Reichsarbeitsminister erfolgte Verbindlichkeitserklärung sei der Schiedsspruch als solcher nicht jeglicher Nachprüfung entzogen. Dies könne nur gelten, wenn allein die Verbindlichkeitserklärung derjenige Verwaltungsakt sei, auf dem der für verbindlich erklärte Schiedsspruch beruhe. Gemäß Art. I § 6 III der SchliVO setze die Verbindlichkeitserklärung jedoch das Vorhandensein eines besonderen Verwaltungsaktes voraus, dessen Rechtmäßigkeit von den Gerichten in Grenzen selbständig zu überprüfen sei. Da bei einem bestehendem Tarifvertrag keine Gesamtstreitigkeit, sondern eben eine Gesamtvereinbarung vorliegeg, hätte kein Schiedsspruch ergehen dürfen. Die Überschreitung eben dieser Zuständigkeit hatte im Ergebnis die Nichtigkeit des von der Schlichtungskammer gefällten Schiedsspruches zur Folge. Dieser war nicht als Grundlage für die Verbindlichkeitserklärung geeignet. Demnach war der Schiedsspruch vom 26.10.1928 nicht rechtsverbindlich und das angefochtene Urteil aufzuheben.

V. Bewertung des Urteils des RAG

1. Ein politisches Urteil ?

Das Urteil des RAG im Ruhreisenkonflikt gilt allgemein als wichtigstes und bedeutsamstes Urteil im Schlichtungsrecht. Die entscheidende Stütze der staatlichen Zwangsschlichtung war ins Wanken gera-

80) RAG, Bd. 3, S. 196.

ten: durch die Nichtigkeitserklärung des Einmannschiedsspruchs erlitt die Staatsautorität eine Niederlage. *Nipperdey*[81] begrüßte es, daß das RAG über seine eigentliche Aufgabe, die Auslegung der in Rede stehenden Rechtsvorschriften für den Spezialfall, hinausgegangen sei und schlechthin grundlegende Fragen des Arbeitsrechtes behandelt habe.

Der Entscheidung lagen politische Tendenzen zugrunde[82]; das RAG wollte die notwendige Reform des Schlichtungswesens ins Rollen bringen, wollte das Parlament zur Umgestaltung des Schlichtungswesens durch die Nichtigkeitserklärung des Einmannschiedsspruches zwingen. Die Autorität des Staates stand auf dem Spiel, auch wenn zu Beginn der Aussperrung von Arbeitgeberseite eine Erklärung abgegeben worden war, daß sich der Kampf nicht gegen die Staatsautorität und den Grundgedanken des Schlichtungswesens richte.
Besonders das Problem des Einmannschiedsspruchs hatte politischen Bezug[83]. Es handelte sich nämlich um politische Betätigung in der Sphäre des kollektiven Arbeitsrechtes. Sinn des Mehrheitsspruches war, auf Grundlage des Kollegialentscheides das jeweilige Rechtsbewußtsein der Beisitzer mit zur Grundlage der Entscheidung zu machen. Der Staat verzichtete lieber auf Gesetzgebung, als daß er gegen das Rechtsbewußtsein der Beteiligten etwas durchsetzte. Der § 21 V der 2. AusfVO war ein Fremdkörper im Schlichtungswesen[84]. An den Regelungen der Arbeitsbedingungen sollten nach der WRV immer die Parteien beteiligt sein, was § 21 V der 2. AusfVO verhinderte. Nur durch die Rückbesinnung auf die Mehrheitsentscheidung konnte das Diktat der Löhne duch den Reichsarbeitsminister verhindert und das Schlichtungswesen gerettet werden.

---

81) Anmerkungen zu dem Urteil im Ruhreisenstreit in: Amtl. Samml. der Urteile des RAG und der LAG Bd.5, S. 259ff.; vgl. auch Nipperdey in: Kölnische Zeitung vom 24.1.1929, Ausschnitt abgedruckt in: Baumann, Diss. Köln 1930, S.10; danach hatte das RAG nach der Feststellung, nicht zur Nachprüfung des ergangenen Verwaltungsaktes berechtigt zu sein, gar keinen Anlaß, die Gültigkeit der Ausführungsverordnung zu prüfen.

82) Vgl. dazu Hüfner, Diss. 1929, S.42; Neumann, Rechtsprechung, 1929, S. 14.

83) Herschel, Einmannschiedsspruch, Arbr. und Schli. 1930, S.401.

84) Berg, Diss., S. 67; gleicher Ansicht: Müller, Schlichtungswesen, in: Soz. Prax. 1929, S.70.

Die "stark justizstaatliche Tendenz"[85] des RAG wurde jedoch auch heftig kritisiert. Eine absolute sachliche Unzuständigkeit könne nicht einfach angenommen werden, bevor die Schlichtungsbehörden nicht "vollkommen aus ihrem gesetzlichen Tätigkeitsbereich" hinausgetreten seien. Nach Ansicht *Potthoffs*[86] prüfte das RAG in seiner Ruhreisenentscheidung "unter dem Deckmantel einer Prüfung der Zuständigkeit in Wirklichkeit das Ergebnis einer Verwaltungshandlung" und nahm ein unzulässiges Kontrollrecht über die Handhabung der Gesetze durch die Verwaltungsbehörden in Anspruch. Durch die "Verwischung der Grenze der absoluten Zuständigkeit" werde dem Schlichtungswesen nicht gedient. Besonders *Nörpel*[87] kritisierte die politische Tendenz des Urteils scharf: "Gesetzgeber ist der Reichstag", die Gerichte dürften nicht aufgrund ihrer Entscheidungen Vorschriften machen, wann eine Reform eines Gesetzes notwendig sei oder nicht.

2. Gegner des Urteils

Nach einer anderen Meinung[88] hätte schon die Feststellungsklage nicht darauf gerichtet werden dürfen, daß der Tarifvertrag aufgrund des verbindlich erklärten Schiedsspruches nicht bestanden habe. Denn den Tarifvertragsparteien obliege nur beim freiwillig abgeschlossenen Tarifvertrag eine Friedens- und Durchführungspflicht[89]. Einen Zwangstarif bräuchten die Parteien nicht zu befolgen, sie trügen nur eine moralische und sozialpolitische Verantwortung[90]. Die Tarifparteien übten durch das Ignorieren des Zwangsschiedsspruchs einen zulässigen "Akt der wirtschaftlichen Selbsthilfe" aus[91]. Selbst der für verbindlich erklärte Schiedsspruch könne rechtlich ohne Wirkung bleiben: erst der Abschluß von darunter fallenden Einzelarbeitsverträgen lege vertragliche Pflichten auf. Die Rechtsordnung gebe den Parteien das Recht, den Zwangstarif durch den Nichtabschluß von Einzel-

---

85) Jacobi, Urteil, in: JW 1929, S. 1278.
86) Potthoff, Folgerungen, in: NZfA, S. 303; Sinzheimer, in: NZfA 1929, S.301.
87) Nörpel, Probleme, in: Die Arbeit 1929, S. 143.
88) Hoeniger, Ruhreisenkonflikt, in: JW 1929, S. 1303f.; S. 1273ff.; ferner: Urteil, in: MdW 1929, S. 221; Reform, in: MdW 1929, S. 679 .
89) Vgl. auch Hoeniger, Zwangstarif in: NZfA 1929, S. 271ff., S. 339ff., S. 345ff.
90) Hoeniger, Zwangstarif, S. 273.
91) Ders. a.a.O. S. 275

arbeitsverträgen einfach nicht zu realisieren. Daher sei für eine Feststellungesklage auf Nichtigkeit oder Gültigkeit des Tarifvertrags kein rechtliches Feststellungsinteresse gegeben, da die klagende Partei den Schiedsspruch nicht hätte realisieren müssen[92].

Gegen die Nichtigkeitserklärung des Einmannschiedsspruchs sprachen sich u.a. der Gewerkschaftsführer *Nörpel*[93] sowie *Sinzheimer*[94] aus, nach deren Auffassung das RAG durch die Nichtigkeitserklärung den "Lebensnerv des geltenden Schlichtungswesens getroffen" habe. Die Aufgabe der Schlichtung sei es schließlich, das Ergebnis des Arbeitskampfes vorwegzunehmen. Dies könne durch den Wegfall der Ausgleichsfunktion durch die unparteiischen Vorsitzenden der Schlichtungskammern nicht mehr gewährleistet werden.

Als problematisch galt auch die formale Unterscheidung zwischen Rahmentarif und Lohntarif[95]. Nicht schlichtungsfähig sei eine Sache nach dieser Ansicht nur, wenn sie einen offensichtlichen Einbruch in einen bestehenden Rahmentarif enthielt. Wenn beide Tarife Lohnfragen regelten, könne nämlich nicht mehr auf Grund rein formaler Kriterien unterschieden werden. Es handele sich um eine Zufallstrennung, einem Relikt aus der geschichtlichen Entwicklung. Ein Arbeitskampf beginne aber dann, wenn die Löhne materiell als unzureichend empfunden würden, gleich, in welchem Tarif sie festgelegt waren. Die Einführung einer "clausula rebus sic stantibus" im Tarifrecht und die Möglichkeit des Eingreifens staatlicher Schlichtungsbehörden auch ohne Zustimmung der Parteien zum Zwecke der Verhinderung eines großen Arbeitskampfes sollte auch dann möglich sein, wenn ein Tarifvertrag noch bestünde und

---

92) Ders. Ruhreisenkonflikt, in: JW 1929, S. 1274.
93) Nörpel, Probleme, in: Die Arbeit 1929, S. 144.
94) Sinzheimer in: Frankfurter Zeitung vom 27.1.1929; vgl. besonders auch Hoeniger, Entwurf, in: NZfA 1923, S. 1ff.; Ders. unparteiischer Vorsitzender, 1923; ders. Ruhreisenkonflikt in: JW 1929, S. 1275; ders. Rahmentarif, in: NZfA 1929, S. 197ff.
95) Hoeniger, Rahmentarif,in: NZfA 1929, S. 197ff.

damit eigentlich Tarifbruch begangen würde[96].

3. Befürworter des Urteils

Nipperdey[97] befürwortete das RAG-Urteil und bewertete eine mögliche gesetzliche Regelung des Einmannschiedsspruchs als "Einführung des Lohnamtsystems" und als endgültigen Verzicht auf die verantwortungsbewußte Selbstverwaltung der Parteien. Auch andere[98] begrüßten die Ungültigkeitserklärung des Einmannschiedsspruchs unter Hinweis auf die ausdrücklich durch das Gesetz in Art.I § 5 SchliVO vorgeschriebene Pflicht zur Kollegialentscheidung[99]. Die Entwicklung des Schlichtungsrechts lasse den Schluß zu, daß die Entscheidung für das Kollegialprinzip in Art. I § 5 der SchliVO absichtlich gefallen sei. Der Einmannschiedsspruch zeige ein typisches "Problem der Subdelegation des Verwaltungsrechts" auf. Folglich müsse die AusfVO als Subermächtigungsgrundlage auch der Ermächtigungsgrundlage und diese wieder dem Ermächti-

---

96) Hoeniger, Ruhreisenkonflikt, in: JW 1929, S. 1275; ders. Urteil,in: NZfA 1929, S. 204; auch Metzler, Schlichtung in: Arbr. und Schli. 1929, S. 4ff. sprach sich gegen "pacta sunt servanda" und für die Zulassung des Einbruchs in laufende Tarifverträge unter Hinweis auf § 133 BGB aus; ebenso 1924 Dersch, Schlichtungsverordnung, S. 178 und Philippe, Schlichtungsverfahrens in: Arbr. und Schli. 1929, S. 6; Haymann, Mehrheitsentscheidung, 1929; Kimmig, Rechtsprechung in: Arbr. und Schli. 1929, S: 158.

97) In: Kölnische Zeitung vom 24.1.1929, Nr. 47, vgl. auch: Zwangstarif, in: NZfA 1929, S.747ff. Anm. zum Urteil des RAG im Ruhreisenstreit in: Bens. Samml. Bd. 5, S. 259ff.

98) Joachim, Bemerkungen in: NZfA 1930, S. 233ff.; Boehmer, Entgegnung auf die Aufsätze Hoenigers in: NZfA 1928, S. 525ff.; Jacobi, Urteil, in: JW 1929, S.1276ff.

99) Die Richtlinien des Reichsarbeitsministers vom 21.1.1920 sprachen noch von dem "Verbot", die vom 30.11.1920 schon nur noch von der "Empfehlung", nicht in laufende Tarifverträge einzugreifen, bis dann im Entwurf der SchliO in § 66 als schlichtungsfähig nicht nur der Abschluß, sondern auch die "Änderung oder Aufhebung einer Gesamtstreitigkeit" angesehen wurde, in: JW 1929, S. 1277; verwirrend dagegen sind die Richtlinien von 1928, nach denen Schlichtung mit dem Ziel der Herbeiführung eines neuen Vertrages auch zulässig ist, wenn der Gegenstand der Schlichtung bereits früher in einem Vertrag geregelt ist in: RABl 1928, S. 100.

gungsgesetz entsprechen[100], was bei § 21 V der 2. AusfVO nicht gegeben sei. Ferner verstoße diese Vorschrift gegen den verfassungsrechtlich gewährleisteten Grundsatz der Tarifautonomie.

Nach Ansicht *Nipperdeys* sollte die Grenze der richterlichen Überprüfbarkeit von Verwaltungsakten zwar eingehalten und der Schiedsspruch als rechtsgültig angesehen werden[101]. Dennoch binde die Schlichtungsbehörden jetzt die Feststellung der Ungültigkeit des Einmannschiedsspruchs durch das RAG. Die Behörden, die diese Vorschrift weiter anwendeten, verstießen objektiv gegen das Gesetz. *Nipperdey* forderte deshalb aus "rechtsstaatlichen Gründen" die Zulässigkeit richterlicher Nachprüfung nicht nur bei absoluter Unzuständigkeit[102]. Schließlich bestehe bei den arbeitsrechtlichen Verwaltungsakten keinerlei Rechtsschutz. Daher müsse ein Nachprüfungsrecht der Gerichte in stärkstem Umfang angenommen werden[103].
Anders *Sinzheimer*[104] und *Potthoff*[105], nach deren Ansicht die wichtigste Aussage des Ruhreisenurteils in der Verschiebung der Zuständigkeit zwischen Verwaltungsbehörde und Gericht lag. Beide kritisierten die Außerachtlassung der Grenzen der absoluten Zuständigkeit und der Nachprüfbarkeit des Ergebnisses der Verwaltungshandlung.
Nipperdey widersprach des weiteren den Stimmen in der Literatur[106], die einen Einbruch in einen bestehenden Tarifvertrag für zulässig erachtet hatten. Dies zuzulassen, bedeute eine "Prämie auf Tarifbruch". Der unbedingte privatrechtliche Grundsatz, das Verträge einzuhalten sind, würde dadurch

---

100) Vgl.:RGZ 109, S. 219.
101) In: Anmerkungen. S. 266.
102) Nipperdey, a.a.O. S. 269.
103) A.A: Philippe, Schlichtungsverfahren, S. 7, der an der Nichtnachprüfbarkeit der verwaltungsrechtlichen Entscheidung festhalten und keine "künstliche zweite Instanz" durch die Gerichte zulassen wollte.
104) Sinzheimer, Besprechung, in: Die Justiz, 1929, S. 207.
105) Potthoff, Schlichtungsbehörde, in: Arbr. und Schli. 1929, S. 159.
106) Neben Hoeniger, Dersch, Metzler und Philippe auch Potthoff, Folgerungen, in: Arbeitsrecht 1929, S. 303ff.; Joerges in: Arbr. und Schli. 1929, S. 127ff., die auch Streitigkeiten um Abänderung tariflich geregelter Punkte in die Zuständigkeit der Schlichtungsbehörden fallen lassen wollten.

preisgeben[107]. Dieser Grundsatz verbiete nach Ansicht Nipperdeys[108] den Einbruch in einen laufenden Tarifvertrag. Schlichtungsfähig sei eben nicht alles, was die Parteien vereinbaren könnten, sondern in jedem Fall streng nach den Voraussetzungen des Art. I § 3 SchliVO zu beurteilen.
Nach Ansicht des Geschäftsführers der VDA, *Erdmann*[109] bedeutete die Zulässigkeit eines Einbruchs in laufende Tarifverträge *"praktisch staatliche Lohnzwangsfestsetzung ohne Rücksicht auf bestehende Verträge, wenn dies politisch von den Exponenten der politischen Staatsmaschinerie aus irgendwelchen Gründen für zweckmäßig gehalten wird"*.

4. Die Rechtsprechung

Der vom RAG vertretenen Ansicht schloß sich auch das RG an[110] und erklärte Schiedssprüche, die in bestehende Tarifverträge eingriffen, für unwirksam. Zur Frage der Nachprüfbarkeit der Entscheidungen des Vorsitzenden durch die Gerichte entschied das RG, daß die Gerichte die Beachtung der für die Schlichtungsorgane geltenden Verfahrensvorschriften im allgemeinen nicht nachprüfen, sondern nur solchen Mängeln nachgehen dürften, "deren Erweislichkeit ergeben würde, daß ein Schlichtungsverfahren im Rechtssinn" überhaupt nicht vorgelegen hätte[111] - also bei wesentlichen Verfahrensmängeln. Das RG entschied dies jedoch in einer wichtigen Einschränkung gegenüber dem Urteil des RAG im Ruhreisenkonflikt: der Schiedsspruch, der aufgrund eines in einen laufenden Tarifvertrag eingreifenden Verfahrens ergangen war, sollte nach Ansicht des RG dann nicht nichtig sein, wenn er von beiden Seiten anerkannt wurde. Die Annahme bzw. Anerkennung der Parteien galt dabei als nachträgliche und rückwirkende Einwilligung. Nach Ansicht des RAG[112] war

---

107) Nipperdey in: Anmerkungen, S. 271.
108) Ders. a.a.O. S. 270; vgl. auch Jacobi, Urteil in: JW 1929, S.1277; Flatow, Ruhrstreit, in: Soz. Prax. 1929, S. 413.
109) Erdmann, Rechtspolitik, in: Der Arbeitgeber S.59.
110) RGZ vom 25.1.1929 in: JW 1929, S. 1292, ebenso RGZ vom 28.5.1929 in: JW 1929, S. 2150 und RAG vom 20.3.1929 in: JW1930, S. 463.
111) Schon RG 119, S. 196, ferner auch RG in JW 1929, S.1292, RG in: JW 1929, S. 2150, RAG in: JW 1930, S.463 und S. 151; RAG vom 26.11.1930, Bens. Samml. Bd. 11, S. 60ff.
112) Bens. Samml. Bd. 6, S. 273ff. Urteil vom 12.5.1929; vgl. auch Bens. Samml. Bd.5, S. 97ff. Urteil vom 26.1.1929.

die Erklärung der Annahme eines Schiedsspruchs eine der Schlichtugsbehörde, nicht der anderen Partei gegenüber abzugebende einseitige Erklärung und ein nicht angenommener Schiedsspruch entfaltet erst mit dem Tag seiner Verbindlichkeitserklärung Wirksamkeit.
In der Literatur[113] wurde in diesem Zusammenhang, kritisch darauf hingewiesen, daß die formalrechtliche Gültigkeit eines Verwaltungsaktes nicht dem Parteiwillen unterstehe, sondern objektiv festgestellt werden müsse. Der Schiedsspruch könne nur entweder rechtsgültig oder nichtig sein. Das RG bewertete aber die nachträgliche Einwilligung der Parteien sozusagen als Heilung für den an sich bestehenden Mangel, daß der betreffende Schiedsspruch in einen bestehenden Tarifvertrag eingriff. Das RAG erklärte in diesem Fall das gesamte Verfahren für unzulässig und damit den Schiedsspruch für nichtig. Eine Heilung kam nicht in Betracht. In einer anderen Entscheidung des RAG[114] wurden Schiedsspruch und Verbindlichkeitserklärung für unzulässig erklärt, wenn zwischen den Tarifparteien kein Streit, sondern ein noch geltender Tarifvertrag bestand. Die Schlichtungsorgane seien auch nicht zuständig darüber zu entscheiden, ob die "clausula rebus sic stantibus" auf bestehende Tarifverträge anwendbar ist. Über diese Rechtsfrage hätten die Gerichte zu entscheiden. Sind die Parteien eines Schlichtungsverfahrens zwar an einen Manteltarif, nicht aber an einen Lohntarif gebunden, so konnte nach Ansicht des RAG[115] hinsichtlich des Lohntarifs ein Schiedsspruch ergehen. Der Lohntarif ist jedoch auch nicht als Anlage zum Manteltarif Bestandteil desselben.
Die Ungültigkeitserklärung des Einmannschiedsspruchs bestätigte das RAG in einem späteren Urteil[116].

---

113) Hessel, Schlichtungsverfahren, in: NZfA 1930, S. 675ff.

114) Bens. Samml. Bd. 5, S. 411ff. Urteil vom 2.2.1919.

115) Bens. Samml. Bd. 6, S. 624ff. Urteil vom 25.1.1919.

116) Bens. Samml. Bd. 6, S. 451ff. Urteil vom 24.4.1929; a.A. LAG Frankfurt vom 17.12.1928, nach dessen Ansicht sich § 21 V der 2. AusfVO im Rahmen der dem Reichsarbeitsminister eingeräumten Verordnungspraxis hielt.

VI. Reformvorschläge

Der Ruhreisenstreit von 1928/29 bot Anlaß, erneut Kritik am geltenden Schlichtungsverfahren zu üben: Die Gewerkschaften hatten zwar ihren Vorteil durch die mit ihren Vertretern besetzten Schlichtungsbehörden und das ihnen wohlgesonnene Reichsarbeitsministerium erkannt, forderten jedoch weitere Vergünstigungen und kämpften gegen jeden Machteinfluß der Arbeitgeber; diese waren bestätigt in ihrer Abneigung gegen das staatliche Schlichtungswesen und schürten den Kampf gegen die Zwangsschlichtung weiter. Ausgangspunkt der Schlichtungsreform sollte daher sein, sich auf das Wesen der staatlichen Schlichtungsfunktionen neu zu besinnen: durch gütliche Vermittlungstätigkeit dem öffentlichen Interesse zu dienen.

1. Besprechung im Reichsarbeitsministerium am 16.Oktober 1928

Im Laufe einer Besprechung im Reichsarbeitsministerium am 16.10.1928 zeigten die Gewerkschaften Einigkeit darin, daß sie eine gesetzliche Änderung des Schlichtungsverfahrens weder für erforderlich noch für zweckmäßig erachteten. Den wirtschaftlichen und sozialen Erfordernissen werde durch eine sinngemäße Ausführung der Verordnung genügt[117].
Die Arbeitgebervertreter widersprachen dieser Feststellung und forderten in 28 Anträgen eine Änderung des staatlichen Schlichtungswesens nicht nur in der Praxis, sondern auch durch neue Gesetzgebung.
Zusammengefaßt lauteten ihre Anträge

- Amtliche Schlichtung nur, wenn vereinbarte Schlichtungsstellen nicht bestehen,
- Anruf von Amts wegen nur bei Streitigkeiten in lebenswichtigen Betrieben oder volkswirtschaftlich bedeutsamen Streitigkeiten,
- Ernennung hauptamtlicher Schlichter für die großen Wirtschaftsbezirke,
- Schiedsspruch einer Kammer bedarf einfacher Mehrheit,
- Beseitigung des Alleinentscheidungsrechts des Vorsitzenden,
- Verbindlichkeitserklärung gegen den Willen beider Parteien nur bei Streitigkeiten in lebenswichtigen Betrieben oder wenn die Gesamtstreitigkeit die Volkswirtschaft so trifft, daß ihre Lebensmöglichkeit gefährdet ist,

117) In: Hüfner, Diss. S. 50.

- Verbindlichkeitserklärung nicht durch einen Verwaltungsbeamten, sondern durch eine Reichsschiedsstelle, deren Vorsitzende ein Richter ist[118].

Für eine Gesetzesänderung sprachen auch die Vertreter der christlichen Gewerkschaften[119]. Sie befürworteten, im Schlichtungsverfahren die eidliche Vernehmung möglich zu machen, um der Kammer die Tatsachenaufklärung zu erleichtern.

Als Ergebnis der Besprechung hielt Reichsarbeitsminister *Wissell* fest:

- Die Behörden sollten die Parteien weitgehend bei der Vereinbarung tariflicher Schlichtungsinstanzen unterstützen und das tarifliche Schlichtungswesen fördern.
- Ein Schlichtungsverfahren auf Antrag einer Partei sollte erst eingeleitet werden, wenn die antragstellende Partei vorher den ernsthaften Versuch unternommen hat, Verhandlungen über den freiwilligen Abschluß eines Tarivertrages aufzunehmen, dieser Versuch jedoch gescheitert ist.
- Die Einleitung des beantragten Schlichtungsverfahrens sollte mit eingehenden und ernsthaften Einigungsvorverhandlungen vor dem Vorsitzenden des Schlichtungsausschuß oder dem Schlichter beginnen.
- Bei der Bildung der Schlichterkammer sollte darauf geachtet werden, daß die Beisitzer nicht oder wenigstens nicht aus schließlich dem Personenkreis entnommen werden, der mit der Führung des ausgebrochenen Interessenstreites selbst betraut ist (*Lex Wissell*).
- Die Einleitung eines Verfahrens über die Verbindlichkeitserklärung eines Schiedsspruchs sollte regelmäßig nur auf Antrag einer Partei erfolgen.
- Die Einleitung eines Verfahrens über die Verbindlichkeitserklärung von Schiedssprüchen von

---

118) Veröffentlicht bei. Potthoff, Kampfverbot, in: Arbeitsrecht 1929, S. 331ff.; Potthoff lehnte die Vorschläge ab und kritisierte, daß diese Vorschläge eine Schlichtung für unbedeutende Streitigkeiten geradezu unmöglich mache. Er unterstellte den Arbeitgeber die Absicht durch den Kampf gegen den Tarifzwang sich auch von der Notwendigkeit der tariflichen Verständigung mit den Gewerkschaften zu befreien.

119) Schmitz, Gestaltung, in: Zentralblatt der christlichen Gwerkschften 1929, S. 102ff.

Amts wegen sollte dagegen nur bei Vorliegen eines öffentlichen Interesses erfolgen.
- Zurückhaltung der Schlichtungsinstanzen war geboten[120].

Die Öffentlichkeit reagierte auf das Ergebnis der Besprechung mit Enttäuschung[121]. Die Sozialpolitiker hatten eine Änderung der gesetzlichen Schlichtungsreform für notwendig erachtet. Nun hatten es auch die unmittelbar interessierten Verbände nicht fertig gebracht, trotz der jahrelangen Kritik, das Schlichtungswesen positiv zu verändern.

2. Abänderungsvorschläge der VDA vom November 1928

Nach Ansicht der VDA werde durch das praktizierte Schlichtungswesen die Eigenverantwortung der Parteien eingeschränkt und die innere Annäherung oder gar Überbrückung der Gegensätze erschwert. Sie beklagte "das Hineintragen wechselnder politischer Einflüsse"[122] und veröffentlichte im April 1929 ihre "Vorschläge zur Verbesserung des Schlichtungswesens".
Das staatliche Schlichtungsverfahren sollte in Zukunft nur subsidiär
- bei Nichtvorliegen einer tariflichen Schlichtungsstelle,
- auf Anruf beider Parteien oder
- im Fall "vorliegender staatlicher Gesamtinteressen von Amts wegen" angerufen werden[123].

Der Schiedsspruch, der erst nach zwei ergebnislos verlaufenden Einigungsrunden gefällt werden durfte, sollte schriftlich begründet werden[124]. Die umstrittene Verbindlichkeitserklärung wurde zwar beibehalten, sollte aber nur noch
- bei Gesamtstreitigkeiten in lebenswichtigen Betrieben und
- bei Gesamtstreitigkeiten, welche die deutsche Volkswirtschaft so stark betreffen, daß die Lebensmöglichkeit der Gesamtbevölkerung gefährdet ist, möglich sein.

Die Bestimmung der "lebenswichtigen Betriebe" blieb einer Verordnung der Reichsregierung vorbehalten, die erst nach Anhörung der Arbeitnehmer- und Ar-

---

120) Veröffentlicht in: Arbr. und Schli. 1928, S. 412/13.
121) Vgl. dazu Müller, Schlichtungswesen, S. 64ff.
122) Siehe: Vorbemerkung zu: Abänderungsvorschläge der VdA zur Schlichtungsordnung, Berlin 1929.
123) § I Nr. 3 der Vorschläge.
124) § III Nr. 5 der Vorschläge.

beitgebervertreter zu erlassen war.
Ferner sollte die Verbindlichkeitserklärung nicht mehr durch den Schlichter, sondern einheitlich durch eine Reichsschiedsstelle, die auf Antrag der Parteien oder der Reichsregierung tätig wurde, erklärt werden können. Sämtliche Beschlüsse waren mit Zweidrittelmehrheit der Stimmen zu fassen . Eine Verbindlichkeitserklärung wäre nur bei "wirtschaftlicher und sozialer Berechtigung des Schiedsspruchs" möglich.

In der Begründung der Vorschläge distanzierte sich die VDA ausdrücklich von den Ausführungen des Reichsarbeitsministers *Wissell*, stellte aber ebenso rechts- und sozialpolitisch die Herbeiführung des Wirtschaftsfriedens als Endzweck aller Schlichtung in den Vordergrund. Entscheidend war ihrer Ansicht nach jedoch der freie Wille der Parteien und nicht die Zwangsbefugnisse des Staates. Dieser habe sich aus allen Fragen der freien Wirtschaft herauszuhalten. Daher sollte die Reichsschiedsstelle eine politisch unabhängige, weitgegehend auf dem Boden der Selbstverwaltung von Arbeitnehmern und Arbeitgebern stehende Reichsinstanz darstellen. Ihre Tätigkeit als Organ des Staates und als Träger der Staatshoheit sollte das Verfahren versachlichen und damit politisch zweckbedingte Entscheidungen ausschalten[126].

Kernpunkt der Vorschläge bildete die Einschränkung und Objektivierung sowie die Entpolitisierung der Verbindlichkeitserklärung, die der Willkür der Verwaltung und der politischen Sphäre weitgehend entzogen und an strenge, gesetzliche Maßstäbe gebunden werden sollte.

Sinzheimer[127] entgegnete den VDA-Vorschlägen, speziell einem Vortrag des Vorsitzenden Ernst von *Borsig*[128], der sich für die völlige Abschaffung der Verbindlichkeitserklärung eingesetzt hatte und versuchte die Unentbehrlichkeit der Verbindlichkeitserklärung staatsrechtlich zu deuten: der Staat

125) § IV Nr. 2 der Vorschläge.
126) Begründung der Vorschläge S. 11.
127) Sinzheimer, Reform, in: RABl. 1929, Nicht Amtl. Teil, S. 149ff., der Aufsatz enthielt die Grundgedanken eines Vortrages vom 4. März 1929 in der Hochschule für Politik in Berlin.
128) Veröffentlicht in: Schriften der VDA, Berlin 1928/29, S.21ff.

bedürfe des Tarifvertrages, um staatliches Arbeitsrecht zur Durchführung zu bringen aus sozialrechtlichen sowie aus staatspolitischen Gründen, um Arbeitskämpfe zu vermeiden. Folglich müsse ein "Pflichtschiedsspruch" das Zustandekommen eines Tarifvertrages garantieren. Sinzheimer zweifelte auch die Vorstellung der Arbeitgeber an, die Abschaffung der Verbindlichkeitserklärung gewährleiste wieder die freiwillige Verständigung zwischen den Parteien. Dagegen setzten die Arbeitgeber [129], daß sie ja nicht gegen den Tarifvertrag, sondern nur gegen den Tarifzwang kämpften. Sie forderten die Freiheit des Tarifabschlusses, eine marktgesetzliche Lohnpolitik und ein auf äußerste Notfälle beschränktes staatliches Eingreifen in den tarifpolitischen Streit der Parteien.

3. Die Stellungnahme der Gewerkschaften

Der ADGB veröffentliche umittelbar nach der Besprechung im Reichsarbeitsministerium noch keine ausdrückliche neue Stellungnahme [130]. Nach Ansicht *Nörpels* [131] hatte das Schlichtungswesen keine privaten, sondern sozialpolitische Aufgaben zu erfüllen und allein die sozialen Interessen der Arbeiter wahrzunehmen. Daraus folge auch, daß nur die Gewerkschaften den Antrag auf Verbindlichkeitserklärung stellen dürften und diese von Amts wegen nur bei Bedrohung der lebenswichtigen Interessen der Allgemeinheit auszusprechen sei [132]. Der Staat trete als Repräsentant der Allgemeininteressen auf. Eine gesetzliche Änderung des Schlichtungswesens sei überflüssig, wichtiger dagegen die Änderung der "geistigen Einstellung" dazu. *Nörpel* appellierte auch an die Gewerkschaftsmitglieder, daß letzten Endes nicht der Zwangstarif, sondern der freiwillig abgeschlossene Tarifvertrag das Ziel der Arbeiterbewegung bleiben müsse. Dies sei keine Frage der Gesetzgebung, sondern eine Frage der Selbsterziehung. Dazu gehöre auch nicht, daß Schlichtungswesen zu "entpolitisieren", da dieses eine "eminent

---

129) Coerper, Tarifzwang in: Sondernummer Der Arbeitgeber 1929, S. 633ff.

130) Vgl. nur die bereits veröffentlichen Stellungnahmen des Bundesvorstandes des ADGB in: Gew.-Ztg. 1924, S.92 und 1927, S. 680.

131) Nörpel, Bedeutung, in: Gew.-Ztg. 1928, S. 613.

132) Diese Ansicht vertrat Nörpel bereits 1924 in: Gewerkschaftsarchiv, S. 196; ders. Kritik, in: Arbr. und Schli. 1928, S. 410; ebenso: Broecker, Selbstverwaltung, in: Die Arbeit S. 144, S. 213, S. 508ff.

politische Aufgabe" wahrnehme und von dem politischen Einfluß der Arbeiterklasse im Staate die Ergebnisse des Schlichtungswesens abhingen[133]. Zusammenfassend erklärte *Broecker*[134] schließlich den Standpunkt der Gewerkschaften:

- Die freie Vereinbarung der Tarifparteien bietet die größte Gewähr für die Tragbarkeit der Regelung und für den Wirtschaftsfrieden.
- Die staatliche Schlichtung ist als Einigungsversuch bei Fehlen tariflicher Instanzen zu bejahen.
- Der Zwangstarif kann als Aufgabe nur die Wahrung der volkswirtschaftlichen Allgemeininteressen oder der sozialpolitischen Arbeitnehmerinteressen haben. Das privatwirtschaftliche Interesse der Betriebe kann so lange nicht mitbestimmend sein, als sich private Produktion und Preisgestaltung der Einwirkung des Staates entziehe.
- Es besteht daher kein objektiver Grund für eine Berechtigung der Arbeitgeber zum Antrag auf Verbindlichkeitserklärung. Es genügt das Antragsrecht der Gewerkschaften und der Ausspruch der Verbindlichkeitserklärung von Amts wegen, wenn es das volkswirtschaftliche Interesse erfordert.

Erst in seiner Sitzung vom 27.3.1929 nahm der Bundesausschuß des ADGB offiziell zum Schlichtungsproblem Stellung. Das Referat hielt *Nörpel*, der die Verbindlichkeitserklärung ausdrücklich verteidigte und klarzustellen versuchte, daß diese nicht in die Kampffreiheit der Gewerkschaften eingreife[135]. Auch der Staat habe sich gewandelt und sei nicht mehr der gewerkschaftsfeindliche Staat der Vorkriegszeit. *Nörpel* betonte wie zuvor *Wissell* die staatspolitische Aufgabe der Schlichtung und sah darin einen Zusammenahng mit der gesteigerten Machtstellung der Gewerkschaften. Das Schlichtungswesen beinhalte die Politisierung des Lohnes und damit der Einflußnahme der Gewerkschaften auf den Staat.
Eine Entschließung des Bundesausschuß des ADGB wurde einstimmig angenomen, in der sich die Gewerkschaften zwar immer noch für den Vorrang der tariflichen Schlichtung, aber jedenfalls gegen eine gesetzliche Änderung des bestehenden Schlichtungs-

---

133) Nörpel, Bedeutung, S. 613.
134) Broecker, Selbstverwaltung, S. 219.
135) Nörpel, Kritik, in: Arbr. und Schli. 1929, S. 154ff.

wesens aussprachen[136].
Die christlichen Gewerkschaften plädierten für eine Gesetzesänderung des Art. I § 5 der SchliVO und die Einführung des Einmannschiedsspruchs[137].

4. Die Diskussion in Fachzeitschriften

Die Diskussion in den Fachzeitschriften beschäftigte sich mit den Reformvorschlägen und mit der Anwendung der Verbindlichkeitserklärung. Aber keiner der an der Diskussion Beteiligten wollte die staatliche Zwangsschlichtung ganz abschaffen. Ausgehend von den Thesen *Wissells* war Angelpunkt der Diskussion:

- Ist die Schlichtung i.S.d. Art. 165 WRV Hilfe zum Abschluß von Gesamtvereinbarungen mit dem Ziel der Vermeidung von Arbeitskämpfen auf dem Weg staatlicher Förderung von Gesamtvereinbarungen im Interesse der Allgemeinheit, oder:
- soll die Schlichtung der Befriedung des Arbeitslebens durch Kollektivregelungen von staatlicher Seite dienen; dies als Zweig staatlicher Verwaltung, durch die Lohnpolitik des Staates?

Wie aber im einzelnen der Endzweck jedes Schlichtungswesens, nämlich die Erhaltung des Arbeitsfriedens erreicht werden sollte, das blieb in der Diskussion offen. Die verschiedenen Reformansätze und Diskussionsbeiträge sollen nur auszugsweise und verkürzt dargestellt werden.

4.1. Zur Befugnis des Reichsarbeitsministers zur Verbindlichkeitserklärung

Der Reichsarbeitsminister trug, so konnte man lesen, ganz allein die Verantwortung für die im Ruhrkampf ergangene Verbindlichkeitserklärung. Diese politische Entscheidung müsse jedoch, gerade bei einem Streitfall wie dem Ruhreisenstreit, dem Kabinett zukommen[138]. Die tatsächlichen Wirkungen einer ministeriellen Maßnahme könnten nicht an den Grenzen des Ministerressorts enden. Es solle klargestellt werden, daß sich bei Verbindlichkeitserklärungen in diesem Ausmaß vorher das Kabinett zu einigen habe, um einen Arbeitskampf zu verhindern und sich gegen Fehlentscheidungen abzusichern. Der Reichsarbeitsminister solle daher von Zeit zu Zeit eine unabhängige, unparteiische Instanz zur Prüfung

---

136) In: Arbr. und Schliw. S. 156.
137) In: Zentralblatt der christlichen Gewerkschaften Deutschlands vom 15.4.1929, S. 109.
138) Landauer, Fehderecht, in: Der Deutsche Volkswirt 1928-29,S. 173ff.

solcher Fragen anrufen[139].
Das Reichsarbeitsministerium müsse ganz aus dem Verfahren ausgeschaltet und die Schlichtung aus der "Hand eines politischen Schlichters" herausgenommen werden. Dessen Aufgabe sollte ein neutrales, unparteiisches ständiges Reichschlichtungsamt übernehmen, an dessen Spitze ein vom Reichspräsidenten berufener, unabhängiger, mit Rechten und Pflichten eines Richters ausgestatteter Vorsitzender stehe. Die Schlichtungsbehörden sollten entpolitisiert und in engere Zusammenarbeit mit den Arbeitsmarktbehörden gebracht werden.

4.2. Zur Schlichtung als Element staatlicher Wirtschaftspolitik

Der Ökonom *Stolper*[140] sprach von der "größten Belastungsprobe" des Schiedssystems durch den Ruhreisenstreit. Das Prinzip der Zwangschlichtung dürfe nach dieser Erfahrung nicht angetastet werden, denn es habe durch die Verhinderung von Arbeitskämpfen "viel Segen gestiftet" und den Weg zum Aufstieg der deutschen Wirtschaft garantieren können. Einzuschränken sei allerdings die Anwendung der Zwangsschlichtung auf Konflikte, die wesentliche öffentliche Interessen berühren. Dazu bedürfe es jedoch keiner Gesetzesänderung: ebendies sei bereits in der SchliVO festgeschrieben, ändern müsse sich nur die Praxis, die die Subsidarität der öffentlichen Schlichtungsinstanzen zu beachten habe. Das Schlichtungssystem müsse sich fort von der "Rolle des unabhängigen Richters" zu einem Element der staatlichen Wirtschafspolitik hin bewegen. Die Schlichter sollten an Instruktionen der Regierung gebunden und mit wirtschaftspolitischen Qualifikationen ausgestattet werden. Die politische Verantwortung dürfe nicht allein beim Reichsarbeitsminister liegen, sie solle der Regierung als Ganzes übertragen werden, besonders dem Wirtschafts- und Finanzminister. Ihnen müsse eine unabhängige beratende Instanz zur Seite gestellt werden, eine Kommission von nicht beamteten Sachverständigen, die gutachtlich für die Übereinstimmung der wirtschaftlichen Bedürfnisse und der Lohnpolitik zu sorgen habe.

---

139) Ders. a.a.O. S. 176
140) Stolper, Eisenfriede in: Der Deutsche Volkswirt 1928-29, S. 210

4.3. Zu den Zwangstarifen mit sofortiger Rechtskraft

Nörpel[141] schlug vor, daß "Zwangstarife unter allen Umständen sofortige Rechtskraft haben, die erst dann in Wegfall kommt, wenn etwa im arbeitsgerichtlichen Verfahren rechtswirksam die Nichtigkeit eines Zwangstarifes festgestellt wird". Art.I § 6 II SchliVO solle folgende Fassung erhalten: "Die Verbindlichkeitserklärung ersetzt die Annahme des Schiedsspruchs. Die Verbindlichkeitserklärung hat sofortige Rechtskraft. Ein schwebendes oder einzuleitendes arbeitsgerichtliches Verfahren ist hierauf ohne Einfluß. Die Rechtskraft entfällt in dem Umfange und von dem Zeitpunkt ab, in dem bzw. von dem durch rechtskräftig gewordenes Urteil während der Geltungsdauer der Verbindlichkeitserklärung die Ungültigkeit einzelner Bestimmungen oder insgesamt ausgesprochen wird".

Das Gericht wäre danach nicht mehr zur Entscheidung darüber aufgerufen gewesen, ob der Schiedsspruch rechtmäßig ergangen und daher rechtswirksam war, sondern darüber, ob er über einen bestimmten Termin fortwirken durfte. An die Stelle der Feststellung der Nichtigkeit des Verwaltungsaktes, die ex tunc zu seiner Unwirksamkeit führte, sollte die Aufhebung des fehlerhaften Verwaltungsaktes durch die gerichtliche Feststellung eintreten, daß er gesetzeswidrig sei. Damit werde das Arbeitsgericht zu einer vorgesetzten Instanz der Schlichtungsbehörde, quasi zu einer Verwaltungsinstanz. Sie werde auch die strenge Unterscheidung von Richten und Schlichten wieder beseitigen und eine neue, sinnvolle Verquickung beider einführen.

4.4. Zur Einführung des "Prinzips der materiellen Wahrheit"

Wolle man die Qualität des Schlichtungsverfahrens heben, den Arbeitern den "gebührenden Anteil am Ergebnis nationaler Produktion" zusprechen und die Arbeitgeber vor "unbegründeten sozialen Forderungen schützten", so blieb nach Ansicht *Herschels*[142] kein anderer Weg, als in das Schlichtungsverfahren das "Prinzip der materiellen Wahrheit" einzuführen, um aus der Schlichtung jede Quelle der Willkür auszuschalten. Für die Behauptungen der Parteien seien "echte Beweise" zu führen. Die Akte des Schlichtungsverfahrens sollten "restlos auf Tatsachenfeststellungen aufgebaut" sein. Diese Ermittlungen

---

141) Nörpel, Probleme,in: Die Arbeit 1929, S. 141.
142) Herschel, Schlichtungsverfahren,in: Arbr. und Schli. 1929, S. 257ff.

sollten seiner Ansicht nach besonders dafür eingerichtete Stellen leiten, die keineswegs die Bezeichnung "Lohnamt" tragen dürften, da die Stellen nicht den Lohn amtlich bestimmten, sondern "Organe für die Prüfung der wirtschafltichen Leistungsfähigkeit" der Parteien bildeten. Damit eine exakte Tatsachenbasis für die Schlichtung geschaffen werden könne, müßten die einzurichtenden Stellen und die Schlichtungsorgane die Befugnis erhalten, Aussagen und Vorlage von Urkunden zu erzwingen sowie Eide abzunehmen - wie zuvor bereits von den christlichen Gewerkschaften vorgeschlagen. Nur so könne die Schlichtung an der Setzung objektiver Rechtsnormen mitwirken.
Die Entscheidung über die Verbindlichkeitserklärung müsse nach politischen Gesichtspunkten getroffen werden[143]. *Herschel* stellte auch in Frage, "ob der Staat es überhaupt dulden kann, daß diese Gesetzgebungspolitik zum Teil von Organen betrieben wird, auf deren Willensbildung er keinen Einfluß hat, so von den gesamtvereinbarungsfähigen Parteien und den vereinbarten Schlichtungsstellen". Seiner Meinung nach gehörte zu jeder Selbstverwaltung als notwendiges Korrelat staatliche Kontrolle. "Wir brauchen ein elastisches Schlichtungsrecht, das veränderten Zeitumständen leicht angepaßt werden kann"[144].

Herschels Reformansätze typisierten den Wandel des Rechtsdenkens in der Endphase der Weimarer Republik. Unbestimmte Rechtsbegriffe und Klauseln wie das "Prinzip der materiellen Wahrkeit" lösten die positive Kodifizierung der Rechtsverhältnisse zunehmend ab. Dem Staat wurde unter Zweckmäßigkeitsgesichtspunkten Einlaß in die Gestaltung ursprünglich privatrechtlicher Rechtsverhältnisse gewährt. Diese, später vom Staat selbst durch das Gemeinwohl und das öffentliche Interesse "gerechtfertigten" Befugnisse erlangten in der Zeit des Nationalsozialismus ihren Höhepunkt.

4.5. Über die Rückkehr zum Einigungsprinzip

Das Nebeneinanderbestehen von staatlicher und tariflicher Schlichtung, der "Dualismus von Einigungsorganen" schade der Schlichtung, so ließ sich eine weitere Stimme[145] vernehmen. Die tariflichen

---

143) Ders. a.a.O. S. 264, Herschel schließt sich hier der Ansicht Wissells an.
144) Herschel, Schlichtungsverfahren, S. 266.
145) Barth, Begriff, in: Arbr. und Schli. 1929, S. 385ff.

Schlichtungsstellen müßten bevorzugt werden, um die freie Verantwortung der Parteien zu regeneriren. Der Ansicht des RAG, zur Schlichtung gehöre nur der Neuabschluß von Tarifverträgen, könne nicht gefolgt werden. Sowohl Neuerungen als auch Veränderungen seien begrifflich noch in Art. I § 3 der SchliVO enthalten. Es sei daher günstiger, Gesamt- und Einzelstreitigkeiten wieder nach dem Vorbild des Schiedsgerichts zu vereinen und beide Streitigkeiten der tariflichen Schlichtungsstelle zu übertragen. Die Handhabung der Verbindlichkeitserklärung sei zwar reformbedürftig, ihr Fortbestehen auch im tariflichen Schlichtungsverfahren jedoch "im Interesse der Erhaltung eines Wirtschaftsfriedens eine Naturnotwendigkeit"[146].

Auf dem Höhepunkt der Diskussion fand eine Tagung der Gesellschaft für Soziale Reform in Mannheim statt.[147] Am 2.7.1929 entbrannte dort eine heftige Diskussion zwischen *Sinzheimer*[148], der sich gegen die Abschaffung der Verbindlichkeitserklärung wandte, und dem Geschäftsführer des Arbeitgeberverbandes Nordwest, *Grauert*, der sich dafür aussprach. *Sinzheimer* erkannte, abgeleitet aus Art. 165 WRV, neben der Friedensfunktion des Schlichtungswesens die Lohnfunktion und die Funktion des kollektiven Arbeitsrechtes an. Die Schlichtung vollziehe im System des kollektiven Arbeitsrechtes die Funktion des "Garanten für die Erfüllung der kollektiven Rechtsaufgabe". Der Freiheit der Beteiligten sei durch den Staat Grenzen gezogen. Die Verbindlichkeitserklärung impliziere nicht eine Störung, sondern sei ein Korrelat der Arbeitsgemeinschaft und ein Zeichen des kollektiven Liberalismus.
Einhellige Ansicht der Arbeitgeber[149] war es, daß die Neuregelung des Schlichtungswesens von der

---

146) Ders. a.a.O. S. 388.
147) Vgl. Schriften der Gesellschaft für soziale Reform, Jena 1929, Bericht über die Verhandlungen der 11. Generalversammlung in Mannheim am 24./25.10.1929;das Reichsarbeitsministerium vertraten Ministerialdirektor Sitzler und die Ministerialdirigenten Feig und Mewes, die Regierung Reichskanzler Marx, ferner erschienen zahlreiche Schlichter, Arbeitsrechtler (wie Nipperdey und Hoeninger), Gewerkschaftsführer (Nörpel und Tarnow) und Arbeitgebervertreter (Grauert und Brauweiler).
148) Schriften, S. 13ff., S. 25.
149) Vgl. die Darstellung der Thematik bei Weddingen, Beitrag, in: Soz. Prax. 1929, S. 1161; ders. Schiedssgrundsatz, S. 50.

zwangsweisen Regelung der Arbeitsbedingungen Abstand nehmen müsse. Die staatlichen Maßnahmen zur Sicherung und Wiederherstellung von Arbeitsgemeinschaften müßten zwar neben den des Einigungsgrundsatzes auch gewissse Elemente des Schiedsgrundsatzes enthalten. Eine stärke Betonung des Einigungsgrundsatzes sei jedoch notwendig und wünschenswert. Schon die bloße Wahrscheinlichkeit der Verbindlichkeitserklärung eines Schiedsspruchs verhindere eine freiwillige Einigung der Parteien und schwäche deren Verantwortungsgefühl. Sollten die Parteien trotz Einigungsverhandlungen nicht zu einer Eingung gelangen, so dürfe staatlicherseits das Schiedsverfahren nur vor neutralen und beamteten Schlichtern eingeleitet werden. Die Verbindung zwischen Schiedsprinzip und Einigungsprinzip müsse künftig kumulativ, nicht alternativ erfolgen[150].

Neben dem Streit um die Verbindlichkeitserklärung stand die Problematik des Stichentscheids des Schlichters und die der staatlichen Lohnpolitik im Vordergrund[151]. Die von *Sinzheimer* und den Gewerkschaften[152] geforderte lohnpolitische Funktion lehnten die Arbeitgebervertreter als "heterogene, artfremde Zwecksetzung" strikt ab und forderten eine Rückbesinnung auf den ursprünglichen Zweck der Schlichtung und eine Stärkung des Verantwortungsgefühls der Parteien. Die lohnpolitische Aktivität folge nämlich nicht mehr aus der Aufgabe zur der Wahrung von Allgemeininteressen, sondern sei allein ein Ausdruck von Machtverhältnissen. Ein Vorschlag war, bei Nichteinigung der Parteien und drohendem Arbeitskampf, die abgelaufenen Tarifverträge und somit die Friedens- und Durchführungsplicht durch staatliche Entscheidung zu verlängern und danach erst eine neue Einigung zu versuchen, um einen tarifvertragslosen Zustand zu vermeiden[153].

Die Tagung zeigte jedoch den Streit um das Schlichtungswesen erneut als einen Streit über weltanschauliche Grundsätze. Es standen sich die sozialistische Idee der staatlichen Lohnbindung und die liberale Idee des freien Spiels der Wirt-

---

150) Weddingen, Schiedsgrundsatz, S. 52; ebenso Ewerling, Diss. 1935, S. 23.

151) Schäfer, Arbeitsstreitigkeiten, in: Soz. Prax. 1930, S. 47f.

152) Vgl. Nörpel in: Schriften der Gesellschaft für Soziale Reform, Jena 1929, S. 72ff.

153) Schriften, S. 100f.

schaftskräfte konträr gegenüber. Das Prinzip der Verbindlichkeitserklärung wurde von keiner Seite verworfen, zwar kritisiert, nicht aber seine Abschaffung gefordert. *Sinzheimer* resümierte daher[154], daß die Grundlage des Schlichtungswesens, die Verbindlichkeitserklärung, intakt geblieben sei und eine fundamentale Reform von keiner Seite verlangt worden sei. Es herrschten eben nur "technische Differenzen".

4.6. Abschaffung des Zwangstarifs

Eine Abschaffung der Verbindlichkeitserklärung hätte nach verbreiteter Ansicht[155] "erschütternde Folgen". Notwendig sei jedoch eine präzisere Abgrenzung der Fälle, in denen der Staat eingreifen dürfe.

Für die Abschaffung des Zwangstarifs[156] setzten sich jedoch nicht mehr nur die Arbeitgeber ein und das mit folgender Begründung:

- § 21 V der 2. AusfVO muß in Konsequenz des Urteils des RAG im Ruhreisenstreit gestrichen werden.
- Der Zwangstarif darf nur Übergangsstadium sein, die Verbindlichkeitserklärung ist aus einer Notlage entstanden und unter dem Druck der damaligen Verhältnisse von Einzel- auf Gesamtstreitigkeiten ausgedehnt worden.
- Der Zwangstarif ist nicht verfassungsrechtlich verankert und der in Art 165 WRV den Parteien gewährte Schutz darf nicht durch staatliche Eingriffe vernichtet werden.
- Die Reformvorschläge der VDA sind beachtlich.
- Der Eingriff in Vertragsfreiheit und Autonomie der Verbände soll eingeschränkt werden.
- Die Verbindlichkeitserklärung soll dem politischen Einfluß des Reichsarbeitsministers entzogen werden.
- Zur Klärung der Verfahrensmängel der Schlichtung soll bei den Gerichten ein besonderer Spruchausschuß eingesetzt werden.

5. Bewertung

Im Mittelpunkt der Kritik standen nach wie vor der moralische Vorwurf der Verantwortungsschwäche an die Tarifparteien und die Existenz bzw. die Anwendung der Verbindlichkeitserklärung. Der tatsächlich vorhandene politische Charakter der Schlich-

---

154) Schlußwort in Schriften, S. 139ff.
155) Vgl. dazu Meijer, Diss. S. 102ff.
156) Dazu: Berg, Diss. S. 72ff.

tung zog die Aufmerksamkeit weiter Kreise - über die Tarifparteien hinaus - an sich und erschwerte eine sachliche Auseinandersetzung. So entsprach das Interesse der Tarifparteien nicht unbedingt dem staatlichen und dieses wiederum nicht unbedingt dem Interessse der durch Arbeitskämpfe und Produktionsstillegungen betroffenen, breiteren Öffentlichkeit. Die Reformvorstellungen der Arbeitgeber waren auf eine Entpolitisierung, die der Gewerkschaften auf eine ihren Einfluß sichernde, zunehmende Politisierung des Schlichtungswesens gerichtet.
Beide Parteien waren jedoch in ihrer Haltung nicht konsequent genug. Sie wechselte in bunter Folge je nach opportunem Nutzen aus der Schlichtungsentscheidung. Dem Staat als Entscheidungsträger erkannten aber beide Parteien des Arbeitslebens das Recht zu, im Interesse der Allgemeinheit in die Tarifautonomie einzugreifen[157]. Das freie Spiel der Kräfte gehörte der Vergangenheit an. Diskussionsgegenstand bildete nur noch die Zweckmäßigkeit des staatlichen Handelns, nicht mehr dessen Rechtmäßigkeit. Der in der Zeit nach Erlaß der SchliVO 1923 im Schrifttum oft geäußerte Wunsch nach der Rückkehr zum Gedanken der alten Arbeitsgemeinschaft nach dem Vorbild der ZAG ist nach dem Ruhreisenstreit nicht wiederholt worden. Die kollektive Lohnregelung war so ins Bewußtsein übergegangen, daß eine individuelle Regelung nicht mehr in Frage zu kommen schien.

157) Dazu gehörten auch Kartelle, Zölle, Subventionen...

§ 9

Die abschließende Entwicklung bis zum Gesetz über die Treuhänder der Arbeit

I. Das Schlichtungswesen als Mittel zur staatlichen Lohnsenkung

Die Auseinandersetzungen über das Schlichtungswesen hielten an. Es büßte weiter an Autorität ein, besonders durch die Einmischung des Reichstages in die Schlichtung großer Arbeitskämpfe. Die Vorstellung von einem unabhängigen, unparteiischen und allein dem Arbeitsfrieden dienenden Schlichtungswesen war realitätsfremd. Korrespondierend dazu verlief die wirtschaftliche Entwicklung weiter negativ. Durch die hohe Arbeitslosigkeit wurde Druck auf das Reichsarbeitsministerium ausgeübt. Ab 1931 zielte die staatliche Lohnpolitik auf die rechtzeitige Abwehr jeder Inflationsgefahr und darauf, durch Lohnsenkungsaktionen im Wege von Notverordnungen die inflationistsche Lohnentwicklung rückgängig zu machen. Die Notverordnungen ließen der Schlichtung keinen Raum mehr.

1. Das geltende Zwangssystem

Trotz der routinemäßigen Anwendung der Verbindlichkeitserklärung blieb die Fiktion der freien Willenseinigung der Parteien aufrecht erhalten. In Deutschland existierte auf dem Papier der Verfassung noch die Tarifautonomie, durch die für die Parteien die staatsneutralen, tariflichen Schlichtungsstellen als Quelle der freien Einigung unangetastet blieben. Das Lohnamtssystem steiß weiter auf Ablehnung. Das geltende, deutsche Zwangssystem bewirkte, daß die Rücksicht auf den ungestörten Ablauf des Wirtschaftslebens und der Arbeitsfriede von der Regierung stets höher bewertet wurden als die Freiheit und Selbstverantwortlichkeit der Parteien. Der Staat trat als "Sachwalter ihrer Kollektivinteressen"[1] auf, um im öffentlichen Interesse scheinbar Frieden zu stiften, in Wirklichkeit aber staatliche Lohnpolitik durchzusetzten. Die im Schlichtungsverfahren vorherrschenden Billigkeitsklauseln erfuhren inhaltliche Ausfüllung durch die Akzente des staatlichen Interesses, nicht durch die der Tarifparteien.

---

1) So: Kahn-Freund, Funktionswandel, in: Quellentexte, 1966.

Die Bindung an das geschriebene Recht war in Deutschland scheinbar aufgegeben worden. Exekutive und Justiz[2] trugen zur Rechtsfortbildung des Schlichtungsrechtes und dessen Funktionswandel bei. Diese Tendenz festigte sich später in den Notverordnungen des Reichspräsidenten. Daß weiter nicht offiziell von staatlicher Zwangsschlichtung gesprochen wurde, begründete sich durch das formelle Festhalten am Einigungsgrundsatz.

1. Das Reichsarbeitsministerium

Der Ministerialdirektor im Reichsarbeitsministerium *Sitzler*[3] begrüßte den Funktionswandel der staatlichen Schlichtung, die in den "Dienst der kollektiven Arbeitsverfassung" gestellt sei. Er forderte statt eines tariflichen den "lohnpolitisch richtigen" Lohn, der den wirtschaftlichen und gesellschaftlichen Verhältnissen entsprechen müsse. Neben die Erhaltung des Arbeitsfriedens und der staatlichen Lohnpolitik reihte *Sitzer* die "Förderung der kollektiven Arbeitsverfassung" in das Aufgabenfeld der Schlichtung. Eine formale Gleichberechtigung der Tarifparteien genüge nicht; es sei regelmäßig Aufgabe der Schlichtung, "die Parteien, soweit sie nicht untereinander zu einer Einigung gelangen können, durch unparteiischen und sachverständigen Rat und vernünftige Vorschläge zu unterstützen"[4]. Die soziale Selbstverwaltung berge nicht nur Rechte, sondern auch die Pflicht, zu einer Einigung zu gelangen. Wer diese Pflicht nicht erfülle, müsse den die kollektive Arbeitsverfassung rettenden, staatlichen Eingriff als eine Art Aufsichtsakt hinnehmen. Für die Organisationen werde so das Mitbestimmungsrecht gesichert - auch wenn der Zwangstarif nur ein schwächliches Surrogat des freiwillig abgeschlossenen Tarifes darstelle. Eine dem Arbeitskampf vorausgehende gütliche Schlichtung in Deutschland sei allein der erzieherischen Wirkung der Zwangsschlichtung zu verdanken.

Dem stimmte *Nikisch* sogar noch 1960 zu[5], der damals Syndikus der Metallindustriellen in Dresden war. Er erblickte in der staatlichen Zwangsschlichtung keinen Fremdkörper im Schlichtungsrecht. Durch sie

---

2) Vgl. nur Ruhreisenurteil des RAG vom 22.1.1929.

3) Sitzler, Bedeutung, in: NZfA 1930, S. 1ff.; vgl. auch Festschrift für Nipperdey 1955, S. 193ff.

4) Sitzler, Bedeutung, S. 3.

5) Nikisch, Festschrift, S. 340.

werde dafür gesorgt, daß "das öffentliche Interesse an der Ordnung des Arbeitslebens nicht an Uneinigkeit leidet". Nachteilig sei nur die unvermeidliche, ungünstige Wirkung auf den Verständigungswillen der Parteien, daher solle von der Verbindlichkeitserklärung nur in "ganz seltenen Ausnahmefällen Gebrauch" gemacht werden: Fälle, in denen eine "Gesamtstreitigkeit lebenswichtige Interessen und weite Kreise der Bevölkerung gefährdet".

Der Erlaß des Reichsarbeitsministers vom 2.3.1931[6] an die Schlichter räumte allerdings - wie schon zuvor[7] - ausdrücklich den vereinbarten Schlichtungsstellen den Vorrang ein. Die Mitwirkung der staatlichen Schlichter als Vorsitzende oder Beisitzer der vereinbarten Schlichtungsstellen sollte auf die "Fälle von besonderer Wichtigkeit für das Wirtschaftsleben" beschränkt sein. Eine Mitwirkung blieb ihnen aber dort versagt, wo ihnen nach der Zuständigkeitsregelung der SchliVO der Schiedsspruch zur Verbindlichkeitserklärung vorgelegt werden könnte. In allen diesen Fällen war von den Schlichtern die Zustimmung des Reichsarbeitsministers einzuholen, es sei denn, daß "im besonderern Einzelfall die Ablehnung des Vorsitzes in einem vereinbarten Schiedsgericht der sachlichen Erledigung des Falles oder der Allgemeinheit schaden" könnte. Damit war durch einen weiteren Schritt der Entscheidungsspielraum der Schlichter durch den Genehmigungsvorbehalt des Ministers eingeengt.

2. Die Arbeitgeber

Den Äußerungen aus dem Reichsarbeitsministerium widersprachen die Arbeitgeber[8]. Die Parteien würden durch den staatlichen Zwang "ihres Mitbestimmungsrechts entäußert" . Die Verbindlichkeitserklärung sollte als staatliche Zwangsmaßnahme abgeschafft werden. Der Rückgang der Anzahl der Schlichtungsfälle bedeute keineswegs einen Rückgang ihrer Bedeutung im Hinblick auf die erheblich längere Laufdauer der Tarifverträge. Die Schlichtung habe noch nicht effektiv zur Verhinderung der Arbeitskämpfe beitragen können. Die damalige Lohnentwicklung sei nicht dem Schlichtungswesen, sondern

---

6) RABl. Amtl. Teil 1931, S. 59.

7) Erlaß vom 19.3.1929 i.V.m. dem Erlaß vom 14.11.1925 und vom 18.4.1929.

8) U.a. Lemmer, staatliche Schlichtung, in: Der Arbeitgeber,1930, S.54ff.

wirtschaftlichen Gegebenheiten bzw. der einsetzenden Inflation zu verdanken. Auch habe die Schlichtung die Geldentwertung nicht aufhalten können und dies, obwohl die überwiegende Zahl der deutschen Arbeitnehmer tariflich gebunden war. Die amtliche "Schlichtungsmaschinerie" habe den Tarifparteien zwar die Verantwortung für die Lohnpolitik abgenommen, zu einem "lohnpolitisch richtigen" Lohn, wie *Sitzler* ihn fordere, habe sie jedoch nicht beigetragen.

Der Geschäftsführer des Arbeitgeberverbandes für den Bezirk der nordwestlichen Eisenindustrie, *Grauert*[9], widersprach *Sitzler* ebenfalls und erklärte, daß die Wirtschaft selbst die Kräfte und Mittel der Lohngestaltung in sich trüge und einen sozialen Lohn "in sich selbst finden muß". In der Verfassung finde sich "kein Anhaltspunkt für eine staatlich erzwungene, oktroyierte Lohnbildung", der "richtige Lohn" ließe sich auf keinem anderen Weg als auf dem des unmittelbaren Ausgleichs wirtschaftlicher und sozialer Kräfte finden. "Der Erfolg der Schlichtungspolitik 1928/29 war eine jährliche Lohnmehrbelastung von 1,8 Milliarden RM", sie sei daher auch für den wirtschaftlichen Verfall der Unternehmen aufgrund zu hoher Lonkosten verantwortlich. Das Saarland habe in seiner Tarif- und Schlichtungsentwicklung den Beweis erbracht, so erklärte *Grauert*, daß "die Abwesenheit allen Zwanges, ja die Abwesenheit aller grundlegenden Rechtsvorschriften dem verantwortungsvollen Zusammenarbeiten der sozialen Parteien nicht abträglich, sondern förderlich ist". *Grauert* wiederholte diese Ansicht in einer Antwort auf einen Artikel des ADGB-Vorstandsmitglieds *Tarnow*[10].

3. Die Gewerkschaften

Wie zuvor *Nörpel* wandte sich auch *Tarnow*[11] gegen die Äußerungen der Arbeitgeber. Er räumte den Vorzug der freiwilligen Schlichtung ein, warf den Unternehmern jedoch grundsätzliche Ablehnung des Tarifvertrages und mangelnden Verständigungswillen vor. Würden sich die Unternehmer mit den Gewerkschaften wieder zu einer freiwilliger Vertragsgemeinschaft zusammenfinden, würde die Zwangsschlichtung überflüssig werden. Ferner könne *Grauert* nicht sämtliche Lohnerhöhungen auf die

9) Grauert, Betrachtungen, in: MdW 1930, S. 327ff.
10) Ders. Schlußbetrachtung, in: MdW 1930, S.407ff.
11) Tarnow, Betrachtung, in: MdW 1930, S. 373f.

staatliche Schlichtungspolitik zurückführen und eine allgemeine Lohnmehrbelastung um 4 Prozent nicht als wirtschaftliche Neubelastung darstellen[12].

II. Eingriffe des Reichstages in Schlichtungsverhandlungen

Bis Mitte 1930 stiegen die Löhne zunächst, doch mit dem Regierungsantritt des Reichskanzlers *Brüning* 1930 wurde deutlich, daß nun eine Periode der Einschränkungen auf wirtschaftlichem Gebiet einsetzen würde. Diese beinhalteten auch Lohnkürzungen.
Nach wie vor kämpften die Kommunisten gegen den Zwangstarifvertrag[13], und warfen der Regierung vor, den Ansturm der Arbeiter gegen das arbeiterfeindliche Schlichtungswesen abgewehrt zu haben. In der Haushaltsdebatte am 27.6.1930 entgegnete Reichsarbeitsminister *Stegerwald*[14] den Behauptungen, in denen das Schlichtungswesen als Hauptursache für die damalige wirtschaftliche Krise verantwortlich gemacht wurde, daß der *"amtliche deutsche Schlichtungsapparat nicht ständig in dem Tempo und in dem Ausmaß arbeiten kann, wie das nach der Staatsumwälzung und in den ersten Jahren nach der Inflation möglich und notwendig war"*.

1. Der Oeynhausener Schiedsspruch

Wieder fand im Gebiet Nord-West ein Arbeitskampf statt. Nach erfolglosen Einigungsversuchen in der Frage der Akkordlöhne wurde der neue Reichsarbeitsminister *Stegerwald* um die Verbindlichkeitserklärung des erlassenen Schiedsspruchs ersucht. Der Schiedsspruch sah erstmalig eine Lohnsenkung über 7 Prozent vor. Nach der im Ruhrkampf von 1928/29 entstandenen sogenannten "Severing-Klausel" war eine Korrektur der Akkordlöhne aus rein wirtschaftlichen Gründen aber nicht möglich. Sie war nur zulässig bei organisatorischen und technischen Veränderungen, verhalf aber trotzdem vielen Arbeitern zu höheren Löhnen als nach dem Lohntarif möglich, da die entsprechenden Veränderungen auf Grund eines weiten Ermessensspielraums ermittelt werden konnten. Die Verbindlichkeitserklärung *Stegerwalds* ig-

---

12) Ebenso: David, Bilanz, in: Die Internationale 1930, S. 722ff.

13) Verh. des RT, Rädel (KPD) in der Sitzung vom 3.4.1930, Bd. 427, S. 4767, Ulbricht (KPD) in der Sitzung vom 27.6.1930, Bd. 428, S. 5942.

14) Bd. 428, S. 5924f.

norierte und beseitigte damit die "Severing-Klausel" und die darin aufgeführten Voraussetzungen einer Lohnkorrektur.
Stegerwald erklärte später im Reichstag, daß er vor der Alternative gestanden habe, entweder einen tariflosen Zustand zu schaffen und einen 20 - 25-prozentigen Lohnabzug hinzunehmen oder den Schiedsspruch für verbindlich zu erklären[15]. Hierzu entschloß sich *Stegerwald* mit dem Hinweis auf die "starken Gründe" der Unternehmer und darauf, im Interesse der deutschen Gesamtwirtschaft und der Arbeiter in der Eisenindustrie gehandelt zu haben. Im Schiedsspruch wurden die Höhe der Löhne an den Eisenpreisen gemessen. Nachdem diese entsprechend der Nachfrage auf dem Markt gesunken waren, konnte erstmalig einer Senkung der Löhne um über 7 Prozent der Weg geöffnet werden. Die mit den Lohnsenkungen Hand in Hand gehenden Preissenkungen vermochten die Deflation und Depression der deutschen Wirtschaft nicht mehr aufzuhalten.

Der ehemalige Reichsarbeitsminister *Brauns* erklärte in diesem Zusammenhang im Reichstag[16], die Friedenswirkung des Schlichtungswesens gehe keinesfalls so weit, daß der Einfluß der Wirtschaftslage auf die Lohnhöhe ausgeschlossen sei. Er räumte ein, daß die "Handhabung der Verbindlichkeitserklärung mit Rücksicht auf die wirtschaftliche Lage gebremst" werden solle und lehnte die vielerorts erhobene Forderung nach genereller Lohnsenkung und Aufhebung langfristiger Tarifverträge ab. Dagegen erinnerte die SPD[17] das Reichsarbeitsministerium an seine Pflicht, nur "inhaltlich dem fortgeschrittenen Stand der Wirtschaft" angepaßte und in den Löhnen "in gerechtem Verhältnis zu den Leistungen" stehende Schiedssprüche für verbindlich zu erklären. Der Schiedsspruch von Oeynhausen sei schlicht falsch.

---

15) Verh. des RT, Sitzung vom 27.6.1928, Bd. 428, S. 5925, dies unter heftigem Widerspruch der Kommunisten, Ulbricht, S. 5942, verurteilte die Lohnsenkung "durch gesetzliche Maßnahmen", ebenso Schröter in Sitzung vom 30.6.1930, Bd. 428 S, 6028ff.

16) Sitzung vom 30.6.1930, Bd. 428, S. 6026ff.

17) Der Abgeordnete Metz in der Sitzung vom 30.6.1930, Bd. 428 S. 6032ff.

2. Der Schiedsspruch in der Berliner Metallindustrie

Wieder sollte ein Arbeitskampf in der Berliner Metallindustrie [18] um die Erhaltung der bisherigen Löhne im Reichstag Aufmerksamkeit erregen. Ein von Reichsarbeitsminister *Stegerwald* einberufenes Sonderschiedsgericht unter Mitwirkung des ehemaligen Reichsarbeitsministers *Brauns*, des Berliner Oberbürgermeister *Jarres* und des Arbeitsrechtlers *Sinzheimer* setzte die Tariflöhne am 9.10.1930 mit der Begründung herab, auf diese Weise die Wirtschaft wiederzubeleben: ab November 1930 um 3 Prozent, ab Janaur 1931 um weitere 3 - 5 Prozent[19] . Erneut widmete sich die staatliche Lohnpolitik der Lohnsenkung, wenngleich eine korrespondierende staatliche Preissenkung auf sich warten ließ. Zuvor war ein Arbeitskampf auf Seiten der Arbeiter ausgebrochen, die den ursprünglichen Schiedsspruch nicht akzeptierten und noch vor Ablauf der Erklärungfrist am 18.10.1930 Kampfmaßnahmen einleiteten.

2.1. Der Schiedsspruch im Reichstag

Der Reichstag nahm zu diesen Schlichtungsverhandlungen nicht nur Stellung. Er forderte vielmehr mehrheitlich ausdrücklich dazu auf, den damals gefällten Schiedsspruch nicht durch den Reichsarbeitsminister für verbindlich erklären zu lassen, wie es die Unternehmer bei den unter Vorsitz des Reichsarbeitsministers stattfindenden Nachverhandlungen am 28.10.1930 veranlaßten.

Die Kommunisten und die SPD legten dem Reichstag je einen Antrag vor, nach denen der Reichsarbeitsminister aufzufordern war, "den Schiedsspruch vom 9. Oktober 1930 in der Berliner Metallindustrie nicht für verbindlich zu erklären"[20] . Die verschiedenen Anträge wurden mehrmals verhandelt und in dem übereinstimmenden Teil, die Ver-

---

18) Vgl. dazu: Der Schiedsspruch in der Berliner Metallindustrie in: Der Arbeitgeber 1931, S. 541f. und 566f.; Stellungnahmen gegen diesen Schiedsspruch und seine Verbindlichkeitserklärung in: Der Arbeiteber 1931, S. 766ff.

19) Vgl. Preller, Sozialpolitik, S. 410.

20) Der Antrag der Kommunisten vom 13.10.1930 Drs. Nr.19, Bd.448 behandelte wieder die Aufhebung des gesetzlichen Schlichtungswesens, Antrag Nr. 20 die Aufhebung des Schiedsspruchs vom 9.10.1930, die Verhinderung dessen Verbindlichkeitserklärung und die Einführung des 7 -Stundentags für die gesamte Metallarbeiterschicht bei vollem Lohnausgleich. Antrag der SPD vom 16.10.1930, Drs. Nr. 89, Bd. 448.

bindlichkeitserklärung durch den Reichsarbeitsminister zu verhindern, angenommen[21].

2.2. Reaktionen darauf

Kritik an diesen Anträgen übte *Brauns*, der sie als dem "geltenden Recht entgegenstehend" bezeichnete[22]. Er berief sich auf die verfassungrechtliche Stellung des Reichsarbeitsministers, der wie die Schlichtungsinstanzen, auch unabhängig und unparteiisch Entscheidungen im öffentlichen Interesse zu fällen befugt war. Seiner Meinung nach war der Reichstagsbeschluß rechtswidrig. Dabei berief er sich auf § 24 II der 2. AusfVO, wonach die für die Entscheidung über die Verbindlichkeit zuständige Stelle die Parteien vor der Entscheidung anzuhören hatte. Folglich sei eine Willenskundgebung des Parlamentes weder möglich noch nötig. Der Reichstag greife mit seiner Entschließung in ein schwebendes Verfahren ein.
Nach Ansicht *Richters*[23], *Herschels*[24] und *Potthoffs*[25] ließ sich demgegenüber eine mögliche Rechtswidrigkeit des Beschlusses allein aus der Reichsverfassung ableiten. Neben den Regelungen aus Art. 56 und 54 WRV galt in der WRV das Gebot der Demokratie in einer parlamentarischen Regierung[26]. Der Sinn dieses Systems liege eben darin, daß sich nicht die Verwaltung in alle Einzelheiten der Regierung einmischte, sondern daß der Reichstag eine verantwortliche Regierung hervorbringe, die sich höchstens nachträglich dem Staat zu verantworten und selbst den Staat zu leiten hatte. Der Reichstag war danach nicht Vorgesetzter des Reichsministers, sondern ein ihm gegenübertretendes politisches Organ. Das Prinzip der Gewaltenteilung war nach dieser Auffassung durch die Einmischung des Reichstags in die Regierungsgeschäfte durchbrochen worden. In diesem Zusammenhang

---

21) Verh. des RT, Sitzung vom 16.10.1930, vom 17.10.1930, vom 19.10.1930, Annahme dann in Sitzung vom 18.10.1930, Bd. 444, S. 191.
22) Verh. des RT, Sitzung vom 18. und 19.10.1930, Bd. 444, S. 161.
23) Richter, Parlamentsverwaltung, in: NZfA 1930, S. 730ff.; wie zuvor schon Peters, Reichsarbeitsminister, in: Der Arbeitgeber 1929, S. 62ff.
24) Herschel, Grundfragen, 1931, S. 20.
25) Potthoff, Reichstag, in: Arbeitsrecht 1930, S. 621ff.; Ders. Reichstag, S. 733ff.
26) Vgl. Preuß, Staat, S. 44.
27) Vgl. dazu Hartwich, Verbände, 1983, S. 85, S.79ff.

muß jedoch erwähnt werden, daß eine wirkliche parlamentarische Kontrolle dem im September 1930 gewählten Reichstag unter gar nicht mehr möglich war. Der Bruch der großen Koalition unter Reichskanzler Hermann Müller (SPD), die Ausschaltung der SPD, die Eleminierung der Parteien der bürgerlichen Mitte und der Aufstieg der radikalen, systemfeindlichen Parteien waren entscheidende Merkmale Präsidialkabinette in der Zeit zwischen 1930 bis 1933. Am 29.3.1930 bildete Brüning sozusagen als einzige Möglichkeit einer Bekämpfung der durch den Konjunkturabschwung bedingten Haushaltskrise ein Kabinett ohne die SPD, d.h. ein vom Reichspräsidenten abhängiges Minderheitskabinett. Bekämpft wurde die Krise von Brüning durch die "Deflationspolitik", d.h. der möglichst radikalen Senkung aller die Wirtschaft belastenden Kosten, insbesondere der Löhne. Im Zeitraum von 1929 bis 1932 nahm das Volkseinkommen um 40 Prozent ab. Zugliech stieg die Zahl der offiziell registrierten Arbeitslosen bis 1932 um etwa 25 Prozent der abhängig beschäftigten Erwerbspersonen[27].

Im Zusammenhang mit dem Versuch des Reichstags, in die Schlichtungsverhandlungen einzugreifen, stellte *Nörpel*[28] erneut die seiner Meinung nach unleugbare staatspolitische Funktion des Schlichtungswesens in den Vordergrund. Er wandte sich wie zuvor schon *Wissell* mit dem ADGB gegen die Vorschläge der Arbeitgeber, ein völlig unabhängiges Schlichtungswesen zu schaffen und forderte die Wiedereinführung des Einmannschiedsspruchs.

<u>2.3. Die Antwort der Reichsregierung</u>

Auf die Reichstagsentschließung antwortete die Regierung am 22.6.1931, daß der Reichsarbeitsminister über den vorliegenden Antrag auf Verbindlichkeitserklärung diese Entscheidung nach dem Gesetz unabhängig und ohne Bindung an Weisungen hätte fällen

---

28) Politik und Schlichtung in: Gew.-Ztg. 1930, S. 729ff.

müssen[29]. Dem Beschluß des Reichstages sei lediglich die Bedeutung einer wenn auch politisch entscheidenden Meinungsäußerung zugekommen. Der Reichstag habe sich nicht in das Schlichtungsverfahren einmischen dürfen.

3. Bewertung

Der Gewaltenteilungsgrundsatz wurde in der Praxis nicht mehr eingehalten. In Wirklichkeit wahrte der Schlichter als rechtschöpfendes Verwaltungsorgan die innere staatliche Einheit, der politische Minister darüber hinaus seine Unabhängigkeit, Autorität und Souveränität. Hätte sich der Reichstag durchgesetzt, wären der politischen Diktatur die Pforten geöffnet worden. Denn dann hätten allein politische Zweckmäßigkeitserwägungen den Ausgang des Schlichtungsverfahrens bestimmt und die Tarifparteien hätten gerade in der Zeit wirtschaftlicher Instabilität staatlicher Willkür nichts entgegensetzen können.
Auch die Schlichtungsstellen kämpften im Verhältnis zur Staatsgewalt um ihre Autonomie und Autorität, obgleich sie selbst eine politische Funktion ausübten. Daß sich der Reichsarbeitsminister als Mitglied der Regierung fast seiner Befugnisse und seiner Unabhängigkeit von einem ihm an sich gleichwertigen Verfassungsorgan, dem Reichstag, hätte berauben lassen, gibt Zeugnis ab für die einsetzende Baufälligkeit des verfassungsmäßigen Gerüstes des Staates der Weimarer Republik.

II. Weitere Regierungsmaßnahmen zur Lohnsenkung

Obwohl der Einbruch in laufende Tarifverträge vom RAG 1929 im Ruhreisenstreit für unzulässig erklärt worden war, griff schon im Dezember 1930 die Regierung in geltendes Tarifrecht ein: Reichsarbeitsminister *Stegerwald* hob die Allgemeinverbindlichkeitserklärung des Tarifvertrags für die im Berliner Kartoffelgroßhandel beschäftigen Arbeiter

---

29) Vgl. Drs. Nr. 1069, Bd. 451; Gleiches erklärte die Regierung im Zusammenhang mit einer Reichstagsentschließung, die die Regierung aufforderte, den für die Arbeiter der Deutschen Reichsbahn-Gesellschaft gefällten Schiedsspruch nicht für verbindlich zu erklären, (Nr. 1003 der Drs.). Dort wurde der Schiedsspruch trotz dieser Entschließung am 19.3.1931 für verbindlich erklärt, nachdem die Voraussetzungen der SchliVO vorlagen. vgl. Drs. Nr. 1069, S. 16 in: Bd. 451.

gegen den Willen beider Tarifparteien auf[30].

Kurz nachdem am 1.12.1930 die erste große Notverordnung (NotVO) des Reichspräsidenten aufgrund des Art. 48 WRV zur "Sicherung von Wirtschaft und Finanzen"[31] verkündet worden war, ergingen bald weitere NotVO: Am 5.6.1931 erließ der Reichspräsident eine NotVO, welche die völlige oder teilweise Kürzung der Bezüge von Angestellten öffentlicher Körperschaften mit einmonatiger Frist vorsah, auch wenn die Kündigung nach Gesetz oder Vertrag erst zu einem späteren Zeitpunkt zulässig war[32]. Vorausgegangen war eine Kürzung der Beamtengehälter um 6 Prozent. Mit einem besonderen Gestaltungsrecht, welches der gewöhnlichen Kündigung noch ähnelt, den Vertrag aber ganz oder nur teilweise erfassen konnte, zweckgebunden war, konnten die bestehenden tariflichen Lohnsätze herabgemindert werden. Dieses Gestaltungsrecht fiel in der 2. NotVO vom 5.6.1931 ganz weg: die Angestellten im Reichsdienst und anderen öffentlichen Arbeiter waren unmittelbar von einer Gehaltskürzung betroffen. Die Tarif- und Einzelverträge blieben im übrigen in Kraft[33], die Verträge erhielten eine nur an den wirtschaftlichen Gegebenheiten orientierte Korrektur.
Bald darauf erfolgte die Kürzung der Arbeiterlöhne aufgrund der 3. NotVO zur Sicherung von Wirtschaft und Finanzen vom 6.10.1931[34], nach der ohne Rücksicht auf die laufende Verträge eine sogenannte "Anpassungsherabsetzung" der Angestelltengehälter zulässig war. Die 4. NotVO zur Sicherung von Wirtschaft und Finanzen vom 8.12.1931[35] brachte den Beamten eine neue Gehaltskürzung, die sich auch auf privatrechtliche Arbeitnehmer öffentlicher Arbeitgeber auswirkte. Wieder blieben die übrigen Tarif- und Einzelverträge in Kraft. Diesen gesetzlichen Änderungen bestehender Verträge folgte eine gesetzliche Änderung des Schlichtungsverfahrens durch folgende NotVO.

---

30) Die TarifVO von 1918 sah lediglich eine Aufhebung auf Antrag der Parteien vor.
31) RGBl. 1930 I S. 517, 523.
32) RGBl. 1931 I S. 279;
33) Vgl. § 5 der NotVO vom 5.6.1931.
34) RGBl. 1931 I S. 539.
35) RGBl. 1931, S. 699, 738.

1. Verordnung des Reichspräsidenten über die Beilegung von Schlichtungsstreitigkeiten öffentlichen Interesses vom 9.1.1931[36]

Wieder war es das Ruhrgebiet gewesen, welches durch heftige, von den Kommunisten aufgestachelte Arbeitskämpfe - sogar mit Todesopfern - eine Maßnahme seitens der Regierung zur Rettung der Autorität des Schlichtungswesens notwendig machte: Die am 9.1.1931 von Reichskanzler *Brüning* auf diesen konkreten Arbeitskampf hin erlassene NotVO ermächtigte den Schlichter, in Fällen dringenden Staatsinteresses auf Anordnung des Reichsarbeitsministeriums zwei weitere unparteiische Beisitzer in den Schlichtungsausschuß zu berufen. Die Entscheidung darüber, was "im Staatsinteresse dringend erforderlich erscheint", hatte der Reichsarbeitsminister bei der Reichsregierung herbeizuführen. Der Vorsitzende konnte mit den neuen Beisitzern zusammen einen Schiedsspruch fällen, sobald sich sämtliche Arbeitgeber- und Arbeitnehmerbeisitzer der Schlichtungskammer der Mitwirkung am Spruch entzogen hatten oder aus sonstigen Gründen eine Mehrheit nicht zu erzielen war.
In der Beratung mit den zwei neu berufenen unabhängigen Beisitzern mußte der Vorsitzende versuchen, die Stimmenmehrheit der ganzen Kammer auf einen Schiedsspruch zu vereinigen. Gelang auch dies nicht, so verkündete er einen Schiedsspruch nach seiner Vorstellung, der wie der Schiedsspruch jeder Schlichtungskammer für verbindlich erklärt werden konnte. Diese Verordnung berührte das geltende Recht also nur in dem Fall, in dem durch nicht ausreichene Mehrheitsverhältnisse nach geltendem Recht der SchliVO kein Schiedsspruch erlassen werden konnte.

Die NotVO ermächtigte den Vorsitzenden wieder zur Alleinentscheidung - dies jedoch gezielt auf einen bestimmten Konflikt und zunächst befristet bis zum 31.7.1931[37] . Und es war wieder nicht das Parlament, sondern der "Notverordnungegesetzgeber", der von seinen verfassungsrechtlich bedenklichen Kompetenzen Gebrauch machte. Die NotVO konnten aufgrund Art. 48 WRV durch den Reichspräsidenten erlassen werden. Formell stand ihrer Rechtsgültigkeit nichts im Wege, sofern sie rechtswirksam erlassen wurden. In der amtlichen Begründung der Verordnung heißt

36) RGBl. 1931, S. 1; abgedruckt im Anhang.
37) Sie wurde dann doch verlängert durch Neuerlaß am 27.9.1931 bis zum 10.10.1931.

es, es drohe durch das Scheitern der Schlichtungsverhandlungen im Ruhrbergbau "ein tarifloser Zustand, der in dieser lebenswichtigen Industrie zu den schwersten Erschütterungen des wirtschaftlichen und politischen Lebens führen kann. Um diesen Notstand beheben zu können, hat der Reichspräsident die Neuordnung vom heutigen Tage erlassen".
Die in dieser Verordnung enthaltene Regelung war von *Brauns* bereits im Reichstag innerhalb der Haushaltsdebatte am 30.6.1930 vorgeschlagen worden[38], um die "bedenklichen Folgen des Ruhrkampfurteils" des RAG wieder aus dem Weg zu räumen.

1.1. Bewertung in der Fachliteratur

Nörpel[39] begrüßte die Wiedereinführung des Einmannschiedsspruchs. Ähnlich äußerte sich *Flatow*[40], der "die formalen Hemmungen für das staatliche Eingreifen auf sozialem Gebiet beseitigen" wollte und die Schlichtung als Bestandteil der staatlichen Sozialverwaltung anerkannte. Durch die Ausstattung mit weitreichenden Befugnissen des Reichsarbeitsministers und der Reichsregierung trügen beide auch die Verantwortung für die richtige Handhabung des Schlichtungswesens.
Diese, den den Zustand vor dem Ruhreisenstreit quasi wiederherstellende NotVO sollte eine endgültige Änderung des Schlichtungsrechtes durch eine ordentliche Gesetzgebung nicht vorwegnehmen[41] - an der Vorstellung einer gesetzlichen Neuordnung wurde bis 1933 geduldig festgehalten. Die Neuregelung komme ja nur zur Geltung, wenn bereits ein ergebnisloses Schlichtungsverfahren vorausgegangen. Diese verstärkten Befugnisse der Schlichtungsorgane seien durch das Staatsinteresse dringend gefordert, um im Interesse des Arbeitsfriedens durch ein 100-prozentiges Zustandekommen eines Schiedsspruchs erfolgreich zur Arbeitskampfvermeidung beizutragen.
Herschel[42] kritisierte die Verordnung, durch die die Selbstverantwortung der Parteien wieder abgeschwächt und die "Macht der Bürokratie" weiter ausgedehnt werde. Weiterhin plädierte er für die

---

38) Verh. des RT, Bd. 428, S. 6026.
39) In: Gew.-Ztg. 1931, S. 37ff.
40) Flatow, Verordnung des Reichspräsidenten, in: NZfA 1931, S. 98ff. (107).
41) Joachim, Verordnung des Reichspräsidenten, in: RABl: 1931 II, Nicht amtl. Teil, S. 22.
42) Herschel, Schlichtungsnovelle in: Arbr. und Schli. 1931, S. 41ff., vgl. auch Einmannschiedsspruch revidus in: Arbr. und Schli. 1930, S. 401ff.

Stärkung der freien Einigung. Daegen bestritt *Richter*[43] die Richtigkeit des Schlusses aus Art. 165 WRV, daß allein die kollektive Form der Regelung von Lohn- und Arbeitsbedingungen zulässig sei. Es gebe "kein Monopol der verbandkollektivistischen Regelung". Zwar stimmte er *Herschel* zu, daß die "beisitzerlose Schiedsstelle kein sehr erstrebenswertes Gebilde ist", lehnte aber den Einmannschiedsspruch und die mit Unparteiischen besetzte Schlichtungsstelle nicht eindeutig ab. Das Problem der Schlichtung sei vielmehr ein psychologisches: auch wenn Art. 165 WRV auf gleichberechtigte Mitwirkung beider Gruppen des Arbeitslebens abstellte, benötige die oft schwierige Schaffung kollektiver Arbeitsnormen das Einschalten eines dritten Elementes durch die Schlichtung, um beim Ausgleich der Interessen auch dem Gemeinwohl gerecht werden zu können.

1.2. Die Notverordnung im Reichstag

Die KPD beantragte am 21.1.1931 die Aufhebung der Verordnung vom 9.1.1931[44]. Der Antrag wurde im Reichstag behandelt und dem sozialpolitischen Ausschuß überwiesen. Reichsarbeitsminister *Stegerwald* verteidigte in einer grundsätzlichen Rede vor dem Reichstag am 12.3.1931[45] seine Verbindlichkeitserklärung des Schiedsspruchs in der Berliner Metallindustrie und wies auf die Stabilitäts- und Lohnsicherungsleistung des Schlichtungswesens in der Zeit von 1916 - 1929 hin. Er müsse an der vom Reichsarbeitsministerium bestimmten Linie festhalten, um das "lohnpolitische Chaos" zu verhindern. Der Kritik gegen die staatliche Zwangsschlichtung setzte er die Forderungen nach Kartellen, Preiskonventionen und Zöllen entgegen, die ebenfalls eines im Zusammenhang mit der Schlichtung bekämpften staatlichen Eingriffs in

---

43) Richter, Zusammensetzung, in: NZfA 1931, S. 162ff.; ebenso von Orgies-Rutenberg, Krise in: Der Arbeitgeber 1931, S. 494.

44) Drs. des RT, Bd. 449, Nr. 662, vgl. Verh. des RT, Sitzung vom 4.2.1931, Bd. 444, S. 657, 658ff.

45) Verh. des RT, Bd. 445, S. 1474ff.; vgl. später Sitzung vom 14.3.1931, S. 1556.

wirtschaftliche Verhältnisse bedurften[46].

Wenige Abgeordnete sprachen noch von der Notwendigkeit einer "grundlegenden Reform", eines "grundlegenden Umbaus"[47]. Insgesamt begrüßte der Reichstag die neue Verordnung als notwendigen "beweglichen Faktor" und als Mittel zur "Friedenssicherung der deutschen Wirtschaft"[48]. Trotz der Auseinandersetzungen um die Verbindlichkeitserklärung des Schiedsspruchs in der Berliner Metallindustrie nahm der Reichtag am 25.3.1931 einen Antrag der KP vom 24.3.1931 an, der die Reichsregierung aufforderte, den für die Arbeiter der Deutschen Reichsbahn-Gesellschaft gefällten Schiedsspruch nicht für verbindlich zu erklären[49]. Danach wurde das Thema "Schlichtung" nicht mehr im Reichstag verhandelt.

2. Verordnung des Reichspräsidenten über die Beilegung von Schlichtungsstreitigkeiten öffentlichen Interesses vom 27.9.1931

Weitere Lohnsenkungen bezeichneten die Arbeitgeber als "unvermeidlich"[50] und begründeten dies mit der "allgemeinen wirtschaftlichen Misere". Die Sozialpolitik der Regierung dürfe nicht zum "Würgel der Wirtschaft" werden. Auf dem Gebiet des Schlichtungswesens sei weniger eine gesetzliche Änderung als eine veränderte Handhabung notwendig. Eine notwendige Beweglichkeit und Anpassungsfähigkeit der tariflichen Bestimmungen könne bei Beseitigung der wirtschaftsfremden und schematischen Einflüsse nur durch den erforderlichen Wegfall des Zwangsschlichtungswesens auf Grund einer Änderung von

---

46) Gleicher Ansicht war Baltrusch (VR), S. 1499, der es für gefährlich hielt, in "dieser anormalen Zeit an die Revision bewährter staatlicher Einrichtungen zu gehen. Wer den Faustkampf auf wirtschaftlichem und sozialen Gebiet nicht wieder will, der kann nicht für die Beseitigung des amtlichen Schlichtungswesens eintreten".

47) Verh. des RT, Sitzung vom 13.3.1931, Bd. 445, S. 1512, Abgeordneter Hermann (WP).

48) Sitzung vom 14.3.1931, S. 1555, Abgeordneter Schneider (Dst); Sitzung vom 16.3.1931, S. 1576, Abgeordneter Dill (SPD).

49) Drs. des RT, Bd.450, Nr. 1003, Verh. des RT, Bd.445, S. 2004.

50) Cappeller, Sozialpolitik, in: Der Arbeitgeber 1931, S. 598ff.

Gesetzgebung und Rechtsprechung erreicht werden[51]. Von einem neuen "Versagen des amtlichen Schlichtungsapperates" sprachen die Arbeitgeber[52] Ende September 1931: Nachdem in den Verhandlungen der Schlichterkammer die Arbeitgeber im Ruhrbergbau eine 12-prozentige Lohnsenkung mit einer Laufdauer bis Ende November, die Arbeitnehmer eine unveränderte Verlängerung der bisherigen Löhne bis März 1932 gefordert hatten, bedurfte es zur Lösung des Lohnkonfliktes einer neuen NotVO des Reichspräsidenten. Aufgrund Art. 48 II WRV erließ dieser am 27.9.1931 die "Verordnung über die Beilegung von Schlichtungsstreitigkeiten öffentlichen Interesses"[53], die nichts anderes bedeutete, als ein Wiederaufleben der am 31.7.1931 abgelaufenen Verordnung vom 9.1.1931. Diese neue NotVO trat mit dem 10.10.1931 wieder außer Kraft und war ausschließlich zur kurzfristigen Lösung des Lohnkonfliktes im Ruhrbergbau konzipiert. Aufgrund der Verordnung konnte ein die Löhne mit Wirkung bis zum 31.1.1932 um 7 Prozent verringernder Schiedsspruch am 29.9. 1931 von einem Vorsitzenden und zwei eigens eingesetzten unabhängigen Beisitzern[54] erlassen werden.

3. Die 2.Verordnung des Reichspräsidenten über die Beilegung von Schlichtungsstreitigkeiten öffentlichen Interesses vom 30.9.1931

Nach dem erneutem Versagen der amtlichen Zwangsschlichtung trat schon am 30.9.1932 eine NotVO in Kraft: die "Zweite Verordnung des Reichspräsidenten über die Beilegung von Schlichtungsstreitigkeiten öffentlichen Interesses"[55]. Diese Verordnung ermächtigte den Reichsarbeitsminister, bei der Verbindlichkeitserklärung der aufgrund der NotVO vom 27.9.1931 gefällten Schiedssprüchen, die vorgeschlagene Laufdauer des Zwangstarifvertrags ohne Zustimmung der Parteien zu ändern. Dazu trat die Befugnis, die Unter-Tage-Arbeiter des Steinkohlebergbaus im Ruhrgebiet und ihre Arbeitgeber mit Wirkung vom 1.10.1931 von der Beitragspflicht zur Arbeitslosenversicherung zu befreien und diese Be-

51) Ebenso. von Orgies-Rutenberg, Krise, in: Der Arbeitgeber 1931, S. 491ff.
52) Ders. a.a.O. S. 494
53) RGBl. 1931, S. 513; vgl. RT-Drs. Bd. 451, Nr. 1106.
54) Vorsitzender Prof. Brahn, Beisitzer: Regierungspräsident in Düsseldorf, Bergmann, Beigeordneter in Wuppertal.
55) RGBl. 1931 S.513; vgl. RT-Drs. Bd. 451,Nr.1109; Auszugsweise im Anhang abgedruckt.

freiung auch auf andere Steinkohlengebiete und auf die unter Tage beschäftigten Angestellten auszudehnen[56]. Der Staat mußte sich den Vorwurf der Willkür in der Arbeitnehmerpolitik machen lassen.
Der Reichsarbeitsminister nutzte seine weitreichende Einflußnahmmöglichkeit durch die neue NotVO. Er erklärte den eine 7-prozentige Lohnkürzung enthaltenden Schiedsspruch für verbindlich. Durch die "Verordnung über die Verlängerung der Geltungsdauer der Verordnung über die Befreiung von der Beitragspflicht zur Arbeitslosenversicherung vom 7.12. 1931"[57] wurde die Verordnung vom 30.9.1931 wieder verlängert.

III. Das Schlichtungswesen als Mittel zum Einbruch in laufende Tarifverträge

Die Kritik an der amtlichen Schlichtung verstärkte sich auf Kosten ihrer Autorität. Da sich die Verantwortungsbereitschaft der Tarifparteien weiter abschwächte, geriet die staatliche Zwangsschlichtung durch die Notverordnungspraxis in ihre schlimmste Krise. Die 1923 ursprünglich ausgearbeitete Regelung stand nur noch auf dem Papier. Aus dem Reichsarbeitsministerium verlautete, daß der Staat in wirtschaftlichen Notzeiten in "so wichtigen Fragen, wie der Regelung der Arbeitsbeziehungen nicht auf die ihm zustehenden Machtmittel verzichten" könne[58]. Durch die wirtschaftlich beeinflußte Krise des Schlichtungwesens seien wiederholt Verschärfungen der staatlichen Zwangsbefugnisse notwendig geworden[59].
Nach der Verordnung über die Befreiung von der Beitragspflicht zur Arbeitslosenversicherung vom 7.12. 1931 erließ der Reichspräsident am 18.7.1931 die Verordnung über die Auszahlung von Dienstbezügen[60]. Sie ermächtigte die Reichsregierung, Vorschriften über die Zahlungsmodalitäten für Bezüge im öffentlichen oder privaten Dienst zu erlassen und in bestehende Tarifverträge von Verordnungswegen einzugreifen. Dazu ergingen zwei DurchführungsVO vom

56) Den finanzielle Ausfall der Reichsanstalt für Arbeit ersetzte das Reich.
57) RGBl.1931, S. 749.
58) Sitzler, Gesetzgebung, in: NZfA 1932, S. 201ff.
59) Gemeint sind die NotVO vom 9.1., 27.9. und 30.9.1931; vgl. auch die Ausführungen des Ministerialrates im Reichsarbeitsministeriums Goldschmidt, Arbeitsrecht,in:NZfA 1933, S. 3ff.
60) RGBl. 1931 I S. 381.

18.7.1931[61] und vom 14.9.1931[62], die die obersten Landesbehörden zu weitergehenden Anordnungen ermächtigten. Die sogenannte "Dietramszeller Verordnung des Reichspräsidenten zur Sicherung der Haushalte von Ländern und Gemeinden vom 24.8.1931[63] ermächtigte die Landesregierungen zum Ausgleich der Haushalte von Ländern, Gemeinden und Gemeindeverbänden auch in bestehende Vertragsverhältnisse einzugreifen.

1. Die 4. Verordnung des Reichspräsidenten zur Sicherung von Wirtschaft und Finanzen und zum Schutz des inneren Friedens vom 8.12.1931

Reichsarbeitsminister *Stegerwald* ließ schon ab Dezember 1930 Eingriffe in geltendes Tarifrecht zu. Gegen den Willen der Tarifparteien wurde die Allgemeinverbindlichkeit des Tarifvertrags für die im Berliner Kartoffelgroßhandel beschäftigten Arbeiter mit Wirkung vom 15.12.1930 aufgehoben[64]. Auch wenn der Einzelinitiative der Unternehmer wieder mehr Spielraum eingeräumt worden war, plante die neue Regierung *Papen* eine grundsätzliche Änderung der bisherigen Lohnpolitik. Dazu gehörte eine Umsetzung der Lohn- und Tarifabteilung in das Reichswirtschaftsministerium. Als der neue, erste parteilose Reichsarbeitsminister *Schäfer* sein Amt antrat, lagen bereits zwei Anträge auf Verbindlichkeitserklärungen von Schiedssprüchen in der Bauindustrie und im Ruhrbergbau vor. *Schäfer* lehnte die Verbindlichkeitserklärung ab mit dem Ergebnis, daß die Parteien auch ohne Arbeitskampf zu einer Einigung gelangten.

Die "Vierte Verordnung des Reichspräsidenten zur Sicherung von Wirtschaft und Finanzen und zum Schutz des inneren Friedens"[65] änderte an den rechtlichen Grundlagen des Schlichtungsrechts nichts, griff aber in den tatsächlichen Inhalt der

---

61) RGBl. 1931 I S. 381.

62) RGBl. 1931 I S. 492.

63) RGBl. 1931 I S. 453.

64) Hüllbüsch, Zwangstarif, 1976, S. 629.

65) RGBl. 1931, S. 699; vgl. RT-Drs. Bd. 454, Nr. 123; zuvor ergingen: 1.Verordnung des Reichspräsidenten zur Sicherung von Wirtschaft und Finanzen vom 1.12.1930 in: RGBl. 1930, S.517; 2.Verordnung des Reichspräsidenten zur Sicherung von Wirtschaft und Finanzen vom 5.6.1931 in: RGBl. 1931, S. 279; 3.Verordnung des Reichspräsidenten zur Sicherung von Wirtschaft und Finanzen und zur Bekämpfung von politischen Ausschreitungen vom 6.10.1931 in: RGBl. 1931, S. 537.

Tarifverträge ein. Um die von der damaligen Reichsregierung für notwendig erachtete Senkung der Produktionskosten zu erleichtern, wurden die Tariflöhne und -gehälter mit Wirkung vom 1.1.1932 auf den Stand des 10.1.1927 erniedrigt. Die Senkung der Löhne erfolgte nicht wie bisher im Verhandlungswege, sondern durch die Verordnung unter Aufrechterhaltung der Tarifverträge selbst und unter Verlängerung ihrer Laufdauer bis mindestens zum 30.4.1932. Ziel der Maßnahme war die Beruhigung des Arbeitslebens und die Schaffung einer festen Grundlage für den Wiederaufbau der Wirtschaft. Die Lohnkürzung betraf die Löhne in der privaten und in der öffentlichen Wirtschaft.
Der Eingriff in die Tarifverträge erfolgte wieder unter äußerlicher Wahrung des Einigungsgrundsatzes: die vorgeschriebenen Änderungen sollten als Nachträge zum betreffenden Tarifvertrag niedergelegt werden[66]. Über Streitigkeiten sollten die Schlichtungsstellen entscheiden. Der Einigungsgrundsatz im Schlichtungswesen war jedoch tatsächlich engültig aufgegeben worden, der Kollektivgedanke hatte gesiegt. Die Tätigkeit der Tarifparteien beschränkte sich nur noch auf die Erhebung von Lohnforderungen.

2. Verordnung zur Vermehrung und Erhaltung der Arbeitsangelegenheiten vom 5.9.1932[67]

Die Verordnung über die Erhaltung und Vermehrung der Arbeitsgelegenheit vom 5.9.1932[68], die aufgrund der umstrittenen allgemeinen sozialpolitischen, diktatorischen Ermächtigung, der "Verordnung des Reichspräsidenten über Maßnahmen zur Erhaltung der Arbeitslosenhilfe und Sozialversicherung sowie zur Erleichterung der Wohlfahrtslasten der Gemeinden"[69] und der "Verordnung des Reichspräsidenten zur Belebung der Wirtschaft vom 4.9.1932"[70] erging, verknüpfte die Möglichkeit einer Unterschreitung des Tarifvertrages mit der Vermehrung der Arbeitskräfte im Betrieb. Danach war ein Unternehmer berechtigt, den Tariflohn um 10 - 50 Prozent zu unterschreiten, wenn er gleichzeitig die Belegschaft um 5 -25 Prozent vermehrte. Außerdem konnte

66) Nach Ansicht von Ewerling, Diss. 1925, S. 31, war spätestens jetzt der Einigungsgrundsatz vollständig aufgegeben worden.
67) RGBl. 1932 S.433.
68) Mit Durchführungsverordnungen vom 14. und 21.9. und 3.10.1932, in: RGBl. 1932, S. 443.
69) RGBl. 1932 S. 273, 283.
70) RGBl. 1932 S. 428.

der Unternehmer bei Gefährdung des Betriebs durch die Verpflichtung zur Erfüllung tarifvertraglicher Verbindlichkeiten und bei vermehrter Beschäftigung, wenn anders die Weiterführung oder Wiederaufnahme seines Betriebes nicht möglich war, auf Anordnung des Schlichters den Tariflohn bis zu 20 Prozent auch ohne entsprechende Erhöhung seiner Belegschaft senken. Die Schlichter waren somit befugt, gleichsam die Arbeitgeber zu ermächtigen, die tariflichen Entgeltsätze gegebenenfalls zu unterschreiten.
Die Schlichtung war ihrer ursprünglichen Aufgabe war nun gänzlich zweckentfremdet: ihr kam eine neue Rechtsgestaltungsaufgabe zu, die an sich nur dem Reichstag bzw. um Wege der Rechtsfortbildung in engen Grenzen auch den unabhängigen Gerichten zusteht. Der Schlichter griff als "Beauftragter" des Reichsarbeitsministeriums gestaltend in Privatrechtsverhältnisse ein, ohne die Befugnis zu besitzen, im Streit zu entscheiden, was rechtens ist und was nicht.

Das RAG[71] bewertete in einer Entscheidung die umstrittene Verordnung vom 4.9.1932 nicht als Verstoß gegen Art. 165 WRV oder eine sonstige Verfassungsnorm. Es billigte vielmehr sämtliche diktatorischen Rechtsverordnungen arbeitsrechtlichen Inhalts. Das RG[72] entschied bereits kritischer unter Anerkennung der Verfassungsmäßigkeit der Verordnung: *"Irgendwanneinmal kann in Beziehung auf irgendeine Stufe der Entwicklung aus dem Streit der politischen Anschauungen heraus die allgemeine Überzeugung davon hervorgehen, daß die Anwendung der an sich gebotenen Mittel zur Wiederherstellung der Arbeitsfähigkeit der gesetzgebenden Körperschaften aus irgendwelchen Gründen versäumt wird. Steht diese Tatsache fest, sind die Gerichte allerdings verpflichtet, die Rechtsgültigkeit der in mißbräuchlicher Handhabung des Art. 48 WRV erlassenen Verordnungen zu verneinen".*

3. Stimmen zur Lohnsenkungspolitik

Huber[73] erkannte deutlich die Gefahren aus den immer häufiger vor den Gerichten ausgetragenen

---

71) RAG vom 12.11.1932 in: Samml. Vereinigung 1932, S. 474 und vom 18.6.1932 in: Arb.Rspr. 1932, S. 282.
72) RGSt Bd.66, S. 255ff. vom 2.6.1932.
73) Huber, Verwaltungsakte, in: Arbr. und Schli. 1933, S. 123.

politischen Fragen des Einmannschiedsspruchs, der Einbruchstheorie des RAG und der staatlichen Lohnpolitik. *"Es ist für das Schicksal der Wirtschaft und des Staates von höchster Bedeutung, ob das Reich die Möglichkeit hat, durch den sogenannten Einbruch eine elastische Tarifpolitik zu betreiben und durch den Stichentscheid auch gegen beide widerstrebende Interessengruppen durchzusetzten".* Im Schrifttum[74] war im Zusammenhang mit den jüngsten NotVO von "Auflockerung" des Tarif- und Schlichtungsrechtes die Rede. Diese Auflockerung erfolgte unter Außerachtlasung der verfassungsrechtlich gewährleisteten Tarifautonomie, des Gewaltenteilungsgrundsatzes und durch den Verordnungsgeber in Gestalt der diktatorischen Exekutive[75]. Der Schutz gegen die Willkür der Regelungen war nur noch bei den Gerichten zu suchen.

Seitens der Gewerkschaften regte sich zunehmend Unmut über die Lohnsenkungspolitik des Reichsarbeitsministeriums[76]. Die NotVO benachteiligten die Arbeitnehmer; deutlich in der Statistik[77] durch den Rückgang des Anteils der Arbeitnehmeranträge auf Verbindlichkeitserklärung von 79 Prozent 1929 auf 65,5 Prozent 1931. Die Zahl der durch die Arbeitgeber abgelehnten Schiedssprüche sank nach der Statistik erheblich.
Reichsarbeitminister *Stegerwald*[78] unterbreitete den Parteien im Februar 1931 Vorschläge, die "den Gedanken der Arbeitsgemeinschaften erstarken lassen" und die Verständigungsbereitschaft neu wecken soll-

74) Vgl. dazu: Herschel, Neuerungen in: Arbr. und Schli. 1932, S. 314; Hoeniger, Auflockerung in: Soz. Prax. 1932, S. 1153; Joerges, Tarifauflockerung in: Arbr. und Schli. 1932, S. 328; Nörpel, Auflockerung in: Gew.-Ztg. 1932, S. 609, S. 625; Potthoff, Notverordnungen in: Arbr. 1932, S. 481, S. 543; Sinzheimer, Grundfragen in: Soz. Prax. 1932, S. 1249.

75) Richter sprach in diesem Zusammenhang nur noch von Diktatur, Diktaturverordnungen, Diktaturrecht in: Tarifrecht 1932, in der Einleitung, Ders. Umwandlung in: ZfA 1932, S. 401f.

76) Gewerkschaftssektretär Alfons Müller, Das Schlagwort vom "Zwangstarif" in: Arbr. und Schli. 1933, S. 50ff.; so auch Leipart auf dem Kongreß der freien Gewerkschaften im September 1931 in: Soz. Prax. 1931, S. 1243.

77) In: RABl vom 5.11.1932.

78) Reichsarbeitsminister Stegerwald hatte Pfingsten 1930 ergebnislose Besprechungen zwischen Arbeitgeber- und Arbeitnehmervertretern organisieren können.

te. Ihm schwebte ein Übergang des Tarifrechts in Tarifgemeinschaften vor, die vom Staat eine Normsetzungskompetenz für die Arbeitsbedingungen erhalten sollten. Eine dauernde Gemeinschaftsarbeit sollte an die Stelle von Arbeitskampfmaßnahmen treten. Dieser Vorschlag stieß nicht auf Resonanz.

Auch die Arbeitgeber[79] schlossen - durch die ungünstigen wirtschaftlichen Verhältnisse beeinflußt - nicht mehr aus, das Prinzip der Unabdingbarkeit der Tarifverträge im Fall besonderer wirtschaftlicher Verhältnisse bei Einzelbetrieben durchbrechen zu können. Nur die nötige Tarifelastizität könne wirtschaftlichen Aufschwung versprechen. In diesem Zusammenhang wurde vorgeschlagen[80], bei Aufrechterhaltung der Unabdingbarkeit die Laufzeit der Tarifverträge durch Staatsakt zu verkürzen. Diese Vorschläge stießen jedoch auf Ablehnung - nicht nur bei den Arbeitnehmern.

2. Theorien zur Einbruchstheorie des RAG

Nachdem das RAG im Ruhreisenstreit den Schiedsspruch wegen Eingreifens in den noch laufenden Tarifvertrag für nichtig erklärt hatte, galt das Verbot eines solchen Einbruchs für alle nachfolgenden Schiedssprüche, was vom der "Notverordnungsgesetzgeber" ignoriert wurde. Auch im Schrifttum war die Diskussion um die Einbruchstheorie immer noch nicht beendet: es gebe einen grundsätzlichen Unterschied zwischen dem eigentlichen Schlichtungsverfahren im engeren Sinne bis zur Fällung des Schiedsspruchs und der Verbindlichkeitserklärung selbst[81]. Nach dieser Ansicht sei es nicht nötig, daß sich die Fehlerhaftigkeit des Schiedsspruchs schlechthin zur Nichtigkeit auswirke. Vielmehr solle ein fehlerhafter Schiedsspruch nur ungeeignet sein, sich durch Verbindlichkeitserklärung zum Zwangstarif zu entwickeln. Diese Auslegung lasse sich im Wege der Verwaltungsübung innerhalb des Schlichtungsrechtes einführen[82] und bedürfe keiner gesetzlichen Regelung. Schließlich stehe im Verwaltungsrecht die Zweckmäßigkeit an erster

79) Vgl. Koettgen auf einer Tagung des Hauptausschusses der VdA, in: Soz. Prax. 1931, S. 584.

80) In: Soz. Prax. 1931, S. 1498ff., 1559ff., 1585ff.

81) So Göppert, Nichtigkeit, in: NZfA 1931, S. 1ff.

82) Vgl. auch Göppert Erwiderung in: NZfA 1931, S. 342ff.

Stelle.
Es gab starke Bedenken[83] gegen eine solche Auslegungspraxis: Eine gesetzliche Regelung sei in dieser Frage unumgänglich. Die Frage, inwieweit ein Schiedsspruch hinsichtlich seines materiellen Inhalts für verbindlich erklärt werden könne, bliebe nicht der ausschließlichen Zweckmäßigkeitsentscheidung des Schlichters überlassen. Nachdem das Schlichtungswesen offiziell in den Dienst eines die Löhne senkenden Regierungsprogramms gestellt worden sei, müsse auch eine gesetzliche Neuregelung vorgenommen werden.

5. Bewertung

Der Bruch mit dem bisherigen Tarifrecht war vollzogen. Den Schlichter banden ministerielle Weisungen, die ein weitgehendes Recht zur Prüfung der betrieblichen Verhältnisse enthielten. Die NotVO ermöglichten den bisher härtesten staatlichen Eingriff in das autonome Tarifrecht. Dies resultierte aus der geforderten "Lockerung und Elastizität der Tarifverträge"[84] und aus der negativen wirtschaftlichen Entwicklung, die kurzfristige Maßnahmen zur Erhaltung des Wirtschaftsfriedens provozierte. Die staatliche Zwangsschlichtung verdiente nunmehr keine andere Bezeichnung als den Namen "staatliches Lohnamtssystem". Die Maßnahmen provozierten jedoch noch mehr Streiks, so daß die NotVO nur einen geringen Erfolg zu verbuchen vermochten.
Der Gewerkschaftsring Deutscher Arbeiter-, Angestellten- und Beamtenverbände richtete am 10.12. 1932 einen Brief an den Reichskanzler mit der Bitte an die Regierung, "durch eine zweckdienliche Beeinflussung der staatlichen Schlichtungsinstanzen" die Löhne wieder zu erhöhen und der fortschreitenden Kaufkraftzerrüttung einen Riegel vorzuschieben[85]. Sie verlangten die "Aufhebung der Lohnkürzungsverordnung vom 5.9.1932" und die Garantie der Unabdingbarkeit der Tarifnormen.

83) Hessel, Funktionswandel, in: NZfA 1931, S. 337ff.

84) Vgl. Baum, Notverordnungen in: JW 1932, S. 3162; Feig, Verordnungen in: NZfA 1932, S. 537; Goldschmidt in: RABl., 1932 II S. 424; Lindemann, Diss. 1933, S. 36f.

85) In: Akten der Reichskanzlei, Das Kabinett Schleicher, Dok.Nr.17.

IV. Die Außerkraftsetzung des staatlichen Schlichtungswesens

Trotz seines formellen Weiterbestandes war das Schlichtungswesen i.S.d. SchliVO von 1923 tatsächlich aufgehoben worden. Das kollektive Arbeitsrecht als Wesenszug der demokratischen, parlamentarischen Weimarer Republik war in die Hände des sozialdirigistischen Staates gefallen. Schon vor der Machtübernahme *Hitlers* stand das Schlichtungswesen auf dem Boden eines undemokratischen, autoritären, ja diktatorischen Systems bürokratischer Lohnpolitik. Obwohl die NotVO nach Ansicht der Regierung immer noch ein Übergangsstadium bis zur endgültigen gesetzlichen Regelung des Schlichtungswesens bildeten und das jetzige System eher "verfeinern" sollten, war das endgültige Scheitern auch der staatlichen Zwangsschlichtung nicht mehr aufzuhalten.

Die durch die Nationalsozialisten neugestaltete Sozialverfassung zielte unmittelbar auf die Beseitigung der Arbeitslosigkeit und auf die Verhinderung von Arbeitskämpfen. Noch nach der Machtübernahme der Nationalsozialisten erging ein Rundschreiben aus dem Reichsarbeitsministerium am 6.4.1933[76], in dem es den Beteiligten zur Pflicht gemacht wurde, die geltenden Tarifverträge zunächst fortdauern zu lassen, bis eine andere Regelung erlassen würde.

1. Gesetz über die Beisitzer der Arbeitsgerichts- und Schlichtungsbehörden und der Fachausschüsse für Hausarbeit vom 18.5.1933[87]

Durch dieses Gesetz fiel die Beteiligung der Arbeitgeber und Arbeitnehmer am Schlichtungsverfahren ganz weg. Bis zum Ablauf der Amtsdauer der noch im Amt befindlichen Beisitzer in den Schlichtungsausschüssen traten alle diesbezüglichen gesetzlichen Regelungen ersatzlos außer Kraft[88].

2. Gesetz über die Treuhänder der Arbeit vom 19.5.1933

Mit dem Gesetz über Treuhänder der Arbeit[89] war die Schlichtung als Ganzes abgeschafft: Der Reichs-

---

86) RABl. 1933, Amtl. Teil, S. 106.
87) RGBl. 1933, S. 276.
88) Dazu gehörte: Art I § 1 III der SchliVO und §§ 4 I - V, VII, 5 I - III, § 2 I S.2 und IV, S. 3 der 2.AusfVO vom 29.12.1923.
89) RGBl. 1933, S. 285; § 2 im Anhang abgedruckt.

kanzler ernannte auf Vorschlag der Landesregierungen "Treuhänder der Arbeit", die bis zur Neuregelung der Sozialverfassung an Stelle der Vereinigungen von Arbeitnehmern, einzelner Arbeitgeber oder der Vereinigungen von Arbeitgebern rechtsverbindlich für die beteiligten Personen die Bedingungen für den Abschluß von Arbeitsverträgen zu regeln befugt waren. Darüber hinaus sollten sie "für die Aufrechterhaltung des Arbeitsfriedens" sorgen und waren an Richtlinien und Weisungen der Reichsregierung gebunden.
Vorausgegangen war die faktische Liquidierung der Gewerkschaften am 2.5.1933 durch nationalsozialistische Betriebszellen und Organisationen, die als die "politisch Beauftragten der Partei" den Gewerkschaften erfolgreich den Platz streitig machten und den Grundstock für die nationale Arbeitsfront bildeten[90]. Ziel der Arbeitsfront war die "Erziehung aller im Arbeitsleben Stehenden zum NS-Staat".

Zwar traten die Treuhänder in gewisser Beziehung die Nachfolge der Schlichter an, wenn auch ohne die Möglichkeit gütlicher Beilegung des Interessenkonfliktes. Schlichtungsbehörden und Treuhänder waren auch gleichermaßen berechtigt, als Staatsorgane betriebliche und überbetriebliche Normen zu erlassen[91]. Dennoch unterschied sich die Treuhändertätigkeit erheblich von der Schlichtungstätigkeit. Der weltanschauliche Bruch im System, der totalitäre Staatsanspruch, die weitreichenderen Befugnisse der Treuhänder und die völlige Ausschaltung sogar der Existenz der Tarifparteien zeigten einen grundsätzlichen Neubeginn der staatlichen Arbeits- und Sozialpolitik auf. Es bleibt ein Mißverständnis, daß während der nationalsozialistischen Diktatur alte Rechtsinstitute lediglich umbenannt wurden.

3. <u>Gesetz zur Ordnung der nationalen Arbeit vom 20.1.1934</u>

Das Gesetz zur Ordnung der nationalen Arbeit[92] war das "Grundgesetz" für die weiteren Regelungen der national-sozialistischen Ordnung der Arbeit. Die Gemeinschaft wurde zur alles beherrschenden und

---

90) Mansfeld/Pohl/Steinmann/Krause, Kommentar, Berlin 1934.

91) Vgl. auch: Amberg, Diss. Köln 1936, S. 53ff.

92) RGBl. 1934, S.35; auszugsweise im Anhang abgedruckt.

durchdringenden Lebens- und Gestaltungsgrundlage für alle im Volk tätigen Arbeitskräfte[93]. Aus dieser Aufgabenstellung heraus entwickelte sich die Deutsche Arbeitsfront zur Trägerin der neuen, sozialen Selbstverwaltung. Die Verbände der Tarifparteien waren offiziell aufgelöst worden und im nationalsozialistischen Staate war für eine Schlichtung von Arbeitsstreitigkeiten kein Raum und kein Bedürfnis, weil es keine Gesamtstreitigkeiten gab und geben konnte. Der Staat nahm jetzt offen eine Aufgabe in die Hand, mit der er sich auch vorher schon in vielen Fällen unter dem Deckmantel des öffentlichen Bedürfnisses einer Verbindlichkeitserklärung unter Mitwirkung seiner Beamten befaßt hatte.
Durch den neuen Sozialismus, dessen inhaltliche Grundlage die "völkische Ehre" war, sollte sozialer Ausgleich in Harmonie erreicht werden, sollte das Eigeninteresse durch das Wohl der Gesamtgemeinschaft zurückgestellt werden. Durch diesen Gemeinschaftsgedanken war nach der Vorstellung des Nationalsozialismus auch der grundsätzliche Gegensatz zwischen Arbeitgebern und Arbeitnehmern verschwunden, so daß kein Bedürfnis für eine Konfliktschlichtung mehr bestand[94].

Die grundsätzlichen Prinzipien der nationalsozialistischen Ordnung der Arbeitswelt waren:

- Führergedanke
  Dem Führer obiege ein weitreichender Entscheidungsspielraum zum gemeinsamen Nutzen von Volk und Staat (§§ 1,2); Führer und Gefolgschaft gehören zusammen, es gebe keine sozialen Gegensätze mehr. Die neue Erkenntnis wurzele in den Tugenden: Treue, Vertrauen, Kameradschaft[95].
- Betriebsgemeinschaft
  Die Betriebsgemeinschaft sei auf Vertrauen gegründet und Bestandteil der nationalsozialistischen Gemeinschaft.(§§ 1,26ff.)
- Gemeinwohl
  Der Einzelne ordne sich zugunsten des Allgemeinwohls unter. "Gemeinnutz vor Eigennutz" sei Ausfluß des durchgesetzten Kollektivismus.

---

93) Vgl. Siebert. Arbeitsverhältnis 1935, S. 11.
94) Mansfeld, Kommentar, 1934 in der Einleitung; Siefert, Arbeitsverhältnis, S.13 .
95) Vgl. dazu besonders Mansfeld, Kommentar, S.70; Dersch, Kommentar in der Einleitung.

- Persönlichkeitscharakter
  Das Arbeitsverhältnis enthalte Persönlichkeitscharakter als Ausfluß der völkischen Ehre innerhalb der sozialistischen Gemeinschaft.
- Stärkung der Staatsgewalt
  Die Treuhänder der Arbeit erhielten weitgehende Befugnisse, um im Interesse des Gemeinwohls und der nationalsozialistischen Gemeinschaft für die Aufrechterhaltung des Arbeitsfriedens und den Erhalt der Harmonie zu sorgen. (§§ 18,19,26ff.)

§ 10

Schlußbemerkung

Nach 1945 befaßte sich das geltende Gesetz Nr. 35 des Alliierten Kontrollrates vom 20. August 1946 mit dem Ausgleichs- und Schiedsverfahren in Arbeitsstreitigkeiten vom 20. August 1946. Es behandelt nicht nur die Schlichtung von Interessenstreitigkeiten: es spricht allgemein von Arbeitsstreitigkeiten zwischen Arbeitgebern und Arbeitnehmern oder ihren Organisationen und hebt die alte Trennung zwischen Rechts- und Regelungsstreitigkeiten wieder auf. Die Zwangsschlichtung der Weimarer Republik diente den Alliierten nämlich nicht zum Vorbild. Sie knüpften vielmehr an das Verfahren vor den Einigungsämtern der Gewerbegerichte an. Nach strenger Beachtung des Einigungsgrundsatzes sollen die staatlichen Schlichtungsausschüsse nur tätig werden, wenn die Streitigkeit weder in einem von den Parteien vereinbarten Verfahren, noch durch einen von der Landesarbeitsbehörde aus ihrem Personal bestellten Vermittler im Wege des Ausgleichs beigelegt werden kann (Art. II).
Dennoch hatten die Instrumente des Schiedsspruches und der Verbindlichkeitserklärung in das Gesetz Aufnahme gefunden (Art. VIII und X). Zu diesen Gesetz ergingen Ausführungsvorschriften, nach denen in Baden[1] und Rheinland-Pfalz[2] das Schlichtungsverfahren schon auf Antrag einer Partei und in besonderen Fällen, wenn der Streitigkeit wesentliche öffentliche Bedeutung zukam, auch von Amts wegen eingeleitet werden konnte. Darüber hinaus besteht die Möglichkeit, einen Schiedsspruch, dem sich die Parteien nicht freiwillig unterworfen haben, für verbindlich zu erklären. Wird aber die Verbindlichkeitserklärung vom Öffentlichen Interesse dringend gefordert, kann sie auch von Amts wegen erfolgen.

So sollte der Staat trotz der Erfahrungen aus der Weimarer Republik in die Tarifautonomie noch immer helfend und gestaltend zum Wohl des öffentlichen Interesses eingreifen dürfen. Seit Bestehen des

---

1) Landesgesetz über das Schlichtungswesen bei Arbeitsstreitigkeiten vom 19.10.1949, GVBl. 1950, S. 60.

2) Landesgesetz über das Ausgleichs- und Schiedsverfahren in Arbeitstreitigkeiten vom 30. März 1949, GVBl. S.78.

Grundgesetzes und der Aufnahme der Tarifautonomie als Verfassungsgrundsatz in Art. 9 GG sind bisher beim Scheitern der Tarifverhandlungen nur freiwillige, von den Tarifparteien selbst bestimmte Schlichter berufen worden. Der Schwerpunkt der Schlichtungspraxis in der Bundesrepublik liegt auf den zwischen den Tarifvertragsparteien vereinbarten Schlichtungsabkommen, die letztlich auf eine zwischen dem DGB und der BDA am 7.9.1954 abgeschlossenen Mustervereinbarung zurückgeht. Zu der grundgesetzlichen Garantie der Tarifautonomie gehört zwangsläufig ein prinzipielles Verbot der Zwangsschlichtung[3].
Parallelen zur heutigen Rechtslage bestehen jedoch zwischen Art 157 WRV als frühes drittwirkendes Grundrecht und Art 9 III GG, sowie zwischen der Rechtsnatur der Verbindlichkeitserklärung und § 5 TVG.

Die Zwangsschlichtung in der Weimarer Republik entwickelte sich aufgrund von Verordnungen und Richtlinien der Exekutive. Der Reichstag beschäftigte sich mit dem Schlichtungswesen, ohne jedoch seine staatliche Manipulation aufhalten zu können. Die staatliche Zwangsschlichtung als Instrument staatlicher Lohnpolitik und Intervention unter dem Deckmantel der Sozialstaatlichkeit, des Gemeinwohls und des öffentlichen Interesses an der Verhinderung der Arbeitskämpfe schuf die öffentlich-rechtliche Bindung rein privater, unternehmerischer Funktionen, nämlich der Lohn- und Arbeitsbedingungen.

Die Weimarer Reichsverfassung erkannte die Tarifparteien erstmals als Sozialpartner an. Ihre Aufgabe war klar umrissen: sie sollten als Interessenvertreter von Arbeit und Kapital die Lohn- und Arbeitsbedingungen selbst gestalten. Das Wort "Schlichtung" fand in der Verfassung keine Erwähnung, wenngleich auch das Schlichtungswesen unter den verfassungsrechtlichen Auftrag subsumiert wurde, gemäß Art. 157 WRV ein einheitliches Arbeitsrecht zu schaffen. Unzulässig ist jedoch die Behauptung, die Schlichtung sei im Reichstag stiefmütterlich behandelt worden und eine Gesetzgebungsinitiative sei unmöglich gewesen: kaum ein Thema beherrschte die innenpolitische Diskussion innerhalb und außerhalb des Reichstages so sehr wie

---

3) Auch nur ein "bißchen" Zwnagsschlichtung höhlt die Tarifautonomie aus. vgl. Rüthers in: FAZ 5.4.1986 Nr. 79/S.15.

das Schlichtungswesen. Die erforderliche gesetzliche Regelung blieb trotz aller Diskussionen, Entwürfe, Reformbestrebungen und Verbesserungsanträge aus. Gesetzliche Ausformung erfuhren lediglich das sich mit dem Schlichtungswesen beschäftigende BRG und das als Reaktion auf den Entwurf der SchliO von 1923 erlassene ArbGG.

Konsens bestand über den dringenden Handlungsbedarf, Dissens über den gangbaren Weg. Der Einfluß wirtschaftlicher Interessen und einer sich verbreitenden Personalunion von Gewerkschaftsinteressen und Reichsarbeitsministerium verhinderten eine sachgerechte Lösung des Konfliktes. Dieser hatte bald die rein juristische Ebene verlassen.
Die beiden Ermächtigungsgrundlagen für die staatliche Intervention auf dem Gebiet der Lohn- und Arbeitsbedingungen, die TarifVO von 1918 und die SchliVO von 1923, galten bis zum Ende der Weimarer Republik. Beide wurden wiederum aufgrund von Ermächtigungsgrundlagen erlassen, ohne Begründung und ohne vorausgehende Reichstagsverhandlungen veröffentlicht. Die das Hauptinstrument der staatlichen Lohngestaltung, die Verbindlichkeitserklärung, einführenden Demobilmachungsverordnungen beruhten nicht einmal auf einer staatlichen Ermächtigung an die Exekutive, sondern auf einer verfassungsrechtlich sehr bedenklichen Subdelegation. Allein der Reichsarbeitsminister bestimmte durch seine Richtlinienkompetenz und seine Verwaltungspraxis die Entwicklung des Schlichtungswesens.

Juristisch gesehen war 1923 vor Erlaß der SchliVO durch den Entwurf der SchliO alles vorbereitet, um die Schlichtung gesetzlich auszugestalten. Die politische Instabilität und die wirtschaftlichen Auswirkungen der Arbeitskämpfe rechtfertigten zwar den übereilte Erlaß der Verordnung. Die Verzögerung einer gesetzlichen Regelung war jedoch politisch motiviert, was dem machtbewußten Reichsarbeitsministerium zuzurechnen war. Weitere Reformbestrebungen innerhalb und außerhalb des Reichstages scheiterten an politischer Uneinigkeit und dem Druck der öffentlichen Meinung, die die verschlechterte wirtschaftliche Lage und die wachsende Arbeitslosigkeit reflektierte. Negativ auf die Entwicklung des Schlichtungswesens wirkten sich schließlich die häufigen Regierungswechsel aus.

Spätestens nach dem zugunsten der Tarifautonomie ausgefallenen RAG-Urteil im Ruhreisenstreit 1929 gestaltete nicht mehr allein die Exekutive das Schlichtungswesen, sondern die Rechtsprechung gewann entscheidend an Einfluß. Der eigentlich zur Gestaltung des Schlichtungswesens aufgerufene Reichstag erging sich in Diskussionen, die nur eine allgemeine Passivität, u.a begründet durch die verunsicherte und abwartende Haltung der Tarifparteien erzeugten. Auf politischer Ebene setzte sich der Kollektivismus, gestärkt durch die der Stellung der Gewerkschaften und deren staatlicher Einflußnahme durch. In der Arbeitsrechtswissenschaft herrschte die Ansicht vor, daß der staatliche Eingriff in die Tarifautonomie durch das öffentliche Interesse und Gemeinwohl gerechtfertigt sei. Das individuelle Interesse der Tarifparteien an der eigenständigen Regelung ihrer Lohn- und Arbeitsbedingungen mußte dahinter zurücktreten. Auch die Arbeitswissenschaft wandte sich ab vom Positivismus und interpretierte den Sinn der Schlichtung durch eine wechselnde, politischen Einflüssen unterworfene Auslegung von unbestimmten Rechtsbegriffen wie dem "öffentlichen Interesse", "Gemeinwohl" ect. zu dienen. Staatlicher Willkür standen bald Tür und Tor offen.

Auch wenn 1933 der weltanschauliche Bruch im Nationalsozialismus nicht zu leugnen ist, so läßt sich doch ein gewisser Zusammenhang zwischen der Argumentation der Exekutive in der Weimarer Republik und in der nationalsozialistischen Diktatur nicht ganz abstreiten: Die willkürliche Interpretation der unbestimmten Rechtsbegriffe, orientiert an Zweckmäßigkeitsgesichtspunkten und dem Streben nach Machterhaltung und Machterweiterung der Regierung zu Lasten der Privaten in der innenpolitisch destabilen Lage, erhielt nach 1933 lediglich deutlichere und auch etwas anders motivierte Akzente, war jedoch seit 1923 vorbereitet. Im Schlichtungsrecht hätte die gwillkürte Festlegung der Lohn- und Arbeitsbedingungen in der NS-Diktatur mit den seit 1932 bestehenden Verordnungen durchgeführt werden können, ohne daß die Tarifparteien dagegen etwas hätten ausrichten können. Denn die Befugnis, in bestehende Tarifverträge einzugreifen, von staatlicher Seite aus die Löhne zu senken und ein staatliches Schlichtungsverfahren von Amts wegen einzuleiten, sowie jeden Schiedsspruch für verbindlich erklären zu können - auch den der tariflichen

Schlichtungsstellen - ließ dem Einigungsgrundsatz praktisch keinen Raum mehr. Die Abschaffung der Tarifparteien und das Gesetz zur Ordnung der nationalen Arbeit dann schlossen jedes Risiko aus, von den Parteien des kollektiven Arbeitsrechts an der diktatorischen staatlichen Lohn- und Arbeitspolitik gehindert zu werden.

Der Funktionswandel der Schlichtung vollzog sich von der Verhinderung von Arbeitskämpfen hin zur staatlichen Hilfeleistung zur Gesamtvereinbarung im öffentlichen Interesse. Er führte zur wachsenden inhaltlichen Einflußnahme auf die Gestaltung der Lohn- und Arbeitsbedingungen durch die Auswahl der Schlichtungsvorsitzenden durch das Reichsarbeitsministerium, dessen Richtlinienkompetenz und den Einmannschiedsspruch. Als dieser durch die auf einen konkreten Arbeitskampf bezogene NotVO 1931 wieder eingeführt wurde, legitimierte er sich nur noch aus dem innenpolitischen Zusammenhang: Zugunsten des Gemeinwohls mußte in jedem Fall ein Schiedsspruch zustandekommen, um weitere volkswirtschaftliche Nachteile zu verhindern. Ursprünglich sollte ja die Schlichtung den Tarifvertrag fördern - später förderte der Tarifvertrag die staatliche Zwangsschlichtung. Die Fronten hatten sich verhärtet: schon die Inaussichtstellung einer friedlichen und wirtschaftsfreundlichen Lösung eines potentiellen Arbeitskampfes rechtfertigte die staatliche Intervention in die Tarifautonomie. Der alte Gedanke einer Arbeitsgemeinschaft nach dem Vorbild der ZAG war längst fallengelassen worden.

Zusammenfassend lassen sich aus der Entwicklung zur staatlichen Zwangsschlichtung in der Weimarer Republik folgende Thesen aufstellen:

1. Ursprünglich sollte die Schlichtung den Tarifvertrag ermöglichen, später rechtfertigte jeder potentielle Tarifvertrag die staatliche Zwangsschlichtung. Umgekehrt blieb das Tarifvertragswesen allein durch die staatliche Zwangsschlichtung erhalten.

2. Die Voraussetzungen der Verbindlichkeitserklärung als Instrument staatlicher Lohnpolitik wurden unter Zurhilfenahme unbestimmter Rechtsbegriffe geschaffen. Verordnungen, Gerichtsentscheidungen und Verwaltungshandlungen legitimierten sich materiell aus dem Dienst am

Gemeinwohl. Ursache dafür war die schlechte wirtschaftliche Lage. Im Fall einer günstigen Konjunktur hätte es zwangsläufig weniger Arbeitskämpfe und daher weniger Schlichtungsverhandlungen gegeben, so daß staatliche Eingriffe durch Verbindlichkeitserklärungen in die Tarifautonomie an engere Voraussetzungen geknüpft worden wären.

3. Das Versagen der Tarifautonomie war auf die das Schlichtungswesen und die Tarifparteien vereinnahmende Verordnungspraxis der Verwaltung, die Passivität und das schwindende Verantwortungsbewußtsein der Tarifparteien und die mangelnde Handlungsbereitschaft des Reichstages auf Gesetzgebunsgebene, insbesondere aber auf die innenpolitische Instabilität und die wirtschaftliche Lage zurückzuführen. Wie sehr das Arbeitskampfrecht untrennbar mit der politischen und wirtschaftlichen Lage verbunden war, belegt auch die kurze Geltungsdauer der teilweise nur auf einen konkreten Arbeitskampf hin erlassenen Verordnungen in der Zeit der wirtschaftlichen Depression ab 1929.

4. Durch die staatliche Zwangsschlichtung wurden privatrechtliche Sachverhalte, wie die Gestaltung der Lohn- und Arbeitsbedingungen durch Tarifvertäge öffentlich-rechtlich geregelt. Ein Instanzenzug oder sonstige Rechtsmittel waren nicht zugelassen, um die staatliche Autorität nicht in Frage zu stellen. Die Effizienz schnellen, unmittelbaren staatlichen Handelns innerhalb der Arbeitsstreitigkeiten sollte erhalten werden. Die Verordnungspraxis des Reichsarbeitsministeriums und der Entzug der Rechtsweggarantie durchbrachen den der Gewaltenteilungsgrundsatz.

5. Die Wiedereinführung der Verbindlichkeitserklärung 1946 bzw. 1949 orientierte sich an der in der Weimarer Republik vorherrschenden Vorstellung, der Staat müsse die den Tarifparteien delegierte Aufgabe der Gestaltung der Lohn- und Arbeitsbedingungen abnehmen, wenn diese ihre Aufgabe nicht oder nicht ausreichend erfüllten. Beiden Nachkriegszeiten war eine wirtschaftliche Instabilität gemeinsam.Unter Zweckmäßigkeitsgesichtspunkten - von allen sonstigen Rechtsargumenten abgesehen - bieten Eingriffe in die

Privatrechtsverhältnisse sowie in die autonome Selbstverwaltung stets nur schlechtere Alternativen. Das Außerfunktionsetzen der genuinen Kräfte des Marktes in ihrem freien Spiel stärkt stets nur den Staat und erzeugt zwangsläufig öffentliches Recht anstelle des Privatrechtes, fördert Kolletivismus und Dirigismus zu Lasten der dem Privatrecht verpflichteten Liberalität.

6. Die Entwicklung in der Weimarer Republik mündete konsequent in das jede Liberalität ausschließende, diktatorische Gesetz zur Ordnung der nationalen Arbeit von 1934, in das dirigistische Führerprinzip, die Stärkung der Staatsgewalt und das Zurücktreten des Einzelnen unter das Gemeinwohl.

Anhang

Gesetz betreffend die Gewerbegerichte vom 29.Juli 1890
§ 1 "Für die Entscheidung von gewerblichen Streitigkeiten zwischen Arbeitern einerseits und ihren Arbeitgebern andererseits, sowie zwischen Arbeitern desselben Arbeitgebers können Gewerbegerichte errichtet werden..."

§ 67 "Kommt eine Vereinbarung nicht zustande, so hat das Einigungsamt einen Schiedspruch abzugeben, welcher sich auf alle zwischen den Parteien streitigen Fragen zu erstrecken hat. Die Beschlußfassung über den Schiedsspruch erfolgt mit einfacher Stimmenmehrheit..."

§ 68 "Ist ein ein Schiedsspruch zustandegekommen, so ist derselbe den Parteien beider Theile mit der Aufforderung zu eröffnen, sich binnen einer zu bestimmenden Zeit darüber zu erklären, ob sie sich dem Schiedsspruch unterwerfen. Die Nichtabgabe der Erklärung gilt als Ablehnung der Unterwerfung..."

Entwurf eines Arbeitskammergesetzes vom 25.11.1908
§ 2 "Die Arbeitskammern sind berufen, den wirtschaftlichen Frieden zu pflegen..."

§ 6 "Die Arbeitskammern können bei Streitigkeiten zwischen Arbeitgebern und Arbeitnehmern der in ihnen vertretenen Gewerbezweige über die Bedingungen der Fortsetzung oder Wiederaufnahme des Arbeitsverhältnisses als Einigungsamt angerufen werden, wenn es an einem hierfür zuständigen Gewerbegerichte fehlt oder die beteiligten Arbeitnehmer in den Bezirken mehrerer Gewerbegerichte beschäftigt sind, oder wenn die Einigungsverhandlungen bei dem zuständigen Gewerbegericht erfolglos verlaufen sind.
Auf das Verfahren finden die Bestimmungen der §§ 63 bis 73 Gewerbegerichtsgesetz vom 30. Juni 1901 entsprechende Anwendung..."

Gesetz über den vaterländischen Hilfsdienst vom 5.12.1916
§ 13 "Kommt in einem Betriebe der im § 11 bezeichneten Art bei Streitigkeiten über die Lohn- oder sonstigen Arbeitsbedingungen eine Einigung zwischen dem Arbeitgeber und dem Arbeiterausschusse nicht zustande, so kann, wenn nicht beide Teile ein Gewerbegericht, ein Berggewerbegericht, ein Einigungsamt einer Inung oder ein Kaufmannsgericht als Einigungsamt anrufen, von jedem Teile der in § 9 Abs. II bezeichnete Ausschuß als Schlichtungsstelle angerufen werden. In diesem Falle finden die §§ 66, 68, bis 73 Gewerbegerichtsgesetz entsprechende Anwednung mit der Maßgabe, daß ein Schiedsspruch auch dann abzugeben ist, wenn einer der beiden Teile nicht erscheint oder nicht verhandelt sowie, daß Personen, die an der einzelnen Streitsache als Arbeitgeber oder als Mitglied des Arbeiterausschusses beteiligt gewesen sind, bei dem Schiedsspruch nicht mitwirken dürfen..."

Verordnung über die Tarifverträge, Arbeiter- und Angestelltenausschüsse und Schlichtung von Arbeitsstreitigkeiten vom 23.12.1918

§ 1 "Sind die Bedingungen für den Abschluß von Arbeitsverträgen zwischen Vereinigungen von Arbeitnehmern und einzelnen Arbeitgebern oder Vereinigungen von Arbeitgebern durch schriftlichen Vertrag geregelt (Tarifvertrag), so sind Arbeitsverträge zwischen den beteiligten Personen insoweit unwirksam, als sie von der tariflichen Regelung abweichen..."

§ 15 "Zum Zwecke der Schlichtung von Arbeitsstreitigkeiten werden bis zu anderweitiger gesetzlicher Regelung, vorbehaltlich des § 19 dieser Verordnung, für die Bezirke der nach dem Gesetz über den vaterländischen Hilfsdienst errichteten oder zugelassenen Schlichtungsausschüsse neue Schlichtungsausschüsse am Sitze der bisherigen nach Maßgabe der folgenden Vorschriften gebildet..."

§ 17 "... Der unparteiische Vorsitzende hat gleiches Stimmrecht wie ein Vertreter der Arbeitgeber oder der Arbeitnehmer..."

§ 20 "Die Schlichtungsausschüsse können von dem Arbeitgeber, den Aurbeiterausschüssen und den Angestelltenausschüssen, den Vertretern nach § 12 dieser Verordnung oder, wo ein Ausschuß oder eine Vertretung nicht besteht, von der Arbeiterschaft oder der Angestelltenschaft angerufen werden, wenn zwischen beiden Teilen bei Streitigkeiten über die Löhne oder sonstigen Arbeitsverhältnisse eine Einigung nicht zustande gekommen ist und nicht beide Teile ein Gewerbegericht, ein Berggewerbegericht, ein Einigungsamt einer Innung oder ein Kaufmannsgericht als Einigungsamt anrufen..."

§ 22 ".. In wichtigen Fällen kann das Reichseinigungsamt die Durchführung des Einigungs- und Schiedsverfahrens selbst übernehmen..."

§ 27 "Kommt eine Vereinbarung nicht zustande, so hat der Schlichtungsausschuß einen Schiedspruch abzugeben, der sich auf alle zwischen den Parteien streitigen Fragen zu erstrecken hat....Ein Schiedsspruch ist auch dann abzugeben, wenn einer der beiden Teile nicht erscheint oder nicht verhandelt..."

§ 28 "Ist ein Schiedsspruch zustandegekommen, so ist er beiden Teilen mit der Aufforderung zu eröffnen, sich binnen einer zu bestimmenden Frist darüber zu erklären, ob sie sich dem Schiedsspruch unterwerfen. Wird binnen der bestimmten Frist keine Erklärung abgegeben, so gilt die Unterwerfung als abgelehnt..."

Verordnung über die Einstellung, Entlassung und Entlohnung der Angestellten während der Zeit der wirtschaftlichen Demobilmachung vom 24.1.1919 (Gleichlautend die Verordnung für Arbeiter vom 4.1.1919)

§ 15 "Bei Streitigkeiten über die Verpflichtung zur Wiedereinstellung oder Weiterbeschäftigung von Angestellten ist der in der Verordnung vom 23.Dezember 1918 vorgesehene Schlich-

tungsausschuß zuständig.
Das Verfahren vor dem Schlichtungsausschusse richtet sich nach den Vorschriften der §§ 15 bis 30 der letztgenannten Verordnung. Der Demobilmachungskommissar kann auch selbst den Schlichtungsausschuß anrufen und wie eine Partei durch Stellung von Anträgen und Teilnahme an den Verhandlungen das Verfahren leiten."

§ 17 "Unterwerfen sich nicht beide Parteien dem Schiedsspruch, so kann der Demobilmachungskommissar den Schiedsspruch für verbindlich erklären.(...)
Ist ein Schiedsspruch nach Abs. 1 und 2 für verbindlich erklärt, so gelten zwischen dem Arbeitgeber und -nehmer Dienstverträge als abgeschlossen, die dem Inhalte des Schiedsspruches und, soweit dieser eine Regelung nicht vorsieht, den Dienstverträgen gleichartiger Angestellten entsprechen..."

<u>Verordnung über die Einstellung und Entlassung von Arbeitern und Angestellen während der Zeit der wirtschaftlichen Demobilmachung vom 3.9.1919</u>
§ 21 "Für Streitigkeiten, die aus der Anwendung dieser Verordnung entstehen, ist der in § 15 der Verordnung über Tarifverträge, Arbeiter und Angestelltenausschüsse und Schlichtung von Arrbeitsstreitigkeiten vorgesehene Schlichtungsausschuß zuständig,..."

§ 22 "Der Demobilmachungskommissar kann bei Streitigkeiten nach § 21 den Schlichtungsausschuß anrufen und das Verfahren wie eine Partei durch Stellung von Anträgen und Teilnahme an Verhandlungen fördern."

§ 23 "Der Demobilmachungskommissar kann einen nach § 21 ergangenen Schiedsspruch für verbindlich erklären (...)
Seine Entscheidung ist endgültig(...)
Ist ein Schiedsspruch nach Abs. 1 für berbindlich erklärt, so gelten zwischen den Arbeitgebern und -nehmern Dienstverträge als abgeschlossen, die dem Inhalt des Schiedssspruch und, soweit dieser eine Regelung nicht vorsieht, den Dienstverträgen gleichartiger Arbeitnehmer entsprechen."

§ 25 "Ist im Fall des § 27 Abs. 4 der Verordnung vom 23.Dezember 1918 ein Schiedsspruch nicht zustande gekommen, so kann der Demobilmachungskommissar nach erneuter Verhandlung des Schlichtungsausschusses einen Schiedsspruch herbeiführen..."

<u>Weimarer Reichsverfassung vom 11. August 1919</u>
Art. 159 WRV " Die Vereinigungsfreiheit zur Wahrung und Förderung der Arbeits- und Wirtschaftsbedigungen ist für jedermann und alle Berufe gewährleistet. Alle Abreden und Maßnahmen, welche diese Freiheit beschränken, sind rechtswidirg."

Art. 165 WRV "Die Arbeiter und Angestellten sind dazu berufen, gleichberechtigt in Gemeinschaft mit den Unternehmern an der Regelung der Lohn- und Arbeitsbedingungen sowie an der gesamten wirtschaftlichen Entwicklung der produktiven Kräfte

mitzuwirken. Die beiderseitigen Organisationen und ihre Vereinbarungen werden anerkannt.
Die Arbeiter und Angestellten erhalten zur Wahrnehmung ihrer sozialen und wirtschaftlichen Interessen gesetzliche Vertretungen in Betriebsarbeiterräten sowie in nach Wirtschaftsgebieten gegliederten Bezirksarbeiterrären und einem Reichsarbeitsrat.
Die Bezirksarbeiterräte und der Reichsarbeiterrat treten zur Erfüllung der gesamten wirtschaftlichen Aufgaben und zur Mitwirkung bei der Ausführung der Sozialistengesetze mit den Vertretungen der Unternehmer und sonst beteiligter Volkskreise zu Bezirkswirtschaftsräten und zu einem Reichwirtschaftsrat zusammen. Die Bezirkswirtschaftsräte und der Reichswirtschaftsrat sind so zu gestalten, daß alle wichtigen Berufsgruppen entsprechend ihrer wirtschaftlichen und sozialen Bedeutung darin vertreten sind.
Sozialpolitische und wirtschaftspolitische Gesetzentwürfe von grundlegender Bedeutung sollen von der Reichsregierung vor ihrer Einbringung dem Reichswirtschaftsrat zur Begutachtung vorgelegt werden. Der Reichswirtschaftsrat hat das Recht, selbst solche Gesetzesvorlage zu beantragen. Stimmt ihnen die Reichsregierung nicht zu, so hat sie trotzdem die Vorlage unter Darlegung ihres Standpunktes beim Reichstag einzubringen. Der Reichswirtschaftsrat kann die Vorlage durch eines seiner Mitglieder vor dem Reichstag vertreten lassen.
Den Arbeiter- und Wirtschaftsräten können auf den ihnen überwiesenen Gebieten Kontroll- und Verwaltungsbefugnisse übertragen werden.
Aufbau und Aufgabe der Arbeiter- und Wirtschaftsräte sowie ihr Verhalten zu anderen sozialen Selbstverwaltungskörpern zu regeln, ist ausschließlich Sache des Reichs."

<u>Verordnung über die Einstellung und Entlassung von Arbeitern und Angestellten während der Zeit der wirtschaftlichen Demobilmachung vom 12.2.1920</u>
§ 22 "Für Streitigkeiten, die aus der Anwendung dieser Verordnung entstehen, ist der in § 15 der Verordnung über Tarifverträge, Arbeiter- und Angestelltenausschüsse und Schlichtung von Arbeitsstreitigkeiten vom 23.Dezember 1918 vorgesehene Schlichtungsausschuß zuständig, und zwar ausschließlich, soweit ein Anspruch auf Wiedereinstellung oder auf Fortsetzung oder Erneuerung des Dienstverhältnisses erhoben wird..."

§ 24 "Der Demobilmachungskommissar kann bei Streitigkeiten nach § 22 den Schlichtungsausschuß anrufen und das Verfahren wie eine Partei durch Stellung von Anträgen und Teilnahme an den Verhandlungen fördern."

§ 25 "Der Demobilmachungskommissar kann einen nach § 22 ergangenen Schiedsspruch für verbindlich erklären. (...)
Seine Entscheidung ist endgültig. (...)
Ist ein Schiedsspruch nach Abs. 1 bis 3 für verbindlich erklärt, so gelten zwischen den Arbeitgebern und -nehmern Dienstverträge als abgeschlossen, die den Inhalt des Schiedsspruchs und, soweit dieser eine Regelung nicht vorsieht, den Dienstverträgen gleichartiger Arbeitnehmer

entsprechen."

Entwurf einer Schlichtungsordnung vom 13.3.1922

§ 1 "Zur Schlichtung von Gesamtstreitigkeiten sind die von den Beteiligten vereinbarten Schlichtungsstellen und die Schlichtungsbehörden berufen. Vereinbarte Schlichtungsstellen gehen den Schlichtungsbehörden vor.
Gesamtstreitigkeiten im Sinne der Schlichtungsordnung sind Streitigkeiten zwischen einem oder mehreren Arbeitgebern oder wirtschaftlichen Vereinigungen von Arbeitgebern und der Arbeitnehmerschft, einem Teile oder einer Gruppe der Arbeitnehmerschaft oder wirtschaftlichen Vereinigungen von Arbeitnehmern über die Regelung von Arbeitsbedingungen oder die Verletzung wirtschaftlicher Interessen des Arbeitgebers oder gemeinsamer wirtschaftlicher Interessen der Arbeitnehmer.
Die Schlichtungsordnung findet auf alle Gesamtstreitigkeiten zwischen Arbeitgebern und Arbeitnehmern der Betriebe und Verwaltungen des öffentlichen und privaten Rechtes sowie auf Gesamtstreitigkeiten von Hausgehilfen Anwendung. Auf Streitigkeiten aus dem einzelnen Arbeitsverhältnis findet sie keine Anwendung."

§ 11 "Kommt bei der Abstimmung der Schlichtungsstelle über einen Schiedsssspruch keine Stimmenmehrheit zustande, so hat auf Antrag einer Partei der Vorsitzende der Schlichtungsbehörde als unparteiischer Vorsitzender der Schlichtungsstelle einzutreten..."

§ 54 "Zweck des Schlichtungsverfahrens ist die Herbeiführung einer gütlichen Einigung zwischen den an der Streitgkeit beteiligten Parteien. Die Erreichung dieses Zweckes ist in jeder Lage des Verfahrens anzustrben.
Das Schlichtungsverfahren ist nach Möglichkeit zu beschleunigen."

§ 55 "Kommt bei einer Gesamtstreitigkeit keine Einigung zustande, so ist vor Aussperrungen, Arbeitseinstellungen und anderern Kampfmaßnahmen die zuständige Schlichtungsstelle oder Schlichtungsbehörde anzurufen. Kampfmaßnahmen dürfen nicht stattfinden, bevor die zuständig Schlichtungsstelle oder Schlichtungsbehörde einen Schiedsspruch in der Sache selbst gefällt hat..."

§ 56 "Vereinbarte Schlichtungsstellen gehen den Schlichtungsbehörden vor..."

§ 67 "Soweit die Streitigkeit gemeinnötige Betriebe oder Verwaltungen betrifft, soll das Schlichtungsamt auch von Amts wegen tätig werden, sofern nicht eine vereinbarte Schlichtungsstelle zuständig ist. In anderern Fällen soll es von Amts wegen nur nach Anhörung der an der Streitigkeit beteiligten Parteien tätig werden.
Gegen den übereinstimmenden Willen der Beteilgiten, darf das Schlichtungsamt von Amts wegen nur tätig werden, soweit die Streitigkeit gemeinnötige Betriebe oder Verwaltungen betrifft."

§ 81 "Die Schlichtungskammer hat zu versuchen, eine gütliche Einigung zwischen den Parteien herbeizuführen...."

§ 82 "Soweit keine Einigung zustandekommt, hat die Schlichtungskammer einen Schiedsspruch abzugeben. Ein Schiedsspruch ist auf Antrag der erschienene Partei auch dann abzugeben, wenn eine Partei nicht erschienen ist, obwohl ihr die Vorladung rechtzeitig zugegangen ist oder wenn sie nicht verhandelt...."

§ 83 "Die Schlichtungskammer fällt den Schiedsspruch nach pflichtgemäßem Ermessen unter Würdigung aller Umstände des Falles. Sie ist dabei an zwingende gesetzliche Vorschriften gebunden..."

§ 111 "Soweit ein Schiedsspruch nicht das Bestehen oder die Auslegung einer Regelung von Arbeitsbedingungen betrifft, kann die fehlende Unterwerfung dadurch ersetzt werden, daß der Schiedsspruch nach den Vorschriften der §§ 112 bis 116 für verbindlich erklärt wird. Die Verbindlichkeitserklärung ist nur zulässig, wenn die im Schiedsspruch getroffene Regelung bei gerechter Abwägung der Interessen beider Teile der Billigkeit entspricht und ihre Durchführung zum Schutze des allgemeinen Wirtschaftslebens erforderlich ist..."

§ 113 "Die Verbindlichkeitserklärung erfolgt nur auf Antrag, Das Recht, den Antrag zu stellen, steht jeder am Schlichtungsverfahren beteiligten Partei zu. Soweit die Streitigkeit gemeinnützige Betriebe oder Verwaltungen betrifft, sind auch die oberste Landesbehörde und der Reichsminister des Inneren berechtigt, den Antrag zu stellen."

<u>Verordnung über das Schlichtungswesen vom 30.10.1923</u>
Artikel I
§ 3 "Schlichtungsausschüsse und Schlichter haben zum Abschluß von Gesamtvereinbarungen (Tarifverträgen, Betriebsvereinbarungen) Hilfe zu leisten, soweit eine vereinbarte Schlichtungsstelle nicht besteht oder den Abschluß einer Gesamtvereinbarung nicht herbeiführt."

§ 5 "Schlichtungsausschüsse und Schlichter werden auf Anruf einer Partei oder von Amts wegen tätig.
Der unparteiische Vorsitzende des Schlichtungsausschusses oder der Schlichter hat zunächst zu versuchen, den Abschluß einer Gesamtvereinbarung herbeizuführen.
Gelingt ihm das nicht, ist die Sache vor einer Schlichtungskammer zu verhandeln, Diese bildet der unparteiische Vorsitzende des Schlichtungsausschusses mit je zwei Beisitzern der Arbeitgeber und der Arbeitnehmer, der Schlichter mit Beisitzern der Arbeitgeber und Arbeinehmer in gleicher Zahl, die er zu diesem Zwecke beruft.
Kommt vor der Schlichtungskammer keine Einigung zstande, so macht die Kammer den Parteien eine Vorschlag (Schiedsspruch). Wird er von beiden Parteien angenommen, so hat er die Wirkung einer schriftliche Gesamtvereinbarung. Das gleiche gilt, wenn der Spruch auf Grund gesetzlicher Vorschrift oder einer Ver-

einbarung bindend ist."

§ 6 "Wird der Schiedsspruch nicht von beiden Parteien angenommen, so kann er für verbindlich erklärt werden, wenn die in ihm getorffenen Regelung bei gerechter Abwägung der Interessen beider Teile der Billigkeit entspricht und ihre Durchführung aus wirtschaftlichen und sozialen Gründen erforderlich ist.
(...) Die Verbindlichkeitserklärung ersetzt die Annahme des Schiedsspruches. Die Vorschriften des Abs. 1 bis 3 finden auf die Verbindlichkeitserklärung vereinbarter Schlichtungsstellen entsprechende Anwendung."

§ 7 "Der Reichsarbeitsminister kann für die Tätigkeit der Schlichtungsausschüsse und der Schlichter allgemeine Richtlinien erlassen. In ihrer Entschließung im Einzelfalle sind die Schlichtungsausschüsse und Schlichter unabhängig und nicht an Weisungen gebunden."

Zweite Verordnung zur Ausführung der Verordnung über das Schlichtungswesen vom 29.12.1923
§ 21 Abs. III "Die Schlichtungskammer hat zu versuchen, eine Einigung der Parteien herbeizuführen. (...)
Abs. IV "Soweit keine Einigung zustande kommt, hat die Schlichtungskammer einen Schiedsspruch abzugeben. Ein Schiedsspruch ist auch dann anzugeben, wenn eine Partei trotz rechtzeitiger Ladung nicht erschienen ist, oder wenn sie nicht werhandelt. (...)
Abs. V "Für das Zustandekommen des Schiedsspruches genügt einfach eStimmenmehrheit. Kein Mitglied der Kammer darf sich der Stimme enthalten ioder die Abstimmung eüber eine Frage deshalb verweigern, weil es bei der Abstimmung über eine andere Frage in der Minderheit geblieben ist. Bilden sich bei der Abstimmung mehr als zwei Meinungen, von denen keine mehr als die Hälfte der Stimmen auf sich vereinigt, so ist zu versuchen, die Mehrheit der Stimmen auf eine Meinung zu vereinigen. Gelingt dies nicht, so entscheidet die Stimme des Vorsitzenden...."

§ 23 "Das Verfahren auf Verbindlichkeitserklärung eines Schiedsspruches setzt regelmäßig den Antrag einer Partei voraus. Von Amts wegen soll ein Verfahren auf Verbindlichkeitserklärung nur eingeleitet werden, wenn das öffentliche Interesse die Einleitung erfordert."

Verordnung des Reichspräsidenten über die Beilegung von Schlichtungsstreitigkeiten öffentlichen Interesses vom 9.1.1930
"Bestellt der Reichsarbeitsminsiter in den Fällen des § 12 Abs. 3 der Verordnung zur Ausführung der Verordnung über das Schlichtungswesen vom 29.Dezember 1923 einen besonderen Schlichter zur Durchführung eines neuen Schlichtungsverfahrens, weil er ein solches im öffentlichen Interesse für erforderlich hält, so hat der Schlichter auf Anordnung des Reichsarbeitsministers zur Bildung der Schlichtungskammer außer den Beisitzern der Arbeitgeber und Arbeitnehmern zwei unparteiische Beisitzer zu berufen. Ist bei der Verhandlung oder bei der Abstimmung der Schlichtungskammer die Mitwirkung

sämtlicher Beisitzer der Arbeitgeber und der Arbeitnehmer oder eine Stimmenmehrheit nach Feststellung des Vorsitzenden nicht zu erzielen, so haben der Schlichter und die beiden unparteiischen Beisitzer den Schiedsspruch im Sinn der Verordnung über das Schlichtungswesen vom 30. Oktober 1923 mit Stimmenmehrheit abzugeben..."

Zweite Verordnung über die Beilegung von Schlichtungsstreitigkeiten öffentlichen Interesses vom 30. 9.1931
§ 1 "Der Reichsarbeitsminister wird ermächtigt, bei der Verbindlichkeitserklärung vom Schiedssprüchen, die auf Grund der Verordnung des Reichspräsidenten über die Beilegung von Schlichtungsstreitigkeiten öffentlichen Intereses vom 27. September 1931 ergangen sind, die in dem Schiedsspruch vorgeschlagene Laufdauer der Regelung ohne Zustimmung der Partein zu ändern."

Gesetz über die Treuhänder der Arbeit vom 19.5.1933
§ 2 "Bis zur Neuordnung der Sozialverfassung regeln die Treuhänder an Stelle der Vereinigungen von Arbeitnehmern, einzelner Arbeitgeber oder der Vereinigungen von Arbeigebern rechtsverbindlich für die beteiligten Personen die Bedingungen für den Abschluß von Tarifverträgen. (...)
Auch im übrigen sorgen die Treuhänder für die Aufrechterhaltung des Arbeitsfriedens..."

Gesetz zur Ordnung der nationalen Arbeit vom 20.1.1943
§ 1 "Im Betrieb arbeiten der Unternehmer als Führer des Betriebs, die Angestellten und Arbeiter als Gefolgschaft gemeinsam zur Förderung des Betriebszweckes zum gemeinen Nutzen von Volk und Staat."

§ 2 Abs. I "Der Führer des Betriebs entscheidet der Gefolgschaft gegenüber in allen betrieblichen Angelegenheiten, soweit sie durch dieses Gesetz geregelt werden."

Abs. II "Er hat für das Wohl der Gefolgschaft zu sorgen. Diese hat ihm die in der Betriebsgemeinschaft begründete Treue zu halten."

§ 5 "Dem Führer des Betreibs mit in der Regel mindestens 20 Beschäftigten treten aus der Gefolgschaft Vertrauensmänner beratend zur Seite. Sie bilden mit ihm und unter seiner Leitung den Vertrauensrat seines Betriebes."

§ 18 "Für größere Wirtschaftsbezirke, deren Abgrenzung der Reichsarbeitsminister im Einvernehmen mit dem Reichswirtschaftsminister und dem Reichsminister des Inneren bestimmt, werden Treuhänder der Arbeit benannt...."

§ 19 "Die Treuhänder der Arbeit haben für die Einhaltung des Arbeitsfriedens zu sorgen..."

§ 26 "In jedem Betrieb, in dem in der Regel mindestens 20 Angestellte und Arbeiter beschäftigt sind, ist vom Führer des Betriebs eine Betriebsordnung für die Gefolgschaft des Betriebes schriftlich zu erlassen ...."

Zeitschriften

Arbeitsrecht und Schlichtung Arbr. und Schli.	Mitteilungsblatt der Schlichtungsausschüsse im Deutschen Reich Bis 10/1928: Das Schlichtungswesen Hrsg. unter Mitwirkung des Reichsarbeitsministeriums, der Länder und der Vereinigung Deutscher Schlichtungsausschüsse, Schriftleitung: Jörges, Stuttgart
Die Arbeit	Zeitschrift für Gewerkschaftspolitik und Wirtschaftskunde, Hrsg. vom Allgemeinen Deutschen Gewerkschaftsbund, Berlin
Der Arbeitgeber Der Arbeitg.	Zeitschrift der Vereinigung der Deutschen Arbeitgeberverbände, aufgegangen in: Der Deutsche Volkswirt Hrsg. Brauweiler, Berlin
Arbeitsrecht	Zeitschrift für das gesamte Dienstrecht der Arbeiter, Angestellten und Beamten, Hrsg. Potthoff, Stuttgart
Deutsche Allgemeine Zeitung	Reichsausgabe, Berlin
Deutsche Rundschau	Berlin
Der Deutsche Volkswirt	Zeitschrift für Politik und Wirtschaft, Berlin
Deutsche Wirtschaftszeitung	Schriftenreihe, Zentralblatt für Handel, Industrie und Verkehr, Berlin
Einigungsamt	Organ des Reichsverbandes deutscher Einigungsämter, verantwortl. Brumberg, Berlin
Das Einigungsamt	Monatschrift zur Pflege des gewerblichen Einigungswesens und der Tarifverträge, Hrsg. von Schulz, Berlin

Gewerkschaftsarchiv	Monatsschrift für Theorie und Praxis der gesamten Gewerkschaftsbewegung Jena
Gewerkschafts-Zeitung Gew. Zt.	Organ des Allgemeinen Deutschen Gewerkschaftsbundes, Paris
Die Internationale	Zeitschrift für Theorie und Praxis des Marxismus, Hrsg. Zentralkommitee der Kommunistischen Partei Deutschland, Prag/Frankfurt
Juristische Wochenschrift JW	Organ des Deutschen Anwaltvereins, Leipzig
Korrespondenzblatt	der Generalkommission der Gewerkschaften Deutschlands, ab 1924: Gewerkschafts-Zeitung
Magazin der Wirtschaft MdW	Wochenschrift Hrsg. Schwarzschild, Berlin
Mitteilungsblatt	über Tarif- und Schlichtungswesen Hrsg. Staatsministerium für Landwirtschaft und Arbeit in Bayern, München
Neue Zeitschrift für Arbeitsrecht NZfA	Hrsg. Bensheimer Mannheim/Berlin/Leipzig, aufgegangen in: Deutsches Arbeitsrecht
Reichsarbeitsblatt RABl.	Amtsblatt des Reichsarbeitsministeriums, des Reichsversicherungsamtes und der Reichsversicherungsanstalt für Angestellte Hrsg. vom Reichsarbeitsministerium und vom Generalbevollmächtigten für den Arbeitereinsatz, Berlin
Der Schlichtungsausschuß	Mitteilungsblatt der Schlichtungsausschüsse von Nord- und Mitteldeutschland, Schriftleitung: Grün, Schleswig

Der Schlichtungsausschuß	Mitteilungsblat der Schlichtungsausschüsse im Deutschen Reich unter Mitwirkung des Reichsarbeitsministers Hrsg. Vereinigung Deutscher Schlichtungsausschüsse, verantw. Ferch
Das Schlichtungswesen Das. Schliw.	siehe: Arbeitsrecht und Schlichtung
Soziale Praxis Soz. Prax.	Zentralblatt für Sozialpolitik, Organ des Verbandes deutscher Gewerbegerichte, Jena
Vorwärts	Organ für die Interessen des arbeiten den Volkes, Arbeiterbund und sozialdemokratische Partei, Basel
Zentralblatt der christlichen Gewerkschaften	Deutschlands, Organ für Vertrauensmänner des dem Gesamtverband angeschlossenen Verbände, Gesamtverband der christlichen Gewerkschaften, Berlin-Wilmersdorf

Ausführliche Akten der Schlichtungsbehörden befinden sich in den Beständen "Reichsarbeitsministerium" im Zentralen Staatsarchiv Potsdam und "Handelsministerium" im Zentralen Staatsarchiv Merseburg

Literaturverzeichnis

Abänderungsvorschläge
der Vereinigung Deutscher Arbeitgeberverbände zur Schlichtungsverordnung, Berlin 1929

Amberg, Hans Kasper
Von der Schlichtung zum Treuhänder der Arbeit
Diss. (jur.) Köln 1936

Akten der Reichskanzlei, Weimarer Republik,
Herausgegeben für die Historische Kommission bei der Bayerischen Akademie der Wissenschaften von Karl Dietrich Erdmann
- Das Kabinett Scheidemann - bearb. von Hagen Schulze Boppard am Rhein 1971
- Das Kabinett Bauer - bearb. von Anton Golecki Boppard am Rhein 1980
- Das Kabinett Müller - bearb. von Martin Vogt Boppard am Rhein 1971
- Das Kabinett Fehrenbach - bearb. von Peter Wulf Boppard am Rhein 1972
- Die Kabinette Wirth - bearb. von Ingrid Schulze Bidling-Maier, Bd. I und II, Boppard am Rhein 1973
- Das Kabinett Cuno - bearb. von Karl-Heinz Harbeck Boppard am Rhein 1968
- Die Kabinette Stresemann - bearbeitet von Martin Vogt Bd. I und II, Boppard am Rhein 1978
- Die Kabinette Marx - bearb. von Günter Abramowski Bd. I und II, Boppard am Rhein 1973
- Die Kabinette Luther - bearbeitet von Karl-Heinz Minuth Bd. I und II, Boppard am Rhein 1977
- Das Kabinett Müller - bearb. von Martin Vogt Bd. I und II, Boppard 1970
- Die Kabinette Brüning - bearb. von Tilman Koops Bd. I und II, Boppard am Rhein 1982
- Das Kabinett Schleicher - bearb. von Anton Golecki Boppard am Rhein 1986

Albrecht, Gerhard
Schlichtungswesen, in: Wörterbuch der Volkswirtschaft
Hrsg.: Ludwig Ester, 4. Auflage, III. Bd., Jena 1933
S. 136-144

Allgemeiner deutscher Gewerkschaftsbund (Hrsg.)
Wirtschaftslage, Kapitalbildung, Finanzen, Berlin 1930

Anschütz, Gerhard
Die Verfassung des deutschen Reiches vom 11. August 1919
14. Auflage, Heidelberg 1933

Aubele, R.
Der Kampf um die Schiedssprüche der Schlichtungsausschüsse in Tarifstreitigkeiten in: RABl. Nicht amtl. Teil, 1922, S. 188ff.

Barth, Carl
Begriff und Aufgaben der Schlichtung, insbesondere der tarifvertraglichen Schlichtungsstellen in: Arbr. und Schli. 1929, S. 385ff.

Barthel, Paul
Handbuch der deutschen Gewerkschaftskongresse, Dresden 1916

Baum, Georg
Organisationszwang und Tarifvertrag in: NZfA 1922, S. 23ff.

ders.
Das Arbeitsrecht der Notverordnungen vom 4. und 5. September 1932 in: JW 1932, S. 2937f.

Baumann, Kurt
Schlichtungsrecht und Eisenkonflikt, Diss. (jur.) Köln 1930 Hannover 1930

Benzinger, Wolfgang
Verbindlich erklärte Schiedssprüche vor den ordentlichen Gerichten, Diss. (jur.) Göttingen 1927

Bernstein, Eduard
Der Streik, sein Werken und Wirken, Frankfurt 1906

Berg, Hans
Der Zwangstarif, Diss. (jur.) Köln 1922

ders.
Die rechtliche Natur der Verbindlichkeitserklärung in: NZfA 1930, S. 226ff.

Berlepsch, Freiherr von
Reichseinigungsamt, Berlin 1911

ders.
Brauchen wir ein Reichseinigungsamt? Vortrag gehalten auf der 6. Hauptversammlung der Gesellschaft für soziale Reform in Düsseldorf 1913 in: Schriften der Gesellschaft für soziale Reform, Heft 45/46, Jena 1914

Bernert, G.
Arbeitsverhältnisse im 19. Jahrhundert, Marburg, 1973

Biedenkopf, Kurt
Sozialpolitik und Arbeitsrecht in: Mommsen(Hrsg.) Industrielles System und politische Entwicklung in der Weimarer Republik, Düsseldorf 1974, S. 290ff.

Bielschowsky, Ernst
Die sozialen und ökonomischen Grundlagen des modernen gewerblichen Schlichtungswesens und seine Bedeutung für die Lösung der sozialen Frage, Berlin 1921

Boehmer, Georg
Zwangstarif und Wiedereinstellungsklausel - eine Entgegnung auf die Aufsätze Hoeningers, in: NZfA 1929, S. 525ff.

Bogs, Walter
Zur Entwicklung der Rechtsform des Tarifvertrags in: Festschrift für Julius von Gierke zu seinem goldenen Doktorantenjubiläum am 25.10.1948,Berlin 1950, S.39-69
ders.
Die geschichtliche Entwicklung des deutschen Koalitionsrechts
Diss. Marburg 1925, Berlin 1925

Bohnstedt, Werner
Zur Frage der Schlichtungsreform in: Soz. Prax. 1929, S. 180ff.

Bracher, Karl Dietrich
Die Auflösung der Weimarer Republik. Eine Studie zum Problem des Machtverfalls in Deutschland, Villingen 1960

Brauer, Theodor
Sozialpolitik und Sozialreform, Jena 1931

Braunmühl, von, Albert
Die Rechtsnatur des Schiedsspruchs in: NZfA 1922, S. 209ff.

Braunthal, Gerald
Der Allgemeine deutsche Gewerkschaftsbund zur Politik der Arbeiterbewegung in der Weimarer Republik, Köln 1931

Brauns, Heinrich
Lohnpolitik, Vortrag in der Deutschen Hochschule für Politik zu Berlin 9.2.1921, Mönchengladbach 1921
ders.
Wirtschaftskrisis und Sozialpolitik, Mönchengladbach 1924

Brauweiler, R.
Schlichtungsreform in: Der Arbeitgeber 1929

Breit, Ernst (Hrsg.)
Aufstieg des Nationalsozialismus, Untergang der Republik, Zerschlagung der Gewerkschaften - Beiträge zur Geschichte der Arbeiterbewegung zwischen Demokratie und Diktatur, Köln 1984

Brentano, Lujo
Mein Leben im Kampf um die soziale Entwicklung Deutschlands Jena 1931

Broecker, Bruno
Wirtschaftliche Selbstverwaltung und staatliche Schlichtung in: Die Arbeit 1928, S. 144ff.

Brütt, Lorenz
Das Koalitionsrecht der Arbeiter in Deutschland und seine Reformbedürftigkeit , Berlin 1903

Buddeberg, Else
Die Bescheide des Reichsarbeitsministers unter dem

Gesichtspunkt der Fortentwicklung des Rechts, Diss. (jur.) Jena 1925

dies.
Arbeitsrechtliche Entscheidungen und Bescheide insb. aus dem Gesamtarbeitsvertragsrecht und aus dem Schlichtungsrecht in: Das Schliw. 1927, S. 68ff.

dies.
Die Bescheide des Reichsarbeitsministeriums zum Schlichtungswesen in: Das Schliw. 1927, S. 67ff.

Bühler,
Organisationszwang und Tarifvertrag in:NZfA 1922, S.157ff.

Bührig, Ernst
Gewerkschaft und Schlichtungswesen, Referat einer Tagung 1949 in Frankfurt der Lohn- und Tarifpolitiker und Arbeitsrechtler der Gewerkschaften, Köln 1950

Capeller, H.
Tagesfragen der Sozialpolitik in: Der Arbeitgeber 1931, S. 598ff.

Christliche Gewerkschaften (Hrsg.)
13. Kongreß der christlichen Gewerkschaften, Düsseldorf 1932

Coerper, Fritz
Tariffreiheit und Tarifzwang in: Der Arbeitg. 1929, S. 633ff.

Conze, Wener
Sozialgeschichte 1850-1918 , S. 681ff. in: Handbuch der deutschen Wirtschafts- und Sozialgeschichte Hrsg.:Hermann Aubin, Wolfgang Zorn, Bd. 2 Stuttgart 1976

ders./Raupach (Hrsg.)
Die Staats- und Wirtschaftskrise des Deutschen Reiches 1929-1933, Stuttgart 1967

David, Fritz
Bilanz der Diskussion eines Jahres in: Die Internationale 1930, S. 722ff.

Deinhardt, Martin
Die Rechtsnatur des Schiedsspruches in:NZfA 1921, S.567ff.

Denecke
Wesen und Bedeutung tariflicher Schlichtungsstellen und ihrer Entscheidungen in: NZfA 1927, S. 17ff.

ders.
Zur Krise des Schlichtungswesens in: Arbr. und Schli. 1928, S.209ff.

Denkschrift für die Nationalversammlung
von Reichsarbeitsminister Bauer: Arbeitsrecht und Arbeiterschutz, sozialpolitische Maßnahmen der Reichsregierung seit dem 9.11.1918, Berlin 1919

Der Tarifvertrag im Deutschen Reich
bearbeitet im Kaiserlichen Statistischen Amt, Abteilung für Arbeiterstatistik, Berlin 1906

Dersch, Hermann
Rechtskraft und Abänderlichkeit von Staatsakten der Schlichtungsbehörden in: NZfA 1923, S. 357ff.
ders.
Die neue Schlichtungsverordnung nebst arbeitsgerichtlichem Verfahren, Berlin 1924
ders.
Die Nachprüfung von Schiedsspruch und Verbindlichkeitserklärung durch die Gerichte in: JW 1925, S. 1838ff.

ders.
Das Gesetz zur Ordnung der nationalen Arbeit, Kommentar, Berlin 1934

Dersch/Flatow/Hueck/Nipperdey
Die Rechtsprechung des Reichsgerichts zum Arbeitsrecht Bd.I 1919-1926, Bd.II 1926-1928
Mannheim, Berlin, Leipzig 1926, 1928

Deutsche Allgemeine Zeitung
"Kritik am Schlichtungswesen", Verfasser unbekannt, Ausgabe vom 6.7. sowie 24. und 30.8.1928, Reichsausgabe

Deutsche Sozialpolitik
Erinnerungsschrift des Reichsarbeitsministers Wissell
2. Auflage, Berlin 1929

Die württembergischen Schlichtungsausschüsse
zum neuen Gesetzentwurf einer Schlichtungsordnung in: Das Schliw. 1921, S. 36ff.

Dreßler, Karl
Die rechtliche Natur der Schlichtung, Diss. Tübingen 1931

Druckschriften Deutscher Anwaltsverein Nr.1
Arbeitsgerichtsgesetz und Schlichtungswesen, Berichte erstattet durch Armin Hahnemann und Georg Baum auf Ersuchen des Vorstandes des Deutschen Anwaltsvereins in der Besprechung im Reichstagsgebäude zu Berlin am 19.11.1920

Ebel, Wilhelm
Gewerbliches Arbeitsrecht im deutschen Mittelalter, Diss. (jur.) Bonn 1934
ders.
Quellen zur Geschichte des Deutschen Arbeitsrechts (bis 1849), Göttingen 1964
ders.
Zum Ursprung des Arbeitsvertrags in: Probleme der Deutschen Rechtsgeschichte, Göttingen 1978

Eberhardt, Else
Vertrag oder Diktat? in: Das Schliw. 1927

Ehlert, Hans Gotthard
Die wirtschaftliche Zentralbehörde des Deutschen Reiches 1914-18, Wiesbaden 1982

Ende, Freiherr von
Nochmals zur Frage der Abänderung von Schiedssprüchen bei der Verbindlichkeitserklärung in:Das Schliw. 1921, S.162ff.

Erdmann, G.
Rechtspolitik und Rechtsverwirrung im Schlichtungswesen in: Der Arbeitgeber 1929, S. 58ff.

Erdmann, Karl Dietrich/Schulze, Hagen (Hrsg.)
Weimar - Selbstpreisgabe einer Demokratie - eine Bilanz heute, Düsseldorf 1980

Engelhardt, Ulrich/*Sellin*, Volker/*Stuke*, Horst, (Hrsg.)
Soziale Bewegung und politische Verfassung
Stuttgart 1976

Entwurf einer Schlichtungsverordnung
nebst Begründung und 10 Anlagen zur Beschlußfassung
Berlin, 1. März 1922, Der Reichsarbeitsminister

Erdel, Anton
Zur Verbindlichkeitserklärung von Schiedssprüchen in Gesamtstreitigkeiten in: Das Schliw. 1921, S. 29ff.

ders.
Nachprüfung der Schiedssprüche durch die Gerichte in: NZfA 1921, S. 321ff.

ders.
Zum Entwurf der Schlichtungsordnung in: RABl. Nicht amtl. Teil 1921, S. 1091ff.

ders.
Zwangsverbindlichkeit von Tarifverträgen in: NZfA 1922, S. 73ff.

ders.
Das Arbeitsrecht, 1. Teil: Kollektives Arbeitsrecht
Lehrbuch, Leipzig 1923

ders.
Zur Frage der Beibehaltung oder Beseitigung des "Zwangstarifes" in: Arbr. und Schli. 1926, S. 275ff.

ders.
Die Krise des Tarifgedankens und des Schlichtungswesens, Vortrag gehalten auf dem 5. ordentlichen Bundestag des Bundes der technischen Angestellten und Beamten am 13.9.1926, Berlin 1926

ders.
Schlichtung und Rechtsprechung in:Das Schliw.1927, S.162ff.

ders.
Zwangstarifvertrag in: Das Arbeitsrecht 1928, S. 217ff.

Ewerling, Johannes
Vom Einigungsamt zum Treuhänder der Arbeit,
Diss. (jur.) München 1935

Fedisch, Robert
Tarifvertragspolitik und Arbeitsgemeinschaft, Vortrag gehalten auf dem 19. Verbandstag des Deutschnationalen Handlungsgehilfenverbandes am 28.6.1924 in Königsberg, Hamburg 1924

Feig, Wilhelm
Die Verordnungen zur Vermehrung und Erhaltung der Arbeitsgelegenheit in: NZfA 1932, S. 537f.

Feldmann, Gerald, D.
Streiks in Deutschland 1914-1933, Probleme und Forschungsaufgaben, S. 271-86 in:
Streik, Zur Geschichte des Arbeitskampfes in Deutschland während der Industrialisierung, Hrsg.: Klaus Tenfelde/Heinrich Volkmann München 1981

ders./Irmgard Steinisch
Industrie und Gewerkschaften 1918 - 24, Die überlastete Zentralarbeitsgemeinschaft, Stuttgart 1985

Ferch, Wilhelm
Die Neuregelung des Schlichtungswesens auf Grund der Verordnung über das Schlichtungswesen vom 30.10.1923 und der hierzu ergangenen Ausführungsbestimmungen, Stuttgart 1924

Fiegel, Herbert
Der Schlichtungsausschuß Groß-Berlin 1919-1922 Zugleich ein Beitrag zur Kritik des Entwurfs der Schlichtungsordnung, Diss. (jur.) Berlin 1924

Flatow, Georg
Das Recht der Übergangszeit, Berlin 1919

ders.
Neue Verordnung über Einstellung und Entlassung von Arbeitern und Angestellten vom 12.Februar 1920 in: Das Arbeitsrecht im neuen Deutschland, Hrsg.: Georg Baum, Stuttgart 1920

ders.
Die Zuständigkeit des Zentralschlichtungsausschusses beim Reichsarbeitsminister in: RABl. Nicht amtl. Teil 1921, S.1236ff.

ders.
Zum Begriff der Gesamtstreitigkeit unter besonderer Berücksichtigung des Entwurfs der Schlichtungsordnung in: NZfA 1922,. S. 587ff.

ders.
Grundzüge des Schlichtungswesens, Berlin 1923

ders.
Betriebsvereinbarung und Arbeitsordnung, Mannheim 1923

ders.
Der rechtliche Verlauf des Ruhrstreites in: Soz. Prax. 1929, S. 429ff.

ders.
Die Verordnung des Reichspräsidenten über die Beilegung von Schlichtungsstreitigkeiten öffentlichen Interesses in:

NZfA 1931, S. 97ff.
ders./Joachim, Richard
Die Schlichtungsverordnung vom 30.10.1923 nebst Ausführungsbestimmungen vom 10. und 29. Dezember 1923, Berlin 1924

Flechsig, Hartmut
Das Verfahren im Schlichtungsrecht
Diss. (jur.) Köln, Braunschweig 1930

Franke, Hermann
Der Einfluß des deutschen staatlichen Schlichtungswesens auf den Lohn und die Verständigungsbereitschaft der Parteien
Diss. (volkswirtschaftlich) Hamburg 1931 in: Sozialpolitische Schriften, Heft 3, Köln 1933

Freitag, Bruno
Die Nachprüfung verbindlich erklärter Schiedssprüche durch die Gerichte, Diss. (jur.) Köln 1930

Freytag, Kurt
Die sozialpolitische Schlichtung - Versuch einer systematischen Erfassung des Schlichtungsgedankens, Diss. (volkswirtschaftlich) Berlin 1930

Frielinghaus
Zum Begriff der Gesamtstreitigkeit nach dem Entwurf der Schlichtungsordnung in: NZfA 1922, S. 711ff.

Frisch, Wolfgang
Die Organisationsbestrebungen der Arbeiter in der deutschen Tabackindustrie, 1905

Fröhlich, Peter
Tarif- und Schlichtungswesen, Köln 1949

Funke
Vereinbarte Schiedsstellen in Arbeitsstreitigkeiten in: NZfA 1925, S. 25ff.

Futter, Peter
Schlichtungswesen und Zwangstarif - Ein Problem des Arbeitsrechts und der Sozialpolitik
Diss. (jur.) Freiburg 1970

Gangloff, Helmut
Zur Theorie der staatlichen Lösung des Schlichtungsproblems
Diss. (jur.) Heidelberg 1921

Gewerkschaft der Angestellten (Hrsg.)
Epochen der Angestelltenbewegung 1774-1930, Berlin 1930

Giesberts, Johannes/ *Sitzler*, Friedrich
Verordnung über Tarifverträge, Arbeiter- und Angestellten ausschüsse und Schlichtung von Arbeitsstreitigkeiten vom 23.12.1918, Kommentar, 5. Auflage, Berlin 1920

Goldbaum, Wenzel
Verordnung über das Schlichtungswesen vom 30.10.1923
Berlin 1923

Goldschmidt, Heinz
Die Durchführung eines Schlichtungsverfahrens beim Fehlen einer Arbeitgebervereinigung in: RABl. Nicht amtl. Teil 1924, S. 285ff.
ders.
Das Schlichtungswesen in: 38. Sonderheft zum Reichsarbeitsblatt, Hrsg.: Reichsarbeitsverwaltung S. 82-93 Berlin 1927
ders.
Das Arbeitsrecht im Jahre 1932 in: NZfA 1933, S. 3ff.

Göppert, Heinrich
Nichtigkeit des Schiedsspruchs oder Nichtigkeit der Verbindlichkeitserklärung in: NZfA 1931, S. 1ff.
ders.
Erwiderung, in: NZfA 1931, S. 342ff.

Goering, Franz
2. Entgegnung zu Erdel in: NZfA 1921, S. 575ff.

Graf, Kurt
Arbeitskämpfe und Tarifvertrag, Diss. (jur.) Berlin 1931

Grauert, Ludwig
Soziologische Betrachtungen zum Schlichtungswesen in: MdW 1930, S. 327ff.
ders.
Schlußbetrachtung zur Schlichtungsfrage, in: MdW 1930, S.407ff.

Grauert/Schoppen/Mansfeld
Der Rechtsstreit im Arbeitskampf der westdeutschen Eisenindustrie 1929, Mannheim 1929

Grebing, Helga
Geschichte der deutschen Arbeiterbewegung, 4. Aufl. München 1973

Groh, Wilhelm
Koalitionsrecht, Mannheim/Berlin/Leipzig 1923

Günther, Adolf
Arbeiterschutz und Arbeitsrecht - Die sozialgesetzliche Gesetzgebung des Reiches seit dem 9.11.1918
Berlin/ Leipzig 1920

Hagen, Wulf Dietrich vom
Die gewollte Tarifunfähigkeit von Arbeitgeberorganisitionen, Diss. Göttingen 1932

Hagemeier/Kempen/Zachert/Zilius
Tarifvertragsgesetz, Kommentar für die Praxis
Köln 1984

Handbuch
der deutschen Wirtschafts- und Sozialgeschichte
Hrsg.: Hermann Aubin/ Wolfgang Zorn
Bd. 2, Stuttgart 1976

Handwörterbuch
der Arbeitswissenschaft
Hrsg.: Fritz Griese
Artikel Schlichtungswesen S. 3870ff, Bd. II, Halle 1930

Handwörterbuch
der Staatswissenschaft
Hrsg.: Ludwig Elster/ Adolf Weber/ Friedrich Wieser
Artikel Schlichtungswesen, Jena 1926

Hartwich, Hans-Hermann
Der Einfluß des Staates auf die Regelung der Lohn- und Arbeitsbedingungen in der Berliner Metallindustrie von 1919-1932, Diss. (volkswirtschaftlich) FU Berlin 1958
ders.
Arbeitsmarkt, Verbände und Staat 1918-1933, Berlin 1967
ders.
Parteien und Verbände in der Spätphase der Weimarer Republik - Wirtschaftskrise und Polarisierung in: Rittberger (Hrsg.) 1933 Wie die Republik der Diktatur erlag, 1983

Hauenschild, Gottfried
Die Nachprüfung verbindlich erklärter Schiedssprüche vor den ordentlichen Gerichten, Diss. (jur.) Köln 1930

Hauschild
Der vorläufige Reichswirtschaftsrat 1920-26, Denkschrift, Berlin 1926

Hausen, Hans-Erwin von
Das Wesen der Schlichtung und der Schlichtungsbehörden
Diss. (jur.) Jena 1925

Haymann, Franz
Die Mehrheitsentscheidung in Rechtssprechung und Schlichtung
und der Schiedsspruch im Ruhreisenstreit, Berlin 1929

Heinrichsbauer, H.
Das System der Verantwortungslosigkeit in: Der Arbeitgeber 1928, S. 204

Heitmann, Theodor
Das Stimmentscheidungsrecht des Vorsitzenden der Schlichtungskammer im Hinblick auf den Rechtsstreit im Arbeitskampf der westdeutschen Eisenindustrie, Diss. Köln 1928

Herrmann
Zur kommenden Schlichtungsordnung in: Das Schliw. 1921, S. 1ff.

Herschel, Wilhelm
Materielle Wahrheit und politischer Wille im Schlichtungsverfahren in: Arbr. und Schli. 1929, S. 257ff.
ders.
Einmannschiedsspruch redivius in: Arbr. und Schli. 1930, S.401ff
ders.
Die Schlichtungsnovelle in: Arbr. und Schli. 1931, S. 41ff.
ders.
Grundfragen der Schlichtung im Licht der Rechtswissenschaft Weimar 1931
ders.
Arbeitsrechtliche Neuerungen in: Arbr. und Schli. 1932, S. 314f.
ders.
Tariffähigkeit und Tarifmacht, Skizze, Privatrechtliche Abhandlung des Instituts für Arbeits- und Auslandsrechts der Universität Köln, Mannheim 1932

Herkner, Heinrich
Die Arbeiterfrage
1. Band, Arbeiterfrage und Sozialreform, Berlin/Leipzig 1921

Hessel, Philipp
Eingriffe in laufende Tarifverträge durch das Schlichtungsverfahren in: NZfA 1930, S. 675ff.
ders.
Funktionswandel des Schlichtungswesens in: NZfA 1931, S. 337ff.
ders.
Unwirtschaftliche Schlichtung in: Gew.-Zt. 1932, S. 135ff.

Heyse, Paul
Über die geschichtlichen und soziologischen Grundlagen des modernen Schlichtungswesens, in: Archiv für Rechts- und Wirtschaftsphilosophie, Bd. 17, Berlin 1923/24

Hoefinghoff, Ernst
Gegenwartsprobleme in Organisation und Technik des gewerblichen Schlichtungswesens in Deutschland, Diss. (volkswirtschaftlich) Hamburg 1922

Hoeniger, Heinrich
Die Stellung des unparteiischen Vorsitzenden im Entwurf der Schlichtungsordnung, Mannheim 1923
ders.
Die Stellung des unparteiischen Vorsitzenden im Entwurf der Schlichtungsordnung in: NZfA 1923, S. 1ff.; 99ff.
ders.
Die Parteipflicht im Schlichtungsverfahren, Ein kurzer Beitrag zur Frage der "gewollten Tarifunfähigkeit", in:

NZfA 1927, S. 593ff.
ders.
Der nicht realisierte Zwangstarif in: NZfA 1929, S. 271ff.
ders.
Das Urteil des RAG im Ruhreisenkonflikt in: JW 1929, S. 1273ff.; 1303ff.
ders.
Das Urteil des Reichsarbeitsgerichtes in: MdW 1929, S. 221ff.; S. 679ff.
ders.
Rahmentarif und Lohntarif in: NZfA 1929, S. 197ff.
ders.
Zur Frage der Auflockerung der Tarife nach der Verordnung vom 5.September 1932, in: Soz. Parx. 1932, S. 1153f.

Hoeniger/Schultz/Heyde
Jahrbuch des Arbeitsrechts Bd. 11-13, Berlin 1929-31

Hönigschmid-Grossich/Leidig/Löhr
Zwangsschiedsspruch und Schlichtungswesen, 3 Abhandlungen in:
Münchner Volkswirtschaftliche Studien, Heft 10, Jena 1929

Höppner, Hans
Der Einfluß des staatlichen Schlichtungswesens auf die Lohnentwicklung in Deutschland von 1925-1932 unter besonderer Berücksichtigung der staatlichen Lohnfestsetzung im deutschen Bergbau, Diss. (volkswirtschaftlich), Halle 1934

Horbat, H.
Die Schlichtung von Arbeitsstreitigkeiten in: Das Schliw. 1926, S. 231ff.

Huber, Ernst Rudolf
Die Verwaltungsakte des Tarifrechtes in: Arbr. und Schli. 1933, S. 11ff.
ders.
Dokumente zur deutschen Verfassungsgeschichte Bd.3, Dokumente von der Novemberrevolution und der Weimarer Republik 1918-33, Stuttgart 1966
ders.
Deutsche Verfassungsgeschichte seit 1879
Bd. VI, Die Weimarer Reichsverfassung, Stuttgart 1981
Bd. VII, Ausbau, Schutz und Untergang der Weimarer Republik, Stuttgart 1984

Hueck, Alfred
Das Recht des Tarifvertrags unter besonderer Berücksichtigung
der Verordnung vom 23.12.1918, Berlin 1920
ders.
Handbuch des Arbeitsrechts, Bd. II, Berlin 1920
ders.
Das Gesetz zur Ordnung der nationalen Arbeit, Berlin 1943

ders./Nipperdey, Hans-Carl
Lehrbuch des Arbeitsrechts, Bd. I und II
1. Auflage, Berlin 1932
7. Auflage, Berlin 1963

Hüfner, Adam
Die Schlichtung als staatspolitische Aufgabe
Diss. Heidelberg 1929

Hüllbüsch, Ursula
Koalitionsfreiheit und Zwangstarif, Die Stellungnahme des ADGB zu Tarifvertrag und Schlichtungswesen in der Weimarer Republik, S. 599-652 in: Engelhardt/Sellin/Stuke, Soziale Bewegung und politische Verfassung, Stuttgart 1976

Imele, Fanny
Gewerbliche Friedensdokumente, Entstehungs- und Entwicklungs geschichte der Tarifgemeinschaften Deutschlands, Jena 1905

Internationales Arbeitsamt
Grundfragen des Schlichtungswesens - eine internationale Untersuchung des Verfahrens zur Regelung von Gesamtstreitigkeiten, Genf 1931

Jacobi, Ernst
Einführung in das Gewerbe- und Arbeitsrecht
5. Auflage, Leipzig 1926
ders.
Grundlehren des Arbeitsrechts,
Leipzig 1927
ders.
Das Urteil des Reichsarbeitsgerichte im Ruhreisenkonflikt in: JW 1929, S. 1276
Jahrbuch
der christlichen Gewerkschaften, 1929

Jahrbuch
für Sozialpolitik, Hrsg.: Staatssekretär im Reichsarbeitsministeriums Geib, Berlin 1931

Jahresbericht
der Vereinigung der Deutschen Arbeitgeberverbände Berlin 1923/24; 1925/26; 1927/28

Joachim, Richard
Zum Entwurf einer Schlichtungsordnung S. 73-90 in: Kölner Vierteljahreshefte für Sozialwissenschaften, 2. Jahrg. Heft 2/3, München 1922
ders.
Vier Auffasungen des wirtschaftlichen Staatszweckes, Aufsatz in den Kölner Sozialwissenschaftlichen Vierteljahresheften, Heft 2, Bd. 4, München 1922, S. 73ff.
ders.
Läßt das Wesen des Schlichtungsverfahrens die Einführung von Rechtsmitteln zu? in: RABl. Nicht amtl. Teil 1922, S.762ff.

ders.
Bemerkungen zu einer Entscheidung des Reichsarbeitgerichtes über die Frage des Verhältnisses von Schlichtung zur Rechtsprechung in: NZfA 1930, S. 233ff.
ders.
Die Verordnung des Reichspräsidenten über die Beilegung von Schlichtungsstreitigkeiten öffentlichen Interessen vom 9.1.1931 in: RABl. Nicht amtl. Teil 1931, S. 22ff.

Joerges, Rudolf
Die Aufgaben von Schlichtungsbehörden, S. 136-154 in: Kölner Vierteljahreshefte für Sozialwissenschaften, 2. Jahrg. Heft 2/3, München 1922
ders.
Das Recht des Arbeitgebers zu Tarifunterschreitung gemäß § 1 der Notverordnung vom 5.9.1932, sein Wesen, seine Auswirkungen in: Arbr. und Schli, 193, S. 328f.

Kahn, Walter
Grundzüge des gewerblichen Schlichtungsrechts, Diss. (jur.) Heidelberg 1921

Kaskel, Walter
Das neue Arbeitsrecht, Lehrbuch, 2.Auflage, Berlin 1920
ders.
Zur Lehre vom Tarifbruch
Sonderabdruck aus NZfA 1921
ders.
Zur Reform des Schlichtungsverfahrens in: RABl. Nicht amtl. Teil 1921
ders.
Grundfagen des Tarifrechtes, Berlin 1927
ders.
Arbeitsrecht - umgearbeitet von Hermann Dersch
1. Auflage, Berlin 1924, 4. Auflage, Berlin 1932

Kaun, Heinrich
Die Geschichte der ZAG der industrieellen und gewerblichen Arbeitgeber und Arbeitnehmer in Deutschland
Jena 1928

Kleindinst
Das Schlichtungswesen und seine Aufgaben in: Soz.Prax. 1928, S.28ff.; 789ff.; 817ff.; 858ff.; 908ff.; 926ff.

Köllmann, Wolfgang
Politische und soziale Entwicklung der deutschen Arbeiterscahft 1850-1914, Wiesbaden 1963 in: Vierteljahresschrift für Sozial- und Wirtschaftsgeschichte 50. Bd., S. 480-504

Kollektives Arbeitsrecht
Quellentexte zur Geschichte des Arbeitsrechts in Deutschland, Bd.1, 1840-1933;
Hrsg. Blanke/Erd/Mückenberger/Stascheit

Koenemann, Fritz
Die Schlichtungsidee und das geltende Recht, Diss. (jur.) Köln 1925

Königsberger, Ludwig
Nachprüfung der Schlichtungssprüche durch die Gerichte, Entgegnung zu Erdel in: NZfA 1921, S. 573ff.

Kollmann, Horst
Die Entstehungsgeschichte der deutschen Koalitionsgesetzgebung, Breslau 1916

Krauß, Theodor
Verordnung über die Einstellung und Entlassung von Arbeitern und Angestellten während der Zeit der wirtschaftlichen Demobilmachung vom 12. Februar 1920 3. Auflage, Berlin/Stuttgart/Leipzig 1921

Krips, Ursula
Einigung und Schlichtung vor dem Ersten Weltkrieg Diss. (wirtschaftswissenschaftlich) Köln 1959

Kroeschell, Karl
Deutsche Rechtsgeschichte, Bd. 1, 2 und 3, Reinbeck 1973, 1989

Kühn, Fritz
Die Schlichtungsstreitigkeit nach der Verordnung über das Schlichtungswesen von 1923, Berlin 1924

Kulemann, Fritz
Zur Kritik des neuen Entwurfs der Schlichtungsordnung in: Soz. Prax. 1922, S. 577-79 und S. 596-98

Kullmann
Zur Frage der Abänderung von Schiedssprüchen bei der Verbindlichkeitserklärung in: Das Schliw. 1921, S. 139ff.

Landauer, Carl
Staat und soziales Fedherecht in: Der deutsche Volkswirt 1928-29, S. 173ff.

Lange
Zum Entwurf der Schlichtungsordnung in: RABl. Nicht amtl. Teil 1921, S. 904ff.
ders.
Nochmals: Zwangstarif und gewollte Tariffähigkeit, in: Das Schliw. 1925, S. 122ff.

Lautner, Julius Georg
Probleme der Tarifrechtsreform,
Akademische Rede gehalten bei der Gedenkfeier der Handelshochschule Mannheim am 12. Juli 1929, Mannheim 1929

Lecker, Wilhelm
Das Schlichtungswesen in den wichtigsten Ländern
Diss. (jur.) Frankfurt 1932

Legien, Carl
Das Koalitionsrecht der deutschen Arbeiter in Theorie und Praxis, 1899

Leipart, Theodor
Die gesetzliche Regelung der Tarifverträge, Berlin 1912

Lemmer, Friedrich
Soziale und wirtschaftliche Bedeutung der staatlichen Schlichtung in: Der Arbeitgeber 1930, S. 54ff.

Lenhoff, Arthur
Die Koalitionen als Grundlage des Arbeitsrechtes, Wien 1930

Lessing, Emil
Zur Abschaffung oder Beibehaltung der Verbindlichkeitserklärung von Schiedssprüchen in: Arbeitsrecht 1926, S. 847ff.

Lindemann, Hans
Der Kampf gegen den Tarifvertrag, Diss. (Philosophisch) Berlin 1933

Löhr, August,
Die Entwicklung des Schlichtungswesens in: Zwangschiedsspruch und Schlichtungswesen, Drei Abhandlungen in: Münchner Volkswirtschaftliche Studien, Heft 10, Jena 1929

Lotmar, Philipp
Der Arbeitsvertrag nach dem Privatrecht des deutschen Reiches, Bd. 1 , Leipzig 1902
ders.
Versuch einer gesetzlichen Regelung des kollektiven Arbeitsvertrages in: Soz. Prax. 1902, S. 349ff.

Lüttgens, Carl Max
Vom Schlichtungswesen - Rückschau und Ausblick
Erfurt 1926

Luxemburg, Rosa
Massenstreik, Partei und Gewerkschaften
Petersburg, 1906

Mannheim
Zur Frage der Rechtsmittel im Schlichtungsverfahren in: NZfA 1922, S. 337ff.

Mansfeld/Pohl/Steinmann/Krause
Die Ordnung der nationalen Arbeit, Kommentar
Berlin 1934

Martin, Oskar
Das Schlichtungswesen in der modernen Wirtschaft, Jena 1929

Marwitz, J.
Grundlagen des Schlichtungswesens in. Arbeitsrecht 1929, S. 91ff.

Mayer, Otto
Deutsches Verwaltungsrecht Bd. I und II
2. Auflage München und Leipzig 1914 und 1917

Meijer, Heinrich
Die Bedeutung der Schlichtungstätigkeit für die Entwicklung der Arbeitsbedingungen in der nordwestdeutschen Großindustrie, Diss. (volkswirtschaftlich) Jena 1932

Meissinger, Heinrich
Die Organisation des Schlichtungswesens S. 91-114 in: Kölner Vierteljahreshefte für Sozialwissenschaften 2. Jahrg. Heft 2/3, München 1922

ders.
Der Kampf der Arbeitgeber gegen den Tarifzwang in: Der Arbeitgeber 1924, S. 21ff.

ders.
Zuständigkeit tariflicher Schlichtungstellen in: NZfA 1927, S. 663ff.

Mehlich, Ernst
Handbuch für das Schlichtungsverfahren in Gesamtstreitigkeiten, Kommentar nebst Erläuterungen zur Verordnung über das Schlichtungswesen vom 30.10.1923 Dortmund 1924

Mehlsbach, Erich
Schlichtungsrecht, Entwurf einer Schlichtungsordnung in: Archiv für die civilistische Praxis S. 129-193 Bd. 4, Tübingen 1925

ders.
Deutsches Arbeitsrecht
Berlin und Leipzig 1923

Merker, Paul
Das Schlichtungswesen in der Praxis, Berlin 1928

ders.
Der Kampf gegen das Schlichtungswesen in: Die Internationale 1928, S. 485ff.

ders.
Lehren des Ruhrkampfes in: Die Internationale 1928, S. 809ff.

Mestiz, Franz
Probleme der Geschichte des Arbeitsrechts, ein Forschungsbericht für die Jahre 1974-79, in: Zeitschrift für neuere Rechtsgeschcihte 1980, S. 47-65

Metzler
Schlichtung und Rechtssprechung in: Das Schliw. 1929, S. 44ff.; 161ff.

Molitor, Erich
Kommentar zur Tarifvertragsordnung vom 23. Dezember 1918, Berlin 1920

Mommsen, Hans
Klassenkampf und Mitbestimmung - Zum Problem der Kontrolle wirtschaftlicher Macht in der Weimarer Rebuplik, Köln 1978
ders.
Industrielles System und politische Entwicklung in der Weimarer Republik, Düsseldorf 1974/77
ders.
Die deutschen Gewerkschaften zwischen Anpassung und Widerstand 1930-1944 in: Heinz O. Vetter (Hrsg.) Vom Sozialistengesetz zur Mitbestimmung, Köln 1975

Mommsen, Hans/ Petzina, Dietmar/ Weisbrod, Bernd (Hrsg.)
Industrielles System und politische Entwicklung in der Weimarer Republik, Düsseldorf 1974

Mönch, Hermann
Die Tarifvertragsdiskussion in:
Jahrbücher für Nationalökonomie und Statistik,
Bd. 137, 3. Folge, Jena 1932

Möncke, Giesela
Quellen zur Wirtschafts- und Sozialgeschichte, Mittel- und Oberdeutsche Städte im Spätmittelalter, Darmstadt 1982

Moser, Josef
Arbeiterleben in Deutschland 1900-1970, Frankfurt 1984

Müller, Alfons
Ist der Begriff "öffentliches Interesse" in der der Schlichtungsordnung auszudehnden oder einzuschränken? in: Das Schliw. 1926, S. 209ff
ders.
Neuordnung des Schlichtungswesens in: Soz.Prax. 1929, S. 64ff.

Müller, Bruno
Die Praxis der Schlichtungsausschüsse S. 5772 in:
Kölner Vierteljahreshefte für Sozialwissenschaften
2. Jahrg. Heft 2/3, München 1922
ders.
Arbeitsstreitigkeiten und Schlichtungswesen in: Soz.Prax. 1929, S. 70ff.
ders.
Das Schlagwort vom Zwangstarif in: Arbr. und Schli. 1933, S.50ff.

Nestriepke, Siegfried
Das Koalitionsrecht in Deutschland, 1913

Neumann, Franz
Die Rechtsnatur der Verbindlichkeitserklärung in: NZfA 1926, S. 354ff.
ders.
Die politische und soziale Bedeutung der arbeitsgerichtlichen Rechtsprechung, Berlin 1929
ders.
Tarifrecht auf der Grundlage der Rechtsprechung des RAG Berlin 1931
ders.
Koalitionsfreiheit und Reichsverfassung - Die Stellung der Gewerkschaften im Verfassungssystem, Berlin 1932

Nikisch, Arthur
Um den Tarifzwang in: Arbeitsrecht 1924, S. 185ff.
ders.
Die Schlichtung von Arbeitsstreitigkeiten in: Hundert Jahre Deutsches Rechtsleben, Festschrift zum 100jährigen Bestehen des Deutschen Juristentages 1860-1960, S. 317ff.
Hrsg. Ernst von Caemmerer, Ernst Friesenhahn, Richard Lange, Bd. I, Karlsruhe 1960

Nipperdey, Hans-Carl
Grenzlinien der Erpressung durch Drohung unter Berücksichtigung der modernen Arbeitskämpfe, Berlin 1917
ders.
Kontrahierungszwang und diktierter Vertrag, Jena 1920
ders.
Die Rechtsprechung des Reichsgerichts zum Tarifrecht 1919-1926, Mannheim 1926
ders.
Zur Frage des nicht realisierten Zwangstarifs in: NZfA 1929, S. 747ff.
ders.
Anmerkungen zum Urteil des Reichsarbeitsgerichtes im Ruhreisenstreit in: Bensh. Sammlung Bd. 5, S. 259ff.
ders.
Die Grundrechte, Handbuch der Theorie und Praxis 1954-1967

Nörr, Knut Wolfgang
Grundlinien des Arbeitsrechts der Weimarer Republik in: Zeitschrift für Arbeitsrecht, 1986, S. 403-447
ders.
Zwischen den Mühlsteinen, 1988

Nörpel, Clemens
Schlichtungsergebnisse in: Gew.-Zt.1924, S. 92ff.; 320ff.; 333ff.
ders.
Das Schlichtungsverfahren in Nichtschlichtungssachen in: Das Arbeitsrecht 1924, S. 359ff.
ders.
Schlichtungsergebnisse in: Gew.Zt. 1925, S. 225ff.
ders.
Zweck und Bedeutung des Schlichtungswesens in:

Gew.Zt. 1928, S. 595ff. 611ff.
ders.
Lohnämter oder Schlichtung in: Arbeitsrecht 1928, S. 466ff.
ders.
Zur Kritik des Schlichtungswesens in: Arbr. u. Schli 1928, S. 410ff.
ders.
Schlichtungsergebnisse in: Gew.-Zt. 1928, S. 612ff.
ders.
Schlichtungswesen und Rechtspolitik in: Gew.Zt. 1929, S.97ff.
ders.
Probleme des Schlichtungswesens und des Tarifrechtes in: Die Arbeit 1929, S. 141ff.
ders.
Zur Krise des Schlichtungswesens in: Arbr. u. Schli. 1929 S. 153ff.
ders.
Auflockerung des Arbeitsrechts in: Gew.-Ztg. 1932, S. 609f.
ders.
Weitere Tarifauflockerung! Größere Tarifbindung? in: Gew.-Ztg. 1932, S. 625f.

Ogris, Werner
Geschichte des Arbeitsrechts vom Mittelalter bis in das 19. Jahrhundert in: Recht der Arbeit 1967, S. 286-297

Opitz, Walter
Die Kritik am Schlichtungswesen in: NZfA 1927, S. 218ff.

Orgies-Rutenberg, Jürgen Freiherr von
Das Schlichtungswesen in der Krise in: Der Arbeitgeber 1931, S. 490ff.

Ortlieb, Karl
Das Wesen des Zwangstarifs, Diss. (jur.) Tübingen, 1932

Oursin, Thomas
Das staatliche Schlichtungswesen in Deutschland, Entwicklung und Bedeutung in den Jahren 1923-33 Diss. (volkswirtschaftlich) Nürnberg 1956

Paech, Norbert
Tarifautonomie und staatliche Intervention Ein Beitrag zum Problem der Zwangsschlichtung von Arbeitsstreitigkeiten, Diss. (jur.) Hamburg, 1965

Peters
Die Staatsrechtliche Stellung des Reichsarbeitsministers bei Verbindlichkeitserklärungen von Schiedssprüchen in: Der Arbeitsgeber 1929, S. 62ff.

Philippe, Carlos
Die Zulässigkeit des Schlichtungsverfahrens und seine Nachprüfbarkeit in: Das Schliw. 1929, S. 5ff.

Pick, Fritz/*Weigert*, Martin
Schlichtung von Arbeitsstreitigkeiten, Kommentar, Bd. 5, Berlin 1924

Preißler, Egon
Der Zwangsschiedsspruch unter besonderer Berücksichtungung seiner verfassungsrechtlichen Zulässigkeit, Diss. Köln 1958

Preller, Ludwig
Sozialpolitik in der Weimarer Republik Düsseldorf 1978

Pribaum, Karl
Einigungs- und Zwnagssysteme im Schlichtungswesen in: Schriften des Vereins für Sozialpolitik, 179. Band, Teil 2, München/Leipzig 1930

Preuß, Hugo
Staat, Recht und Freiheit - Aus 40 Jahren deutscher Politik und Geschichte, Tübingen 1926

Przewloka, Alois
Die sozialpolitische Einstellung der Industrie im Lichte moderner Wirtschaftsgesinnung, Diss. (volkswirtschaftlich), Breslau 1928

Potthoff, Heinrich
Die Stellung der organisierten Arbeitsparteien zum Schlichtungszwang in: Arbeitsrecht 1924, S. 342ff.

ders.
Verkehrung des Schlichtungszweckes in: Das Schliw. 1926, S.1ff.

ders.
Gerichtsurteil und Schlichtung in: Arbeitsrecht 1928, S. 24ff.

ders.
Gegen den Zwangstarif in: Arbeitsrecht 1928, S. 306ff.

ders.
Staatsgewalt und Verbandsautonomie in: Arbeitsrecht 1928, S. 474ff.

ders.
Die Zukunft des Schlichtungsrechtes in: Arbeitsrecht 1929, S. 1ff.

ders.
Folgerungen aus dem Reichsarbeitsgerichtsurteil im Ruhreisenstreit in: Arbeitsrecht 1929, S. 303ff.

ders.
Schlichtungsrecht und Kampfverbot in: Arbeitsrecht 1929, S. 331ff.

ders.
Stärkung des Schlichtungswillens in: Arbr. u. Schli. 1929, S. 225ff.

ders.
Reichstag und Schlichtung in: Das Arbeitsrecht 1930, S. 621ff.

ders.
Arbeitsrechtliche Notverordnungen in: Arbr. 1932, S. 481f.;

543f.
ders.
Arbeitsrecht - Das Ringen um werdendes Recht
Leipzig 1931 (Berlin 1928)
ders.
Gewerkschaften und Politik zwischen Revolution und Inflation, Düsseldorf 1979

Quellen zur Geschichte der Gewerkschaftsbewegung im 20. Jahrhundert,
Hrsg.: Weber/Schönhoven/Tenfelde
Bd. 2, 1919-24; Bd. 3 I und II, 1924-33, Köln 1982/83/86

Raab
Das Schlichtungswesen im Streite der Meinungen in: Das Schliw. 1926, S. 154ff.

Raupach, Hubert
Die Schlichtung von kollektiven Arbeitsstreitigkeiten und ihre Probleme unter besonderer Berücksichtungung der deutschen Probleme, Diss. Köln 1962

Ramm, Thilo
Arbeitsrecht und Politik, Quellentexte 1918-1933
Neuwied 1966
darin: Heinz Potthoff,
Die Einwirkung der Reichsverfassung auf das Arbeitsrecht, 1925, S. 1-78
Ernst Fraenkel,
Kollektive Demokratie, 1929, S. 79-96
ders.
Die politische Bedeutung des Arbeitsrechts, 1932, S. 247-260
Franz Neumann,
Die politische und soziale Bedeutung der arbeitsgerichtlichen Rechtssprechung, 1929, S. 113-148
Otto Kahn-Freund
Der Funktionswandel im Arbeitsrecht, 1932, S. 211- 246

Raumer, Hans von
Unternehmer und Gewerkschaften in der Weimarer Zeit in: Deutsche Rundschau, 80. Jahrg. 1954, S. 433ff.

Rechtssprechung der Arbeitsgerichte 1930
Hrsg.: Heinrich Potthoff, D. Jadesohn, Heinrich Meissinger
Stuttgart 1930

Reichert, Jacob
Entstehung, Bedeutung und Ziel der "Arbeitsgemeinschaft"
Vortrag gehalten am 30.12.1918 vor der Vereinigung des rheinisch-westphälischen Industriebezirks zu Essen-Ruhr
Berlin 1919
ders.
Arbeitsstreitigkeiten und Schlichtungswesen in: Soz. Prax. 1928, S. 925ff.

Richter, Lutz
Ist ein Anwaltsverein tariffähig? in: NZfA 1924, S. 272ff.
ders.
Grundverhältnisse des Arbeitsrechtes, Berlin 1928
ders.
Zur Schlichtungsreform in: Soz. Prax. 1929, S. 975ff.
ders.
Parlamentsverwaltung im Schlichtungswesen in:NZfA 1930,S.729ff.
ders.
Die Zusammensetzung vereinbarter Schlichtungsstellen in: NZfA 1931, S. 161ff.
ders.
Zur staatstheoretischen Bedeutung der sozialpolitischen Schlichtung, Sonderabdruck auf der Festgabe für Richard Schmidt zu seinem 70. Geburtstag, Hrsg.: Hans Gmelin und Otto Kollreuter, Leipzig 1932
ders.
Umwandlungen von Maßnahmen des Reichspräsidenten in Dauerrecht in: NZfA 1931, S. 401f.
ders.
Das Tarifrecht unter der Diktatur, Weimar 1932

Ritscher, Wolfgang
Koalitionen und Koalitionsrecht in Deutschland bis zur ReichsGewO, Stuttgart/Berlin 1917, S. 306ff.

Ritter, Gerhard, A.
Staat, Arbeiterschaft und Arbeiterbewegung in Deutschland vom Vormärz bis zum Ende der Weimarer Republik, Bonn 1980

Rosenthal, Eduard
Die gesetzliche Regelung des Tarifvertrages
Tübingen 1908

Ruppert, Wolfgang
Die Arbeiter, München 1985

Schäfer, Thomas
Bemerkungen zur Debatte über das Schlichtugswesen in: Soz. Prax. 1930, S. 47ff.

Scheu, Fritz
Das gewerbliche Schlichtungswesen
Diss. Tübingen 1926

Schick
Lahmlegung des Schlichtungswesens in: Das Schliw. 1926, S. 183

Schmieder, Eberhard
Geschichte des Arbeitsrechts im deutschen Mittelalter, Bd. 1 Leipzig 1939

Schmitt, Carl
Der Hüter der Verfassung, Tübingen 1931

ders.
Verfassungsrechtliche Aufsätze aus den Jahren 1924-1954
Berlin 1958

Schmitz, Karl
Die zukünftige Gestaltung des Schlichtungswesens in: Zentralblatt der christlichen Gewerkschaften 1929, S. 102ff.

Schneider, Paul
Die Bedeutung des Kostenelementes für die Organisation des Schlichtungswesens in: Kölner Vierteljahreshefte für Sozialwissenschaften heft 2/3, S. 115-134, München 1922

Schneider, Michael
Auf dem Weg in die Krise, Thesen und Materialien zum Ruhreisenstreit 1928/29, 1974
ders.
Das Arbeitsbeschaffungsprogramm des ADGB, Bonn 1975
ders.
Kleine Geschichte der Gewerkschaften. Ihre Entwicklung in Deutschland von den Anfängen bis heute, Bonn 1989

Schriften der Gesellschaft für soziale Reform
Heft 22 (Zimmermann), Jena 1906
Heft 44, (Sinzheimer), Jena 1913
Heft 45/46 (Reichseinigungsamt), Jena 1914
Das Recht der Organisationen im neuen Deutschland, Jena 1918
Berricht über die XI.Generalversammlung in Mannheim, Jena 1930

Schröder, Rainer
Zur Arbeitsverfassung des Spätmittelalters, Berlin 1984

Schulz, Max von
Tarifverträge, Schlichtung von Arbeitsstreitigkeiten, Betriebsrätegesetz, Verordnung des Rates der Volksbeauftragten am 23.12.1918, 4. Auflage, Kommentar, Berlin 1920

Schumacher, Matthias
Staat und Wirtschaft, Tarifverträge und Schlichtungswesen
3. Auflage, Berlin 1921

Schulz, Gerhard, Hrsg.
Ploetz: Weimarer Republik, Eine Nation im Umbruch, Freiburg/Würzburg 1987

Schwarzfischer, Josef
Die Stellungnahme der sozialen Parteien zum Schlichtungswesen
Berlin 1931 (volkswirtschaftliche Untersuchung)

Schweitzer, Otto
Krise des Schlichtungswesens in: Soz. Prax. 1928, S. 884ff.

Seidel, Richard
Die Gewerkschaften nach dem Krieg, Berlin 1925

Siebert, Wolfgang
Das Arbeitsverhältnis in der Ordnung der nationalen Arbeit, Hamburg 1935

Siebke, Friedrich
Das Schlichtungswesen im Ruhrbergbau seit der Stabilisierung der Währung bis zur Mitte des Jahres 1929 Diss. Berlin (volkswirtschaftlich) 1931

Siefart, Gabriele
Das Einigungs- und Schlichtungswesen in seiner Bedeutung für den Arbeitsfrieden unter Berücksichtigung des neuen deutschen Entwurfes einer Schlichtungsordnung Diss. (jur.) Freiburg 1932

Siegel, Otto
Bilanz des deutschen Schlichtungswesens in: ArbR und Schl. 1933, S. 9ff.

Silberschmidt
Kann eine tariffähige Organisation die Tariffähigkeit rechtswirksam ausschließen? in: Das Schliw. 1925, S. 186ff.

Sinzheimer, Hugo
Kooperativer Arbeitsnormenvertrag, Teil I und II Frankfurt 1907 und 1908
ders.
Rechtsfragen des Arbeitstarifvertrages, Jena 1913
ders.
Ein Arbeitstarifgesetz - Die Idee der sozialen Selbstbestimmung im Recht, 1. Auflage Berlin 1916
ders.
Das Gesetz über den vaterländischen Hilfsdienst vom 5.12.1916, in: Das Arbeitsrecht 1917, S. 63ff.
ders.
Grundzüge des Arbeitsrechtes, 2. Auflage, Jena 1927
ders.
Folgerungen aus dem Reichsarbeitsgerichtsurteil zum Ruhreisenstreit in: Arbeitsrecht 1929, S. 302ff.
ders.
Zur Frage der Reform des Schlichtungswesens in: RABl. Nichtamtl. Teil 1929, S. 149ff.
ders.
Besprechung der Entscheidung im Eisenkonflikt in: Die Justiz 1929, S. 207ff.
ders./Ernst Fraenkel
Die Justiz in der Weimarer Republik - Eine Chronik Neuwied und Berlin 1968

Sitzler, Friedrich
Die Schlichtung von Arbeitsstreitigkeiten nach der Verordnung vom 23.12.1918 nebst Ausführungsbestimmungen und

einem Verzeichnis der Schlichtungsausschüsse und Demobilmachungsbehörden, Berlin 1921
ders.
Der Begriff der Gesamtstreitigkeiten im Schlichtungsverfahren in: NZfA 1921, S. 3ff.
ders./Ernst Gaßner
Die Schlichtungsverordnung vom 30.12.1923, Kommentar, 3. Auflage, Berlin 1924
ders.
Soziale und wirtschaftliche Bedeutung der staatlichen Schlichtung in: NZfA 1930, S. 1ff.
ders.
Stand der arbeitsrechtlichen Gesetzgebung in: NZfA 1932, S. 201ff.
ders.
Über einige Grundfragen des neuen Tarifrechtes in: Soz. Prax. 1932, S. 1249f.
ders.
Zur Neuordnung des Schlichtungswesens in: Festschrift für Nipperdey, 1955

Sperling, Hans
Die staatsrechtliche Stellung der deutschen Schlichtungsbehörden unter besonderer Berücksichtigung der Verbindlichkeitserklärung in: Das Schliw. 1926, S. 31ff.

Stadthagen, Arthur
Das Arbeitsrecht - Rechte und Pflichten des Arbeiters in Deutschland aus dem Gewerblichen Arbeitsvertrag, der Unfall, Kranken-, Invalinden und Altersversicherung, Stuttgart 1900

Statistik der Tätigkeit der Gewerbe- und Kaufmannsgerichte in dem Jahren 1914-1918, Berlin 1920

Stenographische Berrichte über die Verhandlungen
des Reichstages des Norddeutschen Bundes, 1869
der deutschen verfassungsgebenden Nationalversammlung Weimar 1919, Berlin 1920

Stollberg, Gunnar
Die Rationalisierungsdebatte 1908-1933. Freie Gewerkschaften zwischen Mitwirkung und Gegenwehr, Frankfurt 1981

Stolle, Uta
Arbeiterpolitik im Betrieb, Frankfurt 1980

Stolper, Gustav
Eisenfriede in: Der deutsche Volkswirt 1928-29, S. 299ff.

Streicher, Josef
Die Beziehungen zwischen Arbeitgeber und Arbeitnehmer seit 1918, Diss. (volkswirtschaftlich) Freiburg 1927

Syrup, Friedrich/*Billerbeck*, Gerhard
Einstellung und Entlassung von Arbeitern und Angestellten

während der Zeit der wirtschaftlichen Demobilmachung, Kommentar, Berlin 1919

Tänzler, Fritz
Sondernummer des "Arbeitgeber" zum Schlichtungswesen in: Der Arbeitgeber 1929, Nr. 3

Tarnow, Fritz
Eine weitere Betrachtung der Schlichtungsfrage in: MdW 1930, S. 373ff.

Tartarin-Tarnheyden, Edgar
Berufsverbände und Wirtschaftsdemokratie, Ein Kommentar zu Artikel 165 der Reichsverfassung, Berlin 1930

Timm, Helga
Die deutsche Sozialpolitik un der Bruch der großen Koalition im März 1930, Düsseldorf 1952

Tschirbs, Rudolf
Tarifpolitik im Rhurbergbau 1918-33
Diss. (volkswirtschaftlich) veröffentlicht in: Veröffentlichungen der Historischen Kommission zu Berlin Bd. 64, Berlin 1986

Tönnies, Ferdinand
Arbeitslohn und Zwang von Schiedssprüchen in: Soz. Prax. 1929, S. 249ff.

Verhandlungen und Drucksachen des Reichstages
Amtliche Sammlung, Berlin 1920-33

Wachenheim, Hedwig
Die deutsche Arbeiterbewegung 1844-1914, 1971

Waldt, Klaus Dieter
Die Lehre vom Arbeitsvertrag bis zum Ende der Weimarer Republik, Diss. (jur.) Münster 1974

Warncke, Hans
Schlichtungsausschuß und Betriebsrätegesetz, Berlin 1920

Weber, Adolf
Der Kampf zwischen Kapital und Arbeit
Tübingen 1910

ders.
Arbeitslohn und Zwangsschlichtung in: Soz. Prax. 1929, S. 81ff.

ders.
Sozialpolitik, Reden und Aufsätze, 1931

Weber, Willi
Die Grundprobleme des gewerblichen Schlichtungswesens im Entwurf einer Schlichtungsordnung, Diss. (jur.) Köln 1923

Weddingen, Walter
Angewandte Theorie der Schlichtung, S. 339-392 in:

Jahrbücher für Nationalökonomie und Statistik, 130. Bd., III. Folge, Jena 1929

ders.
Sinzheimer contra Grauert - Beitrag zum Streit um die Schlichtungsreform in: Soz. Prax. 1929, S. 1161ff.

ders.
Einigungs- und Schiedsgrundsatz in: Schriften des Vereins für Sozialpolitik, 179. Bd. Untersuchungen über das Schlichtungswesen Teil 1 München/Leipzig 1930

Weißmann, Hans
Das Schlichtungswesen als Mittel zur Verhütung oder Beilegung von Arbeitskämpfen, Diss. Freiburg 1927

Wiedemann, Herbert/*Stumpf*, Hermann
Kommentar zum Tarifvertragsgesetz 5.Auflage, München 1977

Winkler, Heinrich August
Von der Revolution zur Stabilisierung - Arbeiter und Arbeiterbewegung in der Weimarer Republik 1918-21, Bonn 1984

ders.
Der Schein der Normalität - Arbeiter und Arbeiterbewegung in der Weimarer Republik 1924-30, Berlin 1985

ders.
Der Weg in ddie Katastrophe - Arbeiter und Arbeiterbewegung in der Weimarer Republik 1930-33, Berlin 1987

Winschuh, Josef
Die Nutzbarmachung der Erfahrung des rheinisch-westphälischen Schlichtungswesens für die Kritik des Entwurfs der neuen Schlichtungsordnung, Diss. Marburg 1925

ders.
Wirtschaft und Schlichtungswesen in: Soz. Prax. 1926, S. 844ff.

Wissell, Rudolf
Recht und Wirtschaft, Berlin 1920

ders.
Schlichtungsverordnung und Schlichtungsergebnisse in: Soz. Prax. 1924, S. 456ff.

ders.
Das Verhältnis der gesetzlichen zu den vereinbarten Schlichtungsstellen in: Soz. Prax. 1928, S. 841ff.

ders.
Reform des Schlichtungswesens in: MdW 1929, S. 71ff.

Wittkowski, Alfred
Der Einfluß der Auflösung wirtschaftlicher Vereinigungen auf einen Tarifvertrag oder ein Schlichtungsverfahren, Diss. Freiburg 1933

Wölbling, Paul
Brauchen wir ein Reichseinigungsamt, Berlin 1911

Wulf, Peter/*Stinnes*,Hugo
Wirtschaft und Politik 1918-1924, Stuttgart 1979

Zimmermann, Waldemar
Bericht über das gewerbliche Einigungswesen nach einer Reise nach Schottland und England in: Schriften der Gesellschaft für soziale Reform, Heft 22, Jena 1906

ders.
Der sogenannte kollektive Arbeitsvertrag als rechtliches und sozialpolitisches Problem in: Deutsche Wirtschaftszeitung 1908, S. 93ff.

ders.
Ausbau und Vervollkommnung des gewerblichen Einigungswesens in: Schriften der Gesellschaft für soziale Reform, Heft 45/46, Jena 1914

ders.
Grundzüge und Grundprobleme des Schlichtungswesens in: Kölner Vierteljahreshefte für Sozialwissenschaften 2.Jahrg. Heft 2/3 München 1922

ders.
Die Arbeiterfrage in Deutschland nach dem Kriege in: Schriften der Vereinigung für staatswissenschaftliche Forschung, Heft 12, Berlin 1925

ders.
Einigungswesen, Zwangsschlichtung, staatliche Lohnregelung in: Kölner Sozialpolitische Vierteljahreshefte, Köln 1929

Zwing, Karl
Die Geschichte der freien deutschen Gewerkschaften 1848-1928, München 1982

Volker Kratzenberg-Annies

Arbeiter auf dem Weg zu Hitler?
Die Nationalsozialistische Betriebszellen-Organisation. Ihre Entstehung, ihre Programmatik, ihr Scheitern. 1927-1934
2. veränderte Auflage

Frankfurt/M., Bern, New York, Paris, 1989. 344 S.
Sozialwissenschaftliche Studien. Bd. 4
Herausgegeben von Hans-Gerd Schumann und Hansfried Kellner
ISBN 3-631-41592-3 br.DM 90.--/sFr. 75.--

"Sie haben die größte Wut, weil sie maßlos enttäuscht sind." So hieß es 1934 in den Deutschland-Berichten der Sozialdemokraten über die Funktionäre der nationalsozialistischen Betriebszellen-Organisation (NSBO). Diese Vertreter des Arbeitnehmer-Flügels der NSDAP wurden von jener "antikapitalistischen Sehnsucht" angetrieben, von der Gregor Strasser gesprochen hatte. Sie hofften, im NS-Staat das "Erbe der Gewerkschaften" antreten zu können und die Interessen von Arbeitern und Angestellten in der "Volksgemeinschaft" zu vertreten - und sie mußten mit diesen Hoffnungen notwendig scheitern.
Doch wie kam es überhaupt dazu, daß sich am Ende der Weimarer Republik "Arbeiter auf den Weg zu Hitler" machten? Was war der Anknüpfungspunkt gesellschaftlicher und sozialer Hoffnung im Nationalsozialismus, der das "Mißverständnis der NSBO" - einer bis heute weitgehend unbekannten oder inzwischen wieder vergessenen NS-Organisation - ermöglichte? Woraus also bezog der Nationalsozialismus seine Attraktivität und Anziehungskraft als angebliche gesellschaftliche Problemlösung? Und welche Gruppen unter den Arbeitnehmern waren dafür anfällig, diesen Weg der vermeintlichen Problemlösung in den Nationalsozialismus zu gehen? Diese Frage - und die darauf gegebenen Antworten - mögen unbequem sein. Doch sie handeln - am Beispiel dieser bizarren Betriebszellen-Organisation - von der zentralen Frage nach der massenwirksamen Chance totalitärer Ideologien. Ein Kapitel Zeitgeschichte, das über die Grenzen von Politik- und Geschichtswissenschaft hinaus von Bedeutung ist.

Aus dem Inhalt: Die Gewerkschaftsdiskussion innerhalb der NSDAP und die Entstehung der NSBO - "Linke" Nationalsozialisten auf dem Weg von Gregor Strasser zu Adolf Hitler.